ОБ ЭДУАРДЕ ТОПОЛЕ И ЕГО КНИГАХ

«Тополь пишет с таким знанием российской жизни, которого не могут достичь ни Ле Карре, ни Дейтон. Головокружительные тайники информации...» — «Нью сосайети», Великобритания

«Тополь использует вся и всё, что делает бестселлер, — убийство, интригу, секс, любовь, юмор — и, самое главное, не разочаровывает в конце...» — «Бирмингем ньюс», США

«Тополь держит сюжет в напряжении и интригует тайной, разворачивая блистательную панораму российской жизни» — «Цинциннати пост», США

«Тополевские книги читаются запоем, от них трудно оторваться» — «Комсомольская правда», Москва

«Эдуард Тополь, по определению парижан, "самый крутой мастер современной прозы"» — «Общая газета», Москва

«"Красная площадь" — это куда больше удовольствия, чем "Парк Горького", это убедительно и достоверно...» — «Спектейтор», Великобритания

«"Красная площадь" — смесь реальности и авторской выдумки, написана в стиле типичного американского триллера в соединении с глубиной и сложностью русского романа» — «Файнэншл таймс», Великобритания

«"Журналист для Брежнева" — высшая оценка за правдоподобие!» — «Таймс», Великобритания

«"Журналист для Брежнева" насыщен безостановочным действием и документальной достоверностью» — «Нью сосайети», Великобритания

«"Русская семерка" — захватывающий триллер, любовный роман и панорама жизни современной России» — «Нью сосайети», Великобритания

«В "Красном газе" Эдуард Тополь превзошел свои предыдущие романы и выдал захватывающий триллер... Богатый набор характеров, полных человеческих страстей, мужества и надежд... С прекрасной сибирской натурой и замечательной главной героиней, это глубокая и волнующая история...» — «Сёркус ревью», США

«Эдуард Тополь умеет создать грандиозную сцену. Его "Красный газ" — возбуждающе-приключенческая история, где вместо автомобильных гонок герои мчатся на собачьих упряжках, оленях и вертолетах, где плевок замерзает, не долетев до земли, а эскимосы живут по законам тундры. Фабула полна неожиданных поворотов и сюрпризов, снабженных сексом и безостановочным действием...» — «Питсбург пресс», США

«Совершенно необычный роман, "Красный газ" куда больше, чем просто детектив, посвященный расследованию загадочных убийств...» — «Вест Гавайи тудей», США

«"Красный газ" — сильно сбитый роман, полный сочного реализма... Зубасто-когтистая история, полная сильных характеров среди суровой природы...» — «Истерн дейли пресс», Великобритания

«Некоторые считают романы Тополя бульварным чтивом. Ну, в общем, да — купи увесистый том, садись на скамью на бульваре и читай. Но уже через полчаса ты почувствуешь сдвиг в сознании — "это было со мной и со страной?". Или будет — завтра, через полгода, через полвека?.. Меня всегда поражало и поражает, откуда Эдуард Тополь, этот блудный сын "Комсомольской правды" и нашего непредсказуемого в своей доброте и бешенстве отечества, знает на своей новой родине — в нью-йоркщине — такие реалии российской политики и российского быта, что диву даешься, отчего же свои, не выехавшие никуда летописцы не могут врубиться в нашу действительность и рассказать нам, очевидцам, о ней так, что начнешь читать и не отвалишься, хотя будешь смеяться, и плеваться, и швырять от себя эту книжку, но все равно не поделишься с другом, а дочитаешь до конца» — «Комсомольская правда», Москва

«Эмигрантская трилогия Эдуарда Тополя "Любимые и ненавистные" — это сильнейшая и откровеннейшая страница нашей истории. Я просто поражена страстностью этого произведения. Яркий, неравнодушный автор в любом читателе зажжет свет интереса к тому, чем сам пленен.
Мое мнение: по степени "бешеной" любви к своим героям (девам и евреям) Эдуарду Тополю просто нет равных на современном литературном поле. А по глубине и беспредельной откровенности чувств он уже приближается к классикам. Но книги Тополя — это не просто развлекательное чтиво, хотя с захватывающими сюжетами у него все в порядке. Они очень страшны по правде своей. Почему

страшны? Почитайте — узнаете!» — Наталья ЖЕЛНОРОВА, журналист

«Все романы Эдуарда Тополя — это большой захватывающий сценарий, который издается массовыми тиражами не только в России, но и в США, Европе, Японии... А все потому, что Тополь не лукавит с читателем, не морочит ему голову, не играет с ним в литературные игры, а прямым текстом излагает, что думает» — Ирина ИВАНОВА, газета «Версия»

«Строго говоря, Эдуард Тополь лукавит, выделяя из двадцати (или уже больше?) написанных им романов "еврейскую трилогию" "Любимые и ненавистные". Во-первых, евреев и "еврейских" проблем хватает и в остальных его книгах, а во-вторых, вряд ли можно найти другого современного русского писателя, *все* произведения которого составляют столь непрерывную автобиографическую повесть. Будь то рассказ о кознях КГБ, о газовых олигархах или о друзьях по кино — Тополь всегда пишет о своей собственной жизни. Просто таков его общественный темперамент, не только заставляющий "принять близко к сердцу" очередной отечественный невероятный сюжет, но и побуждающий вгрызться в проблему, докопаться до корней, до прямых свидетелей даже тех событий, которые по определению проходят "без свидетелей". Это не творческий метод, а способ жизни, который позволяет писателю в обмен на нервные клетки обходиться без высасывания из пальца натужных "приключений для развлечения".
Продолжая аналогию с автобиографической прозой, замечу, что этот жанр особо нетерпим к языковой неряшливости и смысловой невнятности — для некоторых авторов просто саморазоблачительным. Эдуард Тополь выдерживает и этот критерий — он пишет хорошим русским языком, привитым той сценарной школой ВГИКа, которой может по праву гордиться не только русское кино, но и русская литература» — Борис ПАСТЕРНАК, газета «Время новостей»

«Тополь не документалист, хотя в свежем, только что вышедшем романе "Римский период, или Охота на вампира" соединяет разное: свои непосредственные впечатления первого периода еврейской эмиграции с рассказом о преступном "романе" итальянского психиатра с тогдашним КГБ; репортаж о событии, которое сейчас называется просто "11 сентября", — с нашими отечественными медико-криминальными документами такой страшной силы, присутствие которых в романе еще вчера представить себе было невозможно... Этот человек, этот Тополь просто не может не писать романы на злобу дня... Своим беспощадным пером он, как плугом, роет, взрывает знакомые пласты всемирной истории... а злоба сегодняшнего дня — борьба со всемирным терроризмом — объединяет российского президента, бывшего русского коммуниста и разведчика, с еврейско-российско-американским писателем-диссидентом, с американским президентом и с американским летчиком и английским парламентарием...» — Татьяна КОРСАКО-ВА, газета «Трибуна»

«Обилие деталей подчас заслоняет главное нам, живущим на $^1/_6$ (или теперь уже меньше?) твердой земной поверхности. Эдуарду Тополю это не грозит. Он — далеко, он — за океаном... пишет книги о нас, о себе, о любви, счастливо совмещая "близорукость" и «дальнозоркость». Наверное, это и есть объективность, причем жанр книги — будь то детектив, гротесковый роман или воспоминания эмигранта — значения не имеет. Разве что давнее призвание лирика чуть-чуть мешает. Или помогает. Кому как видится...» — Сергей БОРИСОВ, «Вечерняя Москва»

«Прочла "Невинную Настю" и еще раз убедилась в гениальности автора, так реально отражена в ней жизнь современного подростка» — Наталья БАБЕНКО, психиатр, главный врач ММУ «Лосино-Петровский наркологический диспансер», Московская область

«"Невинная Настя", имея в своем названии слово "невинная", — на первый взгляд проста и неказиста. Но читатель глубокий, мыслящий, дочитавший ее до конца, ужаснется от той трагической развязки (Тополь как-никак писатель, прославившийся как автор хорошо скроенных детективов), от понимания, что перед его взором во весь рост обозначено название страшной болезни многих нынешних шестнадцатилетних — детская сексуальная наркомания...» — «Версия», Москва

«Если скандальный роман Владимира Набокова "Лолита" вам не по зубам, то теперь у вас есть шанс восполнить пробел в вашем эротическом образовании. И поможет вам в этом новое творение одного из лучших авторов русских бестселлеров Эдуарда Тополя. Книга носит незамысловатое название "Невинная Настя, или Сто первых мужчин". Юная прелестница подробно рассказывает о своей бурной интимной жизни. Конечно, книга может кого-то шокировать своей откровенностью, но нам-то с вами не привыкать. Ведь правда?» — «Вот так!», Москва

«Не трудно догадаться, что за показной бравадой аппетитной кошечки (а слабо начать сексуальную жизнь в тринадцать лет!) скрывается несчастный, отчаявшийся малыш, который вопиет: "Что делать? Как мне дальше жить, ведь я уже на пределе!" — к нам, чужим и неизвестным взрослым... И пропасть, которая отделяет мир несовершеннолетних от нашей взрослой реальности, становится очевидной до жути...» — «Вечерняя Москва»

«"Любимые и ненавистные"... — бездонное море удовольствия. Притом гарантированного...» — «Известия», Москва

«Читайте Тополя!» — «Бильд», Германия

КНИГИ ЭДУАРДА ТОПОЛЯ ИЗДАНЫ В США, АНГЛИИ, ФРАНЦИИ, ГЕРМАНИИ, ИТАЛИИ, ГОЛЛАНДИИ, НОРВЕГИИ, ПОРТУГАЛИИ, ШВЕЦИИ, ФИНЛЯНДИИ, БЕЛЬГИИ, ВЕНГРИИ, БОЛГАРИИ, ПОЛЬШЕ, ЯПОНИИ И В РОССИИ

ТОПОЛЬ эдуард

У.е.

ОТКРОВЕННЫЙ РОМАН

С АДРЕНАЛИНОМ, СЕКСАПИЛОМ, ТЕРРОРИЗМОМ, ФЛОРИДСКИМ КОКТЕЙЛЕМ И ЯДОМ

act
ИЗДАТЕЛЬСТВО
Москва
2003

УДК 821.161.1
ББК 84 (2Рос=Рус)6-44
Т58

Авторские права Эдуарда Тополя защищены.
Все перепечатки данной работы, как полностью, так и частично,
категорически запрещены без письменного разрешения автора,
в том числе запрещены любые формы репродукции данной работы
в печатной, звуковой или видеоформе.
Любое нарушение закона будет преследоваться в судебном порядке.

Подписано в печать 04.01.03. Формат 84 × 108 $^1/_{32}$.
Усл. печ. л. 25,20. Тираж 30 000 экз. Заказ № 2940

Тополь Э.

Т58   У.е.: Откровенный роман с адреналином, сексапилом, терроризмом, флоридским коктейлем и ядом / Э. Тополь. — М.: ООО «Издательство АСТ», 2003. — 471, [9] с.

ISBN 5-17-016991-4

Вниманию читателей предлагается новый роман известного во всем мире писателя Эдуарда Тополя.

УДК 821.161.1
ББК 84 (2Рос=Рус)6-44

© Э. Тополь, 2003
© ООО «Издательство АСТ», 2003

Все факты и события, изложенные в романе, взяты автором из параллельных миров и не имеют никакого отношения к событиям в России, США и Европе. А суждения и заявления персонажей не всегда отражают позицию автора...

Посвящаю Юле — своей жене и любимой

*«И нынче у меня столько же силы, сколько было тог-
да, чтобы воевать и входить и выходить...»*
Иисус Навин, 14, 11

«Никогда не говори, что ты идешь в последний путь!»
Из еврейской молитвенной песни

ЧАСТЬ ПЕРВАЯ

КОНТРАКТ

...Этот город живет только погоней за деньгами. Нет ничего другого — ни дружбы, ни любви, ни отдыха, ни даже секса. Скажете, я преувеличиваю? Ничего подобного! Я вам говорю как эксперт: нет ни одной, даже самой малой зоны, угла, закутка, где все, что делают и чувствуют эти люди, они бы не пересчитали на деньги. Любовь? Покажите мне женщину, чью любовь нельзя купить. Нет, покажите хоть одну! Тысячи женщин стоят на улицах, их любовь стоит не больше сотни у.е. Другие продают себя в клубах и казино, третьи — в борделях, а остальные — так, в розницу, где придется. И не говорите мне о порядочных женщинах, порядочные — это те, кто обходится нам на порядок выше. Только и всего. Но подайте к ее подъезду «мерседес» три раза подряд, и я посмотрю на ее порядочность! Мужчины? Это еще бо́льшие проститутки, они продают даже мужскую дружбу. Причем на каждом шагу, на каждом! Если дружба не приносит у.е., ее выбрасывают, забывают и дружат только с теми, кто выгоден, а как только выгода от этой дружбы кончается, ее тут же предают и продают, как овцу, с которой хоть шерсти клок! Деньги, у.е., деньги! Они шуршат, струятся, змеятся в этом городе днем и ночью, и если вы внимательно посмотрите в глаза любому бизнесмену, кем сейчас величают себя все, от бандитов до депутатов Думы, вы увидите, как в них скачут цифры, — это они на ходу считают у.е., которые могут на вас заработать. Еще пятнадцать лет назад, когда мы жили в совковой нищете и рабстве, у нас не было этих возможностей к роскоши, даже богатые должны были прятать свои богатства, и тогда какие-то человеческие отношения еще можно было увидеть не только в народе, но даже в нашей конторе. Но теперь те, прежние, понятия исчезли, их смело новыми,

15

и этот сплав западного прагматизма и бандитских понятий, хлынувших из ГУЛАГа, стал кодексом нашей жизни. Пустите сегодня князя Мышкина в Москву — его не идиотом назовут, его убьют в первой же тусовке. А все потому, что наша элита, выскочив из грязи рублевой нищеты в князи валютного воровства, еще более стервозна, безбожна и преступна, чем мерзавцы времен Достоевского и холуи времен Хрущева и Брежнева. Вот вам простой пример из газет... Хотя нет, газеты вы и сами читаете, и телевизор смотрите, и все наши безобразия встречаете каждый день на каждом шагу. А если мы в нашей конторе знаем о них чуть больше и точнее, то что толку? Вчера иду по улице, впереди грузовик, а на его бампере лозунг: НЕ ВОРУЙ. ПРАВИТЕЛЬСТВО НЕ ТЕРПИТ КОНКУРЕНТОВ. То есть народ знает свое правительство. Но и правительство знает свой народ и плюет на ежедневные разоблачения вертикали и горизонтали воровства и коррупции. Там, наверху, обогатились в таких мегаколичествах, что при следующей избирательной кампании бросить пять-шесть миллиардов у.е. на промывку мозгов своему загнанному в нищету электорату — для них как два пальца обмочить.

К чему я все это говорю? А к тому, что я полный мудак, дебил, идиот и прочее. Не зря меня в 56 лет выперли из конторы на пенсию — как последнюю шваль, как мусор, как выжатый лимон. Чем мы там занимались? Государству служили? Народное добро стерегли? А фу-фу не фо-фо? В коридорах огромного здания на Лубянке, где размещается наше Управление по экономической безопасности, хоть один из тысячи оперативников, следователей и начальников когда-нибудь за последние десять лет произнес слово «народ» или «народное достояние»? Да если бы кто-то из нас не с трибуны, а в частных разговорах, так называемых кулуарах, вымолвил эти нелепые слова, его бы в психушку отправили как диссидента. Нет, мы занимаемся совершенно другим — мы обслуживаем клановые интересы и собираем компромат. На Авена, Березовского, Вяхирева, Гусинского, Дьяченко, Ельцина, Жириновского, Зюганова и так далее до конца алфавита — Чубайса, Юшенкова и Явлинского. На губернаторов, мэров, депутатов, сенаторов. На бандитов, переквалифицировавшихся в политиков, и политиков, переквалифицировавшихся в бизнесменов. Мы отслеживаем потоки денег, уп-

16

лывающие за рубеж, мы фиксируем схемы, по которым самые жирные куски государственного пирога переходят к бандитам, то есть, простите, к новым русским, кормящимся вокруг и внутри нашего многосемейного правительства, но все эти разработки, открытия и разоблачения — только карты, которые там, наверху, в нужный момент положат на стол перед слишком ретивым политиком или олигархом и прижмут его к ногтю или построят во фрунт.

Конечно, ту же информацию — но частями, частями — кое-кто в конторе скармливает на сторону — тем же бандитам, олигархам и новым русским. А как вы прикажете жить в Москве офицеру ФСБ на двести у.е. в месяц? Хотел бы я посмотреть на Путина, если бы он десять лет назад не ушел от нас в помощники Собчака! Между прочим, мы с ним почти ровесники и по званию равны — подполковники. Только он вовремя сменил профессию и сделал карьеру, а я — нет. Хотя, если оглянуться, и у меня были возможности — а у кого их не было десять лет назад? Но я же мудак, чистюля, я чистых кровей гэбэшник, у меня папаша был резидентом в Бельгии, я три языка с детства знаю...

...Сегодня мне опять снилось, как мы ехали через тот базар. Мы попали туда случайно — на блокпосту нам сказали, что по этой дороге попадем в Курчалой. Мы и поехали. На простой «девятке» — я, мой водитель и сзади Колян Святогоров и Федя Синюхин. Под Курчалоем, в маленьком местечке Гарун-Юрт, у меня была назначена встреча с Магомедом Исаевым, местным аксакалом и нашим осведомителем, которого мне «по наследству» передал полковник Ш-ов, отбывая домой.

И вдруг за перевалом, внизу, в лощине — этот базар, одни чеченцы и никаких федералов. И деваться некуда — дорога идет прямо через этот ад. Блеют овцы, кричат пацаны, кудахчут куры, и бородатые чеченцы пытаются через затененные стекла разглядеть, кто в машине.

— Не останавливайся! — сказал я водителю, держа в коленях «АК».

Сзади Колян и Федор держали под прицелом каждый свой угол.

Но что мы смогли бы сделать, когда вокруг — плотная толпа орущих, размахивающих руками чеченцев?

Водитель вел машину, вцепившись в баранку побелевшими от страха пальцами.

Эти бородатые рожи лезли во все окна, у меня палец свело на курке и пот катил по всему телу, словно меня выжимали.

Казалось, мы будем ехать вечность.

Казалось, мы не выедем из этого базара никогда.

Когда толпа сомкнулась так, что уже не проехать, я отцепил с пояса гранату и взялся зубами за чеку. «Гуди! Гуди!» — процедил я сквозь зубы водителю. Если они разобьют стекло, то...

Нас спасли затененные окна, в жизни мы выехали с того базара. Но во сне...

Вот уже который раз мне снится все то же: нас останавливают, меня вытаскивают из машины и ведут на расстрел. Но почему-то не с ребятами, а со стариком Магомедом Исаевым и с Кимберли Спаркс, канадской журналисткой, неизвестно как получившей в Генштабе допуск во фронтовую зону. Хотя ни в какой Гарун-Юрт мы ее, конечно, не брали, как она ни набивалась, ведь мы со Святогоровым и Синюхиным ехали туда разбираться с жалобами местных жителей на энских ментов, которые при зачистке деревни вымели из домов практически все — мебель, телевизоры, ковры, посуду, даже постельные паласы. И на тех же грузовиках, которыми они прибыли в Чечню, увезли в свой Энск — это, как ни крути, еще бывает перед концом шестимесячной ментовской командировки. Ну разве могли мы на разборку этого мародерства (и на встречу со стариком осведомителем) взять с собой канадскую журналистку?

Однако теперь вместо мародеров на казнь вели почему-то меня, Магомеда Исаева и эту Кимберли. Их должны были расстрелять вместе со мной — старика за то, что он передал нам сведения о расположении учебного лагеря Хаттаба под Ножай-Юртом, а Кимберли не знаю за что — у меня с ней ничего не было, клянусь. Кроме взглядов, конечно. А теперь она шла справа от меня, рыжая и прямая, а не так, как таскалась за нами по Ханкале — согнутая под тяжестью своих «Кодаков» и «Пентаксов».

А старик чеченец плелся сзади.

Мы шли по насыпи среди зеленого поля, топкого, как пластилин. Под «зеленкой» была нефть, из-за которой тут никогда не будет мира, потому что где нефть, там сверхприбыли, а где сверхприбыли, там кровь и смерть.

Светило солнце, было тепло.

Я знал, что нас расстреляют где-то в конце насыпи, у бруствера, но почему-то не испытывал страха. Обычно во сне кошмары чеченской войны догоняют меня теми страхами, которых в горячке боя или по глупости я не успел испытать в реальной жизни. И тогда страх наваливается и давит сердце и душу с неотвратимостью танковых гусениц, надвигающихся на твой окоп. Но в этом сне страха не было даже тогда, когда до этого бруствера осталось метров двадцать и я понял, что это произойдет сейчас, в следующую минуту. И Кимберли знала, что это произойдет сейчас. Чтобы ей было смелее дойти до роковой черты, я протянул ей руку, предлагая последние двадцать метров идти вместе. Но она отмахнулась. Я пожал плечами и пошел вперед, бравируя своей храбростью и даже, кажется, что-то насвистывая.

Бруствер был рядом, я ждал выстрелов. Но их не было. Вместо этого на бруствере вырос Хаттаб — в берете набекрень и при бороде, как у Че Гевары. Я знал все об этом саудовском Черном арабе и Волосатике, мы охотились за ним с тех пор, как в 1995 году он перебрался из Афганистана в Чечню и на деньги своего арабского «брата» бен Ладена создал здесь несколько учебных центров подготовки моджахедов и подрывников, стал командиром «Исламской интернациональной бригады» и главным финансистом чеченских боевиков. Да, это через него шли в Чечню миллионы долларов из Саудовской Аравии и «Аль-Каиды», это он расстрелял в Аргунском ущелье нашу мотострелковую колонну в апреле 1996 года, это он заплатил два миллиона долларов за взрывы жилых домов в России, и это он и Басаев организовали вторжение чеченских боевиков в Дагестан, из-за чего нам пришлось втянуться во вторую чеченскую войну...

Теперь он стоял передо мной, широко и весело улыбаясь и держа одну руку на «АК-74», а второй — без двух пальцев — подзывая меня к себе.

Я с удовлетворением подумал, что хотя у него какая-то сверхъестественная интуиция и он, как кошка от землетрясения, уходит из-под любого обстрела за день, за час, за минуту, но все-таки трижды мы его достали: этих пальцев он лишился при взрыве осколочной гранаты, бронебойная пуля калибра 12,7 мм сидит у него где-то в брюхе и, по нашим данным, осколочными ранениями у него разворочена вся нижняя часть туловища — надеюсь, в паху. Во всяком случае, с тех пор как он получил это ранение, никто в дагестанском селе Карамахи, где живут родители его жены-даргинки, не поздравлял этих родителей с появлением новых внуков...

Но он улыбается, блин, и, должен признать, улыбка очень идет его широкому, смуглому лицу. Черные и слегка выпуклые, как у всех арабов, глаза, черные и вьющиеся длинные волосы, черные борода и усики, и этот че-геварский берет набекрень. Улыбаясь, он беспалой рукой призывно зовет меня к себе.

И хотя я знаю, что к этому человеку нельзя приближаться, ведь он расстреливает пленных и добивает их ножом — просто так, *показывая* «студентам» своих учебных центров, куда и как нужно убивать, я, как завороженный идиот или позер перед этой Кимберли, все-таки двигаюсь, иду, **приближаюсь к нему**.

А Хаттаб растет... увеличивается в росте... и улыбка его становится какой-то неестественно широкой, акульей... и — едва нога моя ступила на бруствер, как из автомата Хаттаба вместо пуль хлынула в меня некая смертельная энергетическая волна, какое-то губительное облучение, и я, умирая, пригнулся, скукожился и с удивлением сказал: «Мама, а умирать не больно!»

И — умер, а затем... проснулся.

На часах было 5.30 утра, за окном было темное ночное небо. Я проснулся на земле, в Москве, в своей квартире на Беговой улице и на своем диване, но с какой-то острой болью в груди, в ее левой стороне. Попытался заснуть, повернувшись на другой бок, и не смог. В груди что-то кололо и тянуло так, что я подумал: наверное, я только что пережил свою смерть, микроинфаркт.

Я встал, сходил в туалет. Потом лег, но заснуть не мог, грудь все болела.

Что было делать?

Я пошел на кухню, открыл холодильник. Там было пусто, да и есть не хотелось.

Я постоял у окна, массируя ладонью левую часть груди и проверяя — это невралгия, мышечная боль или что-то в глубине? Похоже, что в глубине. Я постоял еще, глядя на ржавые крыши гаражей во дворе, темные соседские дома и зачинающийся рассвет. Разве умирать действительно не больно? И почему я сказал это маме? Неужели именно ее я успею вспомнить в момент смерти? И почему мне приснился Хаттаб? Ведь я уже не в конторе, я на пенсии...

Минут через десять я все-таки лег и уснул и во сне укатил на Черное море или на какой-то другой теплый берег. Помню, я бежал босиком по желтому песку и языкам прибоя, смотрел на чаек, на редких — при мартовском солнце — курортников и думал: а жить стоит! Стоит жить!..

Но пробуждение пенсионера, выброшенного из деловой рутины... о, зачем я буду это описывать? Каша «Быстров» из трех злаков, заправленная для вкуса горстью изюма, — вот вам завтрак пенсионера. Телефон, который молчит, как покойник, — вот вам утро пенсионера. Телевизор, где теперь на всех каналах идет такая победоносная борьба с бандитизмом, что хочется нырнуть в экран и набить морду создателям этой мути. Грязное и будто черствое после длинной зимы окно. Рев бульдозеров на стройке Третьего кольца в квартале от нашего дома...

Бриться или да ну его?

Недавно слышал по «Эхо Москвы», что по ночам у мужчин эрекция каждые полтора часа. Но с тех пор как меня выбросили на пенсию, где моя эрекция? И вообще, у пенсионеров бывает эрекция?

Да, вспомнил: нужно заплатить за квартиру, за электричество — или да ну его? Нужно что-то купить на обед, что-то сготовить — или да ну его? Слава Богу, у меня в Сбербанке еще лежат какие-то слезы, но что я буду делать, когда и они высохнут? Может, мне подохнуть? Зачем я живу? Раньше я хоть питался там, на работе, а придя домой, обходился куском колбасы с хлебом и нырял в Стивена Кинга, Нельсона де Миля, Николаса Иванса, Дина Кунца и Майкла Крайтона — нет, не в эти дубовые переводы, которыми завалены сейчас все книжные прилавки, а в оригиналы, которые брал в нашей служебной библиотеке. И пусть это не «top literature», не элитная литература а-ля Курт Воннегут или Кундера, но люди умеют писать так, что захватывает с первой страницы и держит до конца абсолютной достоверностью любого поворота интриги. А от чтения отечественных королей и королев уличной книготорговли я давно отказался — это «осетрина второй свежести», эрзац и желудевый кофе. Как, знаете, в финансовом мире есть настоящая валюта: доллар, марка, фунт стерлингов; а есть рубли, белорусские «зайчики», украинские гривны — фантики для употребления в СНГ. Так, наша Агата Кристи с Петровки, 38, и Незнанский из германского Гармиш-Партенкихен — от обоих разит гнилью вторичности и потом их литературных негров...

Но теперь мне и западное чтиво обрыдло, мне пора не жить. Зачем мне жить? Что еще может случиться в моей гребаной жизни?

Я натягиваю финский, с оленем из «шашечек», свитер образца 1980 года — тогда для нас, для каждого управления по очереди, закрывали на час «Военторг» и позволяли отовариться импортом; вот кое-кто из таких недотеп, как я, и ходит по сей день в свитерах двадцатилетней давности. По этому признаку — у кого финский свитер в «шашечках», а у кого «мерседес» — легко определить, «кто есть who» в нашей конторе.

Затем я надеваю свою старую камуфляжную куртку и вывожу — силком, насильно, за шкирку, как собаку, — вывожу себя из квартиры. Потому что если я останусь, то, конечно, покончу с собой — или газом отравлюсь, или повешусь. Я вызываю лифт; грязная крыша кабины подплывает ко мне за решеткой; я клацаю дверью, захожу в кабину и нажимаю кнопку. Вот так вкалываешь-вкалываешь и думаешь: все, завтра начнется настоящая жизнь! А потом клац — и оказывается, завтра — это уже вчера...

Только бы по дороге никто не остановил лифт и не зашел в кабину! Я не хочу видеть ни соседей-стариков, которые знают меня с детства, ни новых русских, которые скупили уже половину квартир в нашем доме и перестраивают их евроремонтами так, что со всех сторон грохот и стук целыми днями; я потому и должен вытащить себя на улицу, что в 10 утра надо мной взвизгнут какие-то сверла и застучат молотки...

Я выхожу на улицу. Беговая гудит и чадит постоянными пробками. Слава Богу, моя квартира хотя бы смотрит во двор. Солнце, мартовская оттепель, плюс шесть или даже восемь тепла. Люди идут кто в магазин, кто к трамвайной остановке, а кто в подземный переход. Но куда мне идти? На работу не нужно, а на прогулку — зачем?

Я застегиваю куртку и иду в сторону Ленинградского шоссе. Потом я дойду до Белорусского и, если смогу, заставлю себя идти дальше, просто идти. Идти и злиться — на себя, на погоду, на грязь и пыль, на это жлобье вокруг и особенно на молодежь. Какого хрена они не уступают дорогу? Чему они лыбятся? Почему матерятся? И откуда у этого двадцатилетнего хмыря «мерседес», а у этой сучки «лексус»? Блин, а разве я не мог продать Березовскому информацию по башкирской нефти? А с Быкова я не мог слупить тысяч сто у.е. за досье на Лебедя? А когда мне предлагали перейти в службу безопасности «Мост-Банка», почему я не пошел? А теперь кто возьмет в частную структуру меня — пенсионера? Это только министры, уйдя с поста, тут же находят себе работу в фирмах и банках, куда они загодя отогнали бюджетные бабки. А ты дерьмо, отработанная порода, навоз. Даже бабы смотрят сквозь тебя как сквозь ничто...

Посторонитесь, пенсионер идет!

Господи, этот хмырь, который в мусорке роется, — не мой ли дублер? Ему, поди, тоже лень сварить себе кашу «Быстров», вот он и придумал шарить по мусоркам...

...Голос был тихий и берегущий дыхание, поскольку говорить или, точнее, дышать он мог только верхней частью легких.

— Поедешь ко мне... Рыжий тебя отвезет... В спальне есть секретер... В нем фотки... Найдешь фото телки по имени Полина... Если привезешь эту Полину сюда до того, как я сдохну, получишь десять штук...

Я удивленно смотрел на него. Крупный, красивый тридцатисемилетний брюнет, сын украинки и чеченца, бывший самбист, бывший бандит, а ныне крутой бизнесмен и мультимиллионер... Но сейчас даже от такого короткого монолога он взмок до испарины. И вообще у него три пулевых ранения, причем одно в области паха. И капельница подключена к вене, и еще какие-то провода тянутся из-под бинтов на груди к экранам двух мониторов. Так на хрена ему телка?

Кожун чуть повернул голову к рыжему начальнику своей охраны, сидевшему подле двери. Остальные четверо быков с легальным оружием стояли по ту сторону двери этой явно элитной, валютной больничной палаты.

Рыжий приблизился к его кровати.

Кожун шевельнул пальцем.

Рыжий сунул руку под пиджак, но достал не пистолет, а пухлый кожаный бумажник, набитый деньгами, отсчитал десять зеленых сотенных и протянул мне.

— *Аванс...* — *тихо сказал Кожун и закашлялся, кровь брыз-нула изо рта на больничное одеяло.*

Я посмотрел на деньги, на Рыжего, потом на Кожуна. В нашей картотеке он значился под фамилией «Кожлаев Роман Расимович, криминальный авторитет по кличке Кожун. Ро-дился 02.05.1963 в Мытищах Московской области. Образова-ние: 10 классов. Специализация: рэкет, внедрение в крупные бизнесы — строительный, казино, рестораны, ночные клубы. Первые деньги сделал на чеченской нефти. В августе 1998 г. состояние умножилось на порядок. Контакты...» Самое пора-зительное было то, что он вызвал в больницу меня — меня, который разрабатывал и вел его четыре года, словил в двух его казино черный нал и закрыл их. Меня, которого он пытался купить и убить...

— *Ну!* — *сказал мне Рыжий.* — *Поехали!*
Я посмотрел ему в глаза и взял деньги.

Когда это было? Полгода назад? Пять месяцев? Да, в сен-тябре... Тогда я еще работал и не думал о пенсии. А теперь у меня пенсия 2300 деревянных в месяц и красно-бордовая книж-жечка подполковника ФСБ, которую я не сдал и хрен когда-нибудь сдам, потому что по ней я могу бесплатно ездить в общественном транспорте и входить в любые двери. Вот, прав-да, и все, что дала мне родина за двадцать пять лет верной службы. Впрочем, вру. Она давала мне массу возможностей продать ее целиком и в розницу в Афгане, нажиться за ее счет в Чечне, хапать слева и справа от ее имени в Москве и черпать ложками и даже лопатами в провинциях, как это делают иные в нашей конторе — достаточно посмотреть, на каких они ездят машинах: при зарплате двести баксов в ме-сяц у них «мерседесы», «БМВ» и «форды». А у меня? Почему у меня ни хрена нет, кроме квартиры, которая осталась пос-ле отца? Кому нужна моя честность, сколько она стоит? Де-сять лет назад я прилетел из Чечни, где отсидел две недели, добывая документы на самые первые миллионные махина-ции с авизо, — и что? Еще оттуда, из Грозного, я позвонил домой и спросил: «Какая у вас погода?», а жена сказала: «Ой, у нас уже снег! Мы ночью встали, а за окном снегу!..» «Кто мы?» — удивился я, поскольку дочке тогда было всего три года. «Ну, это я фигурально...» — ответила она. Но, прилетев ночью из Грозного и добравшись к утру домой, я обнаружил, что в моей постели с моей женой кувыркается какой-то хмырь — действительно фигурально!

Я, как был, с портфелем в руке, вышел из квартиры и пешком — по снегу, сквозь октябрьскую метель — пришел с Алтуфьевского шоссе на Беговую, к матери. С тех пор я тут и живу, маму похоронил еще семь лет назад, дочь не видел уже шесть лет — после того как из конторы ей автоматически стали отправлять алименты, эта сука, ее мать, сделала все, чтобы дочка меня отвергла, отрезала. А я... Ну не мог же я объяснять пятилетней дочери, что ее мать просто блядь. Вот и получилось, что «папа от нас ушел, он нас бросил», чего моя дочь, которой я простыни гладил перед сном, чтобы спать ей было теплее, и подле кроватки которой я спал на полу, когда она болела, — эта дочка меня и отвергла...

А документы про чеченские аферы с авизо — о, мое тогдашнее начальство умело сунуло их под сукно, заработав на этом, я думаю, не на один «мерседес»...

— Садитесь, папаша...

Это кому? Мне? Блин, еще вчера говорили: молодой человек! А сегодня... Хорошо же я выгляжу!

В бешенстве я даже вышел из вагона. А потом шел по улице и чувствовал — хочу подраться. Да, подраться с кем-нибудь из этой молодой шпаны. И тут как раз этот козел с бритой башкой — стоит, сука, на стремянке, чинит неоновую вывеску магазина «ВСЕ ДЛЯ ДОМА» и бросает вниз инструменты. Отвертка и пассатижи прямо передо мной грохнулись, я поднял голову:

— Эй, ты что?

— А чё?

— А ничё, тут люди ходят!

— Да пошел ты, козел старый!

— Куда?

Он удивился, слез со стремянки, молодой и наглый акселерат ростом с меня, но предупредил честно:

— Ё...ну счас!

Стою и думаю: челюсть ему сломать или ребро? И вдруг он — эдак презрительно, сквозь зубы — плюнул мне в лицо. Тут я думать перестал, отвернулся, будто утираясь, и с разворота хукнул ему в зубы так, что он, падая, ими подавился.

Кровь, крик, он подскочил, схватил отвертку. Пришлось руку ему свернуть. Может, сломал, — не знаю.

Пошел себе дальше. А он остался лежать на подвернутой руке, вопить: «Убью! Сука!»

Пришел домой, налил себе, конечно, полстакана — думаю, за что пацану зубы выбил?

Выпил, успокоился — точнее, задумался.

Что ж я теперь, так и буду ходить и искать, кому отомстить за то, что они молодые, а я — в тираже?

Подошел в прихожей к электросчетчику, спрятанному в нише за стеклянное окошко. Открыл это окошко, сдвинул наверху стальную заслонку и достал из тайника полиэтиленовый пакет со своими папочками. А в папочках — копии тех дел, которые я вел в конторе. Конечно, этих документов у меня дома быть не должно. Да только пошли вы подальше со своими правилами!

Грозный, авизо... Нет, эти документы уже никому не продашь, это история.

Братск, целлюлозный комбинат...

Воркута, угольные шахты...

ОППГ — организованная питерская преступная группировка...

Убийство Листьева. Стенограммы допросов его друзей и «близких»...

«Бэнк оф Нью-Йорк», расшифровка кой-каких «семейных» разговоров по мобильным телефонам относительно той красивой операции увода последнего транша МВФ в оффшоры, после чего рубль рухнул и вся страна была ограблена своими же банкирами...

Снова Чечня, война генералов за крышевание над самопальными нефтяными скважинами и ставки блокпостов за нелегальный проход бензовозов...

Швейцарская фирма «Нога» и продажа за границу оружия, включая «С-300» и вертолеты «Черная акула»...

Казино «Париж», «Мон ами», «Генуя» и «Шишкин». Все четыре принадлежали сначала совершенно разным людям, а потом — одному Кожлаеву...

Было около десяти вечера, когда Рыжий привез меня на Софийскую набережную, в кожлаевскую квартиру стоимостью как минимум в два миллиона долларов. Я и не знал, что в Москве существуют такие. Она занимала целый этаж, но дело не в этом. Дело в наборном паркете, лепных потолках, коврах на полу, картинах в золоченых рамах на стенах, хрустальных люстрах, антикварной мебели, фарфоровом камине, мраморе на кухне и джакузи в ванных. А самое главное — в просторе, воздухе и виде из широких окон на Москву-реку. Да, вот, оказывается, как должны жить люди. Но у нас как люди живут только бандиты...

Рыжий провел меня в спальню величиной со стадион, с огромной и круглой, как плавательный бассейн, кроватью и зеркальным потолком. Почему-то здесь, в спальне, под картиной кого-то из малых голландцев, взятой в тяжелую золоченую раму, стоял белый старинный секретер. Наши бандиты переквалифицировались не только в бизнесменов, но и в искусствоведов — собирают только старину и начало двадцатого века.

Рыжий открыл этот секретер. Там всю нижнюю полку занимали стопки фотографий, сделанных «Полароидом», который лежал тут же. Даже без объяснений Рыжего было ясно, что Кожлаев фотографировал каждую, кто побывал в этой спальне. Он фотографировал их голыми, в позах, достойных обложек самых крутых порножурналов. Такого количества (и качества) обнаженных задниц и сисек я тоже не видел никогда в жизни. Но нужно отдать должное Кожуну — у него был высокий стандарт. Я имею в виду: это не были дешевые шлюхи с Тверской, бляди из его собственных казино или «ночные бабочки» из «Метелицы», «Титаника» и «Найт флайт». Нет, это были девочки на порядок выше, то есть другого калибра и другой стоимости. Где он брал этих русских Клаудиа Шиффер, Пэм Андерсон и Синди Кроуфорд?

Я вопросительно глянул на Рыжего. В моей картотеке он значился под фамилией «Банников Виктор Васильевич, 1969 года рождения. Детдом... колония для малолетних преступников... Школа милиции... СОБР... Чечня... С 1997 года — телохранитель у Кожлаева, затем — начальник его службы безопасности. Специализация: выбивание долгов, крышевание и рэкет». А на вид — никогда не скажешь. Субтильный, ясноглазый очаровашка с открытым лицом инструктора ЦК ВЛКСМ...

— Фотки надписаны, на обороте, — сказал он.

Я стал смотреть оборотные стороны этих фото. Но кроме имен и дат (да и то не на всех), на них ничего не было. «Катя, 20.4.1997», «Вика, 22.9.1999», «Света», «Жанна, 11.7.2000», «Ольга, 9.7.1999», «Наташа» и т.п. Снова Катя, но уже другая, и опять Света, Вера, Наташа, Жанна, Инга, Оля... Где-то после двадцатой Светы я все-таки нашел Полину (без даты) и спросил у Рыжего:

— Эта?

Он пожал плечами.

Я пролистал остальные фотки — еще штук двести, но Полины больше не было ни одной. Я снова стал рассматривать эту Полину. Очень высокая, совсем юная, не старше семнадцати, лучисто-зеленые глаза, открытая доверчивая улыбка, детские припухлые губки, лицо и русые волосы норвежско-варяжской княжны, длиннющие ноги и фигура манекенщицы, хотя сисечки для этой профессии слегка великоваты... Фотография явно пожелтела...

— Давно он ее снимал? — спросил я у Рыжего.

Но Рыжий опять индифферентно пожал плечами.

— А где он брал этих девок?

Рыжий насмешливо улыбнулся:

— Заказывал по телефону.

— Где?

— Я думаю, по справочной. «09».

Я положил фотографию в карман и пошел к выходу.

— У тебя есть мобильник? — спросил Рыжий за моей спиной.

Мне претит эта манера нынешней молодежи «тыкать» всем и вся, но тут я пропустил это мимо ушей.

— Есть.

— Если найдешь эту телку, сразу позвони.

Я кивнул. Час назад, когда я приехал в Склифосовского, врачи сказали мне, что Кожлаеву осталось жить максимум сутки. Следовательно, если я хочу получить еще девять кусков, в моем распоряжении только 23 часа.

Но почему этот Кожун вызвал не моего шефа, который два года назад прикрыл мое расследование деятельности шести фирм Кожлаева, а меня — своего врага, которого он не смог ни купить, ни убить? И почему, зная, что вот-вот умрет, Кожлаев заказал мне найти какую-то телку, а не тех, кто его подстрелил?

Что-то шарахнуло в пустотелой стене за счетчиком, словно там кирпичи обвалились от грохота евроремонта, и в тот же миг свет погас во всей квартире. Зато за счетчиком вверху открылся широкий просвет и послышались голоса...

— Васыль, ты же насквозь ё...нул!

— Ну и фуй с ним! — ответил другой голос.

— Козлы, вы кабель перебили! — крикнул я в дыру, сунул свои папки под обувную тумбочку и пошел наверх права качать.

Козлами оказались два хмыря белорусского розлива, хотя, судя по качеству их работы, главным козлом был, конечно, тот мудак, который нанял их сделать евроремонт в точно такой, как у меня, квартире. Эти белорусы раздолбали все стенки между гостиной, спальней, кухней и туалетом, сняли полы, ободрали со стен обои и теперь выламывали сантехнику. Спортзал тут будет, что ли? Или боулинг?

— Эй, мастера гребаные, вы мне свет вырубили! — снова сказал я им.

— Ладно, мы те счас времянку бросим, — ответил старший и добавил: — Братан, выпить охота. Принеси бутылку, мы те с получки отдадим, а ты выпьешь с нами.

Я посмотрел в его наглые голубые глаза.

— Умный ты! — сказал я. — Чистый Лукашенко!

Вот уж действительно — каждый народ достоин того президента, которого имеет. Или — который *имеет* их?

Мой первый визит был, конечно, в муниципальную милицию, в «блядский» отдел. То есть, извините, в полицию нравственности (надо же выдумать такое название!). Правда, там пасут не таких, как Полина, а главным образом Тверскую и Садовое кольцо, зато ребята по-свойски дали мне пару наколок в «Монте-Карло» и в «Титанике». Но было уже около трех утра, в «Монте-Карло» я никого не застал, а в «Титанике» дискжокей, поглядев на фото, сказал:

— Такие телки есть только в «Ред старс» или у Бейлиса и Бодулина.

— Это еще кто такие?

— «Ред старс» — это модельное агентство, а Бейлис и Бодулин снабжают телками олигархов.

— А как мне их найти?

— Попробуй «Липс» у Белорусского вокзала. Это их клуб, они там пасутся...

«Lips» я нашел не без труда, хотя это действительно рядом с Белорусским — в подворотне на углу 2-й Тверской-Ямской и Александра Невского. В полутемном зале музыка гремела так, что черные стены и черный потолок резонировали, словно мембраны. В воздухе слоился дым от сигарет с привкусом нечистой марихуаны. У бара толпились рослые нимфетки четырнадцати — шестнадцати лет с лилово-темным окрасом век, яркой губной помадой, сигаретами в кроваво наманикюренных пальчиках и с глазами подзаборных лахудр. Вокруг стояли низкие столики, заляпанные пивом и окурками, за этими столиками такие же нимфетки сидели в обществе пятидесятилетних козлов с полузнакомыми лицами не то депутатов Думы, не то персонажей из картотеки МУРа. Впрочем, на первых они смахивали больше, поскольку рядом, на углу 2-й Тверской-Ямской и Лесной, за мощным кирпичным забором стоит гигантский, величиной с квартал, многоэтажный жилой дом депутатов Думы с квартирами улучшенной планировки. Сутенеры и хозяева борделей всегда стараются быть поближе к своей клиентуре.

Не успел я подойти к бармену насчет Бейлиса и Бодулина, как вся эта публика вдруг подхватилась и ринулась в соседний зал, где, как оказалось, началась демонстрация мод — из какой-то щели в стене на длинный язык нарисованного на черном полу подиума стали одна за другой выходить голые — в одних лифчиках и трусиках — девицы и явно непрофессионально, хотя и под музыку, демонстрировать не столько нижнее белье, сколько самих себя.

Но публика азартно аплодировала, поглядывая на яйцеголового лысого мужика, стоявшего во главе подиума. Приглядевшись, я вспомнил, где видел его: на экране, когда смотрел кассету скрытой видеосъемки отлета Березовского на его собственном «боинге» из Шереметьево. Тогда, за два дня до назначения Путина премьер-министром, БАБ вдруг примчался в аэропорт, и одновременно сюда же прикатил еще один «мерседес» с четырьмя роскошными девицами и этим яйцеголовым. Проследив, как девицы — действительно первый класс, под стать той По-

лине, которую я теперь ищу, — поднялись по трапу в самолет, яйцеголовый вернулся в «мерс» и укатил, а минут десять спустя самолет с БАБом и девицами отбыл в Киев.

Через неделю от одной из этих девиц мы узнали подробности этого вояжа: БАБ слетал в Киев поздравить Кучму с предстоящим назначением на пост российского премьера не Примакова, своего заклятого врага, а Путина; и Кучма, по словам девицы (которая могла и приврать), за эту замечательную новость подарил БАБу не то «бентли», не то «ягуар», выгуливал их на своей загородной даче, играл им там на гармони и пел. Спать с девицами, правда, не стал, уехал, но девицы все равно получили от яйцеголового по штуке за поездку...

С трудом дождавшись в «Липс» конца этого копеечного шоу, я сунул яйцеголовому под нос свои корочки и увел его в черную щель в стене, за которой оказался душный закуток-каморка. Тут я предъявил ему фото Полины и взял его на арапа:

— Это твоя телка. Нам нужен ее домашний адрес, срочно!

— Я американский гражданин, — вдруг сказал он. — Вы не имеете права! Я в наше посольство...

— Ах ты, сука эмигрантская! — перебил я, разыгрывая бешенство. — Я те счас яйца оторву и пошлю в ваше гребаное посольство! — И для убедительности схватил его за пах. — Адрес, быстрей!

— Да откуда у меня? — струхнул он. — Я ее уже два года не видел!

— Не физди! Адрес! Случилось убийство. Не дашь ее адрес, пойдешь по статье. Ты понял? — И я на пол-оборота свернул его мужское достоинство.

— Да, да, понял... Минутку... Так бы и сказали... — Он достал из кармана пиджака электронную записную книжку с крошечным английским кийбордом, торопливо набрал на этом кийборде «Polina Suhovey» и сказал: — Адреса у меня нет, только телефон. 765-32-17.

— Мобильный, что ли?

— Наверное...

Модные супермаркеты типа «Рамстор» и «Седьмой континент», конечно, не для меня. Там все продукты вдвое дороже, чем в моем продмаге на углу Беговой и Боткинского проезда. Впрочем, и в этом продмаге я могу позволить себе покупать только глазированные сырки, «чудо-творожок» или семирублевый йогурт в бумажной упаковке. Ну, еще соль, сахар, плавленые сырки. А в основном я питаюсь с рынка, который, на мое счастье, совсем недалеко от меня, по ту сторону Ленинградского шоссе, под забором спортклуба «Динамо». Рынок этот вырос самопально из лотков, киосков и торговых будок, сдвинутых мэрией с Ленинградского проспекта — парадного пути в международный аэропорт Шереметьево. «Держит» этот рынок, как ни странно, не азербайджанская мафия, а тверская, и потому здесь почти нет продавцов с кавказскими лицами. И цены, конечно, куда ниже, чем на Ленинградском или Черемушкинском рынках. Правда, и грязь тоже наша, рассейская, — ни павильонов, ни навесов нет, ларьки стоят прямо на земле, зимой тут окоченеешь, пока пройдешь до конца ряда, летом задохнешься от пыли, а сейчас, в марте, приходится месить грязь ботинками — благо у меня еще жива кирза из последней чеченской командировки.

Что я тут покупаю? Картошку, лук, капусту, подсолнечное масло и — изредка (скажем, на Новый год и 23 февраля), как память о прошлой жизни — небольшой кусок свининки. Этих ингредиентов мне хватает на густой картофельно-овощной суп, который я варю сразу на неделю, а на второе у меня или жареная картошка, или картошка в мундире. Хлеб я беру в нашей булочной в Боткинском проезде...

Конечно, от всей этой картошки, на которой я практически и живу, живот постоянно пучит, как у лошади от овса или у солдат от перловки. Впрочем, может быть, и не от картошки. Ведь говорят же «старый пердун». Так что меня, наверное, от старости пучит, а не от картошки...

(Кстати, немцы этих утробных звуков совершенно не стесняются. Но это я так, к слову.)

Мобильник Полины Суховей был отключен. Пришлось ехать в «Би-Лайн», на улицу 8-го Марта, и пробиваться чуть ли не к президенту «Вымпелкома», чтобы получить доступ к их компьютерной картотеке. В 8.15 утра я все-таки добыл адрес, по которому «Би-Лайн» посылал счета Полине Суховей: Малая Бронная, 32, кв. 16.

В 9.12 я был уже там. Когда у вас есть деньги, любой частник за пару сотен пролетит с ветерком через центр Москвы даже в часы пик, нужно только выбирать водителей не старше тридцати.

Из машины я позвонил своему шефу полковнику Палметову и сказал, что беру на сегодня отгул...

Однако как я ни спешил, а из двадцати трех часов, которые были у меня в запасе, восемь уже корова языком слизала.

Тридцать второй дом на Малой Бронной оказался семиэтажным зданием с недавним евроремонтом снаружи и внутри. Свежеокрашенный в палево-бежевые тона, оконные стеклопакеты, новенькие балконы с лепными карнизами... Поскольку ни кода от парадной двери, ни номера домофона я не знал, пришлось ждать, когда кто-то выйдет из подъезда. Впрочем, в 9 утра публика теперь только-только отправляется на работу, так что с этим проблем не было, в 9.17 я уже нырнул в подъезд, лифтом поднялся на шестой этаж. Конечно, и сам подъезд, и лифт были тут тоже обновлены, не то что у нас на Беговой. И вообще место хоть куда — Патриаршие пруды, самый центр, интересно: это ее собственная квартира или она ее снимает?

В 9.19 я нажал на кнопку дверного звонка квартиры номер 16.

Но за дверью — ни звука. Блин! Впрочем, что же ты хочешь, сказал я себе, девочка на работе, где же ей еще быть в это время?

Я осмотрел дверь — дубовая, хорошая дверь, два немецких замка и глазок. Под дверью плетеный коврик без всяких следов пыли и грязи. То есть можно предположить, что хозяйка была недавно дома. Впрочем, тут вся площадка лестничной клетки чистая, как вылизана. Так что это скорее уборщица здесь такая старательная, ей, поди, платят по-божески.

Я спустился вниз, к почтовым ящикам. На мое счастье, они тут были еще старые, советские — зеленые и с дырочками в металлических дверцах. На дверце с номером 16 за дырочками было пусто, и я почти успокоился — если она почту вынимает, значит, рано или поздно появится. Хотя «поздно» меня не устраивает, у меня time-bomb*, как говорят англичане. Но и звонить этой Полине я не могу, это ее только спугнет. Нет, нужно набраться терпения и ждать...

---

* Время-мина (англ.).

Я вышел из подъезда, остановился. Был теплый и солнечный сентябрьский день, жизнь на Патриарших только начиналась и чем-то очень напоминала Брюссель моего детства: по зеленой воде пруда медленно плыли два белых лебедя; вокруг пруда по аллее бежали спортивного вида мужик с седым «бобриком» и совсем юная, чуть полноватая брюнетка с волосами, перехваченными черной лентой; здесь же на одной скамье — не той ли, где когда-то сидели Берлиоз и Бездомный? — лежал сонный бомж, постелив под голову газету; рядом на соседней скамье курили и пили пиво два подростка школьного возраста, явно прогуливая первые уроки; еще дальше, на углу сквера худощавый мужик в спортивном костюме и полнотелая молодая блондинка открывали свой цветочный ларек, раскладывая на выносной тележке-витрине заспанные гладиолусы и голландские тюльпаны; а по другую сторону пруда, возле медного памятника Крылову и деревянных зверей из его же басен, какая-то тетка кормила булкой наглых гулькающих голубей. Идиллия! И на периферии этой идиллии — реставрация старомосковских и сталинских домов вокруг пруда и в соседних переулках, капитальные стройки с сохранением архитектоники прошлого, но с ультрасовременным внутренним наполнением: подземные гаражи, европланировка квартир, джакузи, зимние сады... Многомиллионные и даже миллиардные зарубежные инвестиции в московскую недвижимость...

Хотя я постоянно поглядывал на часы, время двигалось возмутительно медленно.

Если я дождусь эту Полину и привезу ее Кожуну, пока он жив, что я сделаю на десять тысяч? Машину куплю или сделаю евроремонт в квартире? Или продам, так и быть, душу любому олигарху, слуплю с него еще полста или даже сотку тыщ и обменяю свою квартиру на Беговой на квартиру здесь, на Патриарших?

В конце концов, что такое сто тысяч у.е., когда в городе, только внутри его Садового кольца, крутятся миллионы и даже миллиарды? И почему вся жизнь человека зависит от каких-то сраных ста тысяч? Сто тысяч у.е. — и я могу жить вот в таком элитном районе, любоваться из окна на плавающих лебедей и девушек, бегающих вокруг пруда. Сто тысяч — и я могу купить себе «мерседес» или по крайней мере «хонду». Сто тысяч — и я могу найти себе жену и новую жизнь...

Так неужели все это не стоит того, чтобы продать Быкову досье на Лебедя, Абрамовичу досье на Потанина, Ходорковскому досье на Авена — или наоборот?

Черный джип «лексус» подкатил к подъезду, водитель изнутри открыл заднюю дверь, и моя высокорослая красотка выпорхнула из машины на тротуар. Блин, она была в порядке! Даже утром, после ночной смены, она была... — так выглядят голливудские звезды, так смотрится Шарон Стоун в фильме «Основной инстинкт», так в Париже в отеле «Креон» выглядела перед камерами Елена Березовская во время интервью БАБа относительно его конфликта с Примаковым. Впрочем, нет — закованные в свои светские «армани», «версаче» и косметику от Шанель, эти королевы выглядят нарочито холодными и мраморно-неприступными. А Полина... Конечно, с одной стороны, это была инопланетянка — так в детских сказках изображают богов, спустившихся когда-то с неба пожить среди людей и поставить их на путь цивилизации: высоченные красавцы и красавицы с небесными ликами и божественного сложения. Но с другой стороны — при всем ее почти двухметровом росте и светском прикиде была в облике этой Полины какая-то аура простоты, домашности и еще та особая сексапильная перчинка в каждом движении волос, плеч и бедер, которая разом будит в мужчине острый позыв и дикие желания...

Но я не мог подойти к ней сейчас — я не знал, как будут реагировать на это водитель «лексуса» и второй мордоворот, сидевший возле него, явный охранник того, у которого провела ночь эта Полина Суховей. Поэтому я с индифферентным видом закурил, посмотрел, как эта краля вошла в подъезд, открыв его магнитным ключом. Затем проводил глазами «лексус», машинально сфотографировав взглядом его номерной знак «М447ХМ», достал свой мобильник и позвонил Рыжему.

— Виктор, это Чернобыльский. Я ее нашел. Пришли за нами машину на Малую Бронную к дому номер 32. Желательно «мерседес»...

— Почему? — удивился он.

— Мы на других не ездим, — сказал я и дал отбой. Десять штук были у меня в кармане. А эти суки в моей конторе сказали, что я спекся, выдохся и вообще «пора на заслуженный отдых, Павел Андреевич»...

Я выждал, пока дверь подъезда снова открылась — из него выскочил еще один утренний спортсмен в беговых кроссовках. Просто не район, а какой-то оздоровительный центр! Попридержав за ним дверь, я шагнул в подъезд. Как я и предполагал, кабина лифта уже стояла наверху, на шестом этаже. Я дождался ее спуска и поднялся к 16-й квартире, нажал кнопку звонка.

— Кто там? — послышался удивленный голос за дверью.

— ФСБ. Откройте.

— Кто-кто?

— Полина, это ФСБ, откройте! — И я подставил к глазку свое удостоверение.

С минуту она изучала мое удостоверение через глазок. (Кстати, глазок на нормальной высоте — метр шестьдесят, а не под ее высоченный рост, и, следовательно, это не ее квартира, а съемная...) Потом из-за двери послышалось:

— А в чем дело?

Я убрал удостоверение и, зная, что она, все еще вынужденно пригнувшись к глазку, смотрит на меня, улыбнулся как можно душевнее.

— Не беспокойтесь, Полина, у нас к вам нет никаких претензий. Но нам очень нужна ваша помощь. Очень нужна, ей-богу...

Люди ужасно любят, когда в их помощи нуждаются органы власти. Особенно силовые.

Она приоткрыла дверь на цепочке, и ее зеленые глаза оказались надо мной, а расслабленное полусонное тепло ее грудок — почти рядом.

— Что вы хотите? — спросила она сверху вниз.

Самое честное было сказать: я хочу тебя, и немедленно. Но я, конечно, этого не сказал.

— Полина, я не могу через дверь. Возьмите мое удостоверение, посмотрите его еще раз. Я подполковник ФСБ Чернобыльский Павел Андреевич. Вы нас очень обяжете, если разрешите мне войти на минутку...

Две старушки соседки с нижнего этажа торчали под моей дверью, а жэковский слесарь ковырялся в моем замке.

— В чем дело? — удивился я, выйдя из лифта и увидев эту компанию.

— А воду надо выключать, когда из дома уходишь, — сказала одна старушка.

— Залил нас совсем, — добавила вторая.

Я похолодел. Неужели я в таком маразме, что не выключил воду, уходя из дома? Но разве я принимал утром душ? Я ведь даже и бриться-то уже дня три как не бреюсь...

— Минуту! — Я отодвинул слесаря, открыл дверь и вошел в квартиру.

Старушки с видом пытливых следопытов поспешили за мной, чтобы взять меня с поличным.

— Вот видишь! — показали они на лужу в прихожей. — И нас залил. Будешь платить за ремонт...

Я по луже шагнул в ванную, но там все краны были закручены, и на кухне тоже, и в туалете. Я поднял голову — так и есть: с потолка капает, вся стена мокрая.

— Это белорусы, — сказал я и кивнул слесарю: — Пошли наверх!

Командой народных мстителей мы поднялись на этаж выше, я без всякого звонка толкнул дверь верхней квартиры.

Там, прямо от порога, весь пол «стадиона», в который превратилась эта квартира, был залит свежим цементным раствором, и этот цемент обильно орошал резиновый шланг, подсоединенный к водопроводному крану. А хмыри, сидя на двух табуретах в углу «стадиона», то есть на бывшей кухне, где цемента еще не было, заправлялись пивом, огурцами и хлебом.

Правда, увидев наши решительные лица, они подхватились, и один Лукашенко сказал другому:

— Ты, блин, опять воду не выключил? Ну, козел!

Старушки открыли рты, призывая на хмырей все мыслимые и немыслимые напасти. А я сказал слесарю:

— Саша, с ними нехер разговаривать. Вызывай начальника ЖЭКа, пусть акт составит...

Ехать к Кожлаеву Полина отказалась наотрез.

— *Но почему?* — *изумлялся я, кое-как освоившись с нашей разницей в росте.* — *Это же больница. Там ничего не будет...*

— *Нет!*

— *Я гарантирую, что с вами ничего не случится...*

— *Нет! Уходите!*

— *Минуту! Полина, послушайте. Он умирает, ему жить осталось несколько часов. Будьте гуманны...*

— Очень хорошо, пусть подохнет!

— Знаете что? А давайте я вам заплачу. Хотите пятьсот долларов? Просто съездим туда и обратно. А?

— Нет, я сказала: я не хочу его видеть!

— Но вы же берете деньги, Полина... — сказал я как можно мягче.

— Да, я беру деньги, — ответила она спокойно. — Но к Кожуну я ни за какие бабки не поеду.

— Почему?

— Это мое дело. Все, уходите. У меня в три кастинг, я должна выспаться.

— Хорошо, дайте мне ваш паспорт.

— Зачем?

Но я не стал объяснять. Когда девушка выше вас на целую голову, это сначала смущает, а затем раздражает. Окинув взглядом ее уютное, с евроремонтом, однокомнатное гнездышко, я увидел на окне палево-розовые гардины, рядом с окном — софу и телевизор «Самсунг», в алькове — двуспальную кровать, покрытую розовым покрывалом, в пенале кухни — идеальный порядок, все белое — холодильник, плита, кофейник; а по другую сторону комнаты — трельяж и косметический столик. И на стене несколько огромных фотографий хозяйки — не эротических, а из каких-то дорогих женских журналов типа «Элит» или «Космополитэн». И на этих фото Полина была просто отпад — юная фея с картин Боттичелли...

Но я не стал рассматривать эти фото, а уверенно подошел к трельяжу, открыл косметический столик и тут же увидел то, что мне нужно — два паспорта, внутренний и зарубежный. Под ними лежал фирменный конверт «Эр Франс». Я взял оба паспорта и конверт.

— Не смейте! — бросилась ко мне Полина.

— Спокойно! Я из ФСБ. За сопротивление властям есть статья, ты знаешь? — Я открыл ее паспорт, пролистал. — Так, паспорт из Нижнего Новгорода, а московская регистрация кончилась три месяца назад. Ты тут живешь нелегально... — Я открыл конверт «Эр Франс», там был билет в Париж на послезавтра. — И ни в какой Париж ты не полетишь, мы тебе выезд за рубеж вообще закроем. — Я достал свой мобильник, набрал на нем какой-то номер и сказал в мертвую трубку: — Валерий Ивано-

38

вич, добрый день, это Чернобыльский. Пожалуйста, запишите для шереметьевской таможни: Суховей Полина Степановна...

— Не нужно, — устало сказала Полина. — Хрен с тобой, я поеду.

Я посмотрел на часы. Сколько отсюда до Склифосовского? По моим подсчетам, «мерседес» Кожлаева уже должен подъезжать к Малой Бронной. Но чтобы не стоять с Полиной на улице, я все-таки набрал номер Рыжего. И услышал:

— Чернобыльский, можешь расслабиться, он умер.

Я оторопел:

— Как умер?

— Ну, как умирают? — насмешливо произнес голос Рыжего, мне показалось, что я даже вижу его усмешку. — За родину, наверное... Короче, оставь себе аванс и отдыхай. Пока.

И он дал отбой.

Они пришли вечером — начальник ЖЭКа и какая-то дама лет тридцати, маленькая и черноглазая, как японка, но в дорогой шубке из темной норки и в черных сапожках из тонкой кожи, плотно облегавших ее кегельные ножки.

— Вы видите? — сказал ей начальник ЖЭКа. — Вода прошла отсюда по стволу электрического коллектора. Залила весь пол и стены — вот, обои еще сырые и паркет разбух. И просочилась вниз, там весь потолок посыпался...

— Хорошо, — сказала ему женщина. — Вы составили смету? — И повернулась ко мне: — Сколько, вы думаете, я вам должна?

Я понял, что это хозяйка верхней квартиры, и промычал:

— Ну, я не знаю... Нужно посчитать... — И посмотрел на начальника ЖЭКа, который делал мне большие глаза, явно предлагая слупить с этой дамы раза в три больше, чем стоил бы ремонт, и поделиться с ним наваром.

Но что-то в темных глазах этой дамы говорило мне, что лупить с нее не надо, нельзя.

— Не знаю... — повторил я.

— Приезжайте завтра, мы все подсчитаем, — тут же сказал ей начальник ЖЭКа.

— Завтра я не могу, — ответила ему дама. — У меня муж в больнице, я и сегодня заехала только на две минуты. Послушайте, — вдруг обратилась она ко мне, — вы пенсионер? Полковник ФСБ?

— Подполковник, — уточнил я.

— А вы не могли бы присмотреть за этими рабочими наверху? Муж в больнице, и у меня совершенно нет времени следить за их работой. А без присмотра... вы же знаете, как у нас работают. Я вам заплачу, не беспокойтесь.

— А что я должен делать?

— Ну, просто следить за ремонтом. А если вы понимаете в строительном деле... — Она посмотрела на часы. — Знаете что? Мне через десять минут нужно быть в больнице, а то врачи разойдутся. Вот моя визитка. — Она открыла маленькую черную сумочку, достала визитку и протянула мне. — Позвоните и приезжайте ко мне на работу, мы там все обсудим. И захватите с собой смету на ущерб, причиненный вашей квартире и квартире нижних соседей. Как вас звать?

Я посмотрел ей в глаза:

— А что с вашим мужем?

— К сожалению, инсульт.

Российский
Промышленно-инвестиционный
Банк

СОЛОВЬЕВА Инна Петровна

Заместитель председателя правления
Начальник юридической службы
Кандидат юридических наук

Москва, ул. Палиха, 46.
Тел. (095) 452-12-73. Факс (095) 452-12-79.
E-mail: solovyova@rpib.ru

Здание банка было новенькое, красно-кирпичное, семиэтажное, у входа в два ряда стояли «мерседесы», «БМВ» и импортные внедорожники. На гранитном крыльце дежурили крутоплечие охранники. Хотя на улице было по-прежнему всего плюс шесть или восемь, они были только в костюмах.

Впрочем, я тоже был не в зимнем пальто и даже не в куртке. Собираясь к Соловьевой, я привел себя в божий вид — побрился, извлек из шкафа свой единственный выходной костюм, надел белую сорочку и галстук. Конечно, в китайском плаще, финском костюме восьмилетней давности и с несвежим галстуком я все равно выглядел скорее милицейским дубарем, чем щеголем из ФСБ, но — I did my best, то есть я, как говорят американцы, сделал все, что мог.

— Вы к Инне Петровне? Чернобыльский? Идемте, я вас провожу.

Новенький лифт... ковровая дорожка на полу коридора... маленькая приемная с секретарем... небольшой, но дорого обставленный кабинет с видом на Палиху... телевизор, книжный стеллаж и стол, на котором в рамке с косой черной лентой — портрет сорокалетнего толстяка с залысиной и большими умными глазами.

Я изумленно посмотрел на Соловьеву. Только теперь я сообразил, почему она вся в черном — платье, лента в волосах и даже чулки.

— Да, — подтвердила она. — Он умер... вчера. Но вы садитесь. У меня есть четыре минуты, потом я должна ехать в Верховный суд, на процесс. Отменить я его не могу, поэтому я на работе, несмотря на смерть мужа... — Она заглянула в свой настольный календарь. — Павел Андреевич, правильно?

Я кивнул.

— Извините, я сразу к делу. Вы принесли смету вашего ущерба?

Я положил на стол бумагу, составленную и подписанную начальником и главным инженером нашего ЖЭКа. Хотя начальник ЖЭКа уговаривал меня слупить с этой Соловьевой тысячу долларов, я посчитал, что мой мелкий косметический ремонт (который я все равно делать не собираюсь) должен стоить две сотни, а у нижних соседей — от силы полторы.

Соловьева бегло глянула вниз страницы на «итого» и тут же открыла тумбу письменного стола, достала тонкую пачку новеньких пятидесятидолларовых купюр.

— Я вижу, вы не рвач, спасибо, — сказала она, отсчитала ровно 350 долларов и подвинула ко мне. — Но это не все. Я хочу попросить вас об одной услуге. Дело в том, что эту квартиру купил мой муж. Вообще-то мы с ним живем... то есть жили, за городом, в Пахре, у нас там дом. Но ему было долго ездить на работу, он был юрисконсультом гостиницы «Аэростар», это рядом. И когда подвернулась эта квартира возле работы, он ее взял так, на всякий случай. И рабочих тоже он нанял. Но теперь... Мне эта квартира не нужна, я буду ее продавать. Поэтому вот вам еще 150 долларов, рассчитайте этих горе-рабочих. Я, честное слово, не знаю, сколько мы им должны. Если не хватит, вы мне позвоните, хорошо? Только не завтра, завтра похороны. Ладно? — И она встала из-за стола, показывая, что спешит.

— Конечно. — Я тоже встал. — Инна Петровна, примите мои соболезнования.

— Спасибо, — ответила она.

На ипподроме шел ремонт трибун, но по мокрым и еще грязным дорожкам уже катили двуколки — жокеи выгуливали коней по первой солнечной погоде, и кони с явным удовольствием бежали по кругу, высоко вскидывая свои тонкие сильные ноги. Был в их красивом грациозном беге даже какой-то завораживающий эффект.

Честно говоря, живя столько лет рядом с ипподромом, я никогда не увлекался бегами и не заглядывал сюда чуть ли не с детства. Но теперь... Теперь я вот уже третий день прихожу к гостинице «Бега», стою у металлической решетки ограды ипподрома, смотрю на бегущих по кругу лошадей и думаю...

Нет, я бы не сказал, что я думаю о чем-то определенном. Я пенсионер, о чем могут думать пенсионеры? Наверное, мне полагается думать о внуках, но у меня нет ни внуков, ни даже дочки... Может быть, мне полагается вспоминать прожитые годы и «битвы, где вместе сражались они». Но вспоминать битвы в Чечне — нет, нет, упаси меня Бог от этих воспоминаний! А вспоминать своих бывших женщин — зачем?

Нет, я ничего не вспоминал, ни о чем не думал, а только стоял и смотрел на бегущих по кругу лошадей. Если нет фарта, то его нет, как ни крути. Десять тысяч долларов уже практически были у меня в кармане — во всяком случае, я их честно заработал, я нашел эту Полину Суховей. И — все обломилось. И даже мелкий заработок — курировать ремонт верхней квартиры, долларов двести можно было на этом получить — тоже лопнул в связи со смертью мужа этой Соловьевой. You are a loser, mister Chernobylsky. Ты неудачник, ты проигрываешь все, что можешь...

А лошади все бежали по беговой дорожке. Они круто выгибали шеи и хвосты, ритмично стучали копытами, гордо вскидывали головы, и их шоколадные крупы влажно блестели под солнцем. Я любовался ими невольно, и какое-то зыбкое ощущение весеннего тепла, солнечно-знобящего ветерка и позыва к движению, к бегу вдруг стало заполнять мои суставы, расслабленные бездельем и отчаянием старости...

Какого черта?

Какого черта я тогда не выяснил, почему Кожлаев перед смертью хотел увидеть эту Полину?

Какого черта она отказывалась ехать к нему даже за деньги?

И кто стрелял в Кожлаева?

И что стало с его казино, строительными фирмами, прочими бизнесами и квартирой на Софийской набережной?

А что, если...

Или — да ну его?

Нет, а в чем дело? Почему бы мне, в самом деле, не попробовать — так, ради любопытства... Ну и ради ее зеленых глаз, конечно. В конце концов, разве я не имею права посидеть на скамейке у Патриарших прудов — просто посидеть, как пенсионер. И случайно встретить ее: «О, Полина! Здравствуйте, как поживаете? Извините, что я тогда так грубо...» Нет, лучше сразу на ты, по-свойски: «О, Полина! Привет, как поживаешь?» Да, именно так, сверху вниз, покровительственно. Ведь с бабами самое главное сразу взять верный тон — то есть быть хоть чуть-чуть, но выше. А если покажешь им, что они чего-то стоят или что ты их, не дай Бог, поставил на пьедестал, — все, пиши пропало. Нет, только на ты, сразу на ты...

Как назло, именно в эту субботу с ночи вдруг пошел снег. Да, весь март было плюс шесть — восемь, все уже думали, что весна, а оказалось — дудки, ни с того ни с сего минус пять, и утром метель со снегом. Лебеди на Патриарших обиженно уплыли в свой зеленый дощатый домик; цветочница спрятала гладиолусы и тюльпаны в киоск; на поплавке-ресторанчике, что возле памятника Крылову, официант опустил матерчатые грибки и унес под навес стулья из-за столиков; на детской площадке тоже никого; «бегуны от инфаркта», промочив в снегу свои «найки», разбежались по домам; и даже на стройке соседнего жилого дома для новых русских рабочие ушли на перекур.

Я подмерз вышагивать по дорожке вдоль заснеженных скамеек. Туда-сюда мимо подъезда Полины, туда-сюда... Конечно, были бы деньги, можно было бы зайти в кафе «Маргарита», что рядом с домом Полины, или в бар «Под роялем», или в «Экипаж» — тут эти заведения со всех сторон пруда, воистину как в Брюсселе, Париже или Амстердаме. Но и цены такие же! На мою месячную пенсию в этом районе нельзя даже пообедать.

Девять утра...

Десять...

Одиннадцать...

Я уже изучил все эскизы будущих здешних дворцов, вывешенных на заборах новостроек, а также все вывески и витрины кафешек, бутиков и маленьких продовольственных магазинчиков. И я уже устал вскидываться и напряженно замирать каждый раз, когда у подъезда Полины притормаживает очередная машина. Черт возьми, а кто мне сказал, что она *каждый* день приезжает домой после девяти утра? И вообще, может быть, она сейчас в Париже, в Лондоне, в Риме... Она же сказала тогда, что у нее кастинг. То есть она не профессиональная проститутка, а модель. Или это одно и то же? Во всяком случае, она сейчас может быть за границей на каком-нибудь фестивале мод или просто с любовником. А я тут мерзну, как последний дурак...

Я подошел к ее подъезду. О, тут появился последний штрих евроремонта — новенький домофон с инструкцией на красивом медном щитке. Следуя этой инструкции, я набрал сначала «0», а потом номер квартиры — «16».

— Who is it?* — вдруг спросил из домофона мужской голос.

— ФСБ, — ответил я и добавил по-английски: — Open up!**

К моему изумлению, дверь тут же негромко загудела, я потянул ее на себя и открыл.

Затем, гадая, кто же это мне ответил – или я ошибся и набрал не 16-ю квартиру? — я поднялся лифтом на шестой

---

* Кто там? (*англ.*)

** Откройте! (*англ.*)

этаж. Дверь 16-й квартиры была открыта, в ней стоял какой-то взлохмаченный конопатый парень в шортах и майке «Toronto Maple Leafs».

— Oh, shit!* — сказал он. — Я думать, это Fed-Ex. Who are you?**

— I'm from FSB, Federal Security Service***. — И я показал свои корочки, но издали, не давая их ему в руки. — And you?****

— Вы должны знать, кто я, если звоните мне, — резонно ответил он по-английски. — Я Кристофер Рафф, корреспондент «Торонто стар».

— Nice meeting you*****, — сказал я по-книжному. — Is Polina home?******

— Polina who?*******

— Полина Суховей. Девушка, которая жила здесь несколько месяцев назад.

— О, эта! К сожалению, она тут больше не живет.

— А вы не знаете, куда она переехала?

— Не-а...

— А вы давно здесь?

— Я въехал две недели назад. Она красива?

— Кто?

— Ваша Полина.

Я усмехнулся:

— Да! А почему ты спрашиваешь?

Он тоже усмехнулся:

— На случай, если она появится забрать свою почту.

Я заинтересовался:

— А ты получил ее почту?

— Только одно письмо.

— Дай посмотреть.

— Why? — разом напрягся он и перешел на русский: — Пошему?

---

* О, черт! (*англ.*)
** Я думал, это американская почта-экспресс. А вы кто? (*англ.*)
*** Я из ФСБ, Федеральная служба безопасности (*англ.*).
**** А вы? (*англ.*)
***** Приятно познакомиться (*англ.*).
****** Полина дома? (*англ.*)
******* Какая Полина? (*англ.*)

— Потому что я из ФСБ. That why, — сказал я жестко. — The girl has vanished, девушка исчезла, и мы ее ищем. Понимаешь?

— But that letter came from her mother. Or sister*...

— Откуда ты знаешь?

— 'Cose I can read Russian!** — гордо ответил он. — Это написано на конверте: «от Нади Суховей». Надя — это женское имя, верно?

— Дай мне глянуть.

Он поколебался секунду, потом сказал:

— All right, come in***.

Вслед за ним я зашел в квартиру. И поразился: это был образец того, что может мужчина сделать из уютного женского гнездышка всего за две недели! Розовые гардины на окне заброшены наверх, на кронштейн, так, что окно оголено и смотрит прямо в снежную замять и на крышу новостройки дома через пруд. Под окном вместо софы и телевизора, сдвинутых в угол, стоят табурет и стол с компьютером, принтером, факс-машиной, телефоном и грудой бумаг. Трельяж и косметический столик завалены деловыми папками и видеокассетами, на полу стопки книг, три фотокамеры и магнитофон. На всех стенах вместо исчезнувших фотографий Полины вкривь и вкось наклеены или пришпилены кнопками длинные служебные факсы, вырезки из русских и нерусских газет и notes — памятные записи на листках из блокнота. В пенале кухни полный бардак — гора немытой посуды, грязный кофейник на сковородке. А в алькове на двуспальной кровати хаос из простыней, подушек и шерстяного пледа, и посреди этого хаоса попкой кверху лежит практически голая нимфетка с лицом девицы из ночного клуба «Lips».

— Приветик! — бесстрашно махнула она мне голой ручкой и, повернувшись на бок так, что мне открылись все ее спелые прелести, чиркнула зажигалкой, закуривая «Мальборо».

А Кристофер снял со стены конверт, висевший на кнопке.

---

* Но это письмо пришло от ее матери. Или сестры (*англ.*).

** Потому что я читаю по-русски (*англ.*).

*** Хорошо, входите (*англ.*).

— Вот, — сказал он по-русски. — But you cannot take it with you. Just take a look here*.

Я не стал спорить. В конце концов, парень хочет сохранить шанс увидеть Полину, а мне это на руку.

— Хорошо, — сказал я, считывая на конверте адрес отправителя: «Надя Суховей, ул. Приволжская, 16/3, Нижний Новгород». — Let's make a deal. Давай договоримся. Я даже не открою этот конверт. Зато... — Я посмотрел на нимфетку, слушавшую наш разговор, и спросил у нее: — Do you speak English**?

— Nupp!*** — усмехнулся Кристофер.

— Fine****, — сказал я. — So, as soon as she comes here to pick it up, give me a call. All right? Here is my number...***** — Я написал на конверте номер своего домашнего телефона и прикнопил этот конверт обратно на стену. — All right?******

— Sure*******, — сказал Кристофер.

— До свидания, спасибо. — Я пошел к выходу.

— Good by, — сказала мне вслед нимфетка, махнув ручкой и качнув спелыми яблоками своих сисек.

Кристофер проводил меня до двери и даже вышел за мной на лестничную площадку.

— Всего хорошего, извини за беспокойство, — сказал я ему по-английски.

— Ничего, — ответил он по-русски. И вдруг, поколебавшись, добавил, снова перейдя на английский: — Между прочим... Я хочу вам кое-что сказать...

— Что?

— Вы не первый, кто ищет ее.

— Неужели? — деланно удивился я. Было бы странно, если бы никто из любовников не искал эту красотку. — И кто это был?

— Well... — ответил Кристофер. — Знаешь, я всего несколько недель в вашей стране, но, мне кажется, я уже научился различать этих типов. Хочешь взглянуть на него?

---

* Но вы не можете забрать его. Посмотрите здесь (*англ.*).

** Ты говоришь по-английски? (*англ.*)

*** Нет (*англ.*).

**** Отлично (*англ.*).

***** Как только она появится за письмом, ты мне позвонишь, хорошо? Вот мой номер... (*англ.*)

****** Идет? (*англ.*)

******* Конечно (*англ.*).

— Что ты имеешь в виду? — теперь уже искренне удивился я. Как я могу увидеть того, кто искал тут Полину?

— Постой здесь, — сказал Кристофер и ушел обратно в квартиру, а через минуту вернулся с большим желтым конвертом, вытащил из него три фотографии и протянул их мне.

И тут-то у меня вытянулось лицо. На всех трех фото был Рыжий — Виктор Банников, собственной персоной, снятый сверху, из окна 16-й квартиры мощным объективом одной из тех фотокамер, которые лежат там, на полу, на стопке книг. Рыжий Виктор, выходящий из подъезда... Рыжий Виктор, которому телохранитель открывает дверь кожлаевского «мерседеса»... И Рыжий Виктор, садящийся в машину...

Н-да, эти иностранцы, которые теперь приезжают к нам, подкованные ребята.

— Ты знаешь его? — спросил Кристофер, заметивший, конечно, изумление на моем лице.

— Немного...

— Он бандит?

— В прошлом... Когда он тут был?

— Две недели назад. В первый же день, как я поселился.

— Что он сказал?

— Он сказал, что эта девушка должна ему много денег. Он дал мне номер своего телефона и сказал, что заплатит мне, если я сообщу ему, когда она придет за своей почтой или мебелью.

— Ты сохранил этот номер?

— Конечно. — И Кристофер показал мне надпись на том же конверте с фотографиями: «768-43-20». Но это не был мобильный Рыжего, это был номер мобильного телефона Кожлаева.

Однако на сей раз я уже владел своим лицом и никак не выдал своих эмоций.

Но Рыжий-то каков! Ездит в «мерсе» Кожлаева, пользуется его мобильником и еще ищет его бывшую телку! Мазохист он, что ли?

— Thank you, Chris, — сказал я, пожимая руку канадцу. — Надеюсь, ты мне позвонишь. Спасибо еще раз.

— Good luck, — ответил он и добавил по-русски: — Удачи. Между прочим, у тебя хороший английский. Британский...

— Thanks...

Я вышел из подъезда и поднял голову к окнам на шестом этаже. Сверху, из открытого окна шестнадцатой квартиры на меня смотрел телевик фотокамеры. Я усмехнулся и приветственно поднял руку. И Крис, держа в одной руке фотоаппарат и снимая меня, приветственно поднял вторую.

Н-да, думал я, шагая по снегу в сторону Садового кольца, этот парень далеко пойдет. Даже у нас в Москве...

Однако представить себе, *как далеко* может пойти этот Крис у нас или в Канаде, я не успел — буквально через тридцать шагов, на углу Малой Бронной и Благовещенского переулка, как раз у забора стройки новой «элитки», передо мной вдруг остановился внедорожник «чероки», трое лбов быстро вышли из него, тут же взяли меня под локти и, сунув под правое ребро что-то тупое, как дуло, сказали негромко:

— Не дергайся. В машину.

Мне не завязывали глаза, не связывали руки, и вообще все было вполне цивильно и корректно. За исключением, конечно, того, что у меня под ребром все время держали дуло.

«Чероки» выехал из Москвы и покатил по заснеженному Рублево-Успенскому шоссе. Была суббота, чуть после полудня, пустое шоссе переметало солнечным снегом — почти по Пушкину: метель и солнце, день чудесный... Если бы слева и справа меня не прижимали эти «шкафы», лучшей погоды для загородной прогулки и не придумаешь. Я знал, что заговаривать с этими бугаями без толку, и просто смотрел на дорогу. Мы миновали Раздоры, потом «Царскую охоту». Теперь по обе стороны дороги пошли приснеженные ельники и дачные заборы, за которыми стоят свежие, только-только построенные трехэтажные кирпичные хоромы наших новых бояр-нуворишей. Их просто распирает от показного богатства и самоуверенности. Страна, которая всего пятнадцать лет назад формально принадлежала народу, а тайно — маленькой корпорации по имени «ЦК КПСС», теперь принадлежит им, обитателям Рублевки, Николиной горы и еще двух-трех элитно-курортных зон, и они не скрывают этого, а, наоборот, кичатся своей властью и деньгами, ездят в «мерседесах» и «ауди» с мигалками и сиренами, строят себе дворцы и даже привозят итальянских дизайнеров, кипрский мрамор и французскую старинную мебель — совсем как когда-то графья Шереметев или Орлов.

В Жуковке машина свернула с шоссе налево и въехала в распахнувшиеся перед нами ворота большой двухэтажной дачи. Я узнал ее — это была дача Кожлаева. Когда-то, давным-давно, в моей прежней рабочей жизни меня уже привозили сюда — правда, без конвоя. Тогда Кожлаев предлагал мне 50 тысяч зеленых, чтобы я не закрывал два его казино. А когда я отказался, спросил:

— А сколько ты хочешь?

— Нисколько.

— Не физди! А то я не знаю ваши приколы! Налетаете на казино, находите причину его закрыть и называете цену. Все так делают. Сколько ты хочешь?

— Я же сказал: нисколько.

— Па-ачему? — удивился он, сдерживая свой вспыльчивый темперамент, но уже выходя из чистого московского произношения в кавказский акцент.

— Потому что это моя страна, всех вы тут не купите.

— А не купим — перестреляем... — усмехнулся он, достал из ящика стола «глок» и стал стрелять, явно беря меня на арапа — пули за моей спиной уходили в карельскую березу стенной обшивки буквально ореолом вокруг моей головы. — Ну? — говорил он после каждого выстрела. — Ва-азьмешь деньги? Лучше вазьми!

Но я знал, что Кожлаев — мастер спорта по стрельбе, и не дрогнул. Во всяком случае, наружно.

— Сука! — сказал Кожлаев, расстреляв всю обойму. — Неужели правда закроешь мне казино?

— Закрою.

— И бабки не возьмешь?

— Не возьму.

— Ну и мудак! Увезите его...

Он был абсолютно прав. От того, что у него стало на два казино меньше, казна не пополнилась ни центом, дефолт не был отсрочен ни на день и моя зарплата не увеличилась даже на рубль!

...Но теперь вместо Кожлаева меня в том же парадном холле дачи хозяйски встретил Рыжий — Банников Виктор

Васильевич. Точнее, это меня провели к нему после того, как дивизия его охранников обыскала меня в прихожей тщательно, до исподнего.

Рыжий сидел у камина в домашних тапочках на босу ногу и в банном халате, подкладывал в огонь сухие березовые поленья и ворошил их изящной кочергой из витого чугуна.

— Так! — сказал он. — Ну, колись: зачем ты к ней пришел?

С бандитами, как с бабами, тоже важно сразу взять верный тон. Я усмехнулся:

— У нас любовь.

Рыжий невольно улыбнулся, представив, наверное, меня рядом с этой Полиной.

— Ну-ну... — сказал он. — И где же она?

— Она... — Я тянул время, соображая: Рыжий живет на даче Кожлаева, ездит в его «мерсе», пользуется его телефоном и уже как минимум две недели держит под наблюдением квартиру Полины — потому меня и сгребли там его молодчики. А Полина съехала с квартиры, бросив даже свою мебель. И значит...

— Ну? — нетерпеливо сказал Рыжий. — Где твоя любовь?

— Тебя нужно спросить, — сделал я первый ход. — Это ты ее спугнул?

Он хмыкнул:

— Хм, соображаешь... И все-таки какие у тебя с ней дела?

Так, сказал я себе, спокойно. С этим парнем нужно быть начеку. Кожлаев поручил мне найти Полину, и врачи сказали, что он проживет двадцать четыре часа. Но стоило мне позвонить Рыжему и сказать, что я эту Полину нашел, как Кожлаев умер. Под охраной Рыжего... Идем дальше: две недели назад Рыжий почему-то сам стал искать Полину, но спугнул ее так, что она съехала с квартиры. Виделся я с ней до этого, после смерти Кожлаева, или не виделся, он не знает, и ее новгородский адрес — тоже. То есть этот адрес на Малой Бронной, 32, который я назвал ему, когда сказал, чтобы он прислал туда «мерседес», — единственное, что он о ней знает, и потому держит под наблюдением ее квартиру, для него это единственная ниточка. Но зачем ему Полина? Сначала Кожлаев разыскивал эту Полину, а теперь Рыжий. Причем если он уже полгода знает ее адрес, то почему вышел на нее только две недели назад?

— Может, дашь мне выпить? — сказал я.

— Бери сам... — Рыжий кивнул на стойку бара, уставленную импортными бутылками.

Так, похоже, стрелять не будут, иначе выпить не дали бы. Я подошел к бару и коротко глянул за окно. Заснеженный двор был обнесен таким высоким бетонным забором, что у соседних дач даже крыш не видно. А сбоку, у веранды, орава дюжих, с офицерской выправкой охранников Рыжего жарила на мангале шашлыки, и в форточку потянуло бараниной так остро, что у меня разом подвело желудок и слюна заполнила рот. То, что Рыжий завел себе профессиональную армейскую охрану, да еще раз в пять больше, чем была у Кожлаева, наводило на определенные размышления, но сейчас мне было не до них. Я сглотнул слюну, плеснул себе коньяк в пузатый коньячный бокал и спросил:

— Тебе налить?

— Нет, — сказал Рыжий. — Ну! Зачем ты к ней ходил?

— Хотел узнать, для чего Кожун вызывал ее в больницу. — Я сел за стол, наслаждаясь давно забытым вкусом хорошего коньяка. А этот коньяк был не просто хорошим, это был бархатно-мягкий настоящий французский «Старый миллионер».

— А на хрена тебе это знать?

— Да так...

— Ты ведь уже на пенсии.

Интересно, откуда он это знает? Неужели к Рыжему перешли не только дом и машина Кожлаева, но и его связи в нашей конторе?

— А? — требовательно сказал он, но тут в дверь просунулась голова пожилого секретаря-охранника с мобильником.

— Виктор Васильевич, Насурбаев.

«Ничего себе!» — подумал я, но удержал в лице индифферентность. А Рыжий, коротко глянув на меня, взял трубку и сказал неожиданно угодливым голосом:

— Алло, добрый день, Султан Ашимович! То есть у вас уже вечер...

Я поразился этой трансформации. Рыжий вынужденно демонстрировал мне свою принадлежность к особой породе людей-хамелеонов, способных мгновенно переходить из одного образа в другой, из хамов и бандито — в льстивых и

52

мягких обаяшек и даже интеллигентов. Этот дар куда больше актерского, это почти полное перевоплощение — настолько естественное, словно в одном и том же человеке сидит несколько личностей, и он по мере необходимости просто меняет их, как костюмы или галстуки. Но это и самый опасный тип, потому что такие люди умеют предстать перед вами именно в том виде, который вам особенно приятен, а затем влезть под кожу, присосаться к вашим делам, деньгам и связям и выжать из вас все, что только можно и нельзя. Я думаю, этот дар должен быть у многих политиков, причем самых известных, и теперь я видел этот тип перед собой — в деле, в работе.

— Все получили? — говорил Рыжий каким-то особым, низким и обволакивающе-вкрадчивым, как вкус «Старого миллионера», голосом. — Ну что вы, Султан Ашимович, не стоит! Вы же знаете, для вас я всегда... Сколько? Еще шесть для средней школы?.. Я попробую... Да не в этом дело, Султан Ашимович! Что вы! Просто, вы сами знаете, их очень медленно печатают... Конечно, я постараюсь, о чем вы говорите?! Да это я понимаю!.. Нет, зачем? Я могу и в кредит... Спасибо... Конечно... Привет вашей дочке, до свидания... — Рыжий дал отбой, посмотрел на меня и объяснил уже совсем иным, будничным тоном: — Вот, оказываю эту, как ее, гуманитарную помощь — учебники посылаю Насурбаеву для средних школ...

— Здорово! — сказал я. Действительно здорово — особенно если учесть, что «учебниками для средней школы» мы в Афгане шифровали ракеты средней дальности полета. А теперь этот Рыжий поставляет «учебники» в Среднюю Азию. Интересно, он сам так высоко взлетел или и это ему досталось по наследству от Кожлаева?

— Масик! — крикнул Рыжий за дверь. На пороге тут же вырос пятидесятилетний не то секретарь, не то охранник. Рыжий протянул ему телефонную трубку: — Забери, бля! Меня нет, понимаешь? У меня аборт, месячные, сифилис — все, что хочешь! Ты понял?

— Понял, Виктор Васильевич. — «Масик», который был старше Рыжего почти вдвое, а носил собачью кличку, испуганно взял трубку и закрыл за собой дверь.

— Не дают расслабиться, суки! Даже в субботу... — пожаловался мне Рыжий. — Да, так что? Долго ты будешь мне яйца морочить? Зачем ты к Полине ходил?

— Я уже сказал. Я же на пенсии, мне делать нечего, вот и решил узнать, почему Кожун перед смертью именно ее захотел. Неужели она самая вкусная из всех его телок?

Рыжий долго — с минуту — разглядывал меня в упор, не веря, что я сказал почти чистую правду. Потом встал, подошел к бару, плеснул себе тоже коньяка в бокал.

— Ладно. — Он выпил и поставил бокал на стол. — Может, у тебя и правда бзик на нее, со стариками это бывает. Только учти: всей твоей годовой пенсии на нее и на раз не хватит. Это ты знаешь?

— Ты же сам выдал мне штуку прошлый раз. Как аванс. Не помнишь?

— И ты их не потратил?

— Нет. В Сбербанке держу, под проценты.

— Хорошо. Экономно живешь, молодец. Я хочу тебе еще помочь. Считай, что твой договор с Кожуном продлевается: если ты найдешь эту Полину, получишь с меня еще девять штук.

Я отрицательно покачал головой:

— Нет...

— Почему? — удивился он.

Когда-то в этой же комнате я уже сделал ошибку, отказавшись от денег. Теперь я не собирался повторять свою глупость и даже посмотрел на стену, где пули Кожлаева очертили в тот раз абрис моей головы. Но теперь там висела картина с идиллическим немецким пейзажем восемнадцатого века. Я сказал:

— Очень просто, Виктор. Тогда она спокойно жила в Москве, а теперь она прячется. Это меняет сумму прописью.

— Сколько ты хочешь?

— Тридцать.

Он усмехнулся:

— Десятки с тебя за глаза хватит.

— Тогда ищи ее сам.

— Ладно, двенадцать дам, но не больше.

— На женщинах нельзя экономить, Витя. Тем более в такой день. Ты только что на учебниках лимон срубил.

Рыжий пристально посмотрел на меня, но я сделал наивные глаза:

— Я имею в виду — рублями...

— Пятнадцать, — сказал он.

— И твои производственные расходы, — тут же согласился я.

— То есть?

— Ну мало ли! Может, мне придется за ней в Сибирь ехать. Я тебе представлю отчет.

— Ладно, хрен с тобой. Давай, Битюг, за работу! — Он похлопал меня по плечу, уже открыто демонстрируя свои связи с ФСБ — только там, в конторе, в кругу своих, у меня была эта кличка. — Тряхни стариной!

— Аванс нужен, юноша, — сказал я.

— Сколько?

— Пятерку.

— Масик! — опять крикнул Рыжий.

В двери снова возникло лицо пожилого секретаря.

— Принеси пятерку, — сказал ему Рыжий.

«Масик» понимающе кивнул и исчез.

— Витя, — сказал я, — вопрос можно?

— Попробуй.

— На хрена тебе Полина?

— А тебе? — усмехнулся он. — Трахнуть я ее хочу. Бзик у меня на нее, понимаешь?

— Конечно, понимаю, еще бы! — усмехнулся я, не поверив ему даже на миг. — Меня отвезут в город?

И через десять минут, ликуя, грея в кармане конверт с пятью тысячами баксов и дивясь, как, оказывается, легко сделать в Москве тысячи долларов — куда легче, чем заработать даже сотню рублей! — я ехал по Рублевке обратно в Москву. Нет, все-таки зря оно называется Рублевкой. Если иметь в виду, сколько миллионов долларов проживает по обе его стороны от Москвы до Горок, то это шоссе уже давно пора переименовать в Валютное.

— Куда вам? — спросил водитель.

Конечно, если бы я ехал не в машине Рыжего, я бы первым делом остановился в «Царской охоте» и заказал себе дюжину мясных блюд. Мяса, мяса и мяса! Теперь я буду есть то, что хочу!

— В Москву, — сказал я. — На Пречистенку, 30.

— Это где «Тамерлан», что ли?

— А ты откуда знаешь?

Он усмехнулся:

— Любимое место шефа. Там берешь мясо любых сортов и сам себе жаришь.

Я изумленно посмотрел на него: неужели у меня с Рыжим действительно одинаковый вкус?

ЧАСТЬ ВТОРАЯ

РЕБЕНОК

Красиво жить не запретишь. Особенно на чужие деньги.

Поезд «Москва — Нижний Новгород» отходит с Курского вокзала в 23.40 и приходит в Нижний в 07.30 — совсем как «Красная стрела», только без питерских понтов — вагоны не красные, а обычные, зеленые. Зато «СВ» есть «СВ» — двухместные купе, чистые выглаженные простыни, два шерстяных одеяла на человека, на столике ужин в целлофановой обертке, и в такой же обертке маленький гигиенический набор с зубной щеткой. И проводница приносит чай в стакане с подстаканником — совсем как в старые времена.

Я дождался отправления поезда, убедился, что еду один в купе, разделся и с наслаждением улегся на своей полке в чистоту простыней. И усмехнулся, вспомнив старый анекдот: алкаш решил повеситься от полного безденежья, встал на табурет, сунул голову в петлю и заметил на шкафу недопитую «чекушку». Допил ее и увидел там же, на шкафу, чинарик. «А чё? — сказал он, раскуривая чинарик. — Жизнь налаживается...»

Это было как раз про меня. Я потянулся на полке, хрустнул вытянутыми руками и сказал почти вслух:

— А что? Может, и вправду налаживается...

Хотя среднестатистическая продолжительность мужской жизни в нашей стране всего 59 лет, а мне уже 56, но когда у вас в банке 5 тысяч долларов под 12 процентов годовых, мысли о добровольном уходе из жизни испаряются сами собой. Конечно, руководству Пенсионного фонда выгодно, чтобы мы умирали пораньше. Ах, если бы мы все сдыхали сразу по достижении пенсионного возраста, какие бабки они могли бы крутить через банки!..

Но — стоп!

Мне уже некогда рассуждать о коррупции и прочих язвах в наших верхах. У них своя жизнь, а у меня своя. И теперь моя жизнь зависит от меня самого — найду я эту Полину Суховей или не найду. Конечно, прежде, чем отправиться в Нижний Новгород, я проутюжил все московские ниточки. Но:

в «Би-Лайн» мне сказали, что две недели назад гражданка Суховей отключила свой мобильный, а в «МТС» и в «Мегафоне» — что клиентки по имени Полина Суховей у них не было и нет;

в милиции — что она не продлила свою московскую регистрацию;

в агентстве «Серебряный век» (продажа и аренда недвижимости на Патриарших прудах), через которое Кристофер Рифф снял квартиру ($ 700 в месяц!), — что действительно до него эту же квартиру у них снимала Полина Суховей, но примерно две недели назад она съехала в неизвестном направлении, оставив свою мебель в качестве компенсации за нарушение контракта. По поводу аренды новой квартиры она с ними разговор не поднимала;

в модельных агентствах «Ред старс», «Премьер» и «Империя» — что модели по имени Полина Суховей они не знают;

и наконец, популярный певец, автор и продюсер молодежных хитов Надир Залоев, хозяин «лексуса» с номерным знаком «М447ХМ», в котором приехала домой Полина в то утро, когда умер Кожлаев, — этот Залоев, посмотрев на фото Полины, просто рассмеялся мне в лицо: «Дорогой, я больше одной ночи ни с одной телкой не сплю. Если я буду помнить их всех, у меня в голове места не будет песни сочинять!»

Глядя на его ясный, без единой морщины лоб, я понял, что он не врет.

Конечно, будь в моем распоряжении следственная группа, я, оправдывая свою давнюю кличку, отправил бы их прочесать все ночные клубы и казино, редакции журналов мод и фотографов, которые специализируются на съемках моделей.

Но поскольку я теперь кустарь-одиночка, я не стал терять время на эту «прополку чесом» и отправился в Нижний Новгород.

В наши дни знакомство с городом, куда едешь в командировку, отнюдь не обязательно начинать втемную или с вокзала в момент прибытия. Накануне поездки вы заходите в Интернете на сайт места вашего назначения и получаете любую информацию, включая карту города, сведения о погоде, культурных мероприятиях и даже адрес местного виртуального флирта.

Правда, никакого Интернета у меня нет, поскольку нет домашнего компьютера. Но и без Интернета можно было догадаться, что Приволжская улица будет у реки, возле набережной.

Однако еще давно, лет тридцать назад, я выработал у себя привычку, приехав в командировку в новый город, сначала как-то внутренне расположиться в нем, освоить его хоть чуток географически и узнать, где центр, обком и горсовет, управление КГБ и милиции. А после перестройки задача еще усложнилась — прежде чем начинать какую-то операцию, пусть самую малую, нужно выяснить не только где находятся мэрия, ФСБ и милиция, а еще и центры реальной бандитской власти.

Поэтому в Нижнем я с вокзала сначала поехал в гостиницу «Ока», где рядом с администратором всегда висит большое красивое табло «Свободные номера есть», а когда вы хотите снять номер, то оказывается, что они есть только по брони. Но с помощью моих «корочек» я все-таки снял простенький номер («всего» за 1200 рублей) и, приняв душ, отправился в центр, на Большую Покровскую улицу, которую все путеводители называют нижегородским Новым Арбатом. Впрочем, даже при весеннем солнце она не произвела на меня впечатления, и я прошел ее насквозь, не заинтересовавшись ни французским магазином «Ле Монти», принадлежащим нашим эмигрантам Леве и Моне, ни кукольным театром, ни салоном «Художественные ремесла» с местными сувенирами, ни книжным магазином, на открытие которого в каком-то подвале настойчиво зазывали тут уличные музыканты и ряженые. С тех пор как читающая публика — врачи, медсестры и учителя — стала нищей, многие наши книжные магазины уходят в подвалы и бомбоубежища, не выдерживая высокой арендной платы за нормальное помещение. Вот и здесь, на Большой Покровской, я насчитал три книжных магазина — и все в подвалах...

Зато, пройдя Большую Покровскую насквозь и выйдя к памятнику Чкалову, я попал на высокий волжский берег, и распахнувшаяся передо мной панорама километрового разлива вод в слиянии Волги и Оки, беспредельная, до горизонта, степь на той, пологой стороне, маленькие пахари-буксиры на воде и запахи еще мокрой земли, открывшейся под стаявшим на косогоре снегом, — все это заставило меня остановиться и замереть на месте. Словно я вдруг, каким-то толчком изнутри, сразу понял, что мне действительно нужно в жизни и чего мне всегда в ней не хватало. Клочка земли и мотыги! Чтобы пахать, сеять, собирать урожай и зависеть только от себя самого, а не от государства, начальства и бандитов.

Но в пятьдесят шесть не начинают жизнь сначала, да и поди получи у нашего государства клочок земли!

Я вздохнул и, прогулочным шагом идя вдоль берега, обратил внимание на соседнее кафе «Монмартр», подле которого припарковались три внедорожника «чероки», «Мерседес-600», две «БМВ», «форд» и «девятка» с затененными окнами. Двигатели их были включены, а в каждой кабине рядом с водителем торчало по бугаю со свойственными этому виду хомо сапиенс бетонными лицами и кирпичными шеями. Все машины стояли лобовыми окнами к кафе, словно там происходила «стрелка» и эти охранники должны были вот-вот выскочить из машин на выручку своих драгоценных хозяев. Хотя никакой статистики количества телохранителей и охранников у нас не существует, но и без нее можно уверенно сказать, что гигантская доля самой молодой и продуктивной (во всех смыслах) части мужского населения страны занята в совершенно непроизводительной сфере охраны тел и офисов новой российской элиты. Причем чем больше украл этот новый русский, тем больше он боится мести своих обозленных конкурентов и тем больше у него этих волкодавов-охранников...

Я вошел в кафе и сразу понял, что чутье меня не подвело — здесь сидела деловая, криминальная и силовая элита города. Хотя никакой разборки или «стрелки» не было. Сидя за маленькими столиками, господа нижегородские бизнесмены мирно завтракали апельсиновыми соками, яичницами и круассанами с семгой и живо, но вполне доброжелательно общались друг с другом. От настоящих парижан их отличало разве что отсутствие в руках свежих газет с биржевыми сводками (зато буквально перед каждым лежал мобильник), а между собой они разнились лишь некоторой свободой в одежде — представители чистого криминала в провинции еще не отказались от пристрастия к спортивным костюмам.

Впрочем, и те и другие сидели вперемешку и порой кто-то, поднимаясь, пересаживался к соседям.

Я прошел в глубину зала и сел за свободный столик.

Судя по тому, что все три официанта были молодыми крепкими парнями, место было и вправду крутое. Поэтому меня, как явно приезжего, а еще точнее — пришедшего пешком, поскольку «тачки» моей за окном не прибавилось, эти официанты упорно игнорировали.

Но я не спешил, делая вид, что читаю меню. Еще проходя через зал, я заметил за столиком у окна знакомое лицо и просто ждал. Наш этикет не позволяет здороваться с коллегами в общественных местах — мало ли какую операцию этот коллега сейчас проводит. Если обстоятельства позволят, он ко мне и сам подойдет, тем паче он моложе и младше по званию...

Деловую обстановку, некоторое броуновское движение и негромкие разговоры клиентов кафе то и дело прерывали телефонные звонки, на которые они отвечали односложными репликами:

— Да... Ты где?.. В Гааге?.. И сколько?.. Нет, на фуй!.. А когда?.. Ладно, сейчас не до этого, я подумаю...

Действительно, пару минут спустя человек, сидевший за столиком у окна, оставил свою компанию и, с чашечкой кофе подошел, сел за мой столик:

— Здравствуйте, какими судьбами?

— Здравствуй, Володя, — сказал я.

— А я слышал, вы на пенсии...

— Правильно слышал. Но родина, как ни странно, еще нуждается в пенсионерах.

— Понял, — кивнул он и отпил свой кофе. — Чем могу?

— Во-первых, успокой свою компанию, я тут по частному делу, даже личному...

— Усек. — Он улыбнулся и явно расслабился — и фигурой, и выражением лица. — А во-вторых?

— Во-вторых, скажи этим гребаным официантам, что я не ел с Москвы. Если через минуту у меня не примут заказ...

— Момент! — Володя развернулся к дрейфующим меж столиками официантам. Эту сметку и способность немедленно угодить вашему желанию я заметил в нем еще пять лет назад, когда он был моим практикантом. Вечно моложаво-тридцатилетний и яснолицый, как студент-отличник, капитан ФСБ Володя Крашенинников тоже далеко пойдет, будьте уверены. Не успел он и руку поднять, как один из официантов подлетел к нашему столику, держа наготове крохотный блокнотик:

— Слушаю!

— Покорми человека, это наш гость! — со значением сказал ему Володя.

— Да, конечно. Что вы будете? — обратился ко мне официант.

— Апельсиновый сок, яичницу с сыром и чай.

— Советую блинчики с творогом, — сказал мне Володя.

— И блинчики, — согласился я.

— Хлеб нужен? — поинтересовался официант.

— Тостик сделай, — вместо меня ответил Володя. — Только быстро, сразу. Усек?

— Так точно, — ответил официант, и я тут же понял его главную должность в этом заведении.

А Володя, отпустив официанта, снова повернулся ко мне:

— Что-нибудь еще я могу?..

— Что тут за собрание?

— А вы не знаете? — И в ответ на мое пожатие плечами: — Да вы что! Путин приложил нашего мэра! Публично! В Думе! Теперь нашему мэру полный каюк — в сентябре у нас выборы! Я думал, вы по этому поводу...

— С какой стати?

— Ну мало ли! Например, чтоб бюджетные деньги не ушли на выборы.

Я сделал невинное лицо:

— А уходят?

Володя искренне рассмеялся:

— А то вы не знаете!

Я достал из кармана фото Полины Суховей.

— Знаешь эту девушку?

Володя взял фото:

— Хороша!.. Нет, к сожалению, не знаю. Кто такая? Наша нижегородка?

Я кивнул, забрал фото.

— Мне нужен участковый по Приволжской улице. Зайти со мной в один дом.

Володя просиял:

— Как в деле Погосяна?

— Да... — Дело Погосяна было первым, на котором у меня практиковался Крашенинников, теперь я собирался применить тот же трюк.

— Понял. — Володя достал свой мобильник и набрал короткий местный номер. — Алло, дежурный? Это капитан Крашенинников из ФСБ. Мне Воронина... Костя? Это Крашенинников. У меня гость из Москвы, мой учитель. Да, тот самый, я тебе рассказывал. Правильно, Чернобыльский... Ему нужен твой участковый по Приволжской улице. Обеспечишь? — Володя повернулся ко мне: — На сколько вам?

— На полдня.

— На полдня, — повторил Володя в трубку. — Нет проблем? Хорошо, он к тебе подъедет... — Володя посмотрел на меня вопросительно.

— Через час, — сказал я.

...И через час я шел вдоль Приволжской улицы к Первой Речной, где находился местный райотдел милиции и его начальник майор Костя Воронин. По дороге остановился, конечно, у дома № 16, окинул его взглядом. Как и остальные дома на этой фабричной улице, это была двухэтажная хибара времен первых пятилеток. Балконы надстроены и застеклены самодельно, штукатурка на фасаде осыпается, и судя по телеантеннам на крыше, больше похожим на половые щетки, в доме всего шесть квартир. То есть работы даже не на полдня, а на пару часов.

* * *

Что вы сделаете, если вам нужно опросить весь дом, а вы не хотите светить свою принадлежность к ФСБ? Теперь, когда я на пенсии, могу поделиться своим ноу-хау, мой метод прост и чист, как пар из чайника: держа под локтем домовую книгу и деловую папку с большим блокнотом, вы поднимаетесь в сопровождении участкового на самый верх жилого дома, звоните в любую квартиру и представляетесь сотрудником ОРТ, НТВ или РТР. Поскольку с вами участковый, которого все тут знают, никто у вас документов не проверяет. Вы говорите, что на месте этого дома будет, возможно, строиться ретрансляционная вышка и вы проводите предварительный опрос жителей с целью выяснить, в какой район они предпочитают переселиться и на какие квартиры могут претендовать, исходя из состава их семей, льгот для ветеранов войны и прочее...

Что, по-вашему, делают люди, услышав о возможности переселения в новую квартиру? Правильно: сходят с ума от радости, заводят вас к себе, усаживают, стараются напоить чаем — это как минимум. И рассказывают обо всем: как их предки сюда вселились еще до войны, что они тут только не пережили и так далее. А вы, сверяя состав их семей с домовой книгой и старательно записывая, в какой район они хотели бы переехать, исподволь интересуетесь их соседями и постепенно подводите разговор к квартире, которая вас, собственно, и интересует.

Через час, побывав в трех верхних квартирах (с запахами лежалой и прорастающей в мешках картошки, с ароматами ржавых туалетов, сохнущего на кухнях детского белья, кошачьей мочи в прихожих и старой одежды на вешалках, с протертым линолеумом на полах и потолками в разводах давних потеков, с допотопной мебелью, телевизорами «Рекорд», раскладушками в гостиных и с холодильниками «Газоаппарат» на кухнях...) — так вот, через час, спускаясь со второго этажа на первый, я уже понял, что все мои столичные терзания и депрессия по поводу моей нищеты и мизерности пенсии — ничто по сравнению с тем, как живут люди в провинции. Даже работая — кто на автозаводе, кто в речном порту, — люди здесь тянут семьи на те деньги, которые я получаю на одного. И мне-то хоть платят регулярно — да и попробовали бы не платить своевременно пенсию ветеранам ФСБ при нашем полковнике в Кремле! Он же сам, став президентом, начал свое выступление в нашей конторе со слов: «Ну, вот мы и добрались до руководства страной!». А здесь люди и зарплату порой не видят месяцами...

Ох, родина...

Но, главное, пройдя три верхних квартиры, я практически знал уже все или почти все о семействе Степана Ильича Суховея, проживающего на первом этаже в третьей квартире. Сам Степан Суховей — инвалид, ногу отрезало упавшим на стройке подъемным краном, пенсия по инвалидности. Жена — домохозяйка. Младший сын — еще школьник, в пятом классе и тоже инвалид — церебральный паралич. Но учится на отлично, сам в школу ходит, точнее — ковыляет, шесть кварталов одолевает за час. А дочь Полина в Москве, знаменитая модель, вице-мисс «Нижний Новгород» 1996 года, ее по телику показывали, и в журналах были ее фотки, «они вам покажут». А сюда она уже давно не приезжала — с тех пор, поди, как беременная была...

— Беременная? — переспросил я болтливую старушку. И тут же, пряча свой интерес, сунул нос в домовую книгу: — А у Суховеев только четверо прописано...

— Само собой, четверо, — сказала старушка. — Полинка мертвого родила. Оправилась и уехала, с тех пор мы ее и не видели.

— А когда это было?

— Да уже, поди, года четыре...

С этой интересной информацией я отправился в третью квартиру.

Она оказалась совершенно не такой, как предыдущие. Не то что богатой, нет, но вполне цивильной, аккуратной, со свежими обоями на стенах и каким-то импортным, под паркет, линолеумом на полу, с нестарой мебелью, телевизором «Самсунг» и даже компьютером на столике в углу, рядом с книжными полками, заваленными учебниками. И Степан Суховей с женой Надеждой — далеко не старые еще люди, меньше пятидесяти, и одеты не нищенски, а нормально — Степан хоть и на костылях, а в джинсах «Ливайс»...

Конечно, здесь, на первом этаже, нас уже ждали — слух о переселении всегда распространяется по дому быстрее пожара, и если вас интересует семья, проживающая на нижнем этаже, вы для того и начинаете обход с верхнего. И — наоборот. Главное, чтобы люди не замыкались, а встречали вас с открытой дверью и душой...

— Вам, как инвалиду, полагается, наверное, какая-то дополнительная жилплощадь? — спросил я у Степана Суховея, зная наверняка, что ни хрена ему не полагается.

Стоя у окна на своих костылях и куря в форточку, он потер щеку и усмехнулся, словно читая мои мысли:

— Ни хрена мне не полагается. Пенсию и ту уже третий месяц не платят!

— Да? Почему?

— А говорят, Москва все забирает, все налоги, а назад ни хрена не дает...

Это была только часть правды. Хотя Москва действительно забирает из регионов все налоги, чтобы перераспределить их по-братски между богатыми и бедными областями, истинная причина задержки выплат пенсий и пособий по нищете отнюдь не в том, что Москва задерживает эти фонды, а в том, что по дороге сначала в Москву, а потом из Москвы эти деньги имеют чисто российскую способность исчезать и таять буквально на каждой инстанции. Иными словами, изначально-то хотели распределять бюджетные деньги как лучше, а получилось точно по Черномырдину.

Но я сделал вид, что мне это все в новинку, и изобразил изумление на лице:

— А как же вы выживаете?

— Да вот так, крутимся... — вставила Надежда Суховей и с укором посмотрела на мужа.

Он отвернулся к окну. А я, отметив про себя эту переглядку, сунул нос в домовую книгу:

— Итак, в этой квартире прописаны вы, ваш сын Кирилл... Где он, кстати?

— В школе, где же еще? — сказал Степан.

— Через час будет, — тут же добавила Надежда.

— И Полина Степановна, ваша дочь. Это она? — и я показал на большую Полинину фотографию, которую уже видел в Москве, в квартире Полины на Патриарших. Только на той метровой фотографии шестнадцати- или семнадцатилетняя Полина была в полный рост и практически обнажен-

68

ная, если не считать узеньких лифчика и трусиков, а здесь та же фотография была обрезана по плечи. Но — взята под стекло и в рамку.

— Да... — тихо ответила Надежда.

— И где же она? На работе?

— Она в Москве, учится, — сказал, не повернувшись, Степан. Похоже, он не умел врать, во всяком случае — в глаза.

Я проявил заинтересованность:

— Да? И кем будет? Артисткой?

— Посмотрим. Пусть выучится сначала, — сказал Степан и, явно меняя тему, повернулся ко мне: — А когда переселение?

— Это не в моей компетенции... — Я развел руками. — Мое дело — выяснить ваши условия. Поскольку НТВ компания частная, вы можете ставить какие-то условия переселения. Но в разумных, конечно, пределах. Дворцов мы вам не предоставим.

— Ну, нам нужно три комнаты, — сказал он.

— Три? — удивился я. — Если ваша дочь учится на артистку, она уже в Нижний не вернется. Кстати, она к вам часто приезжает? Когда она была тут последний раз?

— А это при чем тут? — нахмурился Степан.

— Потому что здесь не записан адрес ее временного проживания, а это непорядок. Она где живет-то там? У вас есть ее адрес?

— Извините, а вам зачем это? — как можно мягче спросила мать Полины.

— Очень просто. Если вы будете претендовать на три комнаты, то мы должны послать ей запрос и получить от нее письменное заявление, что она собирается и в дальнейшем проживать с вами, родителями, — нагло соврал я и продолжал для убедительности: — У нас, как вы знаете, бюрократия лучшая в мире, и бумажка — прежде всего! Все дети старше восемнадцати должны на момент переселения или быть с родителями или письменно подтвердить, что не собираются от них отселяться. Кстати, о бумажках. Степан Ильич, если вы хотите квартиру на первом этаже, то заготовьте справку об инвалидности, это мой вам совет. А то переселят на какой-нибудь верхний этаж, а у нас лифты вы же знаете, как работают. Чубайс отключит электричество — и все, все лифты станут...

Такой заботой я его, конечно, купил, он подсел к столу:

— Спасибо. А насчет Полины... Мы ей сами напишем и перешлем вам ее ответ. По какому вам адресу?

Я понял, что дальше жать на них нельзя, они вообще могут и не знать, что Полина сменила адрес. И сказал индифферентно:

— Ну, ваше дело, отдадите ее заявление участковому. А пока я у себя помечу: размер квартиры — в зависимости от письменного заявления старшей дочери. Кстати, ваши соседи сказали, что она моделью работает, так что я очень сомневаюсь насчет ее возвращения. Во всяком случае, вы, пожалуйста, поспешите с этой бумажкой, мы через неделю должны сдавать все данные в мэрию. У вас есть телефон? Позвоните ей...

— Нет, — сказала Надежда, — у нас нет телефона.

— Ну вот! — укорил я отца Полины. — Что же вы не сказали про телефон? Инвалидам при переселении положена квартира с телефоном. — И встал: — Спасибо за чай. Пошли, старшина, у нас еще две квартиры не обойдены...

Я вышел, как говорится, несолоно хлебавши, и участковый посмотрел на меня с сочувствием. Да я и сам ощущал, что что-то я тут не докопал, не выяснил. Но поскольку Суховеи, провожая нас, стояли в дверях, пришлось продолжить спектакль, позвонить в соседскую квартиру. Впрочем, я и не собирался уходить сразу после опроса семьи Суховеев — за то и дали мне в конторе кличку Битюг, что я всегда пропахивал все ниточки и следы до последнего. И здесь это отыгралось самым неожиданным образом: буквально в следующей квартире, когда соседка Суховеев стала показывать мне, в каком аварийном состоянии ее квартира, я, как бы изумляясь, сказал:

— Да, странно, почему у вас квартира в таком состоянии? Вот у Суховеев, ваших соседей...

— Еще бы! — желчно усмехнулась старушка. — Кабы мне кажный месяц возили по триста до́ларов, у меня бы хвартера и не такая была!

— А кто же им эти доллары возит?

— Кто, кто! Катька Ковалева из первой квартиры.

— С чего это?

— А от дочки ихней, от Польки. Катька проводницей в Москву ездит три раза в неделю. А Полька подолом там эти долла́ры собирает...

Остальное, как вы понимаете, было делом техники: посмотреть на эту Катю Ковалеву из первой квартиры (она оказалась школьной подругой Полины Суховей, только толще ее раза в три), выяснить у нее, как бы между прочим, когда она последний раз видела Полину (три недели назад, на Курском вокзале, «она мне всегда что-нибудь для родителей передает — то деньги, то шмотки, просто регулярно раз в месяц, очень замечательная девочка!»), да на всякий случай заглянуть на местную почту и договориться с начальником: в случае появления письма от Полины Суховей ее родителям это письмо должно сначала попасть в руки участковому милиционеру.

Больше мне в Нижнем Новгороде делать было нечего, страсти вокруг предстоящей избирательной кампании нижегородского мэра меня не интересовали. И, поужинав в ресторане «Подкова», где пиво было настоящее, бочковое, я с чувством выполненного долга отбыл ночным поездом в Москву.

Что у меня было?

Смотрю в свой рабочий блокнот, читаю документально:

1. Кристофер Рафф, тел. 290-53-17, звонить и спрашивать, не появлялась ли Полина.

2. Старшина Косинский, участковый, телефон в Нижнем — 45-32-12. Там же: начальник почтового отделения Шува Николай, тел. 45-44-21. Звонить обоим и спрашивать относительно письма Суховеям.

3. Екатерина Ковалева, проводница, поезд «Нижний Новгород — Москва», вагон 9. Из Москвы отбывает по вторникам, четвергам и субботам, Курский вокзал, четвертая платформа, поезд подают в 22.50.

Если первые две подводки к Полине были весьма ненадежны, то на третью я рассчитывал стопроцентно. Полина, как я понимал, содержит родителей и брата и, следовательно, должна явиться на вокзал не сегодня, так завтра. А потому по вторникам, четвергам и субботам ровно в 22.50 я был на Курском. Здесь я обнаружил, что с четвертой платформы целых три подземных перехода к вокзалу, и, следовательно, дежурить, чтобы не упустить «объект», нужно у самого вагона Кати Ковалевой — но так, чтобы не привлекать к себе ее внимания.

Поэтому, приехав на вокзал, я шел к первому вагону поезда «Москва — Ростов», отбывавшему с соседнего пути одновременно с нижегородским. Показав проводнику свою фэ-эсбэшную ксиву, я сухо говорил, что мы ищем кой-кого, и шел по вагонам ростовского поезда до восьмого вагона, чтобы очутиться как раз наискосок от девятого вагона нижегородского экспресса. Тут, в тамбуре ростовского поезда, был мой НП.

Но пассажиры самых разных мастей — деловые из мягких вагонов и попроще, из купейных; одиночки и компании; трезвые и не очень — прощались с провожающими, поднимались в вагоны и убывали в Нижний, а Полины все не было.

Ее не было ни в мое первое дежурство, ни во второе, ни в третье.

Рыжий звонил уже дважды, мне нечего было ему сказать, и он начинал злиться и терять терпение. Как всякий новый русский, он считал, что за деньги можно иметь все сразу и на блюдце с золотой каемкой.

Между тем я не прохлаждался. Составив полный список журналов мод, их фотографов и модельных агентств, я обходил их один за другим, всюду показывая фото Полины и надеясь, что рано или поздно (но лучше бы рано!) что-то обязательно всплывет — какая-то зацепка, деталь, имя, ниточка.

Однако ничего не всплывало. Кто-то из фотографов вспоминал, что снимал эту Полину три года назад, кто-то — что еще раньше. Но где она сейчас, не знал никто.

А время шло, и я медленно, но верно опять возвращался в свою депрессию. Блин, если я — Битюг! — не могу найти какую-то девку в Москве! — я, который в камере Нижнетагильской тюрьмы на глазах у четверых воров в законе на спор пырнул сам себя заточкой в живот и стал после этого их «братом», вытащив таким образом из них данные обо всей воровской элите в СССР, я, который разоблачил первые чеченские аферы с авизо и еще двадцать, если не больше, крупнейших афер и схем увода за рубеж денег от криминальной приватизации огромных ломтей промышленности, — то, значит, я действительно вышел в тираж...

По ночам мне уже не помогали даже снотворные таблетки. Я крутился в постели, клял себя, пил на кухне новопассит, сосал вернисон и принимал валокордин, чай с коньяком и снова валокордин, но сна не было. На хрена Рыжему эта гребаная Полина? Почему Кожлаев перед смертью был готов заплатить десять тысяч долларов за встречу с ней? И чем мог Рыжий так напугать Полину, что она даже съехала с квартиры? И почему Кожлаев именно меня нанимал искать эту Полину?

На десятый, кажется, день я, уже ни что не надеясь, а лишь следуя своему принципу копать, пахать и утюжить все и вся, вошел в офис модельного агентства «Ред старс», что в одном из переулков на Покровке. Это было то самое «Ред старс», куда я звонил три недели назад и где мне сказали, что не знают никакой Полины Суховей. Но теперь, когда я побывал в трех подобных агентствах — «Премьер», «Империя» и «Престиж», я уже знал, как в этих агентствах работают и как там отвечают по телефонам: секретарши, то есть несостоявшиеся юные модели (или, наоборот, перезрелые и вышедшие в тираж, как и я, только в возрасте тридцати лет), беспрерывно висят на телефонах, разговаривают одновременно с Киевом, Томском и Салехардом, курят, крутят вертушки с адресами и телефонами своих клиентов, пишут какие-то короткие цидульки манекенщицам-моделям, дожидающимся отправки на кастинги и фотосъемки, и при этом крошечным рашпилем подпиливают свои ноготочки...

Здесь, в «Ред старс», было практически то же самое. Дюжина длинноногих нимфеток в мини-юбках, с кукольными лицами поднебесных ангелов и с сигаретками в наманикюренных пальчиках слонялись по коридору и двум комнатам офиса. Три секретарши, листая вертушки с регистрационными карточками, разговаривали по телефонам на трех языках с Парижем, Лондоном и Нью-Йорком. Возле их столов в заискивающем ожидании томились две сорокалетние дамы с портфолио своих рослых тринадцатилетних дочек, которые завистливо зырились на моделей и фотографии преуспевших красоток в журналах «Look», «Elite» и «Cosmopolitan», развешанных на стенах.

Ожидая хоть минутного просвета в этих беспрестанных телефонных монологах, я обратил внимание на небольшую матовую дверь в еще одну комнату и решил, что там какая-нибудь подсобка, гримерная или место, где девочки переодеваются. И вдруг из этой двери вышел худощавый носатый мужчина, и мы оба воззрились друг на друга в изумлении и оторопи.

Это был Абхазец, а точнее, Абхаз, с которым мы не виделись — Господи, с какого же года? с 1979-го? 80-го? Как раз тогда я, безумный идиот-романтик андроповского призыва, сам подсел в тюрьму, в камеру к ворам в законе. Сейчас уже и не вспомнить, как мне тогда пришла в голову идея выдать себя за московского блатаря, но именно этот Абхаз не верил мне до последнего момента, и только тогда, когда я, якобы в бешенстве и обиде, пырнул сам себя заточкой в живот и меня, окровавленного, утащили в больницу, — только после этого, вернувшись через неделю в камеру, я был принят за своего, и Абхаз назвал меня своим братом.

В то время это весило больше, чем сегодня звание Народного артиста России.

Но с тех пор я не видел Абхаза, не слышал о нем и думал, что его давно убили в разборках, как почти всю бывшую гвардию... А он, оказывается, жив, но, Господи, что с ним сделало время! Неужели и я превратился в свою тень, неужели и от меня остались только глаза?

Впрочем, костюм на Абхазе был получше моего, а на руке — часы «Брегетт» стоимостью под шесть тысяч долларов...

Он перехватил мой взгляд и усмехнулся:

— Брат, пойдем пива выпьем. За встречу. Я угощаю.

И вот мы сидим в какой-то недорогой шашлычной на Петровке, пьем «Жигулевское № 6», и я слушаю его эпопею.

— Я, — сказал мне Абхаз, — еще тогда, как вышел из лагеря, понял, что нужно завязывать, что перестройка все в этой стране сломает, даже нас, и беспредел будет не только в криминальном обществе, но во всем — в политике, экономике, даже в искусстве. Нельзя выпустить из лагерей сразу

74

несколько миллионов человек и думать, что они тут же станут демократами. Страну затопила волна беспредела, мы, старые авторитеты, не смогли ее обуздать, а вы нам не помогали, вы, наоборот, мечтали, что мы, как в крысятнике, друг друга перегрызем, а вы придете на все чистое и построите демократию... Не надо, молчи, — отмахнулся он от моего вялого протеста. — Теперь это уже история, теперь и вы под криминалом ходите, разве я не знаю? Но ты, брат, по дури остался в своей структуре, а я — нет, я из своей еще тогда вышел. В конце концов, кем я был при советской власти? Я не был «политиком», конечно, но я отказывался жить по совковым законам и помогал всем, кто на эти законы плевал. Цеховики, подпольные артельщики — все шли ко мне за советом и защитой от коммунистической власти. А когда эта власть и ее законы рухнули, я стал смотреть по сторонам — чем же заняться *легально*? И тут как раз Леня Усатый, эмигрант из Бруклина, прилетел в Москву и привез какого-то американца, хозяина американского модельного агентства. И они на Патриарших прудах, в особняке, сделали кастинг. А я Леню еще по старым делам знал, и он пригласил меня туда, говорит: приходи, у нас будет кастинг. Я в то время не знал, что такое кастинг, я думал, что это еврейская фамилия, что он меня с каким-то важным Кастингом познакомит. А оказывается, они делали просмотр девушек, там этих девушек была огромная толпа, они стояли весь день — очередь, снег... Помню, я шел мимо них — меня, как почетного гостя, вели через черный ход, — и поскольку я не похож на русского, то все девушки говорили: «Вот он! Вот он!» То есть они меня приняли за американца, и все их взоры были устремлены на меня. А тогда, если помнишь, уехать за границу было у девушек просто манией. Кто был тот американец, которого Леня привез, рядом с каким модельным агентством он прошелся, — не важно. Ведь на Западе тоже большинство модельных агентств, мягко говоря, неприличные... бордели. Но наши этого ничего не знали, им лишь бы за бугор свалить, а с кем и куда — без разницы. Хотя на самом деле я не хочу сказать, что Леня Усатый и его партнер думали о чем-то плохом, нет. Просто этот кастинг и все, что они тогда делали, это были дилетантские попытки войти в модельный бизнес, не более того. Тогда у многих были такие идеи. Один мой приятель сказал мне: «Знаешь, давай мы с тобой сделаем такую вещь...» Приятель был еврей, хитрый на всякие выдумки. Он говорит: «Мы дадим в газеты объявление, что мы такое-то агентство, назовем себя как-то и дадим вместо своего адреса только почтовый ящик, чтобы наш офис не снесли эти девушки. Напишем, чтобы они прислали нам 25 рублей...» А в то время 25 рублей были похожи на 25 рублей, настоящие были деньги. «И они, — он говорит, — будут посылать нам 25 рублей и свои фотографии — портрет и в купальнике. А мы обязуемся честно показывать эту картотеку модельным агентствам, которые будут приезжать в Россию. То есть мы на самом деле их обманывать не будем...» Я говорю: «И что из этого получится?» Он говорит: «А ты посчитай. В СССР 250 миллионов людей, из них 150 миллионов — женщины. Из 150 миллионов 50 миллионов мечтают вырваться из этой жизни. Из 50 миллионов 20 миллионов пришлют нам по 25 рублей. 20 на 25, это сколько миллионов рублей получается? Ну и ты, говорит, со своей кавказской неуемностью, трахнешь, может быть, тысяч триста...»

Мне, — продолжал Абхаз, — это показалось заманчивым. Но потом я встретил Таню Кольцову — случайно, в ресторане. Агентство у нее в то время уже было, оно уже называлось «Ред старс». Это название ей подарил Джон Касабланкас, самый великий агент в истории модельного бизнеса. Будучи уже много лет владельцем лучшего агентства в мире — оно называется «Элит», — он первым кинулся тогда в Россию. И среди прочих людей, которые показывали ему русских девушек, Таня тоже показала ему свой контингент. И он отметил, что Таня — единственный профессиональный человек, потому что девушки, которых она привела, соответствовали стандартам западного модельного бизнеса. Ведь она и сама была тогда манекенщицей где-то в Легпроме, бегала по разным показам по четыре-пять раз в день и понимала, что к чему. И вот иностранцы, фирма «Боруччи», кажется, ей сказали: Таня, тебе уже не по возрасту быть моделью, открой свое агентство. И она первая открыла в России официальное модельное агентство, пошла его регистрировать, но не знала, как назвать. А в это время как раз приехал Касабланкас, он подарил ей название и отметил, что эта женщина обладает профессиональным взглядом, по-английски это называется «ту хэв эн ай». И Таня стала показывать своих девушек всяким иностранным модельным агентствам, которые налетели сюда, как пчелы на мед. За первые же показы иностранцы заплатили ей двадцать тысяч долларов — столько, сколько они раньше платили нашему государству. Оказывается, они платили советскому государству огромные деньги, а государство платило моделям за каждый показ по 3 или 5 рублей, почему Кольцова и бегала на пять показов в день.

Но все это было за полгода до нашего с ней знакомства. А тут мой приятель меня пригласил, говорит: поедем в ресторан, я там с женщиной буду. Я приехал. Сидит Кольцова, такая важная, говорит, что бизнесом занимается. Я говорю: «Да? А каким бизнесом?» Она говорит: «Модельным». Я стал спрашивать, что к чему, она говорит: «Да вот, я заработала деньги, но никак их поделить не можем...» — «Как — не можете?» — «А партнеры забрали все себе». Я говорю: «Зачем вам такие партнеры? Приходите ко мне». — «А у вас что, фирма?» Я говорю: «Да, у меня фирма, совместное предприятие, приходите хоть завтра». «Хорошо, — говорит, — я завтра приду». На следующий день действительно пришла, и мне понравилось, что она такая решительная, я познакомил ее со своим тогдашним партнером. Мы ей дали комнатку, она стала работать. Но оказалась очень настырной — все время на меня наезжала, требовала то машину, то деньги, то еще что-то... Я считал: ну, дали тебе комнату и сиди, работай, а она — нет, «почему вы мне не помогаете?».

— А на каких условиях ты ее взял? — осторожно спросил я Абхаза.

— Я взял ее на условиях, что 70 процентов от дохода принадлежат мне, 30 — ей.

— А в ответ что ты дал?

— Крышу, больше ничего. Но получилось так, что этот бизнес никаких денег не приносил и я был вынужден все время деньги только вкладывать, покрывать все ее расходы. Потому что иностранцы быстро опомнились и перестали так платить, как раньше. Мой партнер посмотрел на это и тут же отказался от партнерства по этому бизнесу, сказал, что денег он здесь не видит. На что я сказал: «Хорошо, отдай мне «Ред старс», пусть это будет мое». И «Ред старс» стало мое, я прикинул, что даже если этот бизнес денег приносить не будет, я

77

это переживу. Я по тем временам казался сам себе очень богатым. То есть когда у людей была зарплата 200 рублей, я зарабатывал 100 тысяч в месяц. Это было фантастично для того времени, и я по глупости думал, что я богатый, а Кольцовой сказал: «Таня, поскольку твой бизнес никаких доходов не дает, давай я буду 30 процентов отдавать тебе просто от любого заработка. То есть вот заработали мы сто рублей, 30 — твои, невзирая на расходы». Я жалел женщину и считал, что так правильно.

Ведь тогда, в начале как все было организовано? Очень примитивно. Девушки приносили свои фотографии, которые они делали сами, это был чистый шлак. А настоящих манекенщиц тогда было мало, они бродили по Москве без работы, абсолютно свободные, и Тане ничего не стоило собрать их всех в случае какого-то показа. Главное было — поиск работы. Любой, кто давал им работу, мог этих манекенщиц держать возле себя. Помню, первый раз, когда Кольцова мне сказала, что мы поедем на кастинг, я ее подколол: кто этот Кастинг, твой знакомый еврей? Она говорит: «Дурак, кастинг — ты увидишь, что это такое». И повезла меня в гостиницу, где жил пресловутый Саша Бодулин, фотограф, который только что прилетел из Штатов, где он натаскался профессионально снимать этих моделей. И там, у этого Бодулина, я впервые увидел несколько девушек, которые мне очень понравились.

Потом Таня мне сказала: «Знаешь, в Москву приезжает Тьери Мюглер, это французский модельер, очень известный. Он делает большой показ своей одежды». Ну, мы с Кольцовой туда проникли, ходили там, тусовались. А там была знаменитая модель, сомалийка по происхождению, самая первая черная модель, которую я в жизни увидел, ее звали Иман. То есть я еще не понимал, что значит иметь имя в модельном бизнесе, до меня это дошло, только когда я увидел, как одна американка, которая была с этим Тьери, сразу вскинулась: «Иман! Иман приехала!»

Или помню еще один момент. Мы пошли на очередную тусовку, а там ходили какие-то люди с красивыми девушками. И среди них мужчина лет пятидесяти, а с ним девочка лет шестнадцати, такая красивая — она меня просто поразила. Я говорю: «Таня, смотри, какая красавица!» Кольцова мне говорит: «Да? Сейчас подойдем». Я говорю: «Но она с папой». Таня: «Каким папой?! Ты что!» — «А кто это?» — «А ты не понимаешь?» Я говорю: «Да? Ну, тогда я не хочу разговаривать с такой проституткой малолетней и с этим развратником, мне нечего и подходить!» Она говорит: «Хочешь работать — будешь терпеть».

Мне, конечно, было любопытно, и какое бы отвращение я ни испытывал, а все-таки подошел. Кольцова говорит этому мужику: «Так, это ваша девочка?» Мужчина отвечает: «Да, это моя дочь». И в этот момент подходит еще один парень, похожий на казаха, и заявляет: «Это моя модель». Кольцова спрашивает: «Почему твоя?» А он: «Потому что я заметил ее раньше вас!»... Такие вот были нелепые ситуации. То есть тогда в России все было еще сыро и непрофессионально.

Потом были конкурсы — всякие «Мисс Москва», «Мисс Советский Союз» и прочие. Кто их проводил, зачем — это уже история, этих людей давно нет. Потому что это бизнес очень сложный, а в него кидаются все, кому хочется иметь красивых девушек или обманывать богатых людей. Но богатые люди имеют обыкновение преследовать за то, что их обманули, раскрутили на деньги. А девушки имеют обыкновение уходить, не сказав и «спасибо». Ведь тогда всем казалось, что каждая русская девушка, выехав за рубеж, начинает там зарабатывать миллионы. Это как каждая бабушка в семидесятых годах думала, что ее икона стоит обязательно миллион долларов. И она ни в коем случае не хотела продавать эту икону за 50 рублей, хотя цена ей была, может быть, трешка...

И вот на одном из таких конкурсов появился некто Ролан, эмигрант из Риги, но сюда он приехал из Нью-Йорка, как представитель «Элит» и Джона Касабланкаса. Весь увешан камерами, черноволосый, высокого роста, немножко неопрятный. Очень обидчивый, заносчивый, с большими амбициями, совершенно неоправданными. И нищий, конечно. Я потом понял, что фотографы вообще почти все такие. Но тогда мне это еще не бросалось в глаза. Тем более что Ролан привез Кольцовой приветы от самого Касабланкаса! И мы втроем — я, Таня и Ролан — стали ездить по различным показам и конкурсам, я их возил на своей шикарной для того времени машине. Я в то время был пижон, у меня постоянно были хорошие машины, у меня был первый в России 300-й «мерседес»-полулюкс, новенький, со всякими наворотами. У меня была первая в России 355-я «БМВ» и первая «Инфинити Q-45». Когда сейчас об этом говоришь, это уже не звучит, но тогда...

Короче, мы ездили по всяким конкурсам и всех девочек-победительниц брали к себе в агентство. Потому что Кольцова давала им работу — съемки для журналов, выставки мод, показы одежды, все это шло через нас, остальные этим просто не занимались, они стригли деньги на конкурсах, которые финансировали всякие банки и спонсоры — любители юных девушек. А мы... Например, когда первый репортаж о модельном бизнесе в России вышел в крупном швейцарском журнале, на обложке была наша девушка, из «Ред старс». То же самое — известный французский журнал «Сад моды». Там была наша модель. И в Германии. То есть они делали рекламу нашему агентству в Европе и еще платили нам за это.

Но самое главное, конечно, — у нас было агентство «Элит». Я всячески этого Ролана выгуливал, и через какое-то время он сказал: «Все, я договорился с Касабланкасом, Касабланкас хочет, чтобы вы стали филиалом «Элит»».

Кольцова, конечно, от счастья чуть не умерла. И мы подписали контракт, по которому для всех мероприятий на Западе — фотосъемки, показы мод и тому подобное — «Элит» берет русских девушек только у нас и платит нам 50 процентов комиссионных, а мы от прибыли со всех иностранных клиентов, которые проводят свои мероприятия в России, платим 50 процентов в «Элит». Таким образом, мы стали «Элит Ред старс», что, естественно, вывело нас на международный уровень.

А в то время у Кольцовой была хорошая приятельница Людмила Исаева, она находилась в Нью-Йорке, работала в каком-то мелком агентстве. Мы послали Джону Касабланкасу ее фотографии, Джон сказал, что да, он ее принимает. Разумеется, в те годы от предложений перейти в «Элит» никто не отказывался. Кольцова нашла Исаеву где-то на Гавайях, на съемках. Людмила вылетела в Нью-Йорк, перешла в «Элит» и сразу же круто пошла вверх. Она не стала такой большой звездой, как Наташа Семанова или Ольга Понтюшенкова, но она была в числе первых тридцати мировых моделей, ей тогда было около 22 лет. Это был первый успех нашего агентства — первая русская всемирно известная девушка.

Правда, в Москве все говорили: «Ну, эта Кольцова! До чего бесстыжая! Я эту Люду Исаеву с пеленок знаю, а Кольцова говорит, что Люда ее модель!» На что я отвечал: «Вы можете знать Люду с детства, но если вы захотите проверить Кольцову, то придите ко мне, я вам покажу документы, по которым мне платят за нее комиссионные».

Конечно, деньги я тратил куда большие, чем получал, но это уже другая тема. Главное, мы стали профессиональным модельным агентством, единственным российским агентством, признанным в мире.

И после этого нам позвонил Джон Касабланкас. Он сказал, что свой конкурс «Look of the year» будет проводить в Москве. А это самый престижный конкурс в мире, за двадцать лет этот конкурс дал миру больше звезд, чем все конкурсы в мире за всю историю модельного бизнеса, вместе взятые. Из него вышли Линда Евангелиста, Стефани Сеймур, Татьяна Патис, Синди Кроуфорд и еще многие. Кстати, наша Наташа Семанова тоже победила в этом конкурсе, но это уже отдельная история, — я был на этом конкурсе и сказал в «Элит», что если она не займет первое место, то я просто все разгромлю. И я могу дать тебе телефон Семановой — спроси у нее, есть ли в России человек, которому она обязана своей карьерой. Мне просто интересно, что она скажет... — Абхаз сунул руку в карман пиджака за своей телефонной книжкой, но я отмахнулся, мне не нужно было проверять его, я и так видел, что он не врет. По его высохшей за эти годы фигуре, сутулым плечам, впалым щекам и, самое главное, его горестно-ироничной усмешке и печальным глазам я понял, что меня ждет длинная исповедь еще одного, такого же, как я, романтика и идеалиста, только с другой, криминальной стороны. Но поскольку я никуда не спешил, то я не перебивал его — людям порой нужно дать возможность высказаться, в зоне можно услышать такие исповеди — на сто романов хватит.

Сняв с шампура крошечный, как орех, кусочек шашлыка, Абхаз отправил его в рот и, запив пивом, продолжал:

— Короче, мы для Касабланкаса должны были организовать «Look of the year» в России. Но как его делать? Мы решили провести этот конкурс не так, как другие. Другие залы снимают, шоу устраивают, а мы... Мы, конечно, должны были как-то отличиться. Тем более Касабланкас, когда приехал, он меня просто поразил. Это был 1990 год, ему тогда было лет 48 — необычайно красивый, очень энергичный, высоко эрудирован, свободно говорит на шести языках — по-английски, испански, каталонски, португальски, итальянски и по-немецки. Одинаково свободно на шести языках. Посмотрел на меня и сказал: «У меня впечатление, что вы какой-то побелевший афганец или курд». Я говорю: «Почему не араб?» Он говорит: «У вас другие черты лица». Я сказал: «Да, я кавказец, я из Абхазии». Оказалось, он даже знал что-то об Абхазии. Тогда я, в свою очередь, спросил: «У вас фамилия Касабланкас, что она означает? Это испанского происхождения фамилия?» Он сказал: «Да, мои родители были каталонские националисты, и Франко должен был их расстрелять. Они бежали из Испании, я родился в Америке. А ты знаешь Каталонию?» «Конечно, — я говорю, — Пабло Казальс был каталонец, Феррер Басса...» И стал перечислять знаменитых каталонцев. Он, конечно, поразился и сказал: «Человек ниоткуда говорит по-английски, по-итальянски, знает про Каталонию! Я этого никогда не забуду!»

Но самое главное в Касабланкасе — какая-то буквально неистощимая энергия. То есть он прилетел вечером, не выспался, конечно, в дороге, а мы потащили его на ужин в ресторан, взяли с собой и Гарри Харта, кандидата в американские президенты, который тогда в Москву приезжал, а потом все вместе поехали куда-то за город, в дискотеку. В то время за городом были ночные дискотеки, мы там развлекались, и к Джону привязалась одна женщина, Елена, забыл ее фамилию, потом она стала женой одного знаменитого пирамидщика. А тогда эта Елена просто схватила Касабланкаса за руку и не отпускала, хотела с ним спать. Но Джону она не нравилась, он мне говорит: «Я ее не хочу». И я повез его домой — где-то в четыре ночи. А утром, в десять, я уже за ним заехал, и мы в Доме моды Славы Зайцева сделали просмотр девушек. Джон просмотрел примерно четыреста девушек, причем с каждой беседовал, и был просто убит, мертвый, говорит: «Все, я поехал спать». Я говорю: «Но у нас вечером ресторан заказан». — «Нет, я никак не могу». Я говорю: «Ты что! Ты нас оскорбишь, ты должен!» Он приехал в ресторан — невыспавшийся, никакой. И вдруг под конец вечера просит: «Знаешь что, мой друг? Давай поедем к проституткам!» То есть у него был новый прилив энергии. И мы поехали в «Солярис» в гостинице «Космос» — тогда это было самое модное и крутое место. Правда, проститутки ему там отказали. Они почему-то решили, что он русский, а притворяется американцем. Он им всячески доказывал, говорил: «Что вы хотите? Денег? Я вам дам денег». Он вообще щедрый мужик, имеет дело с самыми красивыми женщинами в мире и, конечно, почти со всеми своими звездами спал. А наши проститутки послали его подальше. Такая была смешная история...

Потом настало время проводить «Look of the year». А нам, как я уже сказал, нужно было перед ним отличиться и вообще выпендриться. И мы сняли большой корабль, который поплыл по Москве-реке на весь день. На этом корабле был зал, и в нем прошел конкурс — мы там были одни, без публики. Но люди в то время еще не понимали, что «Look of the year» — это не какая-то «Мисс СССР», что победительница этого конкурса больше и круче, чем сама «Мисс Мира». Когда я говорил так журналистам, они считали меня сумасшедшим. Они писали о тех, кто отправил свою девушку на «Мисс Европы» или «Мисс Мира», хотя ни одна «Мисс Мира» за всю историю еще не стала известной моделью. Только замуж могла выйти. А у любой девушки, побеждающей на «Look of the year», карьера уже обеспечена.

Короче, мы провели конкурс, и его выиграли две девушки. Касабланкас сказал, что он их берет обеих. А с одной из этих девушек пришел какой-то парень, он все пробовал с Джоном выпить: «Давай бухнем!» Но Джону трудно общаться с человеком, который не понимает ни слова по-английски. И Джон мне говорит: «Все, поехали отсюда». Мы уехали. А этот парень и его девушка — победительница конкурса послали Джону письмо по факсу: мол, они пришли на конкурс только из-за него, никакой «Ред старс» здесь ни при чем, они хотят ехать к нему в «Элит» напрямую, без всякого «Ред старс». Парень, по-видимому, надеялся на комиссионные. Джон тут же прислал им отказ, а нам — копию их факса. После чего я поверил в его благородство.

Я, правда, тоже показал ему свой характер. Джон, как партнер, должен был платить половину расходов по проведению конкурса. Но когда он меня спросил, какие были расходы, я сказал: «Джон, это несущественно!» Действительно, мне конкурс обошелся порядка трех тысяч долларов, для меня в то время это были копейки.

Но тут у нас начинаются сложности с Роланом. То есть после успеха конкурса я приглашаю всех к себе в Абхазию — лучших девочек, Кольцову, Ролана, человек десять. Просто в гости. У меня там дом и сад на берегу моря, в горах. У моего двоюродного брата там тоже дача. То есть огромная была территория, супершикарное место: две реки сливаются, и остров посреди этих рек. Попасть туда можно только по канатке. И все это было наше. А потом грузины там все сожгли, ничего теперь не осталось, но тогда... Короче, мы туда приехали, я этого Ролана и Марину, которую он с собой привез, выгуливаю, как самых дорогих гостей.

И вдруг Ролан мне говорит: «Знаешь, я хочу с тобой поговорить. Понимаешь, я в Москве общался кой с какими людьми, они мне сделали предложение». Я говорю: «Какое? Ты что, из «Элит» уходишь?» Он говорит: «Нет, наоборот. Они хотят сами провести конкурс «Элит», открыть в Москве школу моделей «Элит», и за это они заплатят нам десять тысяч долларов». Я говорю: «Да? Интересно. А деньги куда пойдут?» Он говорит: «Основная часть мне, потому что я этим занимаюсь. Но я тебе, как друг, предлагаю: если ты заплатишь такую же сумму, а они ее не поднимут, то все останется по-прежнему, все конкурсы «Элит» будешь проводить ты».

Вот такой заход. Но — он же у меня в гостях, я говорю: «Знаешь, сейчас что об этом говорить? Отдыхай. Мы приехали отдыхать...» Тут ко мне приходит один мальчик, 22 года ему тогда было. Здоровый, грудь бычья, всегда улыбается, смеется, обаяние просто неотразимое. Потом он погиб на войне в 26 лет, на моих глазах, ему пуля точно в сердце ударила. А тогда он приходит и говорит: «Знаете, я вас уважаю, вы друг моего отца, поэтому я должен вам признаться. Эта Марина, которая с Роланом, заманила меня на пляж. Ну, я не железный, я ее трахнул. А наши ребята открыли ей склад,

84

где обувь лежит. Они орехи отправили в Италию, а в обмен получили обувь итальянскую, так она там мешок обуви набрала и отнесла в комнату, где спит со своим Роланом».

Мне, конечно, стыдно стало, что я привожу в Абхазию девок, которые тут же на наших парней кидаются. Все-таки у нас в Абхазии я кое-что значу...

Ладно, приехали в Москву. Ролан спрашивает: «Ну? Когда мы поговорим?» Кольцова, убитая, смотрит на меня. Конечно, я тогда мог легко заплатить эти десять тысяч, для меня вопрос был не в этом. А в том, что это уже начинался бизнес по-русски. Знаешь, во всем мире агентства получают комиссионные за своих девушек-моделей, а у нас многие агентства, наоборот, говорят: возьмите наши модели, мы вам заплатим. И губят весь рынок. Вот и здесь было так же: какие-то люди хотят увести от меня партнера, перекупают его, а он меня начинает этим шантажировать. Хотя Джон, уезжая, говорил мне: «Теперь вся Россия для меня — это ты, я за многие годы не встречал такой личности!» Потом я, конечно, понял, что это он рассказывает и каждой девке, но тогда я его комплименты принял за чистую монету. И для меня такой с Роланом поворот событий был шокирующим. Я говорю Ролану: «Ты здесь кто? Ты наш партнер?» Он говорит: «Да, я ваш партнер. Но если вы не примете мои условия, то потеряете "Элит"». «Тогда, — я говорю, — выслушай меня. Как говорил товарищ Сталин, «мы тут посоветовались, и я тебе скажу от лица всех». Никакого конкурса ни с кем вы здесь проводить не будете, и денег вам никто не заплатит. Если в России будет проходить конкурс «Элит», он будет проходить только с нами или с теми людьми, с которыми я разрешу его проводить. Это раз. А второе: не мы потеряем «Элит», а ты потеряешься».

И тут началось! Джон присылает мне факс, притворяясь, что он ничего не знает. И пишет: «Дорогой друг! Я предлагаю тебе заплатить 10 тысяч долларов за право проведения конкурса. У меня есть другие предложения, но я хотел бы, чтобы этот конкурс был твой». Понятно, да? Ладно, я пишу ответ: «Дорогой Джон! Я бесконечно рад твоему предложению и особенно тому, что именно ты мне это предлагаешь. Правда, до сих пор я считал, что мы уже партнеры и мне незачем платить деньги, ведь я и так плачу тебе 50% от всех доходов с иностранных клиентов. А кроме этого, я боюсь, что мои родственники в Абхазии (а тогда 10 тысяч долларов — это была сумма невероятная!) могут меня убить, если узнают, что я за конкурс красавиц заплатил сумму, на которую я мог бы кормить родной город в течение года». И отправил ему такой факс.

Через какое-то время он присылает мне обиженный ответ: мол, тогда я буду искать себе другого партнера. Тут я ему отправляю факс уже более подробный. Я пишу: «Дорогой Джон! Я с огромным удовольствием вспоминаю о том, как в мою достаточно скучную и серую жизнь ворвался, как буря, такой человек, как ты. Эти дни, которые мы провели вместе, я буду вспоминать всю жизнь. Если ты мне разрешишь, я всю жизнь буду гордиться дружбой с тобой и говорить, что мы с тобой знакомы. Но при этом я считаю, что имя «Элит» слишком большое и прославленное, чтобы его носила такая мелкая и слабая, хотя и лучшая в России, компания, как наша. Поэтому я вынужден от нашего партнерства отказаться. Что касается конкурса, то ты можешь проводить его как угодно, и с кем угодно, и где угодно. Правда, если у тебя это получится, я буду очень удивлен».

То есть ответ мой был, конечно, издевательский, но они такие зашибленные, эти люди на Западе, они его просто не поняли. Они его прочли, проглотили, и Джон присылает мне радостный факс: «Дорогой друг! Я нашел новых партнеров, это очень серьезная, крупная и богатая компания, они уже с радостью заплатили мне за лицензию и будут проводить конкурс. Но ты, как мой друг, будешь, разумеется, всюду приглашен...»

После этого я, конечно, узнаю, что это за компания, встречаюсь с ними и говорю: «Значит, так, ребята, я бизнесом сам лично никогда в жизни не занимался. Все, что я имею, я имею потому, что, когда у нас в стране началось повальное рэкетирство, люди ко мне стояли в очереди и говорили: «Защити нас. Скажи, что ты с нами». Большинству я отказывал, а некоторых взял под свою защиту и поэтому сейчас имею кое-какие возможности. Но если я вдруг покажу, что могу потерять хоть немного своей территории, то для меня это будет гибельно. И очень плохо для моих друзей, которых я защищаю, — их тоже начнут обижать. Я этого допустить не могу и поэтому хочу вам сказать: ребята, не надо этого делать, у вас это не получится никогда». Они, конечно, рассмеялись мне в лицо: «Мы не понимаем — почему?» Я говорю: «Потому что Касабланкас был моим партнером, вы знали об этом, но вы не пришли ко мне и со мной не посоветовались. А вы были обязаны прийти ко мне, потому что это моя овца и я что захочу, то с ней и буду делать. Если хотите, можете это оспорить. Хотя я вам не советую».

«Ты понимаешь, — говорит один из них, — десять штук, которые мы в это вложили, для нас мизер!..» Я смотрю на него, а он такой типичный новый русский. Это, кстати, очень четко названо, потому что новых богатых у нас нет до сих пор. У нас есть бывшие нищие тире новые русские. А что такое настоящее богатство, они даже понятия не имеют, они думают, что они богатые. Я спросил этого выскочку: «А почему ты хочешь проводить конкурс?» Он говорит: «Во-первых, «Элит» — это принадлежность к самой высшей лиге, я буду всюду входить, ногой открывать любую дверь. А во-вторых, у меня есть иностранные партнеры, они ко мне приезжают, чего я буду искать им девочек за 200 долларов? У меня будут свои...»

Ну, я, как ты понимаешь, не мог этого допустить. А он продолжает: «Что такое 10 тысяч долларов? Копейки! И за эти копейки я получу все, что хочу!» Я говорю: «Если ты будешь продолжать рассказывать мне о том, какой ты богатый, ты вызовешь у меня желание быстро сделать тебя нищим. И поверь мне, я это сделаю с удовольствием».

Через два дня меня ищут знакомые чеченцы. Я встретился с ними и сказал: «Зачем вам мешать мне? Вы вклиниваетесь туда, где я уже иду. Зачем вам?» После этого те новые русские отправили Касабланкасу факс о том, что они хотят получить свои деньги обратно. Тут Касабланкас мне звонит и начинает меня уговаривать. Я говорю: «Я не понимаю, Джон, что ты хочешь? Я тебе что, говорю — не проводи конкурс? Я тебе говорю: попробуй проведи». Он говорит: «Я просто не понял твой факс. А теперь я его еще раз прочитал и оценил твой юмор. Россия — это особая страна. Я и Ролану сказал, чтобы он зашел к тебе, оказал уважение...» Я говорю: «Джон, ты кто — турок или араб?» Он говорит: «Нет, я американец». Я говорю: «Тогда слушай. Мы с тобой уже разошлись, а теперь ты хочешь, чтобы я шел к этим выскочкам, к этим нуворишам и разрешал им что-то делать? Я не пойду, у меня с ними свои счеты. Ты можешь искать тут кого хочешь и делать что хочешь, разве я могу тебе запретить? Я вообще никогда столько времени ни на кого не тратил, просто ты мне тогда так понравился! Поэтому я с тобой сейчас разговариваю...» На это он психанул: «Ах так?! Я жил без России всю жизнь, построил без нее лучшее агентство в мире и дальше буду без вас обходиться!» Я говорю: «Замечательно, живи без России. Но ты помнишь условия нашей совместной работы? Они теперь аннулируются?» Он говорит: «Да, аннулируются!» Я говорю: «Тогда мы должны оговорить условия развода». Он смеется: «И какие же условия развода?» Я говорю: «Очень простые. Если ты или любой из твоих двадцати четырех филиалов возьмете хоть одну русскую девочку, вы будете платить мне комиссионные». Он говорит: «Как? За любую русскую?» Я говорю: «За ту, которая родилась и выросла в России. Даже если кто-то из твоих агентов найдет ее на пляже в Майами, он должен знать, что комиссионные будут идти мне». Джон отвечает: «Знаешь что? Мне надоела вся эта дребедень! Давай закончим разговор». Я говорю: «Я тебе сказал условия, на которых мы разошлись». И положил трубку. Первым!

Кольцова, конечно, обезумела. Я ей говорю: «Слушай, Таня, ты понимаешь, что у нас нет иного выхода? Если мы будем играть по их правилам, то этот иностранный красавец нас трахнет точно так же, как он перетрахал все свои модели. Он каждой рассказывает, что она единственная, что он ее запомнит на всю жизнь. Потом трахает, дарит ей подарочки, чтобы она особенно не обижалась, и на этом все заканчивается. Но мы не можем работать в таких условиях. Мы вошли в этот бизнес, мы подошли к этому столу, и надо ставить или на красное, или на черное. Уйти нельзя, такие правила игры. И вот я ставлю...»

Она молчит, она просто шокирована.

И в этот момент мне в голову приходит другая мысль — я вдруг понял, что они сделают. Я вспомнил, что в Москве есть очень богатый человек, его зовут Августин Гомес де Сегура. Он испанец. Еще до Горбачева он в течение десяти лет продавал сюда 70 процентов всей электроники, которую покупал Советский Союз. Один человек! Можешь себе представить, на каких уровнях он работал и что это за личность! И я вспомнил, что Джон знаком с этим Августином, он мне рассказывал, как они познакомились где-то в Испании. Я подумал: если они обратятся к этому Августину и Августин войдет с ними в бизнес, мне с этим человеком будет неловко так грубо разговаривать, как я говорил с теми новыми русскими. Потому что он человек глубоко порядочный и приличный. А если они не в Москве, а за границей встретятся и договорятся, — что я буду делать? Наезжать на его предприятие? И я назначил Августину встречу...

— А ты его знал? — поинтересовался я.

— Главное, что он меня знал, — усмехнулся Абхаз. — Ему обо мне говорили и рассказывали историю моего далекого прошлого, когда я был молодой, ты мою биографию знаешь. Короче, я позвонил его человеку по фамилии Муссон. Это был своеобразный еврей — здоровенный, с огромными рыжими усами, закрученными вверх, богатырская грудь, похож на украинского гайдамака. Но как только он начинал разговаривать, у него глазки принимались бегать, он перед всеми заискивал. Такое вот сочетание мелкой беличьей живости и огромной фигуры. Я позвонил ему и сказал: «Гарик, я хочу срочно встретиться с Августином, у меня есть что ему сказать». Августин пришел, как порядочный человек, чего ему избегать? Мы сели, я сказал: «Августин, некоторые вещи, которые я скажу, могут тебе показаться неожиданными. Но я хочу, чтобы ты меня понял. Когда-то Отари Витальевич мне сказал: «Я тебя всюду избегаю не потому, что я тебя боюсь, а потому, что знаю: все десять лет, которые ты сидел, ты изучал языки и готовил себя к какой-то яркой и прекрасной жизни. И любого, кто у тебя на этой дороге встанет, ты просто убьешь. Я не хочу быть первым». «Это, — говорю я Августину, — когда-то мне сказал Отари. Но тебе, Агустин, я хочу сказать другое: ты мне настолько симпатичен, что я ничего не смогу против тебя сделать. Поэтому я тебе расскажу всю свою ситуацию, как она есть, а ты решай как хочешь». И я ему все рассказал. Он послушал и говорит: «Я даже не знаю, чем тебе помочь, ко мне они не обращались». Я говорю: «Я тебя не прошу мне помочь. Я сам со своими проблемами справлюсь. Я тебя только прошу не вмешиваться в эту игру». Он говорит: «Об этом не может быть и речи!»

И что ты думаешь? Через неделю он мне звонит и говорит: «Знаешь, я восхищаюсь твоим предвидением». — «Что такое?» «Мне, — говорит, — позвонил Пьер Шампу — это, чтоб ты знал, правая рука Касабланкаса в Европе, — и предложил каким-то образом помочь им в их бизнесе в России. А я ему сказал: "Пьер, я столько лет в России, я ее хорошо знаю. Поверь мне, если вы не договоритесь с этим человеком, никто вам не сможет помочь"».

Я, конечно, поблагодарил Августина и сижу, жду, что дальше будет. Вдруг, буквально на следующий день, приходит факс от Джона: «Мой дорогой друг! Я принимаю все условия, которые ты мне назвал. Я согласен платить тебе за всех русских девушек, даже если их найдут на пляже в Майами. И обещаю тебе, что я никогда больше не ступлю ногой на русскую территорию, не отправлю в Россию ни одного агента». Вот такой факс. А в завершение он пишет постскриптум: «Когда мы ужинали с Гарри Хартом, ты мне сказал, что в молодости занимался боксом и все бои до единого выигрывал только нокаутом. На этот раз ты опять выиграл нокаутом, поздравляю. Надеюсь, что пройдет какое-то время, мы с тобой встретимся и опять будем друзьями. А может быть, даже договоримся о том, как работать вместе».

После этого я еще какое-то время выждал и позвонил ему, спросил, где и как мы можем увидеться. Он сказал: «Хочешь, прилетай в Нью-Йорк, а хочешь — в Европу. Я скоро буду в Австрии, оттуда поеду в Будапешт, из Будапешта — в Прагу, везде буду присутствовать на конкурсах». Я сказал: «Если ты не будешь возражать, я с тобой вместе проедусь по этим конкурсам». Он говорит: «Я буду просто счастлив!» И вот мы с ним в Австрии встретились, сели в ресторане, он говорит: «Может быть, ты отменишь один пункт?» — «Какой?» — «О том, что за любую русскую девушку я плачу комиссионные. У меня же поисковики просто с ума сошли, узнав о таких условиях!» Я говорю: «Знаешь, я тебе сейчас не отвечу. В Праге поговорим».

И мы с ним поехали в Будапешт, в Прагу, всю неделю тусовались, гуляли. В Праге на банкете он напился и за столом говорит: «Здесь сидит очень опасный человек. Во-первых, он принадлежит к самой свирепой нации на земле. Во-вторых, он такой способный, что, я думаю, сейчас, когда я вернусь к себе домой, я увижу на моем здании надпись: "Ред старс"». Я промолчал. А на следующий день мы с ним встретились, я говорю: «Джон, конечно, мое условие насчет каждой русской девушки нереально, выполнить его невозможно. Давай все сделаем исходя из нормальной логики». И мы с ним договорились по-людски...

— И с тех пор ты снова в «Элит»?

— Нет, я отказался, я сказал: больше никогда не буду в «Элит». И объяснил Кольцовой: «Смотри, что произошло. Мы выстояли! Мы добились равенства с «Элит». И брать теперь имя «Элит» нам невыгодно. Если завтра Джон пошатнется, то и мы пошатнемся вместе с ним, автоматически. А так мы в этой стране единственные, кто в этом бизнесе уже все понимает. Это самая большая в мире страна с белым населением, а ведь в мире большинство моделей белые, процент всяких азиаток и цветных среди моделей ничтожен. И мы будем занимать здесь такое положение, которое никогда ни одно агентство в мире не будет занимать в своей стране». И после этого везде, когда меня представляют «Это Россия, это "Элит-Москва"», я говорю: «Нет, я «Ред старс», но с «Элит» могу договориться. Конечно, сумма будет большая, но...» То есть я так шучу...

— А какие у тебя другие бизнесы? — поинтересовался я, думая, что исповедь закончилась.

— Другие... — Абхаз посмотрел в окно. По Петровке со скрипом катила мусороуборочная машина, ее щетки, вращаясь, скребли мостовую, но больше размазывали грязь, чем собирали ее. — Другие... — повторил он. — На самом деле других у меня сейчас нет. Я разошелся со своим партнером, с которым работал десять лет. Мой партнер — киевский еврей, он в Москве уже много лет, но родом из Киева. И десять лет мы с ним были как братья. Я и на идиш говорю, и на иврите говорю, я даже себя уже евреем больше считал, чем абхазцем. Но вдруг в нем стали проявляться какие-то черты, которые мне не понравились, я пришел к нему и сказал: «Я ухожу. Не из-за денег, а потому, что я не могу работать с человеком, которому я больше не доверяю». А наша корпорация к тому времени стоила много миллионов долларов. И я в ней имел большую долю. Он говорит: «Знаешь, мы с тобой были как братья, ты был как член моей семьи. Я тоже хочу с тобой разойтись по-дружески. Но я не могу сразу отдать тебе все деньги, эти деньги в акциях. Если я сейчас продам твою долю акций, то на бирже наша корпорация резко пойдет вниз. Поэтому мы оценим их по той цене, по которой они стоят сейчас на бирже, и я в течение года выплачу тебе эти деньги». Я говорю: «Это несправедливо. Ты оценишь акции по сегодняшней цене, а они будут расти, но я буду получать по старой цене?» Он стал возражать, я говорю: «Ладно, пусть будет, как ты сказал».

И вот мы посмотрели: акции стоили в тот момент 9,60 доллара. Но выплачивать он не спешил, и к концу года акции поднялись до 20 долларов. То есть он продает одну мою акцию, ему остается 10,40, а я получаю 9,60. Понятно, да? Впрочем, я успел получить только совсем небольшую сумму — несколько миллионов долларов, которые тут же инвестировал в бизнес. Я тогда был в Париже — два года там тусовался и вошел в доверие к марокканским евреям. Они там держат весь бизнес по производству одежды. Конечно, высокая мода или такие имена, как Монтана, Лакруа, — это в основном французы, хотя главное производство у них в Италии. Но производство всей средней линии, то есть почти все, что называется «Made in France», — все в руках у марокканских евреев. В Париже есть квартал Сантье — там сосредоточены сотни предприятий, которые разрабатывают дизайн средней линии моды, массовую одежду. Все — только евреи. Они создают дизайн и отдают его туркам. Турки режут ткани, а сшивать отдают корейцам. Корейцы и китайцы сшивают, возвращают туркам, турки возвращают евреям, евреи продают под своей французской маркой. Так это построено.

Я вошел туда и решил: поскольку все русские кинулись открывать бутики и продавать одежду высоких марок, я захвачу 10—15 марок средней одежды, недорогой. Ведь взять «Версаче» или «Черутти» эксклюзивно на Россию — это заплатить огромные деньги. А ширпотребные марки мне и так дадут, по оптовым ценам. А они имеют больше шансов продаваться в России. Потому что есть такие фирмы, которых русские не знают, а во Франции они идут на убой. Например, «Зарро» — никто ее в России не знает, а она торгует на два миллиарда долларов в год — гораздо больше, чем любая самая известная марка высокой моды.

И я решил развить эту сеть в России. Заодно, я решил, это будет давать работу моим манекенщицам, я буду делать рекламу в журналах и, как хороший клиент, приберу эти журналы к рукам. И все это будет корпорация «Ред старс» — модельное агентство, дистрибуция и так далее.

Конечно, все это требовало больших инвестиций, я только первый сток купил на два миллиона долларов, но я рассчитывал на деньги, которые мне должен был мой партнер. И вот когда я вложил первые миллионы, начал строить себе офис на Остоженке и потребовалось доинвестировать, я пришел к своему бывшему партнеру, а он говорит: «Все, наша корпорация лопнула, ФБР закрыло нашу компанию, обвинив, что наши акции раздувались». И я в один день стал нищим. Все, что я за десять лет заработал, рискуя своим именем и жизнью, — все потерял, в один день. Кроме, конечно, «Ред старс»... — Абхаз усмехнулся. — Да, «Ред старс» — это, наверное, мой болезненный бзик. У меня нет детей, я ни разу не был женат и просто люблю маленьких девочек — люблю что-то хорошее для них делать, оказывать им внимание, заботиться о них. Они такие чистенькие, аккуратненькие, смотрят в глаза, слушаются... Правда, потом, когда им исполняется 15—16 лет, они неузнаваемо меняются... Помнишь, я тебе говорил про Наташу — шестнадцатилетнюю девочку, которая была на одном показе с пятидесятилетним мужиком? Она мне тогда очень понравилась, но ей было 16, и я ничего даже и не думал. Я вообще не смог бы никогда лечь с пятнадцатилетней девочкой, даже если бы она влюбилась в меня. Потому что я для нее бог, она верит в меня, ей кажется, что я божество...

Но прошло какое-то время, этой Наташе стало 19, и я стал за ней ухаживать, мы стали встречаться. Она была умная и красивая, блондинка с голубыми глазами, стройная и сильная, говорила по-французски и по-английски. И я с ней поехал в Италию — там, где бы мы ни появились, все итальянцы останавливали машины и говорили: «Ой, какая красивая!» И я видел, как она ко мне относится, как она меня любит. Это проявлялось всегда, она за меня всюду вступалась, даже защищала меня. Например, мы поехали на дачу, а там Гарик Муссон дрова рубил и говорит мне: «Вот я дрова рубил, а ты?» А она говорит: «А он подносил! Он подносил!» А когда я шутил, то видел краем глаза, как она смеялась. Искренне, от души. Знаешь, всегда есть какие-то интимные моменты, при которых нельзя обмануть. Например, ночью, когда я вставал или ложился обратно, она, спящая, улыбалась и тянулась ко мне. То есть у нас были очень красивые отношения...

Но у меня есть одна приятельница еврейка, Лиля, жена моего родственника. И она вдруг говорит своему мужу: «Знаешь, мне так жалко твоего Абхаза!» Он говорит: «Почему?» А Лиля отвечает: «Потому что эта девушка, я на нее смотрела, она же от него глаз не отрывает!» Он говорит: «Ну? И что в этом плохого?» Лиля сказала: «Она его так любит, что такого не может быть». Конечно, мой родственник мне это рассказал, мы с ним посмеялись, потом я встретил Лилю и говорю: «Лиля, почему ты меня жалеешь?» Она говорит: «Знаешь, чудес не бывает. Тебе 39 лет, а ей 19. Не может девятнадцатилетняя девочка тебя так любить».

А тут как раз Наташе пришло приглашение на месяц в Японию. Она говорит: «Нет, я не поеду». Я говорю: «Это еще почему?» Она: «Я не смогу без тебя». «Что значит не смогу? — я ей говорю. — Ты же приедешь через месяц». А она: «Месяц — это очень много, я не смогу жить без тебя целый месяц!» Я говорю: «Знаешь, давай поступать так, чтобы еще больше друг друга любить. То есть будем ненадолго расставаться, ничего страшного в этом нет». Но она, уезжая, опять говорит: «Я не знаю, как я буду без тебя». И уехала.

А в это время началась война в Абхазии, я улетел на Кавказ, пошел воевать, перешел через перевалы — в июле, снег по колено. Воевал, потом там было временное перемирие, я на Северном Кавказе покупал оружие, переправлял нашим. Потом встречался с Дудаевым... Короче, там была масса всякого. Ельцин принудил Ардзинбу подписать бумагу о временном прекращении огня, Ардзинба мне говорит: «У нас тут затишье, езжай в Москву, ты там больше нужен». И меня на военном самолете отправили в Москву. Я приехал, и Наташа уже из Японии вернулась — прошло уже больше месяца. Я ей позвонил, было восемь вечера, она была дома. И она говорит: «Ой, я так рада тебя слышать! Там же у вас такое творится! Знаешь, мне пришло приглашение в Париж, в Сорбонну». И продолжает все в таком же духе. Я ее слушаю и не слышу... «Дорогой мой, где ты? Я сейчас приеду!» Но я молчу, потом говорю: «Когда мы увидимся?» А она: «Ой, ты знаешь, я на завтра договорилась с подругой пойти в «Эрмитаж». Позвони мне послезавтра». То есть ей пришло приглашение в Париж, и она посчитала, что я ей уже не нужен. Просто вычеркнула меня, и все... Да... После этого я подумал, что никогда в жизни не смогу определить, кто же из них меня действительно любит, и стараюсь не приближаться к этим нимфеткам. Пусть мы выведем на мировую орбиту еще десять Семановых, пусть ко мне придут еще сто пятнадцатилетних Понтюшенковых, потому что мы действительно единственное профессиональное модельное агентство в России, — для меня, как для мужчины, эти нимфетки в их женской сути ничего не значат. Ты согласен со мной? Ты вообще зачем в «Ред старс»-то пришел? По мою душу? Так у меня в «Ред старс» все чисто...

Абхаз замолчал, а я еще раз подумал, как мы с ним похожи — оба нищие, одинокие, старые и вышедшие в тираж, и оба держимся за свой последний шанс: он за «Ред старс», а я за поиски Полины Суховей. Если бы я был профессиональным писателем, как мечталось мне с детства, я бы написал о нем роман — бывший легендарный авторитет уходит из криминала, держит модельное агентство, влюбляется в своих пятнадцатилетних нимфеток, заботится о них, выводит их в космос модельного бизнеса, а они уходят от него, не сказав и спасибо...

Достав из кармана фото Полины Суховей, я положил его на стол перед Абхазом:

— Я ищу эту девушку.

Он взял фото, поднес к глазам так, как делают это близорукие, и сказал:

— Полина Суховей.

— Ты ее знаешь?

— Еще бы! Она из Нижнего Новгорода, ушла от меня года три назад. Нет, больше — три с половиной. А вчера появилась, ты просто везунчик. Зачем она тебе?

Я встрепенулся:

— У тебя есть ее адрес? Телефон?

— Ты не расслышал? Я спросил: зачем она тебе?

— Не для модельного бизнеса, — успокоил я его. — Но мне нужно ее найти.

— Она и не годится уже для модельного бизнеса, — усмехнулся Абхаз. — Она просила у меня работу, но я ей так и сказал, открыто: «Полина, модельный бизнес уже не для тебя. Поезд ушел!»

— И она не оставила тебе свой телефон? Адрес?

Наверное, в моем голосе прорвалось такое отчаяние, что Абхаз, допив остатки пива в кружке, поставил ее на стол и сказал:

— Знаешь, тогда, в камере, когда ты пырнул себя заточкой в живот, я все равно не поверил, что ты наш. Но ты это сделал, это было красиво, и я тебя зауважал, даже назвал своим братом. Скажи мне, зачем тебе эта Полина, и я тебе снова помогу.

Но я не мог рассказывать ему всю историю — про Кожлаева, про Рыжего... Я сказал:

— Знаешь, брат, вот у тебя есть «Ред старс», это твой последний шанс. А мой последний шанс — эта Полина. Больше я тебе ничего сказать не могу, такая у меня профессия. Хочешь — помоги мне ее найти, а не хочешь — я пошел. И я могу сам заплатить за свой шашлык и за пиво...

— Обижаешь? — усмехнулся он. — Абхазца обижаешь? Своего брата?

Я напрягся, я знал, что за этим может последовать. Легенда говорила, что в бешенстве молодой Абхаз мог действительно сразить любого тяжеловеса — и на ринге, и в зоне. Но Абхаз сказал миролюбиво:

— Ладно. Ты увидишь ее. Вечером приходи в «Вишневый сад».

Чем лечится русский мужик в беде, нищете или отверженности от шведского стола нашей демократии? Он лечится простым и универсальным средством — стаканом.

А чем лечится русская женщина в отверженности от этого же стола? Макулатурой. Ой, оговорился — книгой.

Книгой, которая, как водка, может выключить из реальности и перебросить в другой мир и другую жизнь. Причем чем проще напиток и чем меньше сил нужно затратить на его усвоение, тем лучше. Именно это определяет небывалый рост потребления пива и женской детективной литературы в последние годы. Ушлые издатели давно ухватили эту тонкость, сколотили артели литературных негров, дали им звучные наименования вроде «Олимп» и приспособили под макулатуроварение, которое эти олимпийцы гонят с производительностью пивоваров «Amstel».

Впрочем, одной нашей нищетой массовый запой дешевыми детективами не объяснишь, поскольку при любом уровне достатка люди, помимо всего, любят просто влезать в чужую жизнь, подглядывать за ней в замочную скважину, в окно, в дырку в заборе. Точно такая же obsession, одержимость и искушение вызнать подробности чужой жизни есть в нашей профессии. И пусть наши Агаты Кристи в милицейских юбках и Сименоны в армейских погонах подсовывают своим героям романтические идеалы служения отечеству и борьбы со злом — все это мура и демагогия; на самом деле эти олимпийцы просто наживаются на стремлении нищих забыть о своей нищете и на тяге обывателя заглянуть в чужую жизнь.

Чем больше в обществе нищеты, тем больше в литературе и на экране замочных скважин, через которые бедным показывают картинки из жизни удачливых и богатых, и утешают их тем, что богатые тоже плачут, — не зря самое большое количество сериалов делает нищая Мексика. И это прекрасно понимают наши производители сериалов, которые, впрочем, идут дальше мексиканских — теперь у нас, совсем как в советские времена, экраны всех государственных, полугосударственных и окологосударственных каналов демонстрируют не столько зрителям, сколько Кремлю, какая огромная борьба с преступностью разворачивается под мудрым руководством партии власти. Под этим предлогом за государственные деньги уже сделано больше фильмов о бандитах, чем за все семьдесят лет советской власти было сделано фильмов о коммунистах...

А на самом деле в моей профессии служение долгу, обществу, государству — это или третично, или вообще не существует. Зато...

Как клево, как сладостно, как почти сексуально это удовольствие постепенно вникать в чужую жизнь! Медленно и смутно, как недопроявленное фото в кювете фотолаборатории, стало теперь вырисовываться в моей голове хоть какое-то подобие разгадки истории, которую я разматываю. Четыре или пять лет назад Полина — шестнадцатилетняя «Вице-мисс Нижний Новгород», красивая и сияющая искушениями проснувшейся плоти, как шестнадцатилетняя Маргарита Терехова в фильме «Здравствуй, это я!», приехала завоевывать Москву и стала моделью в «Ред старс». На тех фото, что я видел в ее квартире на Патриарших и у ее родителей в Нижнем, она просто неотразима. Такой шестнадцатилетней дивой была, наверное, и Ева в раю, когда соблазнила Адама. И такой же сфотографировал ее Кожлаев в своей спальне. А затем, «года четыре назад», как сказала ее соседка в Нижнем, она родила мертвого ребенка. Таким образом, нетрудно предположить, чей это был ребенок. И если это действительно был ребенок Кожлаева, то понятно, почему Полина не хотела ехать к нему в больницу, сказала: «Пусть он сдохнет!» Там, в прошлом, была любовная драма или даже трагедия — мертвый ребенок, сломанная карьера модели... А Кожлаев, наверное, хотел перед смертью вымолить у нее прощение — самые заядлые преступники и даже убийцы перед смертью становятся порой сентиментальны.

Но при чем тут Рыжий? Зачем ему-то Полина? Даже если Кожлаев, умирая, завещал Рыжему дать Полине какие-то деньги, Рыжий не тот человек, который ради такого поручения станет нанимать частного детектива...

Я сидел на Тверской, в бывшем ночном клубе «Немирович-Данченко», недавно переименованном в «Вишневый сад». Не зная, что Абхаз имел в виду под словом «вечер», я пришел сюда в восемь или даже чуть раньше, заплатил 20 долларов, то есть, простите, у.е., за вход, миновал раму металлоискателя и обыск у дюжих охранников, и, пройдя мраморно холодный вестибюль с раздевалкой (за стойкой этой раздевалки торчал эбонитово-черный эфиоп в красной ливрее, я сдал ему свой плащ, и он сказал мне «здравствуйте» и «пожалуйста» почти без акцента), открыл высокую дубовую дверь и вошел в зал.

Но в зале «Сада» было практически пусто и тихо, даже музыки не было, только в глубине, в ресторане, за столиками сидели несколько бизнесменов — новых русских и новых чеченцев. Пришлось и мне занять столик, заказать ужин и выпивку. Теперь, когда я вот-вот должен был увидеть эту чертову Полину, я мог себе позволить даже коньяк. Но я заказал джин и тоник, это как-то больше соответствовало мраморной холодности стен этого зала, его высоким потолкам и зеленым мраморным колоннам. Правда, зная характер наших барменов, я заказал джин отдельно, а тоник отдельно. Зато на ужин — греческий салат, оливки и ягненка под острым соусом: присутствие в ресторане богатых чеченцев подсказывало, что здесь должна быть хорошая кавказская кухня. Иначе они сидели бы в другом месте.

Гадая, сколько мне придется тут сидеть, я принялся растягивать ужин, стараясь не смотреть на чеченцев, они и так засекли меня, едва я вошел, — мои далеко не высокой моды костюм и галстук тут же сказали им, кто я и откуда; мы с ними вообще почти всегда сразу определяем классовую и профессиональную принадлежность друг друга. Они — те, которые сидели тут, в зале, — были молодые, лощеные московские чеченцы, не нюхавшие пороху в Чечне, но делающие, наверное, крутые деньги на чеченской войне и нефти. А я... Не знаю, за кого они приняли меня, но, судя по их настороженным взглядам, они были недалеки от истины. Если не считать, конечно, что эта истина была уже на пенсии и не представляла для них никакой угрозы...

Через час, в девять, в ресторане наметилось какое-то оживление — официанты стали передвигать и сервировать столики, менять дневные скатерти на вечерние, но все это — не спеша, с ленцой, без усердия.

Благо по дороге в «Вишневый сад» я купил свежий номер «Совершенно секретно» и пару других газет и мог теперь спрятать в эти газеты глаза и сделать вид, что зашел сюда всего лишь поужинать и насладиться очередной порцией газетных разоблачений.

Громкое «мебельное дело» — итальянская мебель на миллионы долларов проходит нашу таможню под видом чуть ли не опилок, а потом материализуется в московских мебельных салонах — совсем как у фокусника Кио или маэстро Воланда...

Весь российский рыболовный флот приватизирован криминалом, во избежание налогов рыбаки прямо в море продают весь улов японцам, а домой везут японский автомобильный утиль — старые «мазды» и «тойоты»...

Бернар Бертосса, швейцарский прокурор, по поводу отмывания 25,6 миллиона долларов: «Бородин признал себя виновным», но Виктор Столповских заплатил за Бородина 335 тысяч франков — «чтобы быстрей закончилось это дело»...

«Газпром» списал 500 миллионов долларов на строительство в Сочи своей гостиницы — за эти деньги можно собрать гостиницу в открытом космосе (куда скорее всего и улетели деньги)...

В девять тридцать — после театров, что ли? — в ресторане появилось несколько пожилых пар, тоже богатых и сытых, а в танцевальном зале, на сцене-подиуме, какой-то парень в джинсовой куртке и кожаных брюках, с серьгой в ухе и косичкой на затылке стал включать и выключать динамики и прожекторы, поправлять освещение и силу звука.

...Самолеты наших региональных частных компаний падают с неба, потому что давно вылетали свой ресурс, но кто их проверяет?..

На минской трассе можайские менты ни одной фуры не пропускают без «налога» в 10 тысяч долларов...

327 миллионов долларов «исчезли» из государственной казны на сделках «Газпрома», Минобороны и Минфина с Украиной...

По данным Минтопэнерго, суточный объем хищений нефти в Чечне составляет 1500—2000 тонн. «В то время как по приказу Путина в Чечне проходит операция «Чеченская нефть», сорок три «КамАЗа» с нефтью проследовали в Ингушетию через поселок Горагорск... Так этот нелегальный бизнес связывает военных и боевиков. Часть российской военной верхушки, занятой продажей нефти, заинтересована в продолжении войны. Если до войны на территории Чечни было око-

ло тысячи подпольных мини-заводов по нефтеперегонке, то сейчас их 4—5 тысяч...»

Самое примечательное в этих регулярных публикациях о повсеместном разворовывании страны то, что власти давно научились не обращать на них никакого внимания, словно и вовсе не читают газет. Во всяком случае — до того момента, пока в этих газетах не написано о них самих, персонально...

В десять у стойки бара все-таки накопилось человек пятнадцать посетителей — тридцатилетние парни из породы вечных «шестерок», неплохо одетых, но суетливых и разыгрывающих из себя московских плейбоев, и молодые проститутки — все с сигаретами, конечно, и с дринками — мартини или шампанское. Полины среди них не было. Парочка этих проституток как бы невзначай продефилировали мимо моего столика, но я сидел с индифферентным лицом, и они отчалили.

В десять пятнадцать громыхнула музыка, на сцене возникла какая-то полуголая девица и стала тереться своими прелестями о блестящий металлический шест, пытаясь вызвать оргазм не то у себя, не то у зрителей. Не добившись, по-моему, ни того ни другого, она откланялась при полном молчании публики и исчезла, а ей на смену вышла вторая стриптизерка... потом третья...

Я сидел в тоске, допивая уже третью чашку кофе и докуривая свою дневную норму сигарет, когда после очередной стриптизерки, безуспешно трахавшей все тот же полированный шест, появилась пара лесбиянок, и в одной из них я тут же опознал Полину.

«Бинго! — сказал я себе. — Звони Рыжему! Вызывай его прямо сюда!»

Но что-то удержало меня за столиком — какое-то неясное мне самому чувство.

Я смотрел на Полину.

Я смотрел, как она танцует со своей партнершей почти такого же нечеловечески высокого роста — обе медленно, в танце принялись раздевать друг друга... И публика вдруг подошла поближе, окружила сцену, потому что было в движениях этой пары вовсе не то механическое задирание ног, с которым предыдущие девки трахали металлический шест, а нечто теплое, человеческое. Да, теперь в этой эротической

101

пантомиме была какая-то борьба не деланной страсти, а нежности — Полина, явно мягче и женственнее своей партнерши, постепенно сдавалась ей, уступала, а та, раздеваясь сама, все снимала и снимала с Полины — кофточку, юбку, бюстгальтер, трусики... И они разделись совершенно догола (хотя, как мне кажется, это запрещено даже в ночных клубах), и Полина, волнисто извивая свое прекрасное белое тело, налитое соками соблазна и вожделения, сочное и упругое, с двумя шарами грудей, темными бугорками сосков и золотым пухом в паху, — Полина уже легла на пол, а ее партнерша, склонившись над ней, почти накрыла ее своим загорелым, мускулистым и ликующим от победы телом...

Чеченцы, конечно, все до одного встали из-за своих столиков, чтобы видеть получше...

А черные волосы победительницы, упавшие на белокурые волосы Полины, скрыли их поцелуй...

И трепет их эротических конвульсий вдруг стал синхронным...

И публика взорвалась аплодисментами...

Я тоже встал и подошел к сцене — правда, не для того, чтобы аплодировать, а чтобы не упустить момент, когда Полина нырнет за ширму, отделяющую сцену от кулис. Нет, вру! Вру, как бездарные литературные негры Незнанского и нашей главной Агаты Кристи! С той первой секунды, как появилась эта Полина, какой-то странный, как изморозь, холод почти заморозил мне дыхание, какой-то гул наполнил голову и пульс. Черт возьми, в моей жизни были женщины, были, клянусь вам! Некоторые из них были даже красивы, ей-богу! Некоторые были истовы в постели до крика, до пота, до бессилия... Но такой концентрации эротики и красоты, юности и порока, невинности и вожделения, какую я вдруг увидел и ощутил в Полине, — этого у меня не было никогда, и я вдруг понял скрытый смысл двух строчек какого-то третьеразрядного поэта: «Я давно хотел такую — и не больше, и не меньше!» Да, именно такую я неосознанно искал и хотел всю жизнь, именно такие боттичеллиевские нимфы снились мне в грешных снах моей давно забытой юности. Но потом другие бабы своими сытыми прелестями заслонили этот тонкий и призрачный идеал, отодвинули и похерили его. И вот теперь, когда я уже вышел в тираж, когда я стал пенсионером и скорее всего импотентом, — именно сейчас я увидел ее, нашел, больше того — должен преследовать, ухватить, удержать и своими руками отдать Рыжему...

Fucking life! — гребаная жизнь, как говорят англичане.

Но в тот момент, когда я, терзаясь между цинизмом своей профессиональной миссии и неожиданной волной юношеских желаний, ударивших мне в голову и пах, когда я все-таки подобрался к ширме, отделяющей сцену от хода за кулису, когда изготовился нырнуть за нее следом за Полиной, — именно в этот момент вдруг что-то случилось в клубе, словно какой-то вихрь, нет, ураган пробежал по залу: все отвернулись от сцены к центральному входу и просто замерли с открытыми ртами.

Так — из ничего, из морского марева — Христос являлся потрясенному народу.

Так — из ничего, из пены морской, «златыми латами горя»... ох, да что там сравнивать!

Представьте себе не трех и даже не дюжину боттичелли-евских Венер, а ровно пятьдесят — высоченных, стройных, юных и гибких, прекрасно одетых в полупрозрачные мини-туники и короткие платьица, легких, как ангелы, длинноно-гих, как баскетболистки, и соблазнительных, как сам грех, — представьте себе эту сиятельную толпу неземных красавиц и див, влетевших вдруг в полупустой ночной клуб. С ходу, даже не тормознув у бара и не оглядевшись по сторонам, они ока-зались на сцене и вокруг нее и стали танцевать — все вместе, все пятьдесят! А этот кожано-джинсовый диск-жокей, с серь-гой в ухе и косичкой на затылке, ошалев от их появления, тут же врубил нечто ритмичное и совершенно оглушающее. И эти нимфы, русалки и Венеры — теперь я видел, что они не одной, а разных национальностей и рас — с ходу вошли в этот ритм, их бесподобные, вытянутые, стройные и идеаль-ные фигуры стали, извиваясь, как морские водоросли, дро-жать, пульсировать, вскидываться и биться в забытьи и эк-стазе, их волосы взлетали над их оголенными плечами, как... нет, стоп, господа, я вам не Куприн, не Булгаков и не Набо-ков, я простой подполковник на пенсии, не требуйте от меня изысканных эпитетов и сравнений!..

Но с другой стороны, Господи, никогда в жизни ни Куп-рин, ни Булгаков, ни Набоков и не видели таких красавиц —

все, как на подбор, метр восемьдесят и выше, все, как на подбор, с суперточеными фигурами, и все, как на подбор, боттичеллиевские красотки — брюнетки, блондинки, шатенки... да, я отчетливо, ясно и осознанно понял, что это нечто неземное, что они просто спустились с небес. И все это понимали, все буквально: никто не рискнул войти в их круг, станцевать с ними, коснуться их — ни юные проститутки, ни молодые клубные плейбои, ни даже чеченцы...

От оторопи и изумления я потерял из виду Полину, и она каким-то образом исчезла со сцены, а я все смотрел, зырился и таращился на это шоу, представление или, точнее, *явление* совершенной Красоты, Юности, Эротики и Соблазна. Как сказал грузинский писатель Тенгиз Гудава, эротика — это вкус яблока, которым Ева соблазнила Адама, — и мы все вдруг ощутили этот вкус на своих зубах, и у всех у нас обильно пошла слюна...

И вдруг я увидел Абхаза. Он стоял ближе всех к этим танцующим феям и ведьмочкам, и легкая улыбка счастливого пастуха блуждала по его лицу, а его глаза... о, эти глаза были совсем иные, чем днем, всего несколько часов назад! Теперь это были глаза молодого волкодава, они точно вымеряли и сторожили пространство между этими богинями и нами, простой публикой.

Я подошел к нему:

— Кто это?

— Журнал «Look» снимает свой клип в Москве, это их модели со всего мира, — объяснил он. — Весь день они снимались на Красной площади и на Воробьевых горах, а перед отлетом захотели потанцевать в каком-нибудь клубе. И я привез их сюда, меня тут знают, и здесь к ним никто не полезет. Ты видел свою Полину? Она тут работает...

— Да, спасибо. Они долго пробудут?

— Сорок минут. Потом — в Шереметьево.

Я посмотрел на часы. Было 10.40 вечера. Мой бывший шеф хоть и сукин сын, но трудоголик, раньше десяти он с работы никогда не уходит. Я вышел из грохота этой музыки в вестибюль, к раздевалке и набрал на мобильнике знакомый номер. Теперь, когда я знал, что Полина работает в «Вишневом саду», я мог и не спешить звонить Рыжему. Зато Палметову...

Бинго! — он снял трубку:

— Генерал Палметов.

— Добрый вечер, Олег Антонович, — сказал я как можно теплее, но все же с невольной иронией в голосе.

— Кто это? — спросил он настороженно.

— Пенсионер Чернобыльский. Товарищ генерал, я хочу сделать вам маленький подарок. Сейчас в бывшем клубе «Немирович-Данченко», что на Тверской, происходит восьмое чудо света. Пятьдесят лучших моделей Европы! Если вы будете здесь через десять минут, вы еще успеете их застать, через полчаса они улетают...

Я знал, на что бил. И он знал, что я знаю, на что я бью. Большего юбочника, бабника, трахальщика и вагинострадальца, чем генерал Палметов, нет во всех силовых структурах Российской Федерации. Но — тайного. Если бы я осмелился позвонить ему с таким предложением раньше, во время своей службы, я бы вылетел с работы задолго до пенсионного возраста. Но теперь...

Он взвешивал мою наглость довольно долго для офицера ФСБ — секунд тридцать. И сказал или, точнее, буркнул:

— Ладно, сейчас приеду.

И был здесь ровно через три минуты двадцать секунд, хотите — верьте, хотите — нет. Но в конце концов — сколько нужно времени, чтобы доехать с Лубянки до Пушкинской площади, если у вас служебная «ауди» с фээсбэшным номером?

Стоя в толпе у сцены, на которой продолжали танцевать — сами для себя, только для себя! — эти залетные райские птицы, я краем глаза увидел своего генерала. Маленький и лысый, как покойный Ролан Быков, но с личиком наивняка, в толстых бифокальных очках и при черной, подковой, бородке — встретив такого на улице, вы бы приняли его за мелкого щипача или квартирного маклера. А между тем он в свои 42 года уже был генерал-полковником и начальником самого, может быть, грозного на сегодняшний день направления работы ФСБ — борьбы с сокрытием доходов.

Жалея упустить каждый миг этого прекрасного действа на сцене — я четко понимал, что никогда в жизни мне больше не доведется увидеть разом такое количество небесных красавиц да еще в эротическом экстазе бурного танца (на нас, аборигенов и плебеев, они не обращали никакого внимания, просто не видели нас в упор, как нетопырей и гномов), — я тем не менее все-таки поглядывал на Палметова. Его голова была чуть откинута назад, как бы отстраняясь от действа на сцене жестом бывалого критика и знатока, его лицо не выражало никаких эмоций, его короткие ручки тонули в карманах его серых брюк, но его нижняя губка, оттопырившись, увлажнилась слюнкой, а его левая ножка... о, его маленькая, в черном ботинке левая ножка мелко притопывала носочком в такт музыке, и — я-то знаю! — это было выражением его крайнего возбуждения.

Я ждал. Я знал, что рано или поздно он сам подойдет ко мне, и я ждал этого момента. И дождался — он, не отрывая глаз от танца этих райских див, боком подошел ко мне, спросил сквозь зубы:

— Кто такие?

Я дословно повторил то, что сказал мне Абхаз. И тут же за толстыми очками Палметова, в его глазках-крыжовниках, как в арифмометре, запрыгали торопливые блестки просчета — как и каким образом можно остановить или задержать отлет этих красоток, как отбить от этого стада хотя бы одну телочку...

Неожиданно Абхаз подошел к джинсовому ди-джею, сказал что-то, и тот вырубил звук, а Абхаз громко объявил своему небесному стаду:

— That's it! Eleven o'clock! Everyone on the bus!*

И вся эта стая райских див с птичьим щебетом тут же выпорхнула из зала, как исчезающее видение.

Палметов проводил их сожалеющим взглядом и повернулся ко мне.

— Спасибо, — сказал он. — Чем обязан?

Я усмехнулся:

— Просто подарок. Хотелось поделиться эстетическим удовольствием.

Но он мне, конечно, не поверил. Он отвернулся к бару и хозяйским жестом ткнул пальцем в бармена:

— Два виски. Со льдом.

---

* Всё! Одиннадцать часов! Все в автобус! *(англ.)*

И нечто настолько властное, генеральское было в его жесте и голосе, что бармен тут же, прекратив взбивать коктейль для новых русских, сделал нам два виски со льдом. Палметов, расплатившись, протянув мне один из дринков.

— Значит, по ночным клубам ходим? Пенсию пропиваем?

Я молчал. Он, не дождавшись ответа, огладил свою бородку:

— Ладно, это неплохо... — и отпил виски. — Чем могу быть полезен?

Я удивился, обычно он выражался еще точнее, он говорил: «цена вопроса», и это была его подпольная кличка, так — за глаза — его звали и мы, и клиенты: «Палметов — цена вопроса».

Но с другой стороны, именно такой подход всегда упрощает отношения. Я сказал:

— Мне нужно на двадцать минут заглянуть в компьютер в нашей конторе.

Палметов задумчиво сложил бантиком свои заячьи губки и сузил глазки:

— Сейчас?

— Когда вам будет удобней, — сказал я почтительно.

Ну вот я и опять на службе! «Сбылась мечта идиота!»

Эти тяжелые стены... эти знакомые коридоры... эти прокуренные комнаты... эти полы с потертыми дорожками... это сочетание секретности и обыденности... эта стандартная мебель и новенькие портреты президента Путина на стенах... и эти пустые бутылки у дверей туалета, собранные уборщицей из кабинетов...

В наших столовых — для рядового состава на первом этаже и в генеральской на третьем — меню, которое я за годы службы выучил наизусть, отличается скрупулезностью цен, определяемых чистой себестоимостью продуктов: «Борщ московский — 9 р. 11 коп.; суп рисовый с картофелем и курицей — 10 р. 28 коп.; судак, запеченный под майонезом, — 23 р. 97 коп.; шницель мясной с маслом — 11 р. 91 коп.; котлеты рубленые из кур с маслом — 16 р. 81 коп.; гуляш мясной — 11 р. 83 коп.; свинина в тесте — 19 р. 00 коп.; пирожок с грибами — 3 р. 72 коп.; картофельное пюре — 5 р. 50 коп.; каша гречневая —

1 р. 28 коп.; компот из апельсинов — 5 р. 12 коп.; чай с сахаром — 1 р. 86 коп.».

Наверное, опубликуй я эти цены, они могут вызвать новое потрясение социальных основ, но на сей раз общество может не волноваться — вкус и калорийность этих блюд идеально этим ценам соответствуют: такого *пустого* борща вы, я думаю, не найдете даже в студенческих столовых. (Да, Владимир Владимирович, если так кормить своих бывших коллег, вертикаль власти может наклониться...) Зато в буфетах наших столовых прогресс и демократия налицо: коньяк, водка и вино продаются совершенно открыто. И, судя по батареям бутылок, которые уборщицы собирают к вечеру возле туалетов, эта демократия теперь достигает у нас невиданных высот — о, что было бы с Андроповым, если бы он это увидел!..

Я сижу на четвертом этаже в отделе «Секретная папка», забитом шкафами, письменными столами и компьютерной техникой, и под приглядом Палметова рыскаю по экрану старенького «Пентиума», пытаясь среди гекабайтов компромата в электронной картотеке ФСБ в считанные минуты найти и вобрать в память страницы нужной мне информации.

«Кожлаев Роман Расимович, авторитет по кличке Кожун — владелец ООО «Юготранс», ЗАО «Петролюкс», ЗАО «Крастопливо», ЗАО «НАМ», ЗАО «КОСТ» и др. с легальным оборотом 60 млн долларов в год, а фактическим (по данным подполковника Чернобыльского) — не меньше $ 300 млн в год. Основные финансовые потоки по цепи оффшорных банков оседают на Западе, местонахождение неизвестно.

22.09.2000 смертельно ранен на Красной Пресне при выходе из клуба «Планета "Голливуд"». 23.09.2000 умер в б-це им. Склифосовского.

В убийстве подозреваются Ореховская ОПГ, занимающаяся нелегальной торговлей оружием, и чеченская ОПГ, занимающаяся нелегальной торговлей нефтью.

В связи с отсутствием улик следствие по делу об убийстве Кожлаева закрыто 16.03.2001...»

«Банников Виктор Васильевич, 1969 года рождения. До 2000 года — начальник охранной фирмы «Кит», с сентября

2000 года — хозяин всех фирм Кожлаева, согласно официальному завещанию последнего. Из текста завещания, подписанного Кожлаевым в январе 2000 года, следует, что Банников трижды — в Чечне и в Москве — спас ему жизнь, причем в январе 2000 года буквально своим телом закрыл Кожлаева в перестрелке во время криминальной разборки в Раменках и был ранен в плечо. После чего Кожлаев и Банников стали побратимами, и Кожлаев составил завещание, в котором оговорил, что в случае его смерти все его бизнесы и недвижимость отходят его «брату» Банникову.

23.09.2000, сразу после смерти Кожлаева, Банников вступил в права владения фирмами и недвижимой собственностью покойного...»

Прямо скажем, информации — с гулькин нос. Но я сидел, уставясь в экран и соображая: из архивной памяти компьютера исчезла даже та малая информация о криминальном прошлом Банникова, которую я сам в нее закладывал до ухода на пенсию. Если бы Палметов не сидел сейчас рядом со мной и не зырился на меня, я бы, конечно, вошел в «свойства файла» и посмотрел дату его обновления. Хотя и так ясно, что кто-то поработал в этом файле, почистил его. Но кто? Ответ напрашивался сам собой — «Цена вопроса», кто же еще? Поэтому Палметов и примчался в «Вишневый сад», и поэтому он тут же привез меня в контору, дал доступ к компьютеру — он знает Банникова и знает, что я на него работаю. А я, как последний осел, на его глазах с ходу полез за информацией об этом Банникове...

Но — стоп! Ну и что? Чем я тут себя выдал? Может быть, я, работая на Банникова, хотел ему услужить и почистить его «record», то есть записи в его файле? Хорошо. Попробуем этот ход.

Я издал облегченный выдох и повернулся к Палметову:

— Все. Спасибо.

Он усмехнулся:

— Не за что. Все нормально?

— Да. — Я кивнул на экран: — Выключаю?

Палметов, щурясь, почесал свою бородку, словно думая о чем-то другом или взвешивая свой следующий ход.

Я выключил компьютер и встал, собираясь попрощаться.

— Подожди... — сказал Палметов. — Ты это... Ты, когда разрабатывал Кожлаева, вышел на какие-нибудь банки, куда он деньги сбрасывал?

— Если вы помните, мы тогда закрыли эти разработки... — сказал я, тактично заменив обвинительное «вы» на общее «мы».

Но Палметов меня понял, поморщился:

— Ну, я закрыл, не важно. Но какие-то конкретные наводки у тебя были?

Я пожал плечами:

— Если помните, я должен был лететь на Кипр.

— Помню, — отмахнулся Палметов. — Но это было бесперспективно — какой-то оффшорный банк. Там наверняка только перевалочный пункт. А еще что-то было?

— Насколько я помню — нет.

— А ты вообще имел представление, сколько весил этот Кожлаев? Сколько он сбросил за бугор?

— Я думаю, миллионов триста.

— Сколько? Сколько? — Палметов не то натурально изумился, не то сделал изумленный вид.

Я в уме мстительно улыбнулся, а вслух сказал:

— Я же вам докладывал. За неделю до дефолта несколько самых приближенных к Кремлю банкиров знали, что случится 17 августа. И предъявили Кремлю свои ГКО, требуя валюту. Но казна была пуста, как борщ в нашей столовой, и Кремль расплачивался заводами, нефтяными месторождениями и акциями «Газпрома». Самые золотые куски госсобственности по бросовым ценам ушли тогда в обмен на эти бумажки. И тот, кто до 17 августа весил миллионы, враз стал миллиардером. Кожлаев был среди них. Правда, на миллиард он не потянул, но триста — четыреста миллионов успел нажить, у него были очень высокие контакты. А потом он стал отправлять за рубеж медь, никель и еще массу всего — в огромных количествах. Формально это отправлялось бартером, под контракты на поставку лекарств, продуктов и презервативов. Но... Львиная доля этих поставок никогда в Россию не поступала, а выручка за экспорт осталась там, за бугром...

Палметов постучал пальцами по крышке стола:

— Н-да... Сгорели, значит, эти денежки... Жаль... Государству бы пригодились...

Последнее было сказано явно в расчете на мою прежнюю служебную глупость, но я сделал вид, что съел и это.

— Разрешите идти?

— Да уж, иди. Спасибо за шоу.

— И вам спасибо. Уже первый час. Неужели вы еще будете работать?

— Посижу еще с часик у себя в кабинете. Завтра мне на доклад к министру.

— Спокойной ночи.

— Давай я тебе пропуск отмечу.

Он подписал мне бумажку-пропуск, я спустился лифтом вниз и вышел из проходной на Лубянку.

Несмотря на апрель, ночь была холодная, ноль или даже минус два. Но я не стал спешить ни к метро, ни на троллейбус. Вниз по Пушечной к Столешникову переулку и на Тверскую... Конечно, пешком отсюда до Беговой далековато, но за годы работы в конторе я проделал этот маршрут не меньше тысячи раз и знал, как он помогает прочистить мозги и обдумать ситуацию.

Итак, что мы имеем? Не нужно быть комиссаром Мегрэ, чтобы не связать убийство Кожлаева с его завещанием. Банников из той породы очаровательных и услужливых мерзавцев, которые способны окучивать вас неделями, месяцами и даже годами, а потом в момент «икс» сразу употребить, сделать, отнять деньги, бизнес, дом, любимую женщину и даже жизнь. Этих авантюристов, подлипал, приживал и проныр, которые умело, обаятельно и даже талантливо набиваются вам в друзья и в партнеры, опутывают вас сотнями мелких одолжений, восхищением и лестью, утешают в трудные моменты, развлекают и даже угощают икрой и водкой, — этих, я повторяю, профессиональных пройдох последнее время развелось как блох. Они вползают в вашу жизнь, втираются в доверие, присасываются, как паразиты, и начинают жить вашими соками, пока не возомнят себя выше, умнее и талантливее своих жертв. И тогда они вас убивают...

Можно было что угодно говорить о Кожлаеве — бандит, рэкетир, криминальный авторитет, — но нельзя было отнять у него талант крупного, с размахом, предпринимателя. Да, он по-бандитски, как рэкетир, отнимал прибыльные бизнесы у пионеров перестройки и мелких энтузиастов постсоветского капитализма. Но он не выжимал эти бизнесы, как большинство наших бандитов, а развивал, укрупнял и загружал их правительственными заказами, лицензиями на беспошлинный экспорт продукции и беспошлинный импорт оборудования для модернизации своих предприятий. Конечно, это происходило с помощью взяток и дележки навара с министрами ельцинского призыва, но есть ли в России хоть один успешный бизнесмен, миллионер или олигарх, который прошел другой путь? Загляните на сайт «compromat.ru» — о, вы там такое прочтете!..

Банников трижды спасал Кожлаева и даже подставлял себя под пули ради него, — я думаю, так Берия «спасал» Сталина от покушений, разыгранных им самим. Но как только Кожлаев назвал Рыжего своим побратимом и подписал завещание, он — не прошло и полгода — получил три пули в живот. Конечно, можно хоть сейчас по пути свернуть с Пушечной на Петровку и повидать кой-кого из убойного отдела, они там и по ночам дежурят. Или завтра навестить друзей в прокуратуре. Но зачем мне их навещать? Если рыжий Банников вышел из этого дела чистым, то цена этого вопроса была с большими нулями, и хрена с два тебе что-нибудь скажут даже самые лучшие друзья.

Нет, идем дальше, мне больше нельзя засвечивать свой интерес к Рыжему. Налицо какая-то многоходовая комбинация Банникова при участии Палметова (или наоборот), а я в этой комбинации только пешка для первого хода.

Хорошо, тогда рассмотрим эту же ситуацию с другой стороны. Я был у Полины 2 апреля и выяснил, что она съехала с квартиры за две недели до этого, то есть 15—17 марта. А 14 марта было закрыто расследование убийства Кожлаева. И выходит, что буквально назавтра после закрытия этого дела рыжий Банников ринулся к Полине. То есть пока тянулось расследование и Рыжий был скорее всего под подозрением, он не рыпался, а только прибирал к рукам то, что ему легально положено по завещанию. А когда дело закрыли...

Однако при чем тут Полина? Банников и Палметов или Банников с помощью Палметова ищут бабки Кожлаева, которые тот скинул за бугор. Но разве может Полина знать, где эти деньги, если уже четыре года не видела Кожлаева? И стал бы говорить Кожлаев какой-то шестнадцатилетней любовнице о том, где у него на Западе деньги? Да у него таких телок, как Полина, целый шкаф...

Нет, тут что-то другое. Но что?

Я вышел на Тверскую. Она была практически пуста, только на Пушкинской, у «Пирамиды» и подземного перехода к Тверскому бульвару, топтались несколько алкашей, армейский патруль и сутенерша в коротенькой, до причинного места, куртке. Увидев меня, она тут же пристроилась к моему плечу, зашагала рядом.

— Мужчина, девушку на ночь хотите? Недорого.

— Спасибо. Обойдусь.

— Ну зачем же всухомятку обходиться? Ей-богу, недорого. Блондинки, брюнетки, свеженькие, хохлушки...

— Отзынь.

Она тут же отстала.

Я спустился в подземный переход, прошел под Тверской и поднялся у бывшего магазина «Наташа», ныне ставшего «Беннитоном». Просто поразительно, как все западные фирмы лезут к нам на Тверскую, превращая ее в подобие своих западных авеню, рю и виа.

Здесь, у «Беннитона», все повторилось: снова прыщавая «мамка» в коротенькой куртке, снова: «Мужчина, девушку на ночь...» Интересно, что пару недель назад, когда я тонул в своей депрессии, я проходил здесь беспрепятственно и никто меня не останавливал. Значит, появилось во мне что-то новое, денежное — они это нюхом чуют. Или еще чем-то...

Отвязавшись и от этой, я пошел дальше. Под аркой, в растворе Малого Палашевского переулка стояли «Жигули», набитые такими крашеными лахудрами, что не только «недорого», а даже с доплатой не знаю, кто их берет. Зато буквально через сто метров, у входа в «Вишневый сад», бывший «Немирович-Данченко», весь тротуар был заставлен «мерседесами» и «БМВ», и стильные телки с фигурами манекенщиц, в высоких блестящих сапожках и дорогих меховых шубках, проходили от этих машин в клуб в сопровождении своих новых русских «кавалеров».

Гм, подумал я, а чем черт не шутит? И свернул в двери клуба.

Вот теперь это было похоже на ночной клуб — в притемненном зале гремела дискотечная музыка, зеркальные шары, висевшие под потолком, вращались и разбрасывали по стенам и потолку снопы разноцветных лучей от спрятанных в углах прожекторов, пульсировавших в ритме музыки, а в центре зала, на танцевальной площадке и вокруг нее, дергались, бесились и тряслись сотни две стильных девиц и их не очень молодые кавалеры. Причем если девицы танцевали, как бы погружаясь в себя, в свои ощущения экстаза и предоргазма, то их располневшие мужчины дергались эдак наружу, напоказ, демонстрируя своим девушкам и всем окружающим, что они-де еще вполне и могут...

Но Полины я тут не увидел.

Поманив к себе бармена — он наклонился ко мне через стойку, — я прокричал ему в ухо: «А где администратор?», и он неопределенно махнул рукой на ход за сцену. Я пробился через толпу твистующих, нырнул за кулису и тут же оказался в служебном коридоре, заставленном ящиками с пивом «Амстел», кока-колой и тоником. В дальнем конце коридора была приоткрыта дверь какого-то кабинета, я прошел туда. В кабинете, тоже заставленном ящиками с напитками, за письменным столом с двумя городскими телефонами и факс-машиной сидел все тот же джинсово-кожаный диск-жокей с серьгой в ухе и косичкой на затылке. Перед ним на столе с деловыми бумагами лежала коробка с остатками пиццы, которую этот кожаный подъедал мокрыми от жира и томатного соуса пальцами. И одновременно говорил по мобильнику, прижатому к плечу:

— На завтра. Пиши, говорю, а то забудешь! В 10.30 у тебя «Монте-Карло», в двенадцать ровно — «Титаник», в 1.30 — «Кристалл». Ничего, успеешь. Все, у меня люди...

Положив трубку и запив пиццу пивом, кожаный вопросительно уставился на меня.

Я молча показал ему свои фээсбэшные корочки.

Кожаный тут же вытер руки и губы скомканной ресторанной салфеткой.

— Слушаю вас. — И в зазвонивший мобильник: — Да! Алло! Перезвони через десять минут... — И снова мне: — Садитесь.

Я кивнул на два обычных телефонных аппарата, стоявших на его столе:

— А что, городские не работают?

— Почему? Работают, — сказал он и снова — в мобильник, зазвонивший опять: — Да?.. Серега, все дам, но через десять минут, о'кей?.. — и дал отбой.

Почему-то многие думают, что прослушивать мобильные телефоны труднее, чем городские...

Я сел напротив кожаного, положил перед ним фото Полины.

— Знаешь такую?

Он взял фотокарточку двумя пальцами, посмотрел и положил передо мной.

— Нет, первый раз вижу.

Я усмехнулся:

— Ее зовут Полина Суховей, она тут выступала два часа назад. В паре с лесбиянкой. Мне нужны ее координаты.

— Ах, эта... — не смутившись, протянул кожаный. — Но я не знаю ее, ей-богу!

— А как же она тут выступает, если ты ее не знаешь?

— А я вторую знаю. Я ей звоню, они приезжают.

— Как часто?

— Ну, раз в неделю, не чаще. А что? Случилось чего?

— Пока нет. А где они постоянно работают?

Теперь он усмехнулся:

— Эти твари постоянно нигде не работают, товарищ полковник. Только в койке.

Я понял, что дал какого-то маху, но не отступил:

— В койке они больше бы зарабатывали. Сколько ты им платишь?

— Полтинник. Но вы за них не беспокойтесь, они за ночь объезжают три-четыре клуба.

Теперь я понял, чем он занимается — не только своим клубом, но и обеспечением стриптизерками других ночных заведений. Или наоборот: обеспечивает стриптизерш этой работой в ночных клубах...

— Хорошо, — сказал я, — дай мне телефон этой второй, партнерши.

Он заколебался и вдруг сказал нагловато:

— А откуда я знаю, что вы не для своей половой потребности?

— Если бы для своей, я бы сейчас тебя трахнул, баран!

Он замер с приоткрытым ртом и уставился на меня.

— Правда? Закрыть дверь?

И вдруг, как-то сразу обмякнув и обабившись в плечах, стал расстегивать ремень на своих кожаных, в обтяжку, брюках.

Я психанул — не столько на него, сколько на себя за свою необразованность. И, перегнувшись через стол, схватил его за горло.

— Отставить, мудила! Давай телефон!

— Сейчас, сейчас... — пролепетал он. — Отпустите...

Я отпустил его горло.

Он провел рукой по шее, повертел ею и достал из ящика стола несколько листов, скрепленных металлической прищепкой. На листах был столбик имен и телефонов. Он быстро провел пальцем по этим именам, перелистнул на следующую страницу и остановился.

— Вот. Лесбос. Тамара. 764-98-17.

— И все?

— Все. А что еще нужно?

Действительно, что ему еще нужно, чтобы диспетчерить тут по ночам, поставляя в ночные клубы своих стриптизерш? Каждый устраивается в этой жизни как может...

Я вышел от этого «дежурного по апрелю», слыша за спиной телефонные звонки его мобильника и голос:

— Да... Сейчас, только дверь закрою...

Но это был еще не конец вечера. Или, точнее, ночи. Выходя из клуба, я возле раздевалки буквально лицом к лицу столкнулся... — с кем бы вы думали? С Инной Петровной Соловьевой, своей несостоявшейся соседкой и заместителем председателя правления Российского промышленно-инвестиционного банка! Оживленная, даже сияющая и с большим букетом роз в руке, она стояла в компании статных молодцов, одетых, что называется, «с иголочки» в сплошные деловые «армани» и «версаче». Я даже захлопал глазами от изумления — как, разве не она всего две недели назад похоронила мужа?

— Добрый вечер... — буркнул я, проходя.

— О, сосед! Здравствуйте! Как вы поживаете? — Она явно забыла, как меня звать, но в ее глазах вдруг зажглось нечто значимее пустой вежливости — там, в глубине этих черных, как уголь, глаз возник некий странный, я бы сказал, интерес к моей ничтожной фигуре, словно она увидела меня впервые. Или это и вправду во мне вдруг появилось нечто, что обращает на меня внимание новых русских женщин — сутенерш и банкирш?

— У вас день рождения? — спросил я.

— Нет. Но можете меня поздравить: я выиграла судебный процесс у Парижского банка! Мы отмечаем.

— Поздравляю.

— Пошли, Инна, — взял ее под локоть молодой и высокий круглолицый блондин с гладко зализанными волосами.

— Позвоните мне как-нибудь, — сказала она мне.

— По поводу вашей квартиры?

— Да. И не только. Позвоните...

Я вышел на улицу и зябко передернул плечами.

Впрочем, если идти быстрым шагом, то отсюда до моего дома не больше двадцати минут хода.

Конечно, ночью мне снилось нечто такое эротическое, что и описать нельзя. А утром...

Назовите меня брюзгой, ворчуном, старым валенком, но... вы где-нибудь читали о том, как детектив или следователь, разбирающий крупное дело (обязательно крупное, а как же, станет нынешний автор детективного романа заниматься делом об убийстве топором полуживой старушки!), — так вот, вы читали, как этот следователь посреди сюжета вдруг заболевает какой-нибудь совершенно дурацкой и не к месту болезнью — гриппом, ангиной, аппендицитом? Сотни детективных романов ежемесячно выбрасывают на книжные прилавки артели наших Кристи и Сименонов, десятки сериалов маршем Турецкого и Каменской проходят по телеэкранам, но никто из героев этих боевиков никогда не чихает, не кашляет, не простужается и не прерывает своих героических трудов из-за очередной эпидемии гриппа. И это в стране, где волны гонконгского, филиппинского и прочих гриппов сменяют друг друга с постоянством караула у мавзолея на Красной площади. Это в стране, где гриппом болеют абсолютно все — кроме, конечно, президента и главных героев детективных романов. У телевизионных следователей просто железобетонное здоровье, даже у Каменской за все ее четыреста или пятьсот романов ни разу не было месячных. Очень реалистичные персонажи, бессребреники и подвижники, гвозди бы делать из этих людей...

Да, так о чем я?

Впрочем, вспомнил: на следующее утро... Что ж, не скрою: на следующее утро я, как последний мудак, уподобился этим бесподобным героям наших телесериалов. Несмотря на то что в горле уже першило и даже скребло, несмотря на то что кости ломило, а мышцы (если они есть в этом старом мешке с костями) развезло какой-то сумятной слабостью, я съел свою кашу «Быстров», оделся по обманчивой апрельской погоде в плащ и — даже без шарфа и шапки — снова отправился в «Би-Лайн», на улицу 8-го Марта, выяснять адрес клиентки с номером 764-98-17.

Она оказалась Рашиловой Тамарой Егоровной, проживающей хрен знает где, у черта на куличках, в Юрлово, на улице Пущина, дом номер 4, строение 3, квартира 452. Если бы Иван Пущин — лицеист, «мой первый друг, мой друг бесценный», как называл его Пушкин, и «бриллиант среди декабристов», как звали его сами декабристы, — знал, что благодарное потомство назовет его именем улицу в каком-то Юрлово на куличках Москвы и особенно если бы он увидел эту улицу — пустынную, продуваемую ветрами и мусором и застроенную грязными шлакоблочными многоэтажками, которые торчат тут, как редкие зубы в челюсти у нищей старухи, — если бы, повторяю, этот светский щеголь и мечтатель из декабря 1825 года увидел свою улицу нынешнего 2001 года, он, я уверен, тут же перешел бы на сторону царя. И вообще, если бы все декабристы увидели свои имена на табличках наших нынешних улиц, не было бы, я думаю, никакого декабрьского восстания и вся история России сложилась бы иным образом...

118

Но они были слепы, наивны и, боюсь, даже глупы, как все романтики.

А потому я — еще больший идиот — доехал на метро до Медведково и теперь шел, уже зная, что заболеваю, по этой гребаной улице Пущина, шел, согреваемый сверху апрельским солнцем и поддуваемый снизу и с боков могильной сыростью и холодом зачерствевших за зиму сугробов, которые, дай Бог, оттают где-нибудь в июне.

Дом № 4 я нашел сам всего за двадцать минут блуждания по грязным и растрескавшимся тротуарам, тонущим в лужах; а строение № 3 — с помощью аборигенов (двое из них послали меня в разные стороны, третий еще дальше, а четвертый сказал, что «строения 3» можно достичь только в обход, с улицы Кононенкова). Но дворами я все-таки вышел к этому объекту, который действительно фасадом выходил на Кононенкова (кто такой, не знаете?), а тылами — на Пущина, хотя числился почему-то на Пущина. «Строение» оказалось длинным многоэтажным монстром на восемь подъездов, причем в квартиру № 452 на последний, девятый этаж пришлось подниматься пешком, поскольку лифт не работал.

Зато в подъезде не было ни домофона, ни кодированного замка на дверях, и это облегчило мою задачу, иначе в ожидании этой Рашиловой мне пришлось бы дежурить тут до ночи. Или — до приезда за мной «скорой помощи». Потому что, когда я взошел-таки на девятый этаж, я понял наконец, что у меня грипп и температура под сорок, если не выше, — я был мокрый как мышь.

Почему же я не позвонил этой Рашиловой по телефону? Почему приперся сюда сам, даже без участкового?

Ну а что я мог сказать ей по телефону? Заказать стриптизный танец лесбиянок с доставкой на дом?

Неплохая идея, но, к несчастью, она пришла мне в голову только теперь, когда у меня есть время вспомнить и записать все или почти все детали этой нелепой, но совершенно правдивой истории. А в то время никаких идей, кроме стандартной манеры Битюга тупо пахать каждый след и горячечным лбом пробивать стены, у меня не было.

Отдышавшись перед дешевой, даже без глазка, дверью квартиры № 452 и утерши свои мокрые от пота лицо и шею, я нажал кнопку звонка. Наверное, я был совсем плох, потому что в ожидании ответа оперся рукой на фрамугу двери и стоял так, наклоненный, с полузакрытыми глазами и подкашивающимися от гриппозной слабости ногами.

Дверь открылась неожиданно, широко и без всяких вопросов «Кто там?». За дверью стоял молодой плечистый амбал из породы солнцевских или таганских быков — в майке и трусах, с коротко стриженной башкой, скуластый, с чуть раскосыми глазами и шеей штангиста. За его спиной, поодаль, в конце короткого коридора высились Полина и Тамара — вчерашние танцорки-лесбиянки из «Вишневого сада», а в просвете меж их фигурами, одетыми лишь в ночные сорочки, был виден кухонный стол с бутылками и какой-то едой.

Впрочем, лицезреть всю эту картину я мог не больше десяти секунд, потому что бык, повернувшись к Полине, спросил:

— Поль, это тот самый?

Кажется, я успел подумать, что меня тут ждали — тот кожаный, с серьгой и косичкой «диспетчер» из «Вишневого сада», видимо, позвонил им, сука, насчет меня, предупредил.

— Ну да, — отозвалась Полина. — Больной какой-то! Таскается за мной...

Сразу после этого — четко, правильно и с разворота — бык врезал мне в челюсть своим пудовым кулаком так, что я, теряя сознание, рухнул на пол лестничной площадки.

Дальнейшее помню плохо и мутно, как в старом черно-белом телевизоре. Кажется, он тут же втащил меня в прихожую и обыскал. На мне не было оружия, а были только мобильник, четыреста рублей с мелочью, ключи от квартиры и мои фээсбэшные «корочки». Деньги и мобильник он тут же изъял, а корочки не произвели на него впечатления, он, я слышал, сказал встревоженным девицам:

— Да фуфло это, такие ксивы возле любого метро червонец стоят...

Затем бык кулем выволок меня, бездыханного, из квартиры, врезал для верности еще раз под дых, пнул ногой с лестницы: «Пшел, мудила старый!» — и закрыл дверь.

Просчитав боками ступеньки лестничного пролета, я скатился на следующую площадку меж этажами, к широкой трубе и сломанному зеву мусоропровода.

Сколько я там пролежал без сознания, не знаю. Но уж не меньше часа...

Помню, когда очнулся и попробовал встать, то подняться даже на четвереньки у меня не было сил, и после третьей попытки я рухнул на пол, сжался, на манер утробного ребенка, и затих, пытаясь согреться в своем тонком и грязном плаще.

Но бетонный пол был словно лед, меня то трясло до стука зубов, то бросало в жар, а в голове почему-то крутились только две мысли: я нашел ее — не сдохнуть — я нашел ее — не сдохнуть...

Через какое-то время этажом ниже открылась дверь, и мужик с мусорным ведром взошел к выломанной дверце мусоропровода. Увидел меня, брезгливо обошел, ссыпал мусор в мусоропровод и, оставив рядом со мной пустое ведро, поднялся этажом выше, позвонил в 452-ю квартиру.

— Кто там? — спросили у него из-за двери.

— Бляди! — обратился он громко. — Или вы заберете своего клиента с площадки, или я счас в милицию звоню! Проститутки гребаные! — И, не дожидаясь ответа, спустился на пролет, взял пустое ведро и ушел в свою квартиру.

Минуту спустя наверху открылась дверь и голос быка сказал:

— Ну что? Выкинуть его из подъезда на фуй?

— А может, он и правда из ФСБ? — спросил низкий женский голос.

— Тем более! — ответил бык.

— Что-то он не шевелится, — сказал высокий голос Полины. — Ты его не убил, случайно?

После этого я услышал, как женские каблучки протопали вниз по лестнице, и чья-то прохладная рука легла мне лоб.

— Слышьте, у него жар! Нужно его поднять...

— Да брось ты, Поля! — сказали сверху. — Пусть валяется. Дима, вытащи его от подъезда подальше!

Я представил, как меня сейчас волоком потащат девять этажей вниз по лестнице, и понял, что это конец. Но тот же голос Полины произнес надо мной:

— Нет, нет! Что вы? А если он умрет, это ж на нас повиснет! Дима, иди сюда, помоги мне...

121

Вдвоем они подняли меня и потащили вверх — справа Полина тащила за рукав плаща, а слева этот бык волочил меня за плечо брезгливо, словно грязного пса за шкирку. Впрочем, дальше прихожей их милосердие не продвинулось — затащили в квартиру и бросили в прихожей, прислонив спиной к стенке. Да дверь закрыли.

— Ну и что ты собираешься с ним делать? — спросил женский голос.

— Не знаю... — Прохладная рука снова ощупала мой лоб. — Он весь горит... — И Полина затормошила меня за плечо: — Эй! Старый! Ты где живешь?

— Пить... — прохрипел я чуть слышно.

— Сейчас...

Каблуки протопали на кухню, и оттуда послышалось:

— Нам ехать надо.

— Минутку. Я ему хоть чаю дам.

— Давай по-быстрому, уже три часа.

Те же руки, что ощупывали мой лоб, поднесли мне чашку с горячим чаем.

— Пей. Ну!

Я отпил пару глотков и открыл глаза.

Полина присела передо мной, ее зеленые глаза были совсем рядом. И еще — высокие коленки в тонких колготках и распах меховой шубки, под которой совсем на уровне моих глаз была воронка мини-юбки, не закрывающая практически ничего, даже узеньких под колготками трусиков.

От этой перспективы у меня перехватило дыхание.

— Где ты живешь? — повторила Полина.

Я попробовал ответить и тут же почувствовал, что не произнесу ни слова — в горле словно рашпилем прошлись.

— Ладно, поехали! — сказал бык, выходя из комнаты, теперь он был одёт в стандартную униформу братвы — кожаную куртку, спортивные шаровары и кроссовки «Найк».

— А как же с ним? — показала на меня Полина.

— Да выкину я его на хрен! Поехали! — И бык легко, словно пустой мешок, поднял меня с пола и понес-потащил из квартиры к лестнице.

Правда, на лестнице, где-то на уровне пятого или четвертого этажа, он подустал, и мне пришлось идти самому, он лишь удерживал меня от падения.

Выйдя с ними или, скорее, вывалившись из подъезда (почему-то не из того, со двора, через который я входил, а из противоположного, на улицу Кононенкова), я глотнул холодного воздуха и — ангина, видимо, уже так воспалила горло, что я закашлялся до слез, повалился в этом кашле на скамейку у подъезда и все не мог продохнуть.

А они — все трое — сели в зеленую «девятку» и отчалили по улице Кононенкова.

Но вдруг...

Вдруг я услышал и увидел, как эта «девятка» вернулась ко мне задним ходом, и Полина выскочила из нее, голоснула «Волге», проходившей мимо. «Волга» тормознула, Полина подскочила ко мне, сунула мне в руки деньги, мобильник и мои фээсбэшные «корочки».

— Держи, это твое. Езжай домой. Ну! Вставай!

Я, согнувшись и продолжая кашлять, поплелся к «Волге».

— Куда вам? — спросил хлыщеватый водитель.

— Он скажет. — Полина открыла мне заднюю дверцу «Волги».

— Он чё, один поедет? — спросил водитель.

— Он заплатит, — успокоила его Полина.

— Нет, я его не повезу! — Хлыщ переключил с нейтралки на первую скорость.

Но Полина ухватилась за стойку дверцы.

— Да подожди ты, ептать! Ну, заболел человек. Он заплатит...

— Полина, фули ты? — нетерпеливо крикнул бык из «девятки».

— Сейчас! — отозвалась она. — Только посажу человека!

— Да пошла ты! — отозвался бык, и «девятка», взревев двигателем и взвизгнув пробуксовавшими колесами, на второй скорости рванула с места.

— Эй! — испуганно крикнула Полина. — Обождите!

Но братва у нас, даже быки, психованная, это их профессиональная черта. «Девятка», набирая скорость, укатила.

— Блин! — И Полина в сердцах повернулась ко мне: — Все из-за тебя, мудак старый! Ну что ты ко мне привязался?! Садись в машину! — Она втолкнула меня на заднее сиденье «Волги» и села рядом. — Заткнись! Хватит кашлять, ковел!..

— Другое дело, — удовлетворенно сказал водитель, явно положивший глаз на Полину. — Твой дед, что ли? Куда вам?

— Беговая... — выдохнул я.

Всю дорогу я полусидел-полулежал, откинувшись головой на сиденье — мокрый, в горячечном поту и в липкой, пропитанной потом рубашке. Температура у меня была за сорок, в груди скрипело, голова раскалывалась, и кашель периодически надрывал легкие и горло. Но и сквозь какой-то гул и жар в голове я слышал, как этот хлыщ кадрил Полину.

— А кто он тебе? Отец или дед? А чё ты вечером делаешь? Ну, давай я к тебе подъеду... Нет, в натуре, у меня бабки есть — расслабимся... Ты в «Норе» была? Клевое место... А ты чё — тоже на Беговой выйдешь или дальше? Дальше? А куда дальше?.. В «Нахимов»? Это чё — кабак на Москве-реке? Да знаю я — на Фрунзенской набережной...

Под этот разговор я, закрыв глаза, соображал, как мне быть. Конечно, я свое дело сделал — нашел эту Полину, теперь она никуда не денется, у меня и адрес, где она живет, и ее «менеджер» — этот кожаный из «Вишневого сада». То есть сейчас, выйдя из машины, я уже могу звонить Рыжему, дать ему наводку, и через час его охрана возьмет ее даже на «Нахимове», тепленькую. И я получу свои честно — если не кровью, то потом — заработанные деньги.

Но так и не узнаю разгадку этой истории.

Как же быть?

— Куда вам на Беговой? — спросил водитель, и Полина ткнула меня локтем в бок, повторила за ним:

— Куда тут?

Я открыл глаза — мы действительно уже въехали на Беговую со стороны Ленинградского проспекта.

— Бо... Кха-кха!.. Боткинский... Кха-кха!.. На углу... — произнес я, преувеличенно задыхаясь, будто действительно отдаю Богу душу. И пальцем показал на свой дом. — С боковой... кха-кха... дорожки...

Водитель свернул на малую боковую дорожку, я пальцем показал ему свой дом и подъезд.

Этот дом, сохранивший фасад сталинской элитки, произвел на Полину впечатление, она спросила:

— Ты что, здесь живешь? В натуре?

Я, закашлявшись, выпал из машины и снова повалился на скамейку — благо перед нашим подъездом их даже две. Полина вышла за мной, а водитель сказал ей:

— Поехали, он сам доберется.

— Обождешь, — отмахнулась Полина и потянула меня со скамейки. — Вставай, блин! Подохнешь тут!

Превозмогая болезненную слабость, я почти натурально попытался встать, но рухнул опять на скамью.

— Вот сука! — в досаде выругалась Полина. — Где у тебя ключи?

Ключи были в кармане плаща, она их достала, а я позволил ей поднять себя и, тяжело наваливаясь на ее бок, поплелся к подъезду.

— Код! — требовательно сказала она.

Шатаясь от слабости, я взял у нее ключи, приложил магнитный ключ к замку, и дверь открылась.

В лифте она сказала:

— Ну, ты и горишь! У тебя сорок два, наверное. Дома хоть есть кто? Жена? Дети?

Я отрицательно покачал головой.

— А кто же тебя лечить будет?

Прижимаясь спиной к стенке кабины, я на подкашивающихся ногах стал медленно сползать на пол. Полина, нагнувшись надо мной, как цапля над болотной черепахой, подхватила меня под локоть.

— Стой, блин! Мужики совсем болеть не умеют...

На десятом этаже она вывела меня из лифта.

— Куда?

Я махнул рукой в сторону своей квартиры и, наваливаясь на бок и локоть Полины, подошел к своей двери с табличкой «119».

— Какой ключ? — спросила Полина.

Я показал. Она открыла дверь, и я ввалился в свою прихожую, едва не грохнувшись головой о дверь спальни, в которую не заходил чуть ли не со времен смерти матери, вполне обходясь раскладным диваном, телевизором и шкафом в гостиной. Полина чудом удержала меня.

— Да стой ты! Блин, теперь ты холодный, как... — Она осмотрела квартиру: налево была моя жилая холостяцкая гостиная, а прямо перед ней — эта приоткрывшаяся дверь в нежилую спальню. — И ты тут один живешь?

Я, кренясь, добрел до своей разобранной постели на раскладном диване в гостиной и рухнул в нее, как был, в плаще.

— Ну, больной! — сказала Полина и стала сдирать с меня плащ. — Хоть плащ сними! Лезь под одеяло! Сдал бы мне комнату...

— Живи так... — Я позволил ей снять с меня плащ и вытащить из-под меня одеяло.

— Ага! — усмехнулась она, накрывая меня этим одеялом и сверху плащом. — Чтобы ты меня Рыжему продал? Ты ж на него пашешь? — И, увидев на стене портрет моего отца в генеральской форме: — Или ты правда из ФСБ?

— Правда.

— Ну дела!.. — И она провела пальцем поверху книжного шкафа. — Ох, у тебя и пыли...

Я подумал, что при ее росте она, пожалуй, и с потолка может паутину снять, но она вдруг вспомнила:

— Ой, я ж опаздываю! Я пошла! Чао! Лечись, блин!

Я закашлялся, надеясь задержать ее, но она уже выскочила из квартиры, и я услышал, как в коридоре клацнула за ней стальная дверь лифта и кабина со скрипом поползла вниз. Зная, что я сейчас провалюсь в сон, я заставил себя дотянуться до кармана плаща, извлек из него мобильник и набрал номер Рыжего.

— Алло, Виктор... Я нашел ее, пиши адрес... Я не шепотом, у меня грипп... Пиши: улица Пущина, дом 4, строение 3, квартира 452.

В ногах у меня сидела полуголая банкирша Инна Соловьева, а сверху, спиной на мне, лежала канадка Кимберли Спаркс в шелковой комбинации и, поправляя одной рукой бретельку на голом плечике, елозила по мне своим сдобным телом, жеманно флиртуя с кем-то по мобильнику голосом актрисы Гурченко:

— Да? И куда же ж мы пойдем? В кафе? А шо, наш бюджет не дозволяет нам пойти в хорошее место?

Почему Кимберли говорила с украинским акцентом да еще голосом Гурченко, меня во сне совершенно не удивляло, я был занят другим: поскольку кровать у нас была очень

126

узкая и солдатская, как полки в солдатских вагончиках в Ханкале, я держал эту Кимберли под грудью двумя руками, чтобы она с меня не свалилась. Держать ее так было приятно, тепло и вкусно, словно сейчас между нами все и произойдет. Кстати, именно так — сзади, в обхват — я схватил ее тогда, в Чечне, в момент ареста, и тут же, помню, почувствовал упругость ее крутых ягодиц и какой-то энергетически-эротический ток, который ударил меня и продолжал бить, как из оголенного электропровода, когда она стала дергаться и извиваться, пытаясь вырваться. Конечно, вырваться ей не удалось, но только тогда, когда начштаба врезал ей по челюсти, этот ток иссяк...

Однако тут во сне Кимберли ухитрилась как-то извернуться на бок, а потом и встать с меня.

— Ладно, сейчас приедем, — сказала она в мобильник, сбросила комбинацию и принялась мазать себя каким-то белым кремом.

Инна Соловьева, которая почему-то должна была ехать с Кимберли, последовала ее примеру, а я, лежа, огорченно наблюдал, как они собираются на свидание. Кимберли, увидев мое лицо, сказала:

— Не хвылыся. Можэ, я скоро вернусь...

«Лучше останься», — хотел предложить я, но в это время у Кимберли зазвонил мобильник, и я проснулся.

Оказалось, это не мобильник, а домофон. Я попробовал разлепить глаза, слипшиеся не то от пота, не то от гноя моей простуды. Домофон взвыл еще раз. В комнате было темно, за окном тоже, а по радио, которое я забыл выключить, «Свобода» транслировала интервью с Людмилой Марковной Гурченко. Часы на телевизоре показывали 2.40. Значит, я проспал не меньше пяти часов. Но кто может звонить мне в три ночи? Шпана какая-то...

Все-таки я встал и, кутаясь в одеяло, побрел к двери, изумляясь дикой эрекции в паху. Вот так всегда — бабы, с которыми я был, мне никогда не снятся, а те, с которыми не был, достают меня и во сне, мучают и услаждают...

Снова взвыл домофон, и я просипел в трубку так, что сам себя не услышал:

— Кто там?

— Откройте, это я... — донеслось из трубки.

Я узнал ее голос и решил, что сон продолжается, только вместо Кимберли теперь со мной будет Полина. Поэтому я, не зажигая света, отжал защелку английского замка и, сберегая эрекцию, поспешил обратно в постель.

Минуту спустя из коридора послышалось клацанье металлической двери лифта, потом стук каблуков и...

Войдя, Полина нащупала выключатель и включила свет. Я зажмурился и с огорчением понял, что сон кончился.

— Извините, — сказала она, входя в гостиную, которая была и моей спальней. На ней были все те же шубка и сапожки, что днем, когда она от меня ушла. — Эти суки не открыли мне дверь...

Видимо, у меня в глазах было такое недоумение, что она объяснила:

— Ну, Тамара и ее хахаль. Мы с ней сегодня врозь работали, соло. Я приехала в Юрлово, я же у них живу, а они мне дверь не открыли, даже вещи не отдали. Ну, я подумала: куда ехать? Если к этому, что на «Волге» нас вез, так он трахнет и утром выкинет. А у вас безопасней. И комната есть. До утра вы ж не станете Рыжему звонить, правда?

Я смотрел на нее так, словно она действительно сошла сюда из моего сна. И соображал: или Рыжий поленился послать за ней своих быков сегодня (что на него не похоже), или эти остолопы дежурят там у парадного входа со стороны улицы Пущина. Но кто в Москве держит открытыми парадные входы? Еще Ильф и Петров писали: «В Москве любят запирать парадные подъезды». Впрочем, нынешние хозяева жизни Ильфов не читают, и вот вам результат — Полина поднялась к Тамаре через вход со стороны Кононенкова, и они ее упустили...

И словно в подтверждение моих мыслей зазвонил мой мобильник.

— Да... — просипел я в трубку.

— Блин, уже три утра! — сказал в ней голос Рыжего. — Где она может шляться?

— А вы где стоите?

— Что значит — где? У подъезда, блин!

— Там два подъезда: один парадный, с Пущина, другой с улицы Кононенкова. Поднимитесь в квартиру, она уже спит, наверное...

— Ё твою в три креста!.. — И Рыжий дал отбой.

Я представил, как они взлетают сейчас на девятый этаж, колошматят в дверь и врываются в квартиру, смяв или даже отключив этого быка Диму, и вытряхивают из этой лесбиянки Тамары, что да, Полина была здесь час назад, стучала в дверь, но они ее не впустили. А куда она делась, кто ж ее знает, тут ее сегодня днем один жлоб из ФСБ тоже добивался. То есть Рыжий убедится, что я дал ему правильные сведения, а то, что он ее прохлопал, не моя вина. Но больше всего меня грело то, что они должны были врезать этому быку так, как этот Дима врезал мне, а то и сильнее. И я улыбнулся, отложив трубку.

— Спасибо... — тихо сказала Полина.

А потом мы сидели на кухне — я, закутавшись в старый отцовский халат, в теплых носках и шерстяных лыжных шароварах, а Полина в моей старой офицерской рубахе цвета хаки и спортивных брюках. Я пил пятую чашку чая, а Полина медленно, но верно добивала те полбутылки армянского коньяка, которые я держал уже третий месяц как «энзэ».

— Я не хочу его видеть... — дымя в форточку сигаретой, нервно говорила она.

— Почему?

— Не хочу и все! — Она отвернулась к темному окну.

— Ты с ним тоже спала?

— Не в этом дело!

— А в чем?

Она молчала.

— Смотри, — сказал я, — ты приехала в Москву пять лет назад, сколько тебе было? Шестнадцать?

Она молчала, и я продолжал негромко, почти шепотом, чтоб не напрягать голосовые связки:

— Ты была красива, как богиня, как Ева в раю. И тебя взяли в «Ред старс»...

— Откуда вы знаете?

С тех пор как Полина появилась тут второй раз, она перешла со мной на вы.

— Не важно, — ответил я. — Тебя взяли в «Ред старс», впереди была карьера мировой модели, Париж, Нью-Йорк, конкурсы «Look of the yeаr», агентство «Элит» и прочие. Но в это время появился Кожлаев, он тебя трахнул, и ты забеременела...

Полина повернулась ко мне и посмотрела на меня расширившимися от изумления глазами.

Я продолжал:

— Может быть, ты была в него влюблена. Наверное, была, иначе ты бы сделала аборт. Но то ли он тебе что-то наобещал, то ли ты по глупости пропустила время для аборта, и ты уехала в Нижний, к родителям. Там ты родила...

— Нет! — перебила она.

— Да, я был там.

— Где вы были?

— В Нижнем, у твоих.

— Вы были у моих?!

— Да. И знаю, что ты их содержишь. Каждый месяц посылаешь с Катей-проводницей по триста — четыреста долларов. А это в наше время большая редкость. То есть ты замечательный человек, Полина. Нет, в натуре. Если бы не грипп, я бы за тебя выпил. Но одного я не понимаю... Кожлаев сломал твою карьеру, ты родила от него мертвого ребенка и потому не хотела его больше видеть — это мне ясно. Но почему ты боишься Рыжего? Даже если ты с ним тоже когда-то спала...

Полина снова отвернулась к окну. Я видел, как она плеснула себе в стакан остатки коньяка — довольно приличное количество, как залпом приняла эту дозу и снова нервно закурила. Забыв, что я просил пускать дым в форточку, иначе я закашляюсь от дыма, она задымила сигаретой прямо в оконное стекло и вдруг сказала глухо, не повернувшись ко мне:

— Он не был мертвый...

— Кто не был мертвый? — изумился я.

— Ребенок.

— Не был мертвый?! Ты... убила его?

— Нет. Я его отдала.

— Как отдала? Кому?

— Я отказалась от него... в роддоме.

Теперь до меня стало что-то доходить.

— А Кожлаев знал об этом?

Она молчала.

— Да или нет?

130

Она молчала. Я встал, подошел к ней, развернул к себе и, глядя на нее снизу вверх, требовательно встряхнул за локти.

— Да или нет? Говори!

— И да и нет...

— То есть?

— Я позвонила ему из роддома. По мобильному. И сказала, что родила.

— А он?

— А он меня послал. Понимаете? Просто на хер послал! Даже без каблуков она была выше меня на полголовы.

— И ты отказалась от ребенка?

— Да! Да! — вдруг сорвалась она в истерику. — А что мне было делать? Тащить его к папе-инвалиду? И жить на их пенсию, блин? — Она разрыдалась. — Пустите меня...

— Тихо, тихо... Я понял... — Я гладил ее по локтям. — Я тебя не осуждаю... Я просто спрашиваю: а при чем тут Рыжий? Почему ты его-то боишься...

— Я никого не боюсь! — перебила она, пытаясь выжать из пустой бутылки еще хоть несколько капель коньяка.

— Хорошо. Почему ты не хочешь видеть Рыжего?

— Потому что!

— Почему? Говори!

— Ну, потому что он тоже отец!

— Как это? — оторопел я.

— Ну что вы не понимаете? — остервенела она. — Их было двое! Двое, понимаете? Двое сразу, да! Они же побратимы, бляди! Они дали мне покурить какую-то дрянь и...

— Значит, ты из роддома позвонила сначала Кожлаеву, а потом Рыжему, так?

— Так. У вас есть еще выпить?

— Больше нет. Только чай... И Рыжий тебя тоже послал, конечно. Понятно. И тогда ты отказалась от ребенка. Но кто же его отец? Кожлаев или Банников?

— Я не знаю... — тихо и опустошенно сказала Полина. — Зачем я только пришла сюда?..

— Потому что я бы тебя все равно нашел. А что стало с ребенком? Его отдали в детдом?

Она молчала.

— Это мальчик или девочка?

— Мальчик, — сказала она пустым и усталым голосом. — Я хочу спать. Я лягу в той комнате, можно?

Получалась полная ахинея. С одной стороны, я взялся за деньги (и большие!) найти Рыжему эту Полину. А с другой стороны, я ее прятал от Рыжего — у себя же. Потому что прежде, чем предъявить ее Банникову, я хотел узнать, где этот ребенок. Куда бы ни угнал Кожлаев свои миллионы (а именно их ищет Рыжий с помощью Палметова), получить эти деньги в западном банке (или в банках) сможет только законный наследник Кожлаева. То есть этот мальчик — если, конечно, он сын Кожлаева. И Рыжий рано или поздно найдет и Полину, и этого ребенка и выяснит свои шансы...

Но я должен сделать это раньше его!

Болеть в этой ситуации было не просто обидно, а преступно.

Утром, заперев Полину, я на такси отправился в нашу ведомственную поликлинику — слава Богу, хоть это у нас осталось со времен советской власти! Там я получил у врача рецепты на антибиотики и лекарства от кашля и насморка (мне, как ветерану ФСБ, эти лекарства дали в аптеке бесплатно), прикупил к ним витаминов, колдрекс, антигриппин и тому подобное, и, принимая все вместе — и лекарства, и витамины, и луковый сок с медом, и водку с аспирином, — встряхнул себя так, что за двое последующих суток из меня вытекло литра три пота.

Полина, надо сказать, ухаживала за мной, как настоящая медсестра. Убрала квартиру, сходила в магазин, выстирала в стиральной машине и высушила на батареях все белье, сварила куриный бульон и заставила меня пить его вместо чая. Мокрое от пота белье меняла на мне каждые два часа. Кроме того, заставляла пить какие-то отвары липы, алтея, пустынника, одуванчика, алтайского багульника и прочей горечи. Иногда, то ли в бреду, то ли во время высокой температуры, мне казалось, что это с очередной чашкой бульона или отвара над моей кроватью стоит моя мама — как в детстве, когда я болел...

Каждый день звонил Рыжий, справлялся, как я себя чувствую. Голос у него был теперь теплый, обволакивающий, «окучивающий» — ему нужно было, чтобы я как можно скорее нашел Полину, и я с трудом уклонялся от его предложений прислать мне с шофером лекарств и еды.

— Спасибо... — сипел я в трубку. — Мне соседи все принесли. Но грипп есть грипп — неделю отваляюсь...

— Береги себя, ты нам нужен, — попросил он.

— Нам — это кому? — насторожился я.

— Человечеству... — отшутился Рыжий.

«Человечество» позвонило спустя несколько часов, около одиннадцати вечера. Генерал Палметов сказал, что ему звонили из ведомственной поликлиники и спрашивали мой домашний телефон — они якобы потеряли мою карточку. Для генерала ФСБ это был слабый ход, но не станет же он говорить мне, что Рыжий поручил ему держать меня под присмотром. Или помогать мне? Во всяком случае, Палметов звучал именно так — настойчиво справлялся, не нужно ли чего, не отвезти ли меня на служебной машине еще раз в поликлинику, не подбросить ли денег из Фонда помощи ветеранам ФСБ.

Все остальное время я спал, пил лекарства, потел и снова пил куриный бульон — Полина на этот счет была беспощадна. Мне кажется, что женщины высокого роста, хотя и неподступны на вид, должны таить в душе даже больше материнских комплексов, чем обычные, ведь с высоты их роста мы все как бы дети...

— Пейте! — говорила мне Полина. — Евреи никакими лекарствами себя не травят, лечатся только куриным бульоном. Вы не еврей, случайно?

— Нет.

— Даже странно...

— Почему?

— Матом не ругаетесь. И... — Она замялась.

— И что?

— Не важно.

— Ну, скажи!

— Воду в ванной включаете, чтоб не слышно было, как пукаете. Стесняетесь... — Она засмеялась и ушла в свою комнату, закрыла дверь.

Я устало откинулся головой на подушку, закрыл глаза и подумал, что у нее, конечно, большой интернациональный опыт.

На третий день, потеряв, наверное, килограмма три веса, я, «чистый, звонкий и прозрачный», лежал на свежих простынях — небритый и почти здоровый, то есть без кашля и без температуры. Но Полина не разрешила мне встать. «Лежите еще! Вас и так шатает. Только побрейтесь. А то смотреть страшно...» — и от бульона перешла к усиленному калорийному питанию: соки, авокадо с лимоном, орехи с изюмом и курагой, овощи со сметаной и рагу из телятины.

— Это тоже еврейский метод? — поинтересовался я.

— А то ж! — сказала она. — Евреи на еде не экономят. Жалко, вам икру нельзя.

— Это почему же?

— А чистый холестерол. После пятидесяти врачи запрещают. Вам сколько лет?

— Семьсот четырнадцать. Вчера исполнилось.

— Нет, в натуре, сколько вам? Шестьдесят два?

Я понял, что пора бриться. И не только. Нужно заняться утренней гимнастикой и гантелями, коротко постричься, начать одеваться по-человечески...

— Я заметил, что ты на продукты тратишь не только мои деньги. Это я запрещаю.

— Почему? Ведь я тут живу. Я должна...

— Нет. Я же тебя на работу не выпускаю, ты у меня работаешь, медсестрой. С пансионом.

— С каким еще пансионом?

— Пансион — это полное обеспечение. А ты думала кто? Француз какой-нибудь?

— Ничего я не думала! — обиделась она. — Как вы живете без фена? Даже голову вымыть нельзя — сушить нечем!

— Возьми деньги и сходи за феном. Тут справа, напротив бензоколонки, большой супермаркет. Что тебе еще нужно? Шампунь? Косметика?

— Что же я, опять буду все покупать? — У нее в глазах появились слезы. — Я только все купила, привезла к Тамаре... Гады, они все забрали...

— Не беспокойся, ты все получишь обратно.

— Вы обещаете?

— Да.

Она нагнулась и чмокнула меня в щеку.

— Не знаю, почему я вам верю?.. У меня же там столько осталось! Одежда, косметика, кольца, даже крестик! Я ж на работу крестик снимала... Знаете, эта Тамара... она моя лучшая подруга была! Три года! А как только этот Дима появился — все, я заметила, что она меня к нему ревнует. Но я же — ни-ни, он мне на фиг не нужен! Не знаю, кому теперь верить...

Я вдруг подумал о ее жизни. Одинокая провинциальная девочка в этой огромной Москве, где каждый хочет ее только для одного! Да, представьте себе, что вы идете по улице, едете в метро, заходите в магазин, в кафе, в поликлинику, в банк, в аптеку, на почту — и везде, на каждом шагу, с утра до ночи каждый встречный мужик лупится на вас с одним и тем же прицелом — однозначным! Вы видите это в глазах всех и каждого — не улыбку расположения и добродушия и даже не равнодушие, а только отблеск их вспыхнувшей эрекции, оскал их похоти и полет их фантазии — как они загибают, надламывают ваше тело и...

Шесть, а то и семь миллионов московских кобелей, едва сдерживающихся, чтобы не наброситься на вас прямо на улице. Только потому, что вы молоды, красивы, на высоких и стройных ногах, с прямой спиной, тонкой талией, маленькими, но крутыми бедрами и юными сиськами, они готовы тут же забыть о своем образовании, семье, общественном положении — и сразу, в ближайшем подъезде... Вы смогли бы жить в этом море кобелиной похоти и агрессии — из часа в час, изо дня в день, из месяца в месяц? И кому бы вы ни доверились, он вас обязательно предаст, употребит, трахнет и выбросит на улицу, как использованный презерватив. Потому что этот город живет только погоней за деньгами. И нет в нем ничего другого — ни дружбы, ни любви, ни отдыха. Скажете, я преувеличиваю? Ничего подобного! Я вам говорю как эксперт: нет ни одной, даже самой малой зоны, угла, закутка, где все, что делают и чувствуют эти люди, они бы не пересчитали на у.е...

Впрочем, стоп. Об этом я уже писал. Хотя нелишне и повториться.

И все же ночью все мои благие сентенции, все мое почти отеческое сочувствие к Полине не удержали меня от того же. Да, господа, да — днем, при солнечном свете мы все еще

135

более-менее люди или, во всяком случае, пытаемся казаться такими. Мы держим себя в рамках, мы соблюдаем приличия, мы противостоим низменным соблазнам и всплескам своей животной похоти. Мы не бросаемся, спустив штаны, на каждую красивую самку, мы прячем свои нескромные мысли, мы — со вздохом — отводим глаза и помыслы от соблазнительных (и соблазняющих нас) женщин. Ведь мы *цивилизованные* люди! Нас с детства усердно цивилизовали не сморкаться публично, не харкать, не ковырять в носу, не чесаться, не пукать, не показывать пальцем и не лезть с объятиями к каждой приятной барышне. Но как туалет для отправления естественных потребностей тела, так ночь для исполнения его животных страстей. Ночь словно снимает с нас обязательства цивилизации, укрывает нас от контроля посторонних глаз и даже самоконтроля, и мы становимся теми, кто мы есть на самом деле, — самцами и самками. Точка.

Или вы хотите продолжения?

Хорошо, пожалуйста. А вы? Интересно, если бы рядом с вами, буквально в соседней комнате, за дверью без замка лежала в постели «Мисс Нижний Новгород», — сколько ночей вы смогли бы удержать себя? Сколько ночей вы проспали бы спокойно и без греха?

На четвертую ночь пребывания Полины в моей квартире — то есть стоило мне только прийти в себя от температуры и простуды я, проворочавшись с боку на бок до двух часов и не в силах больше справиться со своим бурным воображением и дикой эрекцией, вдруг рывком сел на койке. «Стоп! — кричало сознание. — Не смей!» Но, не слушая никаких голосов, я встал и прошел в ее комнату.

Какой-то блеклый свет или даже не свет, а отблески света ночного города освещали через окно бывшую спальную комнату моих родителей — узкую, с письменным столом отца у окна, с темным силуэтом маминого пианино напротив и мутным зеркалом старого трельяжа. С потертым ковром на стене и Полиной, лежащей под этим ковром в кровати, на боку, под тонким шерстяным одеялом — таким тонким, что каждый изгиб ее длинных ног, узких бедер, тонкой талии и плеч вздыбил мою эрекцию еще больше.

Я остановился над ней, не зная, с чего начать — с поцелуя, касания, поглаживания? Или просто лечь к ней?

136

Она открыла глаза, посмотрела на меня в упор и сказала спокойно, словно знала, что я приду:

— Только с резинкой.

И перелегла на другой бок, лицом к стене и спиной ко мне.

Я вернулся в свою комнату, торопливо пошарил в тумбочке, нашел старые запасы и, облачив свое крутое мужское достоинство в резиновый скафандр, уже уверенно поднырнул под ее одеяло, просунул руку под ее теплый бочок, обнял за грудь и...

Она, не повернувшись, позволила мне сделать все, на что я только был способен.

Но никакого ответа, встречной ласки или хотя бы пульсации ее тела и участившегося дыхания не было. Прохладная, покорная и податливая, но совершенно равнодушная кукла была в моих руках, и это каким-то образом зажало меня, не позволяло мне войти в экстаз и финальную фазу. Психанув, я развернул ее к себе, разломил ее ноги, забросил их к себе на плечи и ринулся в атаку, но что бы я ни делал, какие бы ни вспоминал позиции и как бы ни мял, сосал или кусал ее грудь, Полина не открывала глаз, и ее тело не отвечало моим стараниям.

В конце концов я все-таки взошел на это пресловутое «плато оргазма», а затем рухнул и отвалился спиной на подушку.

Полина встала, прошла в ванную, я слышал, как она включила там душ.

Я лежал с закрытыми глазами, немощный, пустой и злой на самого себя. На хрена я сделал это? Животное, кобель, дрянь — лучше бы ты занялся онанизмом! Лучше бы ты кончил во сне!

Полина вернулась, легла ко мне.

— Я это... я сейчас уйду... — сказал я хмуро.

— Лежите... — Она вдруг провела рукой по моей груди, положила голову мне на плечо и сказала, глядя в потолок: — Вы не виноваты. Это я... Я ненавижу мужчин... Понимаете?.. С тех пор, с роддома... С Тамарой я еще забывалась, чувствовала что-то, а с мужиками — нет. Я даже мужского запаха не выношу...

— Но как же?..

— Работа? — Она усмехнулась. — Работа — это игра. Если вы мне заплатите, я вам тоже сыграю так — Шарон Стоун вам так не сыграет...

Я осторожно обнял ее. Грешно говорить, но теперь я обнял ее уже не как кобель и мужик, а — извините — почти как отец. И она, наверное, поняла это, почувствовала — я ощутил, как ее тело расслабилось и прильнуло ко мне с доверчивостью ребенка. В конце концов, всем им нужен отец — даже проституткам.

— Идите, — сказала она. — Я буду спать.

Я подумал, что если бы я смог именно сейчас, снова, то, может быть... И что-то шелохнулось во мне, и ноги напряглись, и пальцы мои, лежавшие на ее груди, чуть шевельнулись.

— Нет, идите, — повторила она. — Ничего не нужно.

Я вздохнул и ушел, как виноватый пес, поджавший остатки своего бессильного хвоста.

Утром мы не вспоминали об этом, словно ничего и не было. Полина приготовила завтрак: омлет с сосисками, тостики с жареным сыром и апельсиновый сок для меня, а себе — кофе по-турецки.

Мы говорили о посторонних вещах, о новостях, которые передали по телику: в Израиле начинается война, Шарон ввел войска на палестинские территории...

При всем знании Полиной кулинарных сторон еврейского характера, она была полным профаном в политике и возмутилась «этими фашистами-израильтянами». Пришлось прочесть ей короткую лекцию о том, что никакой нации по имени палестинцы в природе не существует и никогда не было, а были — четыре тысячи лет назад — филистимляне, которые все вымерли еще при царе Соломоне, но от имени которых греки и римляне произвели слово «Филистия», то есть Palestine — да и то лишь для того, чтобы подменить им слово «Израиль», как мы переименовали Кенигсберг в Калининград, хотя никакого Калинина, всесоюзного старосты, в этом Кенигсберге сроду не бывало. Поэтому говорить о палестинцах как о нации все равно что выдумать национальность «калининградцы». В первой половине двадцатого века Палестина была британской колонией, где жили арабы и евреи и куда в 1945 году европейские страны спровадили сто тысяч евреев, освобожденных из Дахау, Треблинки и других немецких лагерей смерти. В 1947 году именно эти евреи в партизанской войне освободили Палестину от англичан, и ООН разделила эту территорию на две части — малую отдала евреям под Израиль, а большую — арабам. Но арабы, которые веками смирно сидели сначала под турецким, а потом под английским владычеством и палец о палец не ударили для своего освобождения, решили, что теперь быстро вырежут евреев и завладеют всей территорией. Поэтому буквально назавтра после провозглашения государства Израиль все арабские страны объявили ему войну, которую, как ни странно, тут же позорно проиграли. После этого они еще не раз сообща наваливались на это крошечное, величиной с 96-е перышко, государство и каждый раз с треском проигрывали все битвы, несмотря на свои несметные нефтедоллары, бесконечное количество оружия, которое мы им поставляли, и тысячи наших инструкторов, которые их тренировали и руководили их штабами. Более бездарных и трусливых солдат не было в мире. Если бы американцы не останавливали Даяна и Шарона, они, громя бегущих арабов, взяли бы тогда и Каир, и Дамаск, и Амман.

Но вместо того чтобы успокоиться и либо забрать палестинских арабов к себе, либо построить на арабских территориях бывшей Палестины нормальное государство для своих палестинских братьев, Саудовская Аравия, Египет и другие процветающие арабские страны закрыли для них свои границы и построили им палаточные резервации, в которых пятьдесят лет воспитывали из их детей террористов и антисемитов. Лучшие из них приезжали к нам и завершали свое образование в секретных школах для террористов в Балашихе, под Симферополем и в других. А кроме того, мы, наше родное советское правительство и лично товарищи Брежнев, Суслов, Андропов, Пономарев и прочие, подарили им вождя — Ясира Арафата, молодого инженера, которого мои коллеги в Бейруте чуть ли не кулаками заставили возглавить созданную нами же в 1964 году ООП. И двадцать лет этот Арафат под присмотром наших поводырей, полковника Василия Самойленко и румынского диктатора Николае Чаушеску, сосал сразу из нескольких сосок — советской, иракской и саудовской, жил то в Тунисе, то в Марокко, то в Бейруте, но в 1993 году евреи совершили ошибку — подписали в Осло мирное соглашение и впустили Арафата и его головорезов в Палестину в качестве администрации местной автономии. С этого времени терроризм стал государственной доктриной Палестины, и до тех пор, пока евреи не выкорчуют эту доктрину и ее носителей, как сорняки с грядки, никакого мира там не будет...

Выслушав меня, Полина резонно спросила:

— Если вы такой умный, почему вы такой нищий?

— Я не умный, я образованный, — объяснил я. — Это, к сожалению, разные вещи.

И ночью продемонстрировал это на деле.

То есть ночью я, представьте себе, снова пришел к ней. Да, весь день я был по-отечески назидателен и слегка ироничен, весь день я демонстрировал свою эрудицию и образованность, цивилизованно говорил ей «спасибо» за каждую ложку лекарства, тарелку супа и отбивную, но ночью, после «Культурной революции» Швыдкого, я быстро, блицем проиграл вожделению все свои моральные ценности и снова отправился к Полине. Правда, на этот раз я начал с душа. Чтобы избавиться от мужицких запахов, я двадцать минут мыл себя мылом и тер мочалкой, чистил зубы, брился, мазался кремом «Нивея» и только после этого — чистый, как ангел, и грешный, как поп, — вошел в ее спальню. Здесь я тоже повел себя иначе, чем вчера, — принялся ласкать ее, целовать, гладить... Но что бы я ни делал, ответа не было. Закрыв глаза и вытянувшись струной, Полина покорно терпела мои ласки — все ласки, любые, только не позволяла целовать себя в губы и отворачивалась каждый раз, когда я пытался сделать это. И тело ее никак не отвечало ни моим губам, ни даже трепетным касаниям ее эрогенных зон моим возбужденным донельзя мужским достоинством...

В конце концов я психанул, снова разломил ее покорные ноги, вошел в нее и, опять не дождавшись ответной волны желания, взбешенно ударил ее по лицу.

— Отвечай! Отвечай мне!

Она молча снесла и это.

Сатанея от своего бессилия разбудить ее чувственность, я стал злобно бить ее своим пахом.

— Сука! Блядь! На тебе! Так! И еще — так! А так хочешь? А так? А так до тебя дойдет? А насквозь? А так проймет? Нет?

Я мотал ее по кровати, яростно вбивал в стену, вскидывал на себя, заходил со спины и спереди, вертел на себе и сам скакал на ней чуть ли не верхом, больно сжимал ей грудь и соски, кусал в загривке, помогал себе пальцами... — она терпела все и вся, но ни одна часть ее тела, даже ее щель не отвечали мне взаимностью, встречным движением, ускорением пульса и дыхания.

— Да проснись же! Полина! Неужели ты ничего не чувствуешь? Блин!..

Обессилев, я кое-как, уже без всякого удовольствия, кончил это изнурительное безобразие, оставил ее — простертую на постели статуэтку с закрытыми глазами — и ушел в душ.

А утром, в 5.30, я встал, оделся, выпил на кухне стакан чая и написал ей записку:

«ПОЛЕНЬКА! Я УЛЕТЕЛ В НИЖНИЙ ИСКАТЬ ТВОЕГО РЕБЕНКА. БУДУ ВЕЧЕРОМ. НЕ ВЗДУМАЙ НИКУДА УХОДИТЬ. НЕ ОТВЕЧАЙ НА ТЕЛЕФОННЫЕ ЗВОНКИ. ИЗВИНИ ЗА ВСЕ. А.».

Затем, бесшумно одевшись и даже не заходя в ее комнату, я в 6.20 вышел из квартиры, спустился на улицу и голоснул. Сразу четыре «Жигуля», четкий показатель нищеты наших автолюбителей, выскочили ко мне из утреннего потока, стали друг другу в затылок.

— Внуково, триста рублей, — сказал я щедро.

Если бы я писал эти заметки для «Нового мира», я, наверное, должен был бы подробно и последовательно описать совковую толчею во Внуково, полет в Нижний Новгород на стареньком «Иле» в компании сорока мелких дельцов и военнослужащих (кто еще в 8 утра полетит из Москвы в Нижний Новгород?), а затем мою эпопею похода по местной бюрократии и типажи земских чиновников и чиновниц, курирующих наши детские дома и приюты. Наши литературные снобы обожают медлительно-дотошную подробность в описании быта и нравов отечества, эдакое зоологическое, через микроскоп наблюдение за гущей жизни, в которой копошатся черви мелких людишек с большими страстями.

Но я оставляю лауреатам «Триумфа» право составить бухгалтерскую отчетность социальных язв нынешней российской действительности и, будучи литературным парвеню и пенсионером, ограничусь лишь теми мелочами, которые врезались в память. Тем паче что мои корочки ФСБ и широкие связи капитана Володи Крашенинникова (которого я напряг уже отнюдь не даром) легко открывали перед нами все двери. Поэтому в роддоме Приволжского района, где рожала Полина, мы всего за сорок минут добрались до архива, который хранится в шкафу больничной канцелярии, и выяснили, что рожденный 8 июля 1997 года Полиной Степановной Суховой младенец мужского пола, вес 3 кг 240 г, без родимых пятен и видимых дефектов, группа крови вторая, без заявленного отцовства, был, в связи с отказом роженицы от материнства, передан, по решению Отдела опеки Департамента социального обеспечения нижегородской мэрии, в нижегородский Дом грудного ребенка № 4, поселок Волжских автостроителей, улица Мархлевского, 2.

Еще через полтора часа, добравшись до этого поселка на «тойоте» Крашенинникова, мы нашли и улицу Мархлевского, и забор с воротами под цифрой «2». Правда, за воротами был слышен гомон детей, уже явно вышедших из грудного возраста. Я толкнул незапертую калитку и увидел пятнадцать детишек от трех до семи лет, гонявших сдутый мяч во дворе старого трехэтажного кирпичного дома. Хотя стоял апрель и было довольно тепло, градусов десять, я все-таки удивился, насколько легко эти дети одеты — в какие-то линялые рубашки, тапочки и стоптанные туфли на босу ногу. Впрочем, долго рассматривать их мне не пришлось — повернувшись на скрип калитки, они вдруг все бросились ко мне с криком:

— Папа пришел! Папа пришел!

И буквально облепили меня, ухватили за штанины.

— Это ко мне папа! Это за мной папа! Папа, возьми меня! Нет, это мой папа!..

Знаете, когда дюжина детей бросается на вас с криком «Мой папа!», у вас крыша слегка плывет. Потрясенный и растерянный, я стоял на месте, гадая, кто из этих мальков сын Полины, когда из калитки появился Крашенинников, припарковавший наконец свою машину, и часть детей тут же ринулась к нему, они и его ухватили за руки и ноги:

— Вот мой папа! Нет, это мой папочка!..

Тут с крыльца кирпичного дома тяжелой уткой сошла толстая пожилая нянька на распухших ногах, бесцеремонно отогнала от нас детей и махнула рукой внутрь дома:

— Заведующая там. Вы, поди, насчет усыновления?

Мы не стали с ней объясняться, пошли искать заведующую. В здании шел ремонт, двери детских палат и кухни были открыты настежь, в них гуляли сквозняк, запахи известки и масляных красок, а в коридоре на каждом шагу попадались стремянки и ведра с белилами. Но рабочих нигде не было — возможно, перерыв. С подсказки какой-то женщины в телогрейке мы поднялись на третий, уже отремонтированный этаж, где был кабинет заведующей. Здесь, в коридоре и в детских комнатах, была просто туча детей, человек двести.

— Почему они босые? — спросил я у заведующей чуть ли не вместо «здрасти».

— Потому что обуви нет, — просто сказала она. — На весь дом двадцать пар обуви, на прогулку по очереди выпускаем.

Она была плотно сбитой моложавой брюнеткой с цепким взглядом, «химией» на голове и золотыми кольцами на руках.

— Суховей? — сказала она. — Нет, такого у нас нет. Хотя я тут недавно, нужно посмотреть журналы усыновления. Но сейчас мне некогда, я должна канадцев встречать... — И она встала из-за стола, показывая, что вопрос закрыт.

— Минуточку! — сказал я жестко. — Сядьте! Канадцы подождут! Вы не поняли, что ли? Я из Москвы, из центрального аппарата ФСБ...

Как ни говори, а все-таки приятно принадлежать к структурам *власти*. Хотя «КГБ» когда-то звучало куда весомее, чем нынешнее «ФСБ», но восстановление вертикали власти все же упрочило престиж нашей конторы в обществе — не до уровня прежнего беспрекословного послушания, конечно, а примерно до осторожного желания «не связываться».

Здесь это выявилось наглядно — заведующая повела глазами по полу из стороны в сторону, словно соображая, послать нас или не связываться, и остановилась на втором: вздохнула, как стоик, и принужденно открыла ящик своего письменного стола.

— Хорошо. Когда, вы сказали, он сюда поступил?

— В июле 1997 года.

— Вот вам журнал, ищите сами! — И она выложила перед нами пухлый и потертый канцелярский журнал с наклейкой и цифрами «1995—2000 гг.».

А сама, широко улыбаясь, пошла навстречу новым посетителям — молодой паре канадцев и сопровождающей их переводчице из какого-то «Международного агентства помощи бездетным родителям». И за те полчаса, что мы провели в ее кабинете, листая журнал передачи детей на усыновление, таких посетителей было еще четыре пары — канадцы и американцы, все в сопровождении гидов-переводчиц, которые возят иностранцев по российским городам и весям, показывая детей в детдомах и приютах. И я понял структуру этого бизнеса. Несколько частных и так называемых международных агентств поделили меж собой Россию на манер братьев лейтенанта Шмидта и показывают богатым бездетным приезжим «своих» детей, получая за их усыновление от двадцати до тридцати тысяч долларов за ребенка. При этом все государственные учреждения — администрации детдомов, социальных комиссий и судов, решением которых осуществляется каждое усыновление, совершенно чисты и вне любых подозрений, поскольку никаких денег наше государство на продаже детей за рубеж не зарабатывает. А если иностранцы платят что-то переводчикам за помощь в подборе детей, оформлении документов и за скорость продвижения этих документов по официальным каналам, то это их личное дело. А поскольку за год только американцы увозят из России порядка двадцати тысяч детей, вы можете и без калькулятора подсчитать объемы этого бизнеса...

Конечно, запись «Иван Суховей, р. 08/07/1997, выбыл 11/10/1997, по решению Отдела опеки № 653-97» мы нашли буквально на пятой минуте знакомства с журналом усыновления, а затем просто ждали появления заведующей, которая ушла на второй этаж показывать грудных малышей прибывшим иностранцам — весьма молодым, тридцатилетним, я даже поразился, как у таких молодых и, в общем, симпатичных

144

пар может в этом самом сочном возрасте исчезнуть надежда иметь своих детей.

— Грудных почти никто не берет, — расстроенно сказала заведующая, вернувшись. — Все хотят от года до двух. И обязательно белобрысых. Просто расисты какие-то!..

Но мы с Крашенинниковым не стали входить в дискуссию. Белокожие американцы и канадцы готовы лететь на край света и платить двадцать и тридцать тысяч долларов, чтобы найти себе подобного — белокожего и конопатого — ребенка... интересно, кто может осудить их за это? Россия, Украина, Белоруссия и Румыния — единственные нищие страны с белым населением, вот они и летят к нам...

— А куда выбыл этот Иван Суховей? — показали мы заведующей запись в журнале.

— Это вы можете установить только в Отделе опеки...

И к вечеру, едва ли не силой взломав глухое сопротивление мужеподобной председательши этого Отдела опеки, мы установили, что Ваня Суховей, р. 8/07/1997, мать — Полина Степановна Суховей, отец — прочерк, по решению Народного суда п. Волжских автостроителей от 9/10/1997, усыновлен гражданами США Гленом и Сементой Стилшоу, 12 Спринг-драйв, Ричборо, Нью-Джерси.

Интересно, подумал я, сколько они заплатили за этого ребенка?

— Виктор, это Чернобыльский. Да, я уже здоров, больше того — я снова нашел эту Полину. Адрес? Нет, адрес не дам, лучше я сам, с рук на руки ее тебе передам, так надежней. Заезжай за мной — Беговая, 5. Да когда хочешь! Через час? Хорошо, я буду внизу, у подъезда. Только это... Остальные деньги прихвати с собой...

Он приехал на двух черных «мерседесах» — «шестисотом» и внедорожнике. «Шестисотый» был, конечно, бронированным. Не обращая внимания на пешеходов, оба «мерса» въехали на тротуар и подкатили к моему подъезду. Один из телохранителей выскочил из внедорожника, открыл трехпудовую заднюю дверь «шестисотого». В машине, на кожаном сиденье — нога на ногу, в стильных туфлях из крокодильей кожи и в прекрасном светлом костюме цвета сливочного мороженого — сидел рыжий Банников. Его лицо сияло благополучием и самоуверенностью покорителя жизни.

— Садись, — жестом поманил он меня в машину.

Я сел, телохранитель закрыл за мной дверь.

— Где она? Куда едем? — спросил Рыжий.

— Сначала деньги, — сказал я.

Он изумился:

— Ты мне не доверяешь?

— Я хотел бы деньги...

Он усмехнулся:

— Но я не вижу Полину.

— Сначала деньги, — упрямо повторил я.

Он нахмурился:

— Ладно! — И, достав из кармана конверт, бросил мне на колени, сказал с сарказмом: — Открой, пересчитай!

Я открыл, но пересчитывать не стал, конечно. Положил деньги в карман и взялся за дверную ручку.

— Куда ты? — изумился Рыжий, и я услышал, как клацнули, запираясь, все двери машины.

Теперь усмехнулся я:

— Пойдем. Ты же хочешь Полину. Она у меня в квартире, десятый этаж.

Процедура выхода Рыжего из машины потрясла даже меня. Сначала Рыжий сказал начальнику своей охраны, который сидел на переднем сиденье рядом с водителем:

— Мне придется подняться с ним на десятый этаж.

— Какая квартира? — спросил тот у меня.

Я назвал.

Начальник охраны взял переговорник «воки-токи» и сказал в него:

— Я шестой. Подниметесь с господином Чернобыльским на десятый этаж, проверите квартиру 119. Как понял? Прием.

Команда, сидевшая во внедорожнике, ответила, что приказ поняла, после чего из него вышли три охранника — все не то из американской «Дельты», не то из нашей «Кобры», — окружили меня и вошли со мной в подъезд. Двое тут же, не дожидаясь лифта, со скоростью суперменов побежали по лестнице вверх, а третий сел со мной в лифт и нажал кнопку девятого этажа.

— Десятый, — сказал я.

— Я понял, — сказал охранник.

На девятом этаже мы вышли, охранник крикнул вверх:

— Чисто?

Оказалось, что двое суперменов уже были там, один из них отозвался:

— Десятый чистый...

И спустя секунду уже другой голос крикнул еще выше:

— Одиннадцатый чистый!

— Пошли в квартиру, — сказал мне мой сопровождающий.

И процедура повторилась: один из суперменов остался на площадке у лестницы и лифта, а двое других вошли со мной в квартиру, рыскнули по всем комнатам, заглянули даже под кровать и в шкаф. Полина, стоя у окна, изумленно смотрела на них, она приготовилась встретить Рыжего, а вместо этого...

— Сейчас, — сказал я ей. — Это его охрана.

Пройдя по комнатам, старший — тот, который поднимался со мной в лифте, — отодвинул Полину от окна, выглянул и в него, убедился, наверное, что на крыше напротив нет снайперов, и сказал в «воки-токи»:

— Я седьмой. Все чисто. Можно подниматься. Прием.

Затем один супермен занял пост у двери квартиры, второй — у лифта на лестничной площадке, а третий уехал в кабине вниз за Рыжим.

Только после всех этих предосторожностей Банников — в сопровождении начальника своей охраны и еще двух телохранителей — поднялся в мою квартиру.

И я пожалел, что до сих пор не встретился ни с кем из своих приятелей с Петровки и не выяснил подробности покушения на Кожлаева, когда Рыжий был начальником его охраны. Наверняка при выходе Кожлаева из «Планеты "Голливуд"» таких предосторожностей не было.

— Выйди на кухню, мне нужно поговорить с ней наедине, — сказал мне Рыжий, садясь на стул, который подставил ему охранник.

Я посмотрел Полине в глаза и вышел из гостиной на кухню. Охранник вышел за мной и плотно закрыл за собой дверь. Рыжий и Полина остались одни, и мне оставалось только гадать, как она справится с этим испытанием. Хотя я потратил полночи, готовя ее к этому. Честно говоря, то была очень странная ночь. Хотите — верьте, хотите — нет: мы лежали с ней в одной постели, но теперь, после своего фиаско прошлой ночью, я не чувствовал к Полине никакого вожделения. Или на меня так подействовали эти босые дети, которых Полина и ей подобные сбрасывают в детдома, словно отбросы?

Но дело есть дело или, как теперь говорят, бизнес есть бизнес.

Заложив руки за голову и глядя в темный потолок, я старался быть предельно деликатным, я говорил:

— Пойми, этот город живет только погоней за деньгами. Нет ничего другого — ни дружбы, ни любви, ни отдыха, ни даже секса. Да, дорогая, я говорю как эксперт, как ветеран Управления по борьбе с экономической преступностью: нет ни одной, даже самой малой зоны, угла, закутка, где все, что делают и чувствуют эти люди, они бы не пересчитывали на у.е. Женщины продают себя на улицах, в клубах и казино, а мужчины... Мужчины — это еще большие проститутки, они продают даже мужскую дружбу. Причем на каждом шагу — на каждом! Этот Рыжий был лучшим другом Кожлаева, но я не удивлюсь, если узнаю, что именно он заказал его. И я прекрасно понимаю, как тебе отвратительно, несносно его увидеть. Но пойми: он найдет тебя — так или иначе. С моей помощью или без нее, он все равно выйдет на тебя рано или поздно. Так почему бы нам вдвоем не заработать на этом? Тем паче что сына твоего он все равно уже не достанет, ребенок в Америке! Скажешь ему правду, только и всего. И я честно разделю с тобой свой гонорар. А семь штук за десять минут не зарабатывает, наверное, даже Анна Курникова. Ну, договорились?

— Не знаю...

— Что значит «не знаю»? Рыжему нужно знать только две вещи: это его сын или Кожлаева и где ребенок? Скажешь ему все как есть, и он отвяжется. Вот увидишь!

— А если нет?

— Что значит «нет»? Если есть только пятьдесят шансов из ста, что это ребенок Кожлаева, неужели он попрется за ним в США? И что он сможет там сделать? Похитить ребенка из Америки, когда весь Интерпол будет поднят на ноги? Это же абсурд!

— Вы думаете, он его не тронет?

— Конечно, нет! Свой гонорар я потребую авансом, и ты получишь ровно половину за вычетом моих расходов. Тебе нужны семь тысяч долларов?

Она молчала.

— Договорились? — настаивал я.

— Д-да...

После этого я потратил еще час, репетируя с ней все варианты ее диалога с Рыжим, а затем встал с ее постели и направился в свою комнату.

Она повернулась на бок и сказала мне вслед:

— Подождите...

Я остановился и посмотрел на нее.

— А это... — сказала она негромко. — А там не было его фотографии?

— Чьей фотографии? — спросил я безжалостно, хотя сразу понял, кого она имела в виду.

— Ва... Ваниной... — произнесла она еле слышно.

— Нет, — сказал я, — не было.

И ушел в свою комнату. Но и проваливаясь кирпичом в сон после столь долгого дня с поездкой в Нижний Новгород, я, мне казалось, слышал, как Полина всхлипывала в своей комнате.

...Рыжий вошел на кухню стремительно, просто ворвался.

— Ты! Сука! — заорал он мне и даже схватил меня за грудки. — Да я тебя счас размажу, бля!

Но я был готов и к этому, я знал, что все рыжие в бешенстве первым делом сатанеют и только потом думают.

— Спокойно, — сказал я. — Остынь. В чем дело?

— Козел! Я тебя просил ездить в детдом? Я тебе заказывал искать ребенка?

— Я просто сэкономил тебе время. По-моему, мне за это полагаются премиальные. И кстати, вот отчет о моих расходах. Мы договаривались...

— Да пошел ты! — перебил он. — Засунь себе этот отчет знаешь куда?

И, хлопнув дверью, Рыжий вышел из квартиры, охранники вызвали ему лифт.

Я сунул руку в карман пиджака, достал конверт с деньгами и стал стопками по десять сотенных отсчитывать на стол семь тысяч долларов.

Полина вошла в кухню и смотрела на мои руки.

— Семь, — сказал я. — Как обещал.

— Спасибо, — ответила она. — Я могу идти?

— Конечно. У тебя есть куда?

Она усмехнулась:

— С такими деньгами? — И минут через двадцать, уже стоя в двери в своей шубке и высоких сапожках почти до причинного места: — До свидания! Ой, совсем забыла! Вчера, пока вас не было, к вам приходили.

— Кто?

Она усмехнулась. Теперь она снова была выше меня на целую голову, даже странно, что я не замечал этого все предыдущие дни. И ночи...

— Угадайте! — сказала она.

— Понятия не имею.

— Имеете. Ваша соседка сверху. Спрашивала, почему вы ей не звоните. И очень интересовалась, кем я вам прихожусь.

— И что ты сказала?

— Сказала, что я ваша племянница. Но она не поверила. Так что желаю удачи. Чао!

ЧАСТЬ ТРЕТЬЯ

ПЕРЕЛОМ

Прошло почти два месяца. За это время я сделал две ошибки — стал part-time любовником своей соседки банкирши Инны Соловьевой и по совместительству ее же наемным работником.

Наверное, эти определения требуют пояснений.

По-английски «part» — это часть, доля, а «time» — время, но на русский это переводится не как «временный» любовник, а означает, что я был таковым только частично, то есть в определенное время суток, а именно — днем. Днем — причем в любое время: утром, в полдень или еще позже — она могла позвонить и сказать: «Я буду через пятнадцать минут!» Это означало, что она едет с работы в суд, в Торговую палату, в Центробанк, в Белый дом или на переговоры с каким-нибудь крупным банковским клиентом (или, наоборот, из суда, из Центробанка и т.п.) и по дороге на двадцать минут свернет в мою постель. Причем все происходило просто по Бабелю. «Я, — писал Исаак Бабель в одном из своих парижских рассказов, — не знаю, когда она успевала снять перчатки». Инна же приезжала не только без перчаток, но часто и без трусиков. Не знаю, как она ухитрялась снять их в машине, — у нее был свой «БМВ» с пожилым водителем молчаливее ледяной статуи генерала Карбышева, — и я не представляю, как она, сидя на заднем сиденье, освобождалась при нем от трусиков, но факт остается фактом: она влетала в мою квартиру со словами «У меня всего двадцать минут!» — и тут же, в прихожей, набрасывалась на меня, как кошка на сметану.

Первый раз меня это просто потрясло.

Вот как это было. Спустя несколько дней после ухода Полины я, конечно, позвонил этой Инне. (Несколько дней

153

ушло у меня на то, чтобы хоть чуть-чуть привести в божий вид себя и квартиру — купить новые гардины, постельное белье, половики и посуду, починить давно рассохшиеся стулья и бачок в туалете, повесить в гостиной современную картину, а в ванной — новую пластиковую занавеску с цветочками...) После первых — по телефону — «Здравствуйте, как поживаете?» я не стал размусоливать, а «по-соседски» сразу пригласил ее на чай. Она ответила без всякого кокетства: «Спасибо, я с удовольствием приеду, я буду у вас в 16.30». Мне показалось, что это рановато для лирического свидания, но я не стал спорить, а, как мог, накрыл на стол — фрукты в старой маминой вазе, конфеты «Коркуновъ», армянский коньяк «Наири» и ликер «Бэйлис».

Да, забыл сказать, что и сам успел в парикмахерскую, а новые белые и голубые рубашки, костюм «Bernini», туфли «Bally» и лосьон «Fillips» (все из Третьяковского проезда) у меня уже были — все-таки я срубил с Рыжего немало, у меня было шесть тысяч долларов! И я решил, что жить нужно сегодня, сейчас, а не откладывать на завтра, как я это делал все двадцать пять лет своей по-идиотски самоотверженной работы на родное отечество, за что меня соответственно и наградили пенсией, которой хватает только на картошку, капусту и сырок глазированный... впрочем, об этом я уже тоже писал, не буду старчески повторяться.

Короче, к четырем часам я еще раз пропылесосил квартиру, принял душ, оделся в голубую новенькую рубашку, галстук в красную крапинку и светло-серый костюм «Bernini» и так — причесанный, благоухающий и разодетый, как в Большой театр, — встретил свою гостью. Дело было, если вы помните, в середине апреля, в Москве грянуло очередное похолодание, и Инна вошла ко мне в своей меховой шубке и сапожках.

— Здравствуйте, заходите, — сказал я. — Раздевайтесь.

Она испытующе смотрела мне в глаза снизу вверх:

— Можно сразу?

— Конечно. Давайте я вам помогу, — сказал я, не ожидая подвоха, и протянул руки, чтобы помочь ей снять шубку. И тут она, не отрывая взгляда от моих глаз, каким-то заторможенно-медленным движением расстегнула эту шубку, отбросила ее назад и...

Она оказалась абсолютно голой, в одних сапожках — худенькая пигалица с крохотной, как абрикосы, грудкой, с крупными темными сосочками торчком и с вызывающе хохочущими черными глазками...

Я легко поднял ее на руки, поцеловал в губы и ощутил, как она липкой обезьянкой прильнула ко мне всем своим невесомым тельцем и с силой обвила меня своими ножками.

В этом легоньком, не больше, кажется, сорока килограмм, теле было как минимум три килограмма ума и образования, а все остальное — дикое, ненасытное и неутомимое вожделение, которое — когда бы она ни появлялась: утром, днем или в самом конце рабочего дня — извергалось из нее ежеминутными или, точнее, безостановочными оргазмами. То есть за двадцать или максимум тридцать минут моего стойкого противостояния ее напору, скачке и вскрикам, оглашавшим, я думаю, весь дом, она испытывала по меньшей мере двести оргазмов. А накричавшись, искусав и обсосав мне пальцы, плечи и все остальное и оросив меня и постель своими обильными соками, она босой девчонкой убегала в душ, быстро смывала с себя все следы нашего греха и, облачившись в строгий деловой костюм и шубку, наклонялась к моей постели, воробышком чмокала меня в щеку и исчезала, зажав в кулачке свои трусики. Эти трусики, я думаю, она натягивала прямо в лифте, а затем в машине немедленно принималась листать свои деловые папки и мчалась на очередное судебное заседание или переговоры с клиентами, которые всегда выигрывала — всегда!

Тем временем я — довольно крупный мужчина весом 84 килограмма, но абсолютно пустой, мертвый и без сил — проваливался в сон и приходил в себя только к вечеру...

Как долго это могло продолжаться?

Как долго я мог ежедневно, с утра до вечера, пребывать в состоянии повышенной боевой готовности и безвылазно торчать в своей квартире в непрестанном ожидании ее звонка, набега и яростной атаки ее узенькой щели и жадного питончика внутри ее?

Как долго я мог мириться с положением дневного любовника, к которому забегают на полчаса, хищным вампирчиком высасывают из него всю силу и убегают, оставляя ему для сна несколько дневных часов и целые ночи томительной бессонницы, полной приливов неутоленного и ревнивого желания? Оказывается, в этом деле аппетит действительно приходит во время еды, и после первого дневного блюда к ночи просыпается чудовищный голод. Даже у пенсионеров...

Но почему она не приезжала ко мне на ночь? Был ли у нее еще один ночной любовник или даже несколько ночных любовников? Я не знал этого, она говорила, что ей приходится работать с ее юридическими документами допоздна, до трех часов ночи, и это у нее самое продуктивное время. Мол, она, как Маргарет Тэтчер, вообще спит не больше четырех часов в сутки и, следовательно, ей нужно спать за городом, на даче, на свежем воздухе. И что она, еще в детстве поняв, как ей не повезло с ростом, решила во всем остальном быть perfect, the best — самой лучшей. И стала такой — лучшей студенткой юрфака МГУ, лучшей аспиранткой, лучшим адвокатом и лучшей любовницей, ведь все — даже искусство любви и умение развить мускулы влагалища — можно освоить, пользуясь соответствующей литературой... А что касается своей верхней, надо мной, квартиры, то она раздумала ее продавать — рынок недвижимости в Москве сейчас замер, ведь весной денежные люди покупают только загородные дачи. Зато к осени цены на московские квартиры круто взлетят, — так что с продажей лучше не спешить, над ней не каплет...

Честно говоря, мне это было уже безразлично. К началу мая я осоловел от такого образа жизни, стал манкировать обязанностями дневного любовника и уходить из дома сразу после завтрака. Было ли это результатом привыкания к Инне или первым звонком импотенции? Не знаю...

Поскольку деньги у меня были, я бродил по книжным магазинам, выставкам и просто по весенней Москве. В мае, если вы помните, в Москве вдруг сразу стало 22—24 градуса тепла, на День Победы выпала просто жара, и даже регулярные авиакатастрофы и взрывы в метро не омрачили москвичам, и особенно юным москвичкам, этот праздник. После

156

шести месяцев зимы, грязи, тяжелой зимней одежды и обуви Москва враз обнажилась, как моя Инна в первую минуту нашего свидания; и четырнадцати-пятнадцатилетние москвички, вылупившиеся из зимы, словно ландыши из-под снега, совершенно вызывающе шастали по городу в узких «топиках» и мини-юбчонках, оголив на всеобщее обозрение свои неизвестно откуда выросшие ноги, а также плечики, плоские животики и пупочки, украшенные новомодным пирсингом.

Хотя я был сыт своей Инной, а все же эдаким жуиром поглядывал на эту младую, но уже созревшую поросль, явственно представляя себе, что и как можно и нужно делать с ними в постели. Они, следует сказать, довольно по-взрослому реагировали на эти взгляды — сначала, правда, с удивлением вскидывали глаза на мои седины, но затем с проникновенным вопросом заглядывали прямо в душу. И я бы, наверное, решился ответить на этот вопрос кой-кому из них, но именно в тот момент, когда я уже был готов сделать первый шаг, у меня звонил мобильный телефон — это Инна словно телепатически улавливала рискованность ситуации.

— Ты где? — спрашивала она вместо «здрасти», и в ее низком, глухом голосе было больше чувственности и секса, чем во всей оголенности этих новомайских див.

Я честно говорил, что я на Арбате, или в книжном на Кузнецком мосту, или в выставочном зале на Манеже.

— Я хочу тебя... Прямо сейчас... — шептала она мне на ухо. — Бери машину и домой, я уже в дороге. Ты знаешь, *как* я тебя хочу? Сказать тебе?..

Знаете, когда вам 56, а ей 30, и она открытым текстом говорит вам в ухо, *как* она вас хочет, это, я уверяю, еще действует. Вздрюченный, я ловил машину и мчался домой, и если я — не дай Бог — попадал в пробку и опаздывал, мой мобильник просто раскалялся от ее звонков.

Однако через пару недель и это перестало работать, и я стал уезжать в Коломенское, в Звенигород и еще дальше — чтобы ее звонки не доставали мой мобильный. Знаете, когда вы не можете соответствовать запросам женщины, а она продолжает вас доставать, это раздражает...

Конечно, я рисковал — Инна могла (и должна была) бросить меня, найти себе другого. При ее уме, машине и деньгах это казалось нетрудно. Но с одной стороны, меня уже действительно тяготило мое положение чуть ли не Катрин Денев из фильма «Дневная красавица», а с другой стороны, даже черная икра, если есть ее каждый день ложками, может осточертеть. Во всяком случае, вскоре у нас вместо бурного секса состоялось бурное выяснение отношений. Правда, в постели. Оседлав меня нагим амурчиком, Инна вдруг сказала:

— Так! А теперь отвечай! Только честно! Что случилось?

— По-моему, сейчас не время...

— Самое время. Другого у меня нет, — жестко заявила она и вдруг так сжала мускулы своего питончика, что я чуть не задохнулся. А она усмехнулась победно: — Ну! Говори! Тебе меня мало, да? У тебя есть еще кто-то? Куда делась эта девка, которая была тут до меня?

Женщина никогда не может себе представить, что ею можно пресытиться, она легче поверит, что у нее появилась конкурентка...

Но я не стал в это вдаваться, я сказал:

— Знаешь что? Смотри, как ты хорошо устроилась! Нашла себе бездельника-пенсионера, который еще что-то может, и оседлала его! Влетела, по-быстрому трахнула, получила свою сотню оргазмов и — вперед!

Она замерла на мне, даже ее питонша расслабилась от изумления. Отчего я психанул еще больше.

— Да, да! Подумай! Ты же адвокат, ты выигрываешь судебные процессы! Неужели ты не понимаешь, что я не могу быть просто клинышком для заточки скважины? Мне нужно работать, что-то делать, деньги зарабатывать, в конце концов!..

— Ты хочешь работать? — спросила она.

— А ты думаешь, я уже ни на что не способен, кроме этого? — И, пытаясь затушевать свою резкость, я попробовал продолжить нашу постельную игру.

Но Инна не откликнулась на это, а, наоборот, вдруг встала с постели, навернула на себя свою строгую черную юбку и сказала, застегивая молнию на боку:

— Интересно, сколько ты хочешь зарабатывать?

Я укрылся простыней, чтоб не выглядеть памятником космонавтам.

— Ты собираешься мне платить?

— Да. Но не за твои мужские достоинства, не надейся.

— А за что?

— Сиди дома, мой водитель тебе кое-что привезет.

— Иди сюда.

— Нет уж, как-нибудь в другой раз.

Но я, конечно, встал, поднял ее с пола, как ребенка, и вернул в постель, в прежнюю позицию. Она, нужно сказать, не сильно этому сопротивлялась.

А через час после ее ухода действительно позвонил ее «Карбышев». Я открыл дверь, и он втащил в прихожую два больших картонных ящика.

— Что это? — удивился я.

«Карбышев» достал из кармана конверт и протянул мне. В конверте был лист бумаги с текстом:

ТРУДОВОЕ СОГЛАШЕНИЕ

Российский промышленно-инвестиционный банк (РПИБ) в лице заместителя председателя банка СОЛОВЬЕВОЙ И.П., с одной стороны, и эксперта по борьбе с экономической преступностью подполковника ФСБ в запасе ЧЕРНОБЫЛЬСКОГО П.А., с другой стороны, заключили настоящее соглашение о нижеследующем:

Применяя свой многолетний опыт, п/п-к Чернобыльский П.А. обязуется изучить и проанализировать компьютерную базу данных Новолипецкого индустриального банка и оценить степень его ликвидности и обоснованность его заявления о банкротстве.

Результаты анализа должны быть изложены в письменном виде.

В случае добросовестного и квалифицированного анализа РПИБ выплачивает эксперту ЧЕРНОБЫЛЬСКОМУ П.А. рублями сумму, равную 1000 (одной тысяче) у.е.

Для проведения вышеназванной работы РПИБ предоставляет эксперту ЧЕРНОБЫЛЬСКОМУ П.А. персональный компьютер «Компак», монитор, принтер и 7 дисков «Си-Ди» с полной базой данных о работе Новолипецкого индустриального банка за последние шесть лет.

Подписи сторон:

П.А. Чернобыльский   **И.П. Соловьева**

Если иметь в виду, что за такую же работу мне в ФСБ платили ровно в пять раз меньше, то понятно, почему я тут же подписал эту бумагу и отдал ее «Карбышеву».

А едва за ним закрылась дверь, как у меня зазвонил телефон и Инна сказала:

— Ну, теперь ваша душенька довольна?

Так я совершил вторую ошибку — стал ее наемным работником.

А Инна убила двух зайцев сразу — обеспечила меня заработком и приковала к компьютеру, чтобы я не болтался по городу и не покидал свой пост дневного любовника.

Женщины, я вам доложу, это чистая катастрофа. Особенно умные.

Сразу за Новолипецким банком был Самарский аграрный, а за ним — Мытищинский индустриальный. То есть Инна трахала меня дважды: за квалифицированную экспертизу деятельности банков получала с Центробанка и Торговой палаты не меньше десяти тысяч у.е., а мне платила тысячу, и при этом снова и практически ежедневно отрывала меня от компьютера в постель.

Но я не роптал — при моей пенсии 2300 деревянных в месяц зарабатывать еще штуку зеленых за неделю, да при этом иметь приходящую (приезжающую) любовницу — на это, будем откровенны, грех жаловаться. А сколько она или ее банк варят на этом — не мое дело, у нас теперь капитализм, даже в хваленой Америке, я читал, фермер, производящий зерно, имеет лишь пять центов с буханки хлеба, которая в магазине стоит доллар...

Конечно, работать приходилось по 12—14 часов в сутки. Но выяснилось, что это нормально, — 8 часов на сон, один час на Инну (вместе с отдыхом после секса), час-полтора на бытовые нужды и готовку еды — и снова к компьютеру. Я даже поправился, занялся гантелями и стал подумывать о машине. И хотя я по-прежнему жил практически анахоретом, какие-то флюиды моего благополучия утекли, видимо, в космос, и мой телефон стал оживать — прежние приятели-сослуживцы вдруг проявились, стали приглашать в Сандуны, на караоке, на дни рождения. То есть жизнь устаканилась, обкаталась и даже, я бы сказал, обвалялась, как сырник в сметане. А почти ежедневные налеты Инны мне уже не мешали; даже, наоборот, помогали держаться в спортивной форме. И вообще, знаете, я сделал важное гуманитарное открытие: женщину, даже самую сексуальную, нужно не только употреблять дозированно, но и видеть не постоянно, — это обостряет вашу реакцию на нее и вздрючивает ваш аппетит...

Но тут произошло непредвиденное. Открыв «Си-Ди» следующего, Повольского банка развития, я замер. Почти все зарубежные проводки финансовых потоков 1999 года уходили из него по очень знакомому «свифту». Для несведущих: «свифт» — это международный код банка, нечто вроде международного номера вашего телефона. То есть как из любой точки мира можно, набрав 7095+номер моего московского телефона, позвонить мне или послать факс, так (примерно) по номеру «свифта» можно отправить деньги из одного банка в другой. И вот, увидев целые столбцы одного и того же «свифта» зарубежных финансовых проводок ПБР за 1998—1999 годы, я замер, как охотничий пес, случайно напавший на след крупного зверя. У меня даже дыхание пресеклось. Потому что этот номер — 56С 879 333-К — я мог и не проверять: по трем последним тройкам я уже знал, что это такое.

Тем не менее я встал и чуть ли не на цыпочках, словно компьютер мог за мной подглядывать, вышел в прихожую, открыл стеклянную дверцу ниши электросчетчика и, сунув руку в тайник, достал из него свою заветную папку. И через минуту получил подтверждение своему открытию: в 1999 году деньги Кожлаева из московских банков уходили на Кипр по тому же «свифту». И суммарное количество этих московских переводов не превышало двадцати — тридцати миллионов долларов в год — правильно оформленные под контракты на поставку обуви, оборудования для птицефабрик, компьютерной техники и т.д., эти суммы не выбивались из стандарта, и потому Палметов легко похерил тогда мою командировку на Кипр.

Но теперь...

Суть моего открытия состояла в том, что такое количество финансовых проводок в адрес одного оффшорного банка в течение одного года (в 2000 году это был уже другой «свифт», а в 2001-м — третий) свойственно только одной финансовой схеме: когда этот оффшорный банк принадлежит самому банку-депоненту, вкладчику. Иными словами, было очевидно, что Повольский банк развития держал на Кипре свой собственный перевальный пункт и интенсивно пересылал туда деньги своих клиентов. Конечно, и тут все переводы были оформлены под контракты на поставку импортного оборудования, продуктов, медикаментов и прочего, учтены Регистрационной палатой и Отделом валютного контроля ЦБ, но куда, кому и в каких количествах эти деньги уходили из кипрского банка — поезжайте на Кипр и пробуйте проверить! Прелесть оффшорных банков не только в том, что они находятся вне действия международных налоговых правил, но и в том, что их могут содержать два-три человека и для их существования нужны всего одна комната, один компьютер и одна факс-машина. Отработав год или полтора, такой «банк» закрывается, вместе с ним исчезают все сведения, куда, кому и сколько переправлено денег, а взамен открывается новый банк в другой оффшорной зоне — на Сейшельских островах, в Лихтенштейне и т.п.

С минуту я сидел у экрана и тупо смотрел на столбец с цифрами знакомого «свифта».

Потом включил принтер, чтобы иметь эту информацию на бумаге, а сам пошел на кухню, достал из шкафчика бутылку «Наполеона» и налил себе рюмку. Закурил, выпил, снова затянулся сигаретой.

За окном стоял светлый июньский вечер, но в воздухе летала такая густая тополиная замять, что невозможно было открыть даже форточку.

Стоит мне лезть в это или не стоит?

Даже не отмечая в распечатке знакомые названия фирм (ООО «Юготранс», ЗАО «Петролюкс», ЗАО «Крастопливо», ЗАО «НАМ», ЗАО «КОСТ» и т.п.), которые переводили деньги из Повольского банка на оффшорный «свифт», я уже видел, что только за последние три года своей жизни, то есть сразу после дефолта и до дня своей смерти, гласный или негласный хозяин этих фирм Роман Кожлаев сбросил за рубеж свыше двухсот миллионов долларов. Моя практика фээсбэшного эксперта говорила, что как минимум две трети таких перечислений никогда не возвращаются в Россию ни в виде заказанного оборудования, ни в каких других видах, а оседают на швейцарских, австрийских или люксембургских счетах.

Но и двести миллионов долларов — лишь верхушка айсберга, это только деньги, которые Кожлаев отправил себе *из России*. А сколько он получил на свои зарубежные счета напрямую от своих иностранных партнеров за поставку им меди, платины, нефти, мазута и «учебников для средней школы»?

Конечно, в 1998 году — где-то с марта — только ленивый и глухой не знал и не слышал о предстоящем обвале рубля. Даже мелкие банковские работники писали нам анонимно и не анонимно, что государственная пирамида ГКО вот-вот рухнет, задавив собой рубль и угробив всю экономику. А именитые экономисты слали об этом свои докладные и в Кремль, и в Думу, и в Счетную палату, и в ФСБ. Все ждали дефолта, обвала, крушения, но при этом, как зарвавшиеся игроки в Монте-Карло, всё продолжали и продолжали крутить рулетки биржевых и банковских спекуляций на том же ГКО, высоком курсе рубля и траншах Всемирного торгового банка.

К этим траншам уже привыкли, как к зарплате в СССР.

Как-то — в июле 98-го — я зашел в казино «Пьеро» и изумился пустоте в зале. «В чем дело?» — спросил у хозяина. «Да Камдессю, сука! — сказал он в сердцах. — Задерживает транш, людям играть не на что!»

И никто, никто не избавлялся тогда от ГКО и других финансовых фантиков, потому что их стремительный — уже вчетверо против номинальной цены — рост завораживал, заставлял ждать и уповать на то, что Чубайс все-таки выдавит из Камдессю очередной заем на стабилизацию российской экономики, и те же фантики ГКО будут стоить уже не 400, а 500 и 600 процентов от своего номинала...

«Жадность фраера сгубила» — тысячи фраеров, миллионы!

Но те несколько человек, которые 10 августа получили точные сведения об исчезновении последнего транша в 4,8 миллиарда долларов и неминуемом в связи с этим дефолте, — эти несколько человек обогатились чудовищно и буквально за несколько дней из мультимиллионеров стали миллиардерами.

Конечно, мы, в ФСБ и прокуратуре, знали этих людей поименно.

Но когда Генеральный прокурор собрался привлечь их к уголовной ответственности за сговор, его подловили на элементарной сексуальной подставе и убрали с должности.

И, глядя на это, мы тоже замолчали и ушли в кусты и кустики своей рутинной «борьбы» с мелкой сошкой зарождающегося российского капитализма.

А Кожлаев и такие, как он, заработали в эти дни фантастические деньги!

При этом опыт работы нашего департамента говорит, что соотношение российских и зарубежных доходов у бизнесмена кожлаевского калибра — примерно один к двум. Из чего выходит, что где-то на Западе, в одном или в нескольких банках лежат и пылятся на его счету (или счетах) как минимум четыреста, а то и пятьсот миллионов долларов.

А в США, в Нью-Джерси, в городе или поселке по имени Ричборо, живет мальчик Ваня, у которого есть 50% шансов быть наследником этого состояния. Точнее, у него есть стопроцентный шанс стать этим наследником, если он сын Кожлаева...

Но что мне до этого?

Мало ли где и у кого какие деньги?

Лиса тоже смотрела на виноград.

И все-таки...

И все-таки я снял телефонную трубку и позвонил в Центробанк своему давнему корешу Сереже Астахову, который, не в пример мне, остолопу, еще десять лет назад ушел из нашей конторы в банковские гуру.

— Сережа, не в службу, а в дружбу подари мне минуту.

— Уже дарю. Что? — отозвался он.

— Загляни в лицензию Повольского банка развития. На кого она выписана?

— Тебе нужно имя юридического лица или кому этот банк принадлежит в натуре?

— И то и другое, если можно.

— Пожалуйста. Второе могу сказать сразу: чеченской группировке. А юридически... Вот, пожалуйста: банк основан в 1993 году, учредители — завод «Митрон», НИИ «Алмазстрой»,

СП «Крузикс» и аграрный комплекс «Повольскагро». Но это все, как ты понимаешь, туфта, а настоящие хозяева банка — чеченцы: Роман Кожлаев — президент, и Мусаф Харунов — председатель совета директоров. При этом, по моим данным, Кожлаеву принадлежит 67 процентов, а Харунов, хотя и узбек по национальности, представляет нескольких чеченских воров в законе, которые вообще не светятся. Еще есть вопросы?

— Да, есть. С какого времени у Кожлаева эти 67 процентов?

— Сейчас... Значит, так... До 95-го года банк был практически чистым, хотя и слабеньким, с капиталом 6—7 миллионов. В 95-м ушел под крышу чеченцев, и сразу капитал возрос до 100 миллионов. Но Харунов — плохой менеджер, банк полез в рискованные бизнесы, набрал долги и рухнул в сентябре 98-го. Чеченцы принесли его Кожлаеву на блюдечке с золотой каемочкой и попросили: «Спаси!» Он отдал ту часть долгов, за которую по «понятиям» могли убить, и взял себе 67 процентов банковских акций. С тех пор практически это банк его. У меня все.

— Спасибо. Хочешь маленькую подробность?

— Давай.

— Кожлаева уже полгода нет в живых.

— Иди ты! — не поверил Сережа.

— Его смертельно ранили 22 сентября прошлого года — три пули при выходе из клуба «Планета "Голливуд"» на Красной Пресне. На следующий день он умер в Склифосовского. Поскольку убийц не нашли, дело об убийстве закрыто 16 марта этого года.

— Лихо... — протянул Сережа. — А у нас — никакого переоформления. Интересно...

— Спасибо за информацию.

— Это тебе спасибо.

Я положил трубку.

Итак, Повольский банк развития... Кожлаев получил его почти задарма, поднял, а потом Кожлаева грохнули...

Я налил себе еще рюмку, выпил, выключил компьютер и вышел из дома. Больше я в тот день не мог работать. И не хотел думать. Конечно, Кожлаев не из тех людей, о которых скорбит душа, однако кто его отправил на тот свет — Харунов или Банников, это еще большой вопрос. А может, они — вместе... Впрочем, даже если Банников сам по себе, а чеченская группировка и этот Харунов сами по себе, все равно мне это не по зубам, и я в это не полезу. Увольте...

Как вы думаете, где я оказался в тот вечер?

Вы угадали — в «Вишневом саду».

Но Полины там не оказалось, хотя я просидел до двух часов ночи.

Другие стриптизерки и лесбиянки были, конечно, но меня они не интересовали. А снова потрошить кожаного мне не хотелось, ну его!

И конечно, ни Абхаз и никакие залетные видения вроде пятидесяти танцующих европейских див-манекенщиц тоже не возникли, такие явления случаются в природе действительно только раз в столетия, как Тунгусский метеорит.

Зато были «новые чеченцы». Молодые, высокие, прекрасно одетые, гладко выбритые, с сигарами в зубах и, само собой, с упитанными русскими телками молочно-восковой спелости. Они занимали в ресторане два сдвинутых столика и вели себя шумно, хозяйски, даже свободнее, чем в Грозном. Конечно, ничего предосудительного в этом нет. В конце концов, каждая социальная или этническая группа имеет право на свой клуб, излюбленный ресторан, дискотеку или иное место тусовки. Раньше, при советской власти, такие клубы были только у актеров (ВТО), киношников (Дом кино), писателей (ЦДЛ), журналистов (Дом журналистов), художников и архитекторов. То есть у творческой элиты. Но теперь у нас демократия, во всяком случае — в этой области. В нашей конторе есть даже карта, на которой помечены рестораны и клубы, излюбленные московскими криминальными группами. И, нужно сказать, вкус у них отменный — лучшие и самые шикарные места, которые нынче никакой творческой элите недоступны. То есть за теми, с видом на Манеж, столиками в «Национале», где когда-то сидели Шаляпин и Рахманинов, Маяковский и Мейерхольд, Михаил Светлов и

Юрий Олеша, Михаил Булгаков и другие корифеи литературы и театра, нынче нередко сидят криминальные авторитеты, наглядно демонстрируя, кто теперь наша истинная элита. А криминальная поросль помельче выбирает себе, по примеру старших, тоже не самые теневые места — как-то мы с приятелем из управления «К» (контрабанда и наркотики), находясь по делам в Замоскворечье, зашли перекусить в один из местных ресторанов. Было часов семь вечера, ресторан еще был практически пуст, мы сели у окна с прекрасным видом на Москву-реку и соседний Кремль, заказали какую-то еду. Но уже через час некое странное напряжение в воздухе, какое-то силовое, что ли, поле наполнило нас тревожным неуютом и беспокойством, заставило оглянуться. И что же? Оказалось, что зал уже почти полон молодыми коротко стриженными быками азиатско-татарского вида. Они не делали ничего предосудительного, они были хорошо одеты, они пили, ели, курили и общались со своими девицами, но их жесты, походка, прически и манеры создавали некое единое силовое поле криминального братства, и мы с приятелем были явно белыми воронами в этой тусовке...

Теперь, в «Вишневом саду», я в одиночестве упрямо сидел за своим столиком, набирался джином, тяжелел от него и в упор рассматривал этих молодых чеченцев. Это не были бандиты, отнюдь. Это были студенты или аспиранты МГУ, МГИМО и, может быть, даже Сорбонны. Впрочем, кому-то из их родителей принадлежит и Повольский банк развития (интересно, развития *чего*?). А Коли Святогорова, моего дружка и сокурсника, нет в живых, нет в живых... Любопытно, как история бьет нас своим бумерангом. Пятьдесят лет мы создавали, взращивали, кормили и вооружали против Израиля палестинское сопротивление — Ясира Арафата, Абу Нидала и других «борцов за свободу», а теперь сами оказались в положении израильтян: дать независимость или хотя бы автономию Чечне невозможно, потому что она станет точно такой же *государственной* базой исламского терроризма, как ООП, и — буквально у нас в подбрюшье. Но и принудительно держать чеченцев внутри России — все равно что арабов внутри Израиля...

Н-да...

А Коляна, моего дружка и сокурсника, уже нет в живых...

Но может быть, когда я смотрю на этих чеченцев, гуляющих в московских кабаках, во мне говорит психология люмпена с мозгами, промытыми нашими СМИ? Или темные инстинкты националиста арафато-прохановско-жириновского розлива? Ведь Асламбек Аслаханов и десятки других моих знакомых чеченцев — замечательные люди, куда лучше иных русских. И вообще, на уровне мотыги, то есть простых землепашцев, скотоводов и кибуцников, между евреями и арабами, русскими и чеченцами и даже азербайджанцами и армянами никакой *негасимой* ненависти нет. Я не был в Израиле, но я был в Чечне и своими глазами видел тысячи несчастных чеченок и чеченских детей, живущих из-за этой войны в нечеловеческих, доисторических условиях — в грязи, ледяной стуже, голоде... И я бывал когда-то в Нагорном Карабахе. До 1985 года армяне и азербайджанцы жили там бок о бок, вместе пасли овец, давили ногами виноград и продавали вино, ходили друг к другу в гости и женили своих детей. И если бы кое-кто ради спасения своей власти в Баку не спровоцировал резню в Сумгаите...

Да, евреи давно разобрались бы с палестинцами, и мы бы уже давно замирились с чеченцами — ну, купили бы их полевых командиров лицензиями на вывоз нефти в обмен на тишину и порядок в республике; если можно иметь олигарха Илюмжинова президентом в Калмыкии, то почему нельзя иметь олигарха Басаева или Кантемирова президентом в Чечне? То есть и в Палестине и в Чечне давно был бы мир, если бы не пришлые игроки. Но Палестина и Кавказ, Афганистан и республики Средней Азии — всюду, где только можно раздуть пожар, там и эмиссары арабских нефтяных Ротшильдов. Потому что война каждый день сжигает реки бензина и приносит реки валюты — любая война, где угодно! И ради этого они растят ваххабизм и талибанов, кормят Арафата в Палестине, бен Ладена в Афганистане и Хаттаба в Чечне. Этому волосатому саудовскому арабу мир в Чечне — просто кол в спину, банкротство его мультимиллионного бизнеса...

·А Колян, мой дружок, погиб в этой мясорубке. Я сам составлял представление на него в правительство и сделал все, что мог, чтобы это представление выглядело максимально объемным и убедительным:

«...С 15 июня по 5 августа в Чеченской республике под руководством майора ФСБ Святогорова Николая Семеновича в ходе спецопераций было обнаружено и уничтожено 17 подпольных нефтеперерабатывающих заводов, обеспечивающих топливом сепаратистов, задержано более 20 вооруженных людей арабской национальности, изъято два ретранслятора радиосвязи и более трех тысяч различных боеприпасов.

6 августа в Грозном чеченскими и арабскими боевиками был заблокирован Координационный центр (КЦ) МВД России. Находящийся в Ханкале отряд Святогорова получил задание разблокировать КЦ.

С риском для жизни руководя маневром и огнем прикрытия на протяжении всего 20-километрового пути, Святогоров трижды провел свои бронетранспортные колонны к КЦ и под интенсивным обстрелом в течение двух суток эвакуировал с территории Координационного центра более 300 раненых и убитых сотрудников федеральных органов.

13 августа отряд Святогорова в составе сводного отряда милиции и ФСБ осуществлял зачистки прилегающих к Координационному центру кварталов и вступил в огневой контакт с боевиками. Оценив обстановку, Святогоров, рискуя жизнью, под непрерывным огнем противника пробрался на крышу соседнего дома и по рации связался с минометной батареей. В дальнейшем, координируя по рации огонь батареи и действия своего отряда, Святогоров добился того, что боевики были отбиты с занимаемых позиций и был захвачен их автоматический гранатомет «АГС-17» «Пламя».

14 августа из радиоперехвата стало известно, что боевики собираются осуществить ночной штурм здания МВД Чеченской республики. Это ставило под угрозу само существование Координационного центра. Отряд Святогорова был направлен на усиление обороны здания. В течение всей ночи Святогоров со своими бойцами неоднократно отбивал попытки боевиков

приблизиться к зданию, что в немалой степени способствовало срыву готовящегося штурма.

15 августа руководством КЦ перед Святогоровым была поставлена задача пробиться в окруженное сепаратистами высотное здание, которое из последних сил обороняли солдаты внутренних войск. Одно крыло этого здания уже было захвачено боевиками элитного отряда Хаттаба, состоявшего в основном из арабов и иорданцев. 17 бойцов ФСБ противостояли 60 боевикам. Сознавая важность полученного задания, Святогоров разработал операцию, рассчитанную на неожиданность и стремительность появления своего отряда в двенадцатиэтажном доме. Факт внезапности сработал, и, завладев инициативой, бойцы под командованием Святогорова закрепились на первых этажах высотного здания. В дальнейшем, в ходе пятичасового боя, важный стратегический объект был полностью очищен от боевиков, остатки которых, во главе со своим командиром, спешно покинули здание по крыше соседнего дома.

В течение трех суток, благодаря грамотной расстановке сил, отряд под руководством Святогорова героически удерживал здание, сумев успешно и без потерь отразить два мощных штурма сепаратистов. В ходе этих боев Святогоров лично уничтожил снайпера-араба и прикрывающего его автоматчика. Отрядом было уничтожено около 20 боевиков, подавлено два пулеметных гнезда, уничтожено четыре снайпера, выведено из строя 7 единиц автотранспорта боевиков, захвачено более 12 тысяч различных боеприпасов, комплекс приемно-передающей радиоаппаратуры спутниковой связи и эвакуировано около 100 человек гражданского населения, находившихся заложниками у боевиков. Благодаря умелому командованию Святогорова отряд ФСБ потерь убитыми не понес.

21 августа в Грозном майор Святогоров и группа оперативных сотрудников — офицеров ФСБ, следуя на БТР-80 в а/п Северный, попали в засаду. На проспекте Орджоникидзе, в 400 метрах от блокпоста, БТР был подорван и подвергся ожесточенному обстрелу из автоматического оружия с нескольких сторон. В результате подрыва в БТР начался пожар, а все находившиеся в нем офицеры и бойцы получили ранения, конту-

зии и ожоги. При этом эвакуационные люки заклинило...
Реально сознавая смертельную опасность и несмотря на полученное ранение, майор Святогоров, во имя спасения жизни своих товарищей, сумел открыть один из люков, занял в нем боевую позицию и в течение нескольких минут огнем из автомата подавлял огневые точки противника, прикрывая своих боевых товарищей и дав им возможность покинуть горящую машину. Благодаря героическим действиям майора Святогорова Н.С. сотрудники ФСБ остались живы, в том числе был спасен тяжело раненный капитан ФСБ Ф.Б. Синюхин. Во время боя майор Святогоров Н.С. получил смертельное ранение.

За героизм, самоотверженность и решительность, проявленные в боевых условиях при выполнении задач по восстановлению законности и правопорядка в Чеченской республике, майор ФСБ Святогоров Николай Сергеевич представляется к званию ГЕРОЙ РОССИЙСКОЙ ФЕДЕРАЦИИ — посмертно».

Назавтра, прямо с утра я взял в магазине литровую бутыль «Абсолюта» и, одевшись попроще, поехал к Феде Синюхину. Мобильник я выключил и оставил дома — чтобы Инна не смогла вернуть меня и снова трахать и в постели, и в бизнесе. В конце концов, в жизни каждого мужчины, особенно русского, наступает период, когда ему нужно вырваться из беличьего колеса городской жизни и оттянуться на природе.

Сначала электричкой до Бронниц, а оттуда на частнике я добрался до поселка Волжанка, но Федино логово нашел с трудом. Весь берег Москвы-реки, еще пару лет назад пустой и дикий, был разбит на крошечные, как у японцев, участки, разгороженные дешевыми проволочными заборчиками, и на этих клочках дачники настроили какие-то времянки, скворечники, халупы — ну, настоящий «Шанхай». А Федина «дача» была неказистее всех — в заросшем бурьяном дворике стоял кирпичный сарай с окном и брезентовым навесом над самодельным, на козлах, столом и деревянной лавкой. Правда, что-то росло на двух грядках, у щербатых и покосившихся ворот горбилась горчичная инвалидная «Ока» (по которой я и опознал Федин участок), а на воде у сходни тихо покачивалась моторная лодка.

Моему появлению Федор нисколько не удивился — жилистый, загорелый, небритый, в линялой майке, он, сидя на каком-то пне и выставив вперед деревянный протез правой ноги, колол березовые и дубовые чурки, сваленные тут высокой грудой. Костыли его лежали рядом, на земле, и ему, чтобы не вставать, приходилось неловко тянуться за новым чурбаном. Конечно, после того боя, когда мы благодаря Святогорову чудом остались живы, я и на Федора составил представление к Герою, но начальство и его жена не усмотрели героизма в потере ноги, и Федор получил только орден Славы, пенсию по инвалидности и развод.

— О, привет! — сказал Федор, не вставая. — Хорошо, что ты приехал. Что ты куришь?

Я протянул ему пачку «Мальборо».

— А у меня, понимаешь, эта сука не заводится. — Он кивнул на свою «Оку». — Не то трамблер нужно менять, не то карбюратор. Но пенсия только через неделю, вот и сижу без курева. Хорошо, из военкомата дров подкинули. Я, понимаешь, думаю тут печку к своей даче пристроить, а то по ночам спать холодно. — Он закурил. — Ты на сколько приехал?

Я поставил на стол свой портфель и достал из него бутылку «Абсолюта», три банки тушенки, буханку хлеба и яблоки, которые купил с рук на станции, когда сошел с электрички. Оглядев убогое хозяйство Федора, пожалел, что не купил в три раза больше — на станции местные продавали и грибы, и ягоды, и соленья. Впрочем, если покопаться в его «Оке»...

— Ого! — сказал Федор, подтягивая костыли. — Неужели поживешь?

И я впервые услышал радостные нотки в его голосе.

Я прожил у Федора четверо суток, не вспоминая об Инне и своем компьютере. Нам с Федей было о чем поговорить и о чем помолчать. Мы ходили на лодке, ловили пескарей и окуней и жарили их на костре или на керогазе. Мы промыли карбюратор, завели «Оку» и добрали на станции продукты и бензин для моторки. Мы выпили бутыль «Абсолюта» и еще дважды ездили в магазин за «Московской». Мы купили кирпич и цемент для будущей печи. Мы перекололи все дрова. Мы помянули Колю Святогорова и в который раз пьяно прослезились тому, как по-глупому он погиб, а Федор потерял ногу — после стольких боев и смертельных передряг мы поехали тогда на БТР за спиртом: в Северном, нам сказали по рации, менты тормознули цистерну спирта, которую грузины гнали в Россию. А наш разговор засекли боевики...

Конечно, отсюда, с гражданки, смерть из-за канистры спирта кажется бездарной. Потому что никому отсюда, из жизни, не представить этот ужас круглосуточного пребывания в шаге от смерти и в том аду, который и войной-то назвать невозможно, потому что там нет ни окопов, ни блиндажей, ни линии фронта. А есть только взаимное остервенение обеих сторон, когда в ответ на их диверсии и зверства с отрезанием голов у пленных и заложников наши мародерствуют и «зачищают» целые деревни, после чего они взрывают нас, где только могут, похищают солдат и офицеров, кастрируют и пытают, а мы за это утюжим бронетехникой их дома и взрываем их домашние, почти в каждом дворе «самовары» по перегонке нефти...

Пребывая в этой мясорубке по три, а то и по шесть месяцев кряду, ты ежеминутно, на каждом шагу ждешь взрыва или пули снайпера, и никакого мужества не хватает жить в таком напряжении, прекрасно к тому же понимая, что война эта никому не нужна, кроме тех, кто варит миллионы на местных нефтяных скважинах, ямах — ловушках нефти и «самоварах» перегонки этой нефти в бензин. Но именно потому эта война никогда не кончится, а ты — просто никчемная жертва чужой игры, подстава, фишка, которую могут в любой момент взорвать, расстрелять, сжечь или похитить и казнить. И нет из этой жути никакого выхода, кроме одного — напиться, напиться так, чтобы не знать, за что ты погибнешь, и не слышать свиста пуль и воя комаров, которые, ликуя, высосут у тебя, пьяного, всю кровь из лица...

Впрочем, стоп. Мне все равно не передать словами, что такое война в Чечне. Почитайте книги «Чеченское колесо», «Четвертый тост», очерки Политковской в «Новой газете», статьи «Кувейт нам только снится. Нелегальный нефтяной бизнес — главная пружина чеченской войны» в «Московских новостях» и «Батальоны просят нефти. Из-за нее российские военные в Чечне убивают друг друга» в «Общей газете», и вы примерно поймете, что это за война. А я могу дополнить эту картину лишь одним эпизодом: когда мы, еще при жизни Святогорова, проскочили тот чеченский базар, а потом каким-то чудом выскочили из Чечни в соседний Дагестан и напились там, под Махачкалой, в прибрежном ресторане, наш водитель, протрезвев ночью в гостинице, выскочил на балкон и стал, ликуя, орать во весь голос:

— Мама, я жив! Я живой, мама!!!

...На четвертый день я рассказал Федору всю историю этого странного треугольника «Кожлаев — Полина — рыжий Банников» и про свое открытие в базе данных Повольского банка развития. Мы были практически трезвыми — от всех наших запасов у нас оставалось граммов триста на двоих, а денег у меня больше не было, и до пенсии Федора оставалось еще два дня.

Федор закурил свой «Беломор» (в местной лавке не было моего «Мальборо»), пошерудил палкой в костре, который мы развели на берегу, и сказал:

— Конечно, Кожлаев был бандит, это ясно. И первые серьезные деньги он сделал на чеченских и ингушских «самоварах»...

До увольнения Федор был капитаном оперативно-розыскного управления по Северному Кавказу и знал, что говорил. Кожлаев, дальний отпрыск дудаевского тейпа «Сули», в начале девяностых получив от своего родственника лицензию на вывоз бензина и солярки, одним из первых сумел объединить разрозненную сеть частных «самоваров» в единую корпорацию, и теперь каждое утро в Чечне и Ингушетии бензовозы и грузовики с цистернами объезжают дворы с этими «самоварами», скупая по дешевке самопальный бензин, а затем эти бензовозы катят — за взятки и через все блокпосты — в

174

Туапсе, Новороссийск и даже на Украину и в Прибалтику. Если знать, что еще несколько лет назад стоимость одной тонны бензина в Чечне составляла один доллар, а в Литве его покупали за 150 долларов, то понятно, какой там был сумасшедший навар и сколько трупов полегло вокруг этого «бизнеса»...

— Но рассмотрим ситуацию с другой стороны, — сказал Федор. — Перед смертью Кожун вспомнил о сыне и призвал тебя найти его. Подожди, не перебивай!.. Если бы ты успел к нему с Полиной, то следующий его заказ был бы найти этого сына и позаботиться о нем и наследстве. По-моему, это ясно. А тебя он выбрал для этой миссии по двум причинам: ты Битюг и сможешь найти его деньги даже после его смерти — это раз. А второе и самое главное: ты единственный человек, которого он не смог купить, и, значит, на тебя можно положиться. То есть тебе — единственному — он мог доверить деньги своего сына. Я даже больше скажу: я думаю, он тоже подозревал Рыжего в том, что тот его заказал. И, если хочешь, тот факт, что Кожлаев умер до того, как ты привез ему Полину, только подтверждает эту версию. Таким образом, что мы имеем? Мы имеем не записанное нигде, но ясное для нас завещание Кожлаева тебе, Паша, отыскать его сына и стать опекуном этого мальчика. Станешь ты выполнять это завещание или нет — это уже другой вопрос. Если мальчик в Америке, то, надо думать, он там не голодает. А что касается миллионов Кожлаева, то что ж... Да, Повольский банк принадлежит чеченцам. Но на Кипре в их оффшорном банке вряд ли сидели чеченцы, я профессиональных чеченцев-банкиров вообще не знаю. Там сидели русские или евреи — два или три человека. А теперь прикинь: ты, уходя из конторы, унес домой копии своих файлов? Так почему ты думаешь, что эти трое или хотя бы один из них, закрывая оффшорный банчок, не утащили домой дискетки с данными финансовых проводок? Там же такие бабки крутились!..

Собственно говоря, Федор ничего нового мне не сказал, а только озвучил сумятицу моих мыслей. Но разве не за этим я к нему и приехал?

Полночи я не мог уснуть, лежал с открытыми глазами в спальном мешке у потухшего костра и смотрел в небо. Рядом тихо плескалась река, сыровато скрипя лодкой Федора по песочному берегу; слева, в стороне, на чьем-то участке пела Земфира, а справа, из окон соседней дачи, слышался частый женский стон, обрывающийся в истому. И по небу, то закрывая, то открывая звезды, медленно и равнодушно плыли темные облака. Земля грешно вращалась под этими облаками и звездами, и мы продолжали жить на ней, копошась в своих мелких страхах, потном сексе и борьбе за будничное выживание. А рядом с нами — ну, двести метров от меня — по стремнине реки плыли освещенные иллюминацией туристические теплоходы с такой притягательной, таинственной и проплывающей мимо красивой жизнью...

Но — нет! На фиг! Я не хочу рисковать тем, что у меня есть, и лезть бог знает куда — чеченская группировка! банковские аферы! 300 или даже 500 миллионов! Нет, нет, бросьте, поздно, я уже пенсионер. У меня есть заработок — не миллионы, но мне хватает. И у меня есть молодая любовница — не вся, конечно, моя, и не всегда, а только в дневное время, но...

Я закрыл глаза и уснул покойным, без всяких кошмаров, сном на чистом подмосковном воздухе.

А назавтра, едва я приехал домой, как с порога услышал телефонный звонок. Я взял трубку. Однако никто не стал со мной разговаривать, в трубке тут же прозвучали гудки отбоя. Зато ровно через двадцать минут в дверь позвонил «Карбышев» и, войдя, сказал:

— Инна Петровна приказала забрать у вас компьютер.

Это были первые (и последние) слова, которые я от него услышал.

Наверное, будь я моложе, я бы в тот же или на следующий день ринулся в эту авантюру как с головой в омут. Еще бы! Триста, а то и пятьсот миллионов! Красотка Полина! Америка! Чем не сюжет для крутого детектива?..

Но если вы пройдете Афган и Чечню, то жизнь научит вас осторожности. И не важно, что Инна, прервав наш роман и забрав компьютер, лишила меня заработка. Женщины, чтоб вы знали, вообще безжалостнее чеченцев: уж если они режут, то не палец или руку, а отрезают вас целиком. И — напрочь...

Однако деньги у меня как-никак еще были, и, оказавшись без дела (и без Инны), я даже подумал: а не купить ли мне путевку и не уехать ли от греха подальше куда-нибудь в Грецию, в Париж или на Таиланд? Друзья, которые побывали на Таиланде, расписывали чудесные сексуальные способности таиландок и дешевизну таиландских удовольствий.

Но два обстоятельства остановили меня. Во-первых, потратив за неделю штуку или полторы, я все равно вернусь в свою же пенсионную рутину на Беговой, это раз. А во-вторых, на хрена мне таиландки, когда точно такая же миниатюрная любовница с мастерством и умением ничуть не хуже таиландского почти три месяца выжимала из меня все соки — так, что я уже стал бегать от нее?

И я бы, наверное, никогда не отважился на эту авантюру с наследством Кожлаева, если бы не совершенно другое и абсолютно прозаическое событие. Ровно через неделю после моего возвращения от Федора над моей головой снова загрохотали отбойные молотки, причем с такой силой, словно кто-то решил обрушить мне потолок на голову. В бешенстве я взлетел на одиннадцатый этаж и обнаружил там, в квартире надо мной, отнюдь не лукашенковских белорусов, а трех армян, которые — в пылезащитных масках — отбойными молотками взламывали идиотский бетон полового покрытия. В воздухе стояло облако цементной пыли, а руководил работой этих мастеров молодой толстый чеченец, которому, оказывается, Инна два дня назад продала эту квартиру.

Когда я представил себе, что теперь над моей головой будут жить чеченцы, я понял, что у меня нет выхода.

И поехал электричкой в Повольск.

ПБР, или Повольский банк развития, располагается на площади Гагарина в трехэтажном здании какого-то бывшего НИИ и не представляет собой ничего особенного, если не считать, конечно, его по-купечески щедро отремонтированного фасада, пакетных еврооокон и дубовых дверей с видеокамерой над ними. Но этот модерновый шик свойственен всем банкам, и Повольский только повторяет стиль своих столичных собратьев. А остальное тоже стандарт: дюжие охранники, иномарки и импортные внедорожники у крыльца.

Главным условием моего вояжа было не привлекать к себе внимания и ни при каких соблазнах не лезть в воду, не зная броду. Поэтому, прогуливаясь по пыльной площади с памятником Гагарину, я не столько изучал двери и окна банка, сколько дома напротив. На мое счастье, это были стандартные жилые пятиэтажки провинциальной запущенности. Я присмотрел на них несколько чердачных окон и отправился во дворы искать ходы к этим чердакам. В провинции, слава Богу, еще нет такого повального увлечения домофонами и магнитными замками, как в престославной; я без труда обошел все подъезды и в пятом по счету обнаружил наверху то, что искал: чердачная дверь была, конечно, заперта увесистым замком, но петли этого замка были замазаны пластилином, под которым винты были не вкручены, а вставлены и вынимались простым движением ногтя. На чердаке, когда я его открыл, я обнаружил несколько грязных матрасов, пустые водочные и пивные банки с мочой, окурками и использованными презервативами, а на чердачных балках — с десяток матерных надписей, сделанных ножами, химическим карандашом и спреем. Стандартное содержание этих надписей говорило о том, что здесь было логово местной шпаны с ее далеко не невинными шалостями. Это же подтверждали и три скобы, привинченные изнутри к двери и дверной раме, и тяжелый брус, который лежал на полу у входа. То есть, приходя сюда, ребята закладывали брусом дверь и — в случае атаса — могли уйти от милиции через чердачное окно.

М'е эта конура вполне подходила — несмотря на стойкий запах мочи и окаменелые экскременты в углу. Скорее всего шпана собиралась здесь по вечерам, а утром и днем я мог это логово у них позаимствовать. Я только проверил, виден ли из чердачного окна банк, и ретировался, закрыл чердачную дверь и замазал пластилином шаткие винты.

А назавтра, вооружившись биноклем и сумкой с бутербродами и водой, я приехал в Повольск пораньше и в 8.00 уже занял свой НП и заложил брусом дверь.

Что я хотел узнать?

А — всё! Кто посещает банк, кто его сотрудники и охранники, как они выглядят и т.п. Еще точнее, мне нужно было с помощью этого наружного наблюдения найти какую-то щель, зацепку для следующего шага или просто вычислить среди сотрудников ПБР какого-нибудь обиженного или алкаша. Поэтому, лежа на матрасе у чердачного окна и разглядывая в бинокль свой «объект», я аккуратно заносил в тетрадь время появления его охранников и сотрудников, их приметы, марки и номера их машин (семеро приехали на своих машинах, правда, недорогих, и среди них — совсем молоденькая крутобедрая блондинка на «хонде», которая не очень ловко припарковалась, въехав двумя колесами на тротуар). Потом, после десяти, стали подъезжать клиенты на импортных внедорожниках, «мерседесах» и «БМВ». Я, конечно, фиксировал и номера их машин. Но за всю первую половину дня я не увидел ни среди клиентов, ни среди банковских сотрудников ни одного лица кавказской национальности — все служащие ПБР, а также охранники были весьма молодые, не старше 35, русские и евреи.

В 13.05 два охранника торопливо выскочили из банка, озабоченно огляделись по сторонам (я опустил бинокль, чтобы он не отсвечивал), и тут же к банку подъехал серебристый «мерседес»-внедорожник. Один из охранников бросился к машине и предупредительно открыл заднюю дверь, а второй — парадную банковскую. Из «мерседеса» живо выбрался плотный и бритый наголо мужик в темных очках, цветастой рубахе навыпуск и полотняных летних брюках. Разлаписто ставя свои ноги с толстыми ляжками, которые цепляли друг друга, как у японских борцов-тяжеловесов, он напористо, словно танк, взошел — круглой головой вперед — на крыльцо и скрылся в банке, а шофер «мерседеса» вышел из машины и стал бархоткой протирать затененные окна.

Я подумал, что так встречать должны только хозяина банка, то есть Мусафа Харунова.

179

Вскоре на третьем этаже **ПБР** в окне возникла фигура крутобедрой красотки с деловой папкой в руках, она задернула шторы в двух открытых окнах. А еще через двадцать минут Харунов, явно утомленный, медленно вышел из банка и тяжело уселся в свой серебристый «мерседес»-внедорожник. Машина отчалила, и я усмехнулся, вспоминая свою аналогичную усталость и сонливость. Да, господа, жизнь проста до пошлости не только в романах примадонн книготорговли...

До пяти вечера ничего примечательного больше не произошло, а в пять я снова обратил внимание на эту крутобедрую молодку, которая вышла из банка, села в свою голубенькую «хонду» и, явно неумело, как новичок, с места рванула на второй скорости.

Я почесал в затылке, но решил перепроверить свою идею и отдежурить на этом **НП** еще два дня.

Они подтвердили мою нехитрую догадку: Харунов регулярно приезжал «на работу» между 13.00 и 13.30, сразу после его приезда эта блондинка с деловой папкой в руках закрывала шторы в окнах кабинета на третьем этаже, а спустя еще двадцать или тридцать минут открывала их снова. После этого ему приносили чай и бумаги на подпись, он принимал нескольких посетителей и сотрудников банка, давал «цэу», а затем устало спускался по ступенькам крыльца, тяжело заваливался на сиденье своего внедорожника и отбывал.

Взвесив все «за» и «против», я на четвертый день отправился в Повольскую **ГИБДД**.

Конечно, можно было прийти к начальнику **ГИБДД**, назвать ему номер машины этой молодки и получить ее фамилию, имя и адрес. Но кто же так делает?

Я положил перед ним лист с номерами всех машин сотрудников банка и сказал, что ЦБ сверяет данные о доходах сотрудников ПБР с их реальным имуществом — машинами, квартирами, дачами. В этом случае я почти не рисковал: ЦБ действительно заказал Инне Соловьевой проверку ПБР, и я был нанят ею для этой проверки — на всякий случай у меня было при себе наше «Трудовое соглашение». А то, что Инна уже отняла у меня компьютер и диски с базой данных этого банка, — это не имело значения. Ведь формально она не расторгла со мной трудового соглашения, вот я и продолжаю выполнять свои обязанности, на то я и Битюг, который даже в ФСБ был известен тем, что проверял все мыслимые и немыслимые следы и версии...

Впрочем, всего этого мне никому объяснять не пришлось — удостоверения подполковника ФСБ оказалось достаточно, чтобы я без препон получил все сведения о перечисленных мной машинах, сроках их приобретения и имена, на кого они были оформлены. Оказалось, что только два из семи автомобилей были оформлены на работников ПБР, а «хонда», которая меня больше всего интересовала, вообще принадлежала не частному лицу, а самому банку. То есть эта красотка по фамилии Корецкая Галина Анатольевна ездила на служебной банковской машине, как на своей. Оно бы и снова — какое мое собачье дело, если бы не маленькая деталь: эта Галина, со смехом сказал мне начальник ГИБДД, была уже шестой сотрудницей банка, которая за последние пять лет ездила по доверенности на этой машине. Причем все предыдущие тоже были блондинки, и каждая из них по протекции Харунова получала в ГИБДД автомобильные права, ездила на этой «хонде» ровно год, царапая ее и даже увеча, а после года службы в должности секретарш их увольняли из банка, машину ремонтировали и красили под новенькую... и Харунов вручал ее своей новой фаворитке...

Я — «ради смеха» — попросил дать мне их имена, адреса и даты дорожных происшествий.

Вам нужны подробности моих последующих «оперативных действий»? Галерея характеров бывших любовниц-секретарш Харунова? Но я вам не Гоголь Николай Васильевич, и, кроме того, должен заметить, что в отличие от гоголевской галереи Ноздрев — Манилов — Коробочка и т.п. все секретарши Харунова были на одно лицо (блондинки, 110×70×120, от 18 до 25 лет) и после увольнения из банка все неплохо трудились — кто на секретарских должностях в других фирмах, кто в ресторане. То есть Харунов не выбросил их на улицу, а вполне сносно пристроил в фирмах своих банковских клиентов. Но их обида на Харунова и мстительная женская разговорчивость позволили мне узнать куда больше, чем имена трех лиц, которые сидели на Кипре в оффшорных банках ПБР. Вот этот список:

Капельников Виталий Моисеевич — находился на Кипре в 1998—1999 годах, затем переехал в Австрию, в Вену, менеджером фирмы «Венарос», адрес: Австрия, Вена, Гюнтербергенштрассе, 72, телефон 43-1-607-19-239.

Рогачева Кира Борисовна — находилась на Кипре в 1998—2000 годах, затем переехала в Венгрию, в Будапешт, менеджером фирмы «Бударос», адрес: Венгрия, Будапешт, улица Андрасси, 14, кв. 3, телефон 36-1-266-49-12.

Пачевский Иван Аркадьевич — находился на Кипре в 1997—2001 годах, затем — Чехия, Прага, независимый биржевой трейдер фирмы «Прагарос», адрес: Чехия, Прага, улица Панска, 7, кв. 12, телефон 42-2-24-22-79-72.

Поскольку все три фирмы — «Венарос», «Бударос» и «Прагарос» — принадлежали Кожлаеву, то вот вам еще одно подтверждение того, что и ПБР практически принадлежал Кожлаеву — на Кипре сидели его люди, и, убирая их оттуда, он переводил их в Европу менеджерами своих фирм.

Конечно, тот факт, что теперь вся эта троица «киприотов» оказалась за границей, а не в Москве, значительно осложнял мою задачу. И все-таки я был доволен собой. Кто сказал, что Чернобыльский кончился, выдохся и вышел в тираж? Дудки вам! Всего за неделю я сделал то, что ваши молодые сосунки, генерал Палметов, не могут сделать и за месяцы!..

Усталый, но довольный собой, я вечерней электричкой возвращался из Повольска в Москву. Была пятница, встречные московские электрички были набиты дачниками, а в Москву не ехал никто, до Бутова я в полном одиночестве дремал в вагоне, думая то о Харунове — интересно, как узбек Харунов оказался в одной связке с чеченской ОПГ? — то об Инне и Полине. Все-таки с кем они спят? И — как? Инна, конечно, нашла себе следующего мерина и продолжает скачку —

такие хваткие дамочки не теряют время, берут от жизни все и перепрыгивают от мужика к мужику, как обезьянки с ветки на ветку, даже когда муж еще не остыл в морге...

И все-таки какое-то ревниво-щемящее чувство зажимало мне дыхание, когда я вспоминал ее томные вскрики, отброшенную назад головку, острые зубки, кусающие мои пальцы, маленькую грудь с крупными темными сосками, узенькие плечики, гибкую талию, танцующие бедра и кегельные ножки, которые она забрасывала мне на плечи. А ее горячая, хищная питонша?!.

Нет, лучше не думать об Инне, лучше думать о Полине. Полина, конечно, проще, примитивнее, но — человечнее. И безусловно красивее. Как жаль, что я не смог достучаться к ней, не смог разбудить в ней чувственность. Ведь такая замечательная девочка! Интересно, что она ощущает, занимаясь этим с лесбиянкой? И вообще, как говорит Жванецкий, интересно, что они чувствуют?..

Какое-то предощущение атаки, угрозы, опасности, которое спасало меня в Афгане и Чечне, вдруг резко вспыхнуло в мозгу, я открыл глаза и сразу же понял: конец! Поезд летел к Москве, а в мой все еще пустой вагон из следующего вагона на ходу вошла ватага парней и девиц, они — человек десять — шли, клацая дверьми, через вагоны вперед по ходу поезда, но один из них вдруг остановился подле моей скамьи и тихо свистнул остальным. Этот свист меня и разбудил. Я открыл глаза и узнал его — это был тот самый молодой козел с бритой башкой, который когда-то плюнул мне в лицо.

— Братва, он мне руку сломал, — сказал он своим. И легонько, с усмешкой ткнул меня кулаком: — Эй, ты помнишь меня?

«Братва» стала с любопытством подтягиваться к нам, это были простые 17—18-летние акселераты, в майках и широких джинсах с приспущенной мошной, с пирсингом в ушах, но без наколок. То есть наша стандартная молодежь, наша смена и будущее. Но в глазах у этого будущего уже появилось веселое хищное свечение...

— Эй, отвечай! — снова пнул меня мой знакомый, веселясь от предвкушения своей мести. И повернулся к своим: — Видали? Молчит, сука...

Я скосил глаза к окну, поезд приближался к станции. Я подумал, что в этом мое спасение, рывком перебросил свое тело через спинку скамьи и ринулся к выходу.

Но они оказались проворнее меня. Трое бросились мне наперерез, еще четверо блокировали двери вагона с обеих сторон, а остальные, весело скалясь, скопом приближались к отсеку, где я оказался, как в ловушке, меж двумя скамьями. Я знал, что должен продержаться до остановки поезда, и, помню, мне удалось отбиться от первых двух или трех, но затем...

Один из них — самый маленький и коренастый — вдруг разбежался по проходу, вскочил рядом со мной на спинку сиденья, оттолкнулся и в прыжке обрушился на меня сверху, надломив меня своим весом.

Теперь, когда он сидел на мне и душил меня руками борца-каратиста, взятыми в замок, остальным было легко бить меня кулаками и ногами в лицо, в живот, в пах и вообще куда придется.

Ухватив его руки, я пытался разжать их, одновременно выставив вперед свои уже окровавленные локти и качаясь из стороны в сторону — снаружи, с платформы, возле которой остановился поезд, я был, наверное, похож на старого слона, раскачивающегося в предсмертной схватке с молодыми шакалами.

Но хотя поезд стоял и десятки пассажиров видели с платформы, как меня избивают эти мерзавцы, никто не пытался ворваться в вагон, никто даже милицию не позвал — люди просто смотрели, а потом отвернулись и ушли в другие вагоны.

Последнее, что я помню: как под весом этого коренастого и ударами остальных я упал на пол в проходе вагона и кто-то — скорее всего мой давний «знакомый», — подпрыгнув, двумя ногами обрушился всем своим весом на мою правую руку. От пронзительной боли или, как говорят медики, от болевого шока я отключился, потерял сознание...

184

* * *

Газета «Московский комсомолец», 26 июня 2001 г.

ИЗБИТ ВЕТЕРАН ФСБ

Вчера вечером в электричке Повольск — Москва
был избит ветеран ФСБ подполковник в запасе
П.А. Чернобыльский. На Павелецком вокзале пост-
радавшего нашли в вагоне в бессознательном состоянии и доставили в Институт скорой помощи им.
Склифосовского. У Чернобыльского сломаны правая рука и два ребра. Ни документы, ни деньги, ни
мобильный телефон не похищены, что говорит о
политическом характере инцидента или о сведении
счетов криминальных элементов с одним из последних мастодонтов КГБ — ФСБ, известным в своих
кругах под кличкой Битюг.

Интересно, что эта публикация внизу первой страницы
«МК» в их постоянном отделе жареных фактов тронула только моих сверстников — ветеранов ФСБ, которые стали на-
званивать мне с предложениями найти избивших меня сво-
лочей и тихо, без вмешательства властей расправиться с ними.
Но она совершенно не впечатлила мое бывшее начальство —
ни генерал Палметов, ни даже его заместитель полковник
Высин не удосужились набрать мой телефон. И конечно, мне
не позвонила Инна Соловьева.

Зато буквально на второй день после моего выхода из
Склифа — рука еще в гипсе, бровь и скула зашиты и заклее-
ны пластырем, а торс спеленут, оберегая ребра, — домофон
загудел и на мой вопрос «Кто там?» отозвался знакомым голосом:

— Это я, откройте.

Полина!

Она вошла загорелая, просто шоколадная, в легком, на
бретельках, цветном сарафанчике до причинного места и высоких, на шпильках, босоножках. При одном взгляде на это
эскимо с шоколадными ногами и с зелеными глазами в об-
рамлении соломенно-шелковых волос сердце обмирало и
дыхание останавливалось. Но Полина лишь усмехнулась на
этот столбняк в моих глазах (и еще кое-где) и выложила из
плетеной хозяйственной сумки сразу четыре коробки ягод —
малину, клубнику, бруснику и крыжовник, которые теперь,

в июне, появились у уличных торговок возле каждой станции метро. А из второй сумки — совершенно роскошной, из крокодильей кожи — фартук, резиновые перчатки и губки для мытья посуды.

— Ну, я так и знала, что здесь полный бардак, — сказала она, хозяйски оглядывая квартиру.

— Где ты так загорела? — спросил я.

— В Ницце. Клевое местечко! Яхты совершенно обалденные!

— И с кем ты там была?

— Да с одним козлом! — небрежно отозвалась она. — У него там яхта за триста тысяч баксов. Но такой мудак! На «трубе» сидит — газом торгует... Вот почему вы не миллионер?

— Это ты у меня уже спрашивала.

— И кто же вас так обработал? Я в газете прочла — даже не врубилась сначала, что это вы.

Я пожал плечами:

— Шпана какая-то...

Она надела фартук и принялась пылесосить и убирать квартиру, а я, как привязанный, ходил за ней, держа на весу свою руку в гипсе и морщась от боли в ребрах при каждом шаге. Но не ходить за ней я просто не мог — и сзади, и с боков, и спереди она была сплошное пирожное, шоколадный торт, эскимо на палочке и эклер, который хотелось немедленно съесть.

— Сядьте, успокойтесь! — со смехом сказала она, не выдержав наконец моих откровенных взглядов.

— Я не могу сидеть, у меня ребра сломаны. Я могу только стоять и лежать.

— Ну так ложитесь!

Но я не лег, а ушел на кухню, достал из холодильника пиво и залпом опорожнил бутылку. Холодное пиво все-таки остудило мой пыл, я глубоко выдохнул и заставил себя остаться на кухне, закурил у открытого окна.

Минут через пятнадцать Полина вошла на кухню и спросила, поглядев на пивную бутылку:

— А еще есть пиво?

— Конечно, — сказал я уже успокоенным тоном.

— А может, у вас и креветки есть?

— А ты креветки любишь?

— С пивом — обожаю!

— Тогда открой морозильник.

Чуть погодя мы с ней лущили свежеотваренные креветки и запивали пивом «Ханникен» — я стоя, а она сидя за кухонным столом. И как бы между делом Полина сказала:

— А вы мне дадите адрес, ладно?

— Какой адрес?

— Ну, американский...

Я понял, о чем она, но спросил:

— Для чего тебе?

— А вы думаете, зачем я с этим козлом в Ниццу ездила? Загорать, что ли? Мне деньги нужны, я в Америку поеду. На сына посмотреть.

Это был неожиданный поворот сюжета, я помолчал, потом спросил:

— И когда ты думаешь ехать?

— Да я б хоть завтра, — сказала она. — Но американскую визу трудно получить, они одиноким всем отказывают. Ну, дадите адрес?

— Надеюсь, ты не собираешься похищать ребенка?

— Нет, я только взглянуть! Одним глазочком. Клянусь! Ну, пожалуйста, скажите адрес! А? Я вас очень прошу!

Я сказал.

— А это далеко от Нью-Йорка? — спросила она.

— Ричборо — не знаю, а Нью-Джерси — это штат по соседству с Нью-Йорком, просто через Гудзон. Полина, а у меня к тебе тоже есть один вопрос. Ответишь?

— Спрашивайте.

— Ты кого-нибудь любишь?

Она подняла на меня свои зеленые глаза:

— В натуре?

— Да, в натуре.

Медленно, словно задумчиво, она повела головой из стороны в сторону:

— Нет... Я эту Тамару любила... А она... — И уже решительно: — Нет, теперь никого.

— А из мужчин? Хоть когда-нибудь?

Полина посмотрела мне в глаза и отвела взгляд.

— Не знаю... Зачем это вам?

Но я не отставал:

— Это был Кожлаев? Или Рыжий?

Она вздохнула всей своей прекрасной грудью и встала:

— Давайте не будем об этом. Сейчас я посуду помою и пойду. И не смотрите на меня так.

— Как?

— Как на голую. Лучше идите в ту комнату, пока я буду посуду мыть. Покурите там.

Я усмехнулся, закурил и последовал ее совету. А что я еще мог при моих сломанных ребрах?

Но ремонт над головой продолжался, вынести это было невозможно, и вообще, сколько можно сидеть дома, в четырех стенах, и ждать новой депрессии?

Я пил мумие для скорейшего сращивания костей, запивал отваром из бессмертника и крапивы, сидел днем в соседней библиотеке или на бегах на ипподроме и все думал, думал, думал, как же мне быть.

Конечно, будь я, как Березовский, специалистом по уравнениям с несколькими неизвестными, я бы давно нашел решение, тем паче что речь шла о сотнях миллионов долларов. Но я был простым пенсионером, подполковником в отставке, и такие цифры меня, наоборот, не вдохновляли, а пугали. Хотя я-то знаю, как элементарно наши олигархи сделали свои миллиарды, есть все-таки что-то завораживающее и даже восхитительное в их отваге, наглости и беспардонности. Если в основе богатства Билла Гейтса, Теда Тернера, наследников Нобиля, Эдисона, Форда, Диснея, Шанель и прочих западных олигархов лежат какие-то конкретные, вещественные изобретения, то все без исключения наши богачи ничего ценного не создали, а лишь умело подобрались в нужный момент к семье президента и в обмен на свои мелкие и крупные услуги получили с его барского плеча такие ломти государственной собственности, какие не снились даже царским фаворитам и любовникам, вроде графа Орлова. Сорок процентов самых прибыльных отраслей промышленности, которые страна, надрываясь в ГУЛАГе и на ударных стройках коммунизма, создавала семьдесят лет — от нефти и никеля Сибири до телевидения и космической связи, — оказались в карманах десятка ловкачей, иные из которых начинали с простой уличной фарцовки и даже с уголовщины. Но нужно отдать должное БАБу — он все-таки пришел в олигархи из науки, из членкоров Академии наук. Хотя и его первые шаги были под стать трюкам Остапа Бендера. Приватизировав сеть вазовских автосалонов, он и его первые компаньоны сумели соблазнить этой сетью «Мерседес-Бенц», но когда делегация концерна «Мерседес-Бенц» должна была прилететь в Москву для подписания контракта об эксклюзивной продаже «мерседесов» в СССР через сеть «ЛогоВАЗа», у БАБа и трех его партнеров не было ничего, кроме самодельных бланков этой никому не известной компании и ветра в карманах. А им нужно было пустить немцам пыль в глаза, показать свой правительственный уровень, и они отправились в Московское управление гостиниц за апартаментами для своих гостей. Однако в те первые перестроечные годы даже за взятку нельзя было получить правительственные люксы в «России», «Балчуге» или «Метрополе» — они были на броне только для членов ЦК КПСС. Поэтому БАБ и его соратники пошли иным путем: они установили, что начальник Управления гостиниц приезжает на работу в своих новеньких «Жигулях», и в один прекрасный день простым молотком разбили ему заднюю фару. Да, представьте себе доктора математических наук, его друга — доцента театрального института и еще одного не менее почтенного деятеля, которые сначала выслеживают человека, в чьем ведении находятся все гостиницы Москвы, затем молотком разбивают фару его машины, а наутро являются к нему в кабинет с ходатайством о размещении делегации «Мерседеса» и как бы между делом спрашивают, не могут ли они быть ему чем-то полезны. А тот с тоской говорит, что как раз вчера какие-то хулиганы разбили ему заднюю фару, а таких фар нет в Москве ни за какие деньги, он уже обзвонил все центры автообслуживания, этих вазовских фар (а также колес, шин, карбюраторов и вообще запчастей к «Жигулям») нет в Москве уже шесть месяцев.

— Правда? — делают изумленное лицо наши герои. — Но, знаете, мы же партнеры «АвтоВАЗа», вы не разрешите нам позвонить с вашего телефона Каданникову?

И через полминуты изумленный начальник слышит следующий телефонный разговор:

— Владимир Васильевич, здравствуйте! Знаете, тут у нас один товарищ ужасно нуждается в левой задней фаре для «шестерки». Не можете помочь? Дефицит, говорите? Но мы очень просим!.. Да, всего одну фару... Правда? Ой спасибо! А самолетом можете передать? Да, со стюардессой. Когда?.. Через три часа во Внуково?.. Большое спасибо!..

Нужно ли говорить, что через три часа тридцать минут новенькая фара в заводской упаковке была доставлена в кабинет этого начальника? Нужно ли говорить, что после этого немецкая делегация была размещена в лучших люксах «Метрополя» по расценкам для ЦК КПСС, то есть по 4 рубля 30 копеек за сутки? Нужно ли объяснять, что немцы, потрясенные таким высоким уровнем приема, тут же подписали эксклюзивный контракт, на котором «ЛогоВАЗ» заработал миллионы долларов? И нужно ли добавить, что никакого разговора с Каданниковым на самом деле не было, как не было и никакой авиадоставки фары, потому что эта фара была загодя заготовлена нашими Остапами?

Вот что такое быть доктором наук по решению уравнений с несколькими неизвестными!

Но я не был даже аспирантом в этой области и поэтому решал это уравнение целых две, если не больше, недели. Интересно, а сколько бы вы потратили времени, если бы знали, что:

а) 300 или даже 500 миллионов долларов Кожлаева лежат неизвестно где;

б) люди, которые — может быть — знают, где лежат эти деньги, проживают в Вене, Будапеште и Праге, но назовут они вам этот банк или не назовут, тоже неизвестно;

в) вероятность того, что Ваня Суховей, проживающий в США в семье своих приемных американских родителей, является сыном Кожлаева и соответственно наследником этих миллионов, только 50 процентов;

г) у вас на счету в Сбербанке — всего 6830 долларов.

Скажите, как при таких исходных данных вы будете действовать, если вам 56 лет, ваша пенсия — 2300 рублей в месяц, а едва вы решили начать новую жизнь, как тут же поплатились за это переломом руки и двух ребер?

Нет, я не знаю, как действовали бы вы, но я могу вам сказать свое решение этого уравнения. Я решил следовать завету В.И. Ленина, который, как внушали нам в детстве, сказал: «Нужно делиться!»

И позвонил Рыжему.

190

— Смело... — сказал Рыжий, пристально глядя мне в глаза, словно это он, а не я был подполковником КГБ — ФСБ. — Значит, ты считаешь, что моего братана Кожуна убрал Харунов? Ну-ну... Логика есть... Но, допустим, мы найдем эти деньги. А как мы докажем, что Полинин пацан — сын Кожлаева?

Я молча положил перед ним стопку ксерокопий десятка публикаций о последних достижениях науки — анализах ДНК. Если раньше такие анализы применялись только в судебной медицине и стоили баснословно дорого, то сегодня установление отцовства стоит 300—400 баксов, и для этого даже не нужно делать анализ крови.

"После того как расположенная в пригороде Гамбурга фирма «Paypercheck» дала на своем интернетовском сайте сообщение о том, что за триста долларов она в течение недели сообщит любому сомневающемуся, свои ли у него дети, от желающих нет отбоя. Сотрудники лаборатории, где проводятся проверки, работают без праздников и выходных... Для того чтобы установить отцовство по генетическим отпечаткам, достаточно провести ватными тампонами во рту у предполагаемого отца и ребенка и отправить их по почте в лабораторию. Если по тем или иным причинам со взятием генетических образцов изо рта возникают трудности, то их можно заменить десятком волосков с головы отца и ребенка или другими предметами, несущими нужную информацию. Установить отцовство можно даже по слюне, сохранившейся на окурке сигареты..."

Пока Рыжий читал эти газетные вырезки, я рассматривал его кабинет. Даже по одному этому офису на двадцать первом этаже Хаммеровского центра было видно, насколько высоко взлетел Рыжий за последние месяцы. (Или — как легко тратятся чужие деньги?) Вся Москва стелилась у его ног за окнами этого огромного, эдак метров двести квадратных, кабинета, попасть в который тоже было не так-то просто: сначала вы проходите контроль внизу, в фойе Центра, а затем, поднявшись в лифте на 21-й этаж, попадаете буквально в КПП фирмы Рыжего ЗАО «Интертрейд» — здесь и рама металлоискателя, и осмотр портфеля, и ощупывание карманов, подмышек и промежности. После этого один из шести дежурных охранников, вооруженных легальным «Калашниковым», ведет вас по коридору в приемную Рыжего, где сидят две секретарши, референт и еще два Шварценеггера — личные телохранители Банникова. А за окном — ни одного здания вровень с окнами «Интертрейда», то есть Рыжий снимает один из верхних этажей Центра, чтобы никакой снайпер не смог оказаться на этом уровне.

— Но где же мы возьмем слюну Кожлаева? — спросил он, прочитав мою подборку газетных и журнальных сообщений об анализах на ДНК.

— Мы сделаем эксгумацию и возьмем его волосы, это не проблема, — ответил я.

— А волосы ребенка?

— Это, конечно, чуть дороже. — Я усмехнулся. — Билет в США и обратно.

— А если окажется, что это не сын Кожлаева?

— Тогда ты будешь знать, что у тебя есть сын.

Теперь усмехнулся Рыжий:

— Она тебе и это сказала?

Я промолчал.

— Ну? — требовательно сказал Рыжий. — Допустим, это мой сын, а не его. И тогда нет наследства, и все мои расходы на твое расследование — впустую. Так?

— Не совсем. ФСБ может официально доказать, что это у Кожлаева были нелегальные доходы, и потребовать вернуть их России. Такие прецеденты уже есть, ГУБОП МВД недавно получил из Швейцарии 300 миллионов долларов.

— И что? Мы-то что с этого будем иметь?

— Об этом ты договоришься с Палметовым. Например, мы зарегистрируем юридическую фирму по возврату в Россию криминальных денег и будем брать за свои услуги 15 процентов...

— Тридцать, — поправил меня Рыжий и уставился в окно, обдумывая мою идею. — Н-да... — сказал он после паузы. — Кажется, ты не зря слупил с меня те бабки... Идейка здоровая...

Еще бы, подумал я. Я принес тебе в клюве свое самое заветное, хотя идея создания такой фирмы лежит буквально на поверхности, ведь сегодня все госчиновники создают при своих министерствах и департаментах фирмы-посредники, которые варят на госзаказах и госпоставках. Только при ФСБ еще нет дочерних фирмочек, но почему бы им не быть? Юридическая фирма «Возврат» со штатом из самых опытных ветеранов ФСБ, Центробанка и Счетной палаты может за 30 процентов отчислений с похищенных, угнанных за рубеж и возвращенных государству денег сделать то, что не смогли сделать ни Гайдар, ни Ельцин, когда пытались найти «золото партии»...

— Есть еще одно «но», — сказал Рыжий. — Допустим, ты найдешь бабки Кожлаева, и допустим, этот Ваня окажется его сыном. Где у нас гарантии, что после всего этого американские папа и мама этого пацана не пошлют нас на хер и не заберут все бабки?

— Таких гарантий две. Первую я тебе уже назвал: мы можем доказать, что это криминальные деньги, и требовать вернуть их России или заморозить их в банке до решения международного суда. Я знаю банковского адвоката, которая выиграет этот процесс. А вторая гарантия еще проще... — И я положил перед Рыжим очередную стопку американских газетных публикаций о том, как в США даже женщина, которой бездетная супружеская пара заказала за деньги выносить во чреве ребенка до его рождения, опомнилась через десять лет и через суд отняла этого ребенка у его родителей. — В Америке, — сказал я Рыжему, — прецедентное судебное производство. И значит, если уж *такая* мать выиграла процесс, то Полина имеет все шансы выиграть в суде своего сына.

Рыжий прочел перевод статей, которые я положил перед ним, и усмехнулся:

— Я вижу, ты неплохо подготовился.

— Я же пенсионер, — сказал я скромно. — У меня есть свободное время.

ЧАСТЬ ЧЕТВЕРТАЯ

ОТКРЫТКИ ИЗ...

ДОГОВОР
между Департаментом экономической безопасности ФСБ РФ и ЗАО «Возврат»

Департамент экономической безопасности ФСБ РФ в лице своего руководителя генерал-лейтенанта Заречного О.Б. и ЗАО «Возврат» в лице своего генерального управляющего подполковника ФСБ в отставке Чернобыльского П.А. заключили настоящий договор о нижеследующем:

«Возврат» своими силами и на свои средства отыскивает «черные» и «серые» финансовые средства, ушедшие от налогообложения за пределы РФ, а также деньги криминальных группировок и других нелегальных сообществ, отправленных за пределы РФ в обход установленных правил и существующего законодательства.

Установив документально и несомненно счета и адреса банков или других финансовых организаций, в которых находятся эти средства, или выявив ценности (предприятия, недвижимость и пр.), приобретенные на эти средства, «Возврат» представляет по ним полную и исчерпывающую информацию в Департамент экономической безопасности ФСБ РФ и совместно с Юридическим управлением ФСБ разрабатывает легальные документы, необходимые для принятия мер по возврату этих средств в РФ через международные суды и др. организации. При этом Департамент экономической безопасности обязуется предоставить полную, исчерпывающую и неопровержимую информацию о криминальном происхождении искомых средств или их сокрытии от налогообложения.

В случае возбуждения по этим материалам дел в международных судах «Возврат» обязуется за свой счет привлечь к участию в исках лучших адвокатов, способных с честью представлять российское правительство в этих процессах.

При возврате в Россию вышеназванных средств ЗАО «Возврат» получает 27,5% (двадцать семь с половиной процента) от полученных сумм, а также возмещение 50% (пятидесяти процентов) своих расходов по поиску и обнаружению этих средств и ценностей.

Подписи сторон, дата...

* * *

Вена должна быть в жизни каждого русского. Хотя бы раз в два-три года русский человек должен выскочить из России, отлететь от нее до ближайшей цивилизации и мягко приземлиться на Кертнер-штрассе, чтобы отхаркать московскую пыль, выдохнуть низкооктановый московский воздух и отмыть свое тело от обжигающе-хлорированной московской воды. А самое главное — расслабиться и избавиться от стресса нашей ежеминутной борьбы за выживание. Здесь, в этой венской цивилизации, никто никуда не спешит, не прет, не пихается, здесь все удивительно доброжелательны, приветливы и многоязычны, как марсиане у какого-нибудь Азимова: «данке шон!», «силь ву пле!», «сэнк ю, сэр!» и даже — «ка ничео» и «тада раба!». Здесь никто — даже официанты, консьержки и трамвайные кондукторы — не страдает комплексом угнетенного гегемона. Здесь улицы, крыши и туалеты чисты той удивительной чистотой, какую не найдешь и в Кремлевской больнице. И в отличие от измерений Ильфа и Петрова в России здесь на вас почему-то вовсе не давит атмосферное давление весом в 760 мм ртутного столба.

Но совершенно напрасно наивные австрийцы думают, что если они понастроили здесь свои имперские замки и католические костелы, посадили прекрасно пахнущие липовые парки (а не бессмысленные и ужасные московские тополя), если они еженощно скребут и моют мостовые, а с утра — окна, подоконники и выносные кофейные столики, то это *их* столица, это они украшают *свой* быт и *свою* жизнь, а уличные акробаты, артисты, музыканты и художники придают *их* Вене дух всемирной туристической Мекки. Отнюдь! На самом деле все это благолепие устроено Богом ради отдушины для русского человека. Выскочив из Москвы с ее допекающей жарой, наждачной пылью и кислотно-бензиновым воздухом, от которого не скрыться и олигархам в их суперкондиционированных офисах, отлетев от нашей стервозной демократии, вертикали власти и горизонтали коррупции, в двухмерном пространстве которых мы живем под постоянным прицелом законодательного бандитизма и криминализированного закона, вы — всего через 2 часа 40 минут — приземляетесь за столиком кафе «Европа» или «Моцарт» и понимаете вдруг, что вот она, другая Галактика — без милицейского беспредела, преступности, мордобоя, алкоголизма, насилия и Жириновского. И не нужно лететь в космос, не нужно платить десять миллионов долларов за полет на станцию «Мир», а нужно просто сесть за столик на веранде отеля «Sacher», заказать лучший в мире кофе по-венски с наперстком их ежевичного и лучшего в мире ликера и смаковать, крохотными глоточками смаковать эту ликерно-кофейно-шоколадную западную жизнь. А позже, днем, в каком-нибудь простецком ресторане «Гуляш-музей» вы можете заказать себе суп по-венски и гуляш по-венски и опять смаковать каждый глоток этой еды и пива, и, пожалуйста, забудьте все туристические туры, знаменитые венские оперы и костелы — нет, не ходите никуда, не спешите, не суетитесь и не стремитесь за потоками этих глупых туристов! А просто часами сидите в уличных кафе, глазея на эту чудную Галактику, валяйтесь на траве кайзеровских парков и медленно, как оплывающая свеча, избавляйтесь от бытовой накипи и душевной ржавчины нашей российско-совковой жизни.

Двух дней такого отдыха достаточно, чтобы, отмокнув и оттаяв душой и телом, ринуться дальше в бой. Потому что на третий день русскому человеку уже не по себе от этой невесомости и божественной легкости бытия, и он с ужасом думает, что же он будет делать в раю, ведь там ни подраться, ни напиться, ни даже застрелиться не дадут...

— Herr Chernobilsky?*

— Yes... — удивившись, ответил я по-английски.

И они тут же перешли на английский:

— Are you waiting for Herr Kapelnikov?**

Я посмотрел на них в задумчивости. Только теперь до меня дошло, что это мои коллеги. Да, сдал ты, Битюг! Расслабился и сдал. Они — два молодых плечистых бугая в стандартных серых костюмах — зашли в ресторан десять минут назад, то есть за пять минут до моей встречи с Капельниковым, назначенной тут на 15.00, сели в совершенно пустом зале за столик рядом с моим, но поближе к выходу, то есть отсекая меня от двери, заказали себе только пиво и сразу расплатились с официантом, а я и на это не обратил внимания! А теперь чего ж, отвечай им, куда деваться?

— Yes. Why are you asking?***

Один из них предъявил мне свою полицейскую бляху:

— Вы арестованы. Встаньте, пожалуйста. Медленно...

Но я еще сидел, не вставая.

— Могу я увидеть ордер на арест?

— Позже увидите... Bitte!

Я, однако, еще тянул время, размышляя и косясь на входную дверь.

— Могу я доесть мой гуляш?

— Нет. Поднимайтесь!

Впрочем, глупо бежать от полицейских в центре Вены, да и зачем?

— Давайте руки! Медленно!

Наручники щелкнули на моих запястьях, я вздохнул и встал. Они, надо сказать, оказались педанты — обыскали меня, достали из моего бумажника деньги и заплатили по счету, с которым тут же подскочил перепуганный администратор ресторана.

На улице, чуть сбоку от стеклянной витрины ресторана, нас ждала машина без всяких полицейских опознавательных знаков и надписей.

---

* Господин Чернобыльский? (нем.)
** Вы ждете господина Капельникова? (англ.)
*** Да. Почему вы спрашиваете? (англ.)

— Зачем вы хотели встретиться с герром Капельниковым?

— А почему я должен вам докладывать?

— Здесь мы спрашиваем!

— Знаете, эта фраза напоминает мне фильмы о допросах в гестапо...

— Я бы не советовал вам так шутить!

— А я бы попросил предъявить ордер на мой арест.

— Мы имеем право задержать и допросить любое подозреваемое лицо...

— Задержать или арестовать? В ресторане вы сказали, что я арестован. Если я арестован, я буду говорить только в присутствии нашего консула.

— Пока вы только задержаны.

— А в чем вы меня подозреваете?

— Зачем вы хотели встретиться с герром Капельниковым?

— По-русски это называется «у попа была собака».

— Не понимаю. При чем тут собака?

— А почему я должен вам объяснять?

— У вас шенгенская виза сроком на пять лет. Такие визы мы даем только высоким государственным чиновникам. Мы проверили по компьютеру: вы получили ее три года назад по представлению российской ФСБ. Тогда вы были офицером Департамента экономической безопасности этой организации. Какая у вас должность сейчас и какое звание?

— Сейчас я на пенсии.

— Тогда зачем вы приехали в Вену?

— Вы хотите знать правду?

— Конечно.

Я усмехнулся:

— Вена должна быть в жизни каждого русского. Хотя бы раз в два-три года русский человек должен выскочить из России, отлететь от нее до ближайшей цивилизации и мягко приземлиться на Кертнер-штрассе, чтобы отхаркать московскую пыль, выдохнуть низкооктановый московский воздух и отмыть свое тело от обжигающе-хлорированной московской воды. А самое главное — расслабиться и избавиться от стресса нашей ежеминутной борьбы за выживание. Здесь, в вашей венской цивилизации, никто никуда не спешит, не прет, не пихается, здесь все удивительно доброжелательны, приветливы и многоязычны, как марсиане у какого-нибудь Азимова: «данке шон!», «силь ву пле!», «сэнк ю, сэр!» и даже — «ка ничео» и «тада раба!». Даже ваши официанты, консьержки и трамвайные кондукторы не страдают комплексом угнетенного гегемона. А ваши улицы, крыши и туалеты чисты той удивительной чистотой, какую не найдешь и в Кремлевской больнице. И в отличие от России здесь ни на кого почему-то не давит атмосферное давление весом в 760 мм ртутного столба. Продолжать?

Они оба польщенно улыбнулись, один сказал:

— Ты поэт?

— Нет, я ваш коллега. Просто образованный.

— Данке шон! — хмыкнул второй. — И все-таки, коллега, зачем вы хотели встретиться с герром Капельниковым?

— Разве герр Капельников владеет военными секретами Австрии?

— Здесь мы спра... Извините, коллега, мы просто интересуемся: офицер ФСБ прилетает в Вену, чтобы поговорить с одним из русских. Мы же понимаем, что это не просто так. Верно?

— Пенсионер ФСБ прилетел в Вену на отдых и захотел повидать кого-нибудь из русских...

— Зачем?

— Я плохо знаю ваш город и хотел просить его быть моим гидом.

— Это вы сейчас придумали.

— Конечно.

— А на самом деле?

— На самом деле? На самом деле вы совершенно напрасно думаете, что если вы понастроили здесь свои имперские замки и католические костелы, посадили прекрасные липовые парки, еженощно скребете и моете мостовые, а с утра — окна, подоконники и выносные кофейные столики, то это *ваша* столица. Отнюдь! На самом деле все это благолепие устроено Богом ради отдушины для нас, русских. Выскочив из Москвы с ее наждачной пылью и кислотно-бензиновым воздухом, отлетев от нашей стервозной демократии, вертикали власти и горизонтали коррупции, в двухмерном пространстве которых мы живем под постоянным прицелом законодательного бандитизма и криминализированного закона, мы — всего через два часа сорок минут — приземляемся за столиком кафе «Европа» или «Моцарт» и понимаем вдруг, что вот она, другая Галактика. И не нужно лететь в космос, не нужно платить десять миллионов долларов за полет на станцию «Мир», а нужно просто сесть за столик на веранде отеля «Sacher», заказать лучший в мире кофе по-венски с наперстком вашего фирменного и лучшего в мире ежевичного ликера, или в простецком ресторане «Гуляш-музей» заказать себе гуляш по-венски и смаковать, смаковать каждый глоток этой жизни — смаковать до тех пор, пока к вам не подойдут два полицейских и не скажут: «Хенде хох! Вы арестованы!»...

— Well... — протянул один из них и повернулся ко второму, сообщил ему по-немецки: — Он не расколется. Придется открыть карты.

Но я на всякий случай сделал вид, что не секу по-немецки, и сидел с индифферентным лицом.

— Битте, — согласился второй и обратился мне: — О'кей, герр Чернобыльски. Дело вот в чем. Пять месяцев назад герру Капельникову тоже позвонил один русский, предложил встретиться в ресторане. А когда он пришел на встречу, русских там оказалось трое. Они посадили его в машину, отвезли в Клостернойбургский лес, связали, били, жгли зажигалками лицо, сломали челюсть, руки, ноги и три ребра и сбросили в овраг. Он чудом остался жив.

— Что они от него хотели?

— Хард-диск компьютера, на котором он работал на Кипре.

Бинго! — мысленно поздравил я себя по-английски. Значит, я и Федор Синюхин были правы, предполагая, что работники оффшорного Повольского банка не могли уехать с Кипра с пустыми руками. Но вслух я сказал:

— Вы задержали этих мерзавцев?

— Смеетесь? — усмехнулся один из них.

— Когда Капельников чудом выполз из оврага на шоссе, их уже не было в Австрии, — добавил второй.

— Вы сообщили нам их приметы?

Оба посмотрели на меня так, словно я разыгрываю идиота (что так и было). Но я сказал:

— Ну вот! А вы спрашиваете, зачем я хотел встретиться с господином Капельниковым. Ведь он гражданин России, мы должны...

— Bullshit! — засмеялся один из них. — Вы на пенсии. С каких пор пенсионеры...

— Битте! — перебил его второй и остановил эту игру в словесный пинг-понг. — Так и быть! Мы дадим вам поговорить с герром Капельниковым, но только в нашем присутствии. И будет русский переводчик.

Конечно, я ехал к «герру» Капельникову не с пустыми руками. С чего бы это он ни за что ни про что стал выкладывать мне информацию по финансовым трансакциям Кожлаева? Нет, за просто так это не делается. Поэтому я накопал на этого Капельникова все, что можно накопать на Петровке, в Прокуратуре и у нас в ФСБ почти на любого нынешнего бизнесмена. Это оказалось не очень сложно. Все, кто выжил в бизнесе за последние 10 лет, выжили не за счет своей ангельской чистоты и честности, а только потому, что где-то когда-то кого-то надули, подставили,ломанули или даже грохнули. Или это их собирались надуть, подставить, ломануть и грохнуть, а они ушли под чью-то крышу, но, ясное дело, не под крышу закона.

Путь «герра» Капельникова на Кипр и в Вену оказался стандартным до пошлости: сразу после окончания в 1989 году МИСИ, диплома инженера и первого места по баскетболу на студенческой олимпиаде в Москве — в челночники, поездки в Финляндию, Швецию и Турцию за барахлом и компьютерами, несколько удачных ходок — и вот уже своя фирмочка, склад, магазинчик. А затем и еще круче вверх: оптовый бартер «медь на компьютеры», «аммиак на компьютеры», «лен на компьютеры» — и вот уже своя сборка левых компьютеров, принтеров и мониторов на бывшем «почтовом ящике» на шоссе Энтузиастов (из контрабандных, конечно, деталей). Но в 1995-м первый облом: пожар на складах и в магазине, то есть наезд таганской группировки, и Капельников уходит под крышу к Кожлаеву. Под этой мощной крышей он поднимается даже выше, чем раньше, — на сборке мобильных телефонов (тоже из контрабандных деталей да еще с настройкой на работу по пиратским частотам!). Деньги крутые, серьезные, а под них и серьезные займы на модернизацию трех нефтеперерабатывающих заводов, которые Капельников купил в Уфе и в Тюмени. То есть высоко метил этот Капельников, аж в нефтебизнес и в олигархи. Но это зона повышенного риска, смертельного, тут убивают каждого третьего, кто сам не убил трех для острастки. Капельникова спасает август 1998-го, то есть полное банкротство и миллионные долги, за которые, правда, убивают любого. Но в последнюю минуту Кожлаев берет его долги на себя (в обмен на нефтезаводы, конечно) и отправляет на Кипр, а оттуда в Вену. Иными словами, дел на этом Капельникове — по четырем статьям, от контрабанды до ухода от налогов, то есть до 15 лет — запросто! И, летя в Вену, я не сомневался, что под таким нажимом он хрустнет и расколется, как Корейко у Остапа Бендера в конце «Золотого теленка».

Но когда я увидел, что с этим Капельниковым сделали предыдущие визитеры...

Тридцатипятилетний бывший баскетболист, которого ввезли на инвалидном кресле, выглядел хуже, чем бывший супермен Кристофер Рифф после роковой катастрофы: согбенный скелет, шея в поддерживающем корсете, руки неестественно скрючены, лицо в ожоговых пятнах, а ноги по щиколотки — культи. Впрочем, в Чечне я видел заложников, изуродованных и похуже, там похищенным детям могут каждую неделю отрубать палец за пальцем и посылать родителям до тех пор, пока те не пришлют выкуп...

— Битте! — нетерпеливо сказал мне один из моих австрийских «коллег», его, как он сказал, звали капитан Матиас Шнейдт. — Вы хотели говорить с герром Капельниковым. Говорите!

Но я еще молчал, рассматривая этого несчастного. Потом спросил:

— У вас есть семья?

Он покосился на австрийцев, те разрешительно кивнули, сказали по-немецки:

— Можете отвечать... — и ответили за него по-английски: — Есть. Жена и двое детей.

Но мне нужно было вызвать на разговор самого Капельникова, и я спросил у него:

— А когда это случилось?

— В марте... Двадцатого марта... — негромко и каким-то пустым голосом произнес он.

— Кто это сделал?

Он молчал.

— Вы их не помните?

— Нет... — Но он отвел глаза.

— И не знаете?

— Нет.

— Хотите, я вам напомню? Двое из них кавказцы, а один — узбек. Такой плотный, бритый наголо и с толстыми ляжками, которые при ходьбе цепляют друг друга...

Капельников закрыл глаза.

— Вспомнили?

Он поджал опаленные губы и покачал головой:

— Нет.

Матиас Шнейдт и его напарник смотрели на меня в изумлении. Я встал:

— Битте, коллеги. — Я посмотрел на часы. — Мне пора в Будапешт. Вы меня не подбросите на вокзал?

Итак, Харунов дождался, когда дело об убийстве Кожлаева закрыли, и тут же ринулся на Запад искать его миллионы. И не сам по себе, а с теми негласными компаньонами из чеченской ОПГ, которые владеют теперь Повольским банком развития. А Банников не полез ни в этот банк за своей долей, ни за деньгами Кожлаева в западных банках. О чем это говорит? Скорее всего о том, что все наследство Кожлаева было еще загодя мирно поделено между ними: Банников получил российскую долю кожлаевского бизнеса, а Харунов и «банкиры» — банк и все, что смогли или смогут достать по банковским проводкам.

То есть я иду по их следам. Но там, где прошли чеченцы, русскому, как известно, делать нечего — кроме как считать фугасы, зарытые на каждом шагу. К тому же Харунов, как выяснил я на Петровке, личность незаурядная. Штангист, «авторитет», две ходки по «мокрым» статьям, кличка Не буди и репутация хитрого, волевого и безжалостного громилы с контактами не только в Чечне, но и в Саудовской Аравии, куда он регулярно летает «по бизнесу»...

Я сидел в Будапеште, на площади Воросмарти, под уличным грибком самого дорогого и модного ресторана «Gerbeaud's» и уже пятнадцать минут тщетно ждал свою прощальную чашку кофе. Конечно, приезжать сюда не следовало. Если Капельников чудом выжил, то лишь потому, что это было в Австрии — там, заметив человеческий обрубок, выползший к автобану, первый же автомобилист остановил машину и по телефону вызвал полицию и «скорую». Но в Венгрии (как и в России) такого быть не может, у нас любой автомобилист только прибавит газ, а если его спросят, как он мог проехать мимо умирающего, скажет, что ничего не видел. Потому что нравственные травмы социализма нельзя закрасить даже «United Colours of Benneton», объединенными цветами Беннетона, чьи магазины теперь разлеглись от Тверской до улицы Вачи в Будапеште. И вообще, красавец Будапешт, построенный, конечно, не самими венграми, а в эпоху *Австро*-Венгерской империи, сегодня нелепо совмещает в себе красоты австрийской готики с венгерско-цыганским менталитетом населения, усугубленным пятидесятилетием совковой морали. Или, попросту говоря, тут вас на каждом шагу пытаются надуть и обхамить по-советски. Такое впечатление, словно из Вены я вернулся в какой-нибудь Бурятск или Мневники. И это родное плебейство мелкого хамства, когда, не говоря по-английски, все корчат из себя европейцев и, прекрасно зная русский, делают вид, что по-русски уже не понимают, но, учуяв в вас русского, посылают совсем не туда, куда вам нужно, — все это вызывает желание немедленно валить из этого города. Даже в самом дорогом ресторане на центральной площади Будапешта вам подают остывший кофе и еще *до* еды; а на венгерском Бродвее, то есть на Vaci utca, за чашку кислого и чуть ли не желудевого кофе дерут три доллара;

а таксисты совсем по-московски возят трижды по всему городу, прежде чем привезти к нужному месту; а в самом «типично венгерском» ресторане с «джипси мьюзик» два цыганских скрипача с воловьими глазами будут надрывать свои скрипки над вашим столиком и смычками лезть к вам в тарелку до тех пор, пока вы либо не пошлете их на хер, либо не дадите им три доллара. И даже в респектабельном банке «CIB» вашу кредитную карточку могут спокойно прокатать два раза вместо одного, чтобы втихую дважды снять с вашего банковского счета одну и ту же сумму...

Короче — нет, не ездите в Венгрию еще лет сорок, а если уж придется, я, так и быть, скажу вам, где в Будапеште уже избавились от совково-цыганско-венгерского мухлежа: на Крытом рынке. Говорят, что это любимое место Маргарет Тэтчер, что, когда ей приходится бывать в Будапеште, она проводит здесь все свободное время. И я могу ее понять — ведь это воистину храм, двухэтажный храм фруктов, овощей, выпечки, колбас, пива и волшебного натурального кофе всего по 50 центов за чашку. Так что если вы уж влипли, то есть, простите, попали в Будапешт, плюньте на все экскурсии, не ходите ни по гористой Буде, ни по Пешту, а просто поселитесь на Крытом рынке, ешьте тут малину, клубнику, черешню, помидоры, арбузы, выпечку и колбасы, пейте пиво, вино, кофе и токай, а наевшись всласть — дуйте прямиком на вокзал. Но и заняв в поезде купе, убедитесь, что кондуктор включил в вагоне кондиционер, иначе эти венгерские кондукторы с их классовым сознанием угнетаемого пролетариата на прощание еще и изжарят вас духотой — просто так, в силу своей совковой «любви» к пассажирам первого класса...

Уезжая из Будапешта с пустыми руками, я удивлялся не столько этим туристическим открытиям, сколько самому себе — уж если Харунов и K° прибили в Австрии атлета Капельникова так, что он чудом выжил, то что они сделали с менеджером фирмы «Бударос» Кирой Рогачевой, которая тоже сидела на Кипре в кожлаевском оффшоре, — этого не знает и, конечно, никогда не узнает никто. И уж тем паче венгерская полиция. Потому что эта Кира Рогачева, выйдя вечером 22 марта из своей квартиры на роскошной Andrassy, 14, просто бесследно исчезла, испарилась и растворилась в воздухе красавца Будапешта...

* * *

Честно говоря, в Прагу я поехал из чистого упрямства своего битюговского характера. Если Харунов практически убил Капельникова в Вене и аннигилировал Рогачеву в Будапеште, то надеяться найти в Праге живым третьего «киприота» — Ивана Аркадьевича Пачевского — было просто нелепо.

Но Прага — чудесна! В этом слове не только восторги по поводу Карлова моста, Златой улочки и прочих пражских красот, но — и в первую очередь — зависть к дивной способности чехов обращать даже имперскую помпезность холодной германской готики в декоративно-уютную чешскую обжитость. Чехи, конечно, просто притворялись покоренными, когда у них была немецкая оккупация, советская власть и строительство социализма, — мастерски притворялись: сохраняя маленькие семейные ресторанчики и фермочки и почти не сажая своих диссидентов. А уж если кого посадили, то — единственные в бывшем советском блоке — сразу после распада Варшавского пакта выбрали президентом именно его, а не какого-нибудь бывшего коммунистического секретаря. Такое впечатление, что однажды утром Прага просто смыла социализм, как грим, или сбросила паранджу совковости, как солдаты, вернувшись когда-то из армии, сбрасывают гимнастерку и назавтра забывают, что были в этой армии два года.

Чехи, я думаю, притворно играли в социализм, а вот венгры жили им. Правда, гуляшным...

И скорее всего у них, у чехов, есть некий исторический иммунитет цивилизации к нашествию любых варваров, не зря же каменная церковь Святой Марии в Прага-граде была построена еще в 800 году — за сто с лишним лет до появления христианства в Киеве. То есть в Чехии уже были христианская цивилизация, градостроительство, письменность, деньги и законы — в то время, когда в наших лесах и степях булгары еще сражались с половцами, древляне жили в землянках, а буртасы ели журавлей, коренья и блох...

Советское пятидесятилетнее нашествие на Чехию оставило после себя только нищих уличных русских музыкантов, увечных попрошаек и украинских зазывал на топлесс-шоу.

А еще одним чудом Праги можно считать третьего кожлаевского «киприота» — Ивана Аркадьевича Пачевского, биржевого трейдера фирмы «Прагарос». Он оказался не просто живым и невредимым, но и в прекрасном расположении духа — эдакий молодой жизнелюбивый «Карлсон, который живет на крыше». Правда, несколько нетрадиционной ориентации.

— Ну наконец-то! — сказал он по телефону высоким голоском активного педика. — Слушайте, я вас давно жду!

— Кого вы ждете? — изумился я.

— Ну как же! Вы же из ФСБ, правда?

— Ну-у... — замялся я. — Почему вы так думаете?

— Бросьте! А то я не знаю! Где, вы сказали, вы хотите встретиться?

— Я еще ничего не сказал. — Я стоял в вестибюле отеля «Прага». — Но можно в моей гостинице.

— Отпадает! — заявил он категорически. — Вы не знаете Прагу, вы наш гость, и я приглашаю вас на ленч. Югославский ресторан «Кого» на Пшикопе. Это улица так называется — «На Пшикопе». Запомните?

И вот он идет ко мне меж столиков в сопровождении официанта — толстенький маленький брюнет, похожий на молодого Леонова или юного Табакова, но с виляющей поступью гомика.

— Здравствуйте! Вы уже сделали заказ? Нет? Правильно! Сейчас я все закажу. Что вы любите — рыбу? Мясо? Птицу?

— Ну-у, не знаю...

— Хорошо, тогда я заказываю по своему вкусу. — Он повернулся к официанту и застрекотал по-чешски с такой скоростью, что даже мой славянский слух не мог вычленить ни одного знакомого слова. А закончив с заказом, повернулся ко мне: — Значит, так! Для начала нам дадут пару тарелочек с копченой колбасой «суджука», мясом «печеница», это вроде бастурмы, а также мягкие намазки «каймак» — то есть очень острый «урнебес» на кукурузном хлебе «проя». Еще там будет «пита» — между двумя слоями листового теста будет шпинат, маринованная паприка и сыр «травничка» по названию города Травник. Не сомневайтесь, это так вкусно — пальчики оближете!

Я и не сомневался: название каждого блюда он произносил с таким плотоядным смаком, что у меня сразу началось бурное выделение желудочного сока.

— А пить мы будем «Вранац», — продолжал он. — Это прекрасное черногорское вино, оно есть только здесь и еще в нескольких ресторанах Европы, и все. Ну и, конечно, в Черногории. А потом нам дадут котлеты «караджорджевич», то есть мясо, фаршированное ветчиной и сыром, «ражничи» — это такие сплющенные сербские шашлычки, и «плескавицу» — маленькие плоские гамбургеры с балканским сыром. А на закуску будет «баклава», то есть пахлава, и сливовица от шефа этого ресторана. Да, и совсем забыл! Это вам! — И на белоснежную скатерть нашего столика Пачевский положил черный квадратик компьютерной дискетки.

— Что это? — удивился я.

— Ну как же! — сказал он. — Это «флаппи», дискетка со всеми трансакциями оффшорного кипрского банка. Ведь вы за этим приехали, верно?

— Н-да... Но не только...

— А зачем еще? — живо глянул он на меня своими блестящими темными глазками.

— Вы знаете, что случилось с Капельниковым и Рогачевой?

— Ужас! — тут же отозвался он. И повторил: — Ужас! Я же говорил Кожлаеву: не лезьте в этот Повольск, не связывайтесь с чеченцами! А он...

— А что он?

Но Пачевский не успел ответить: официант принес высокую темную бутылку вина, предъявил нам ее этикетку. Пачевский одобрительно кивнул, официант поставил бутылку на стол, открыл ее и налил на дно бокала Пачевского буквально глоток темно-красного, как сок граната, вина. Пачевский церемонно взял бокал за тонкую ножку, поднес к носу, понюхал вино, потом чуть взболтал его по стенкам бокала, посмотрел на просвет, пригубил, подержал глоток во рту, сглотнул и облизнул губы кончиком языка. При этом у него на лице было такое сосредоточенное выражение гурмана, что сразу становилось ясно, насколько он, словно истинный Карлсон, любит жизнь со всеми ее кулинарными и плотскими удовольствиями.

Наконец, королевским жестом кивнув официанту, Пачевский разрешил ему разлить это вино по нашим бокалам.

— Попробуйте! Попробуйте! — сказал он мне с настойчивостью тщеславного хозяина.

Я попробовал.

— Ну?! Как винцо?

— Замечательное...

— Ага! — воскликнул он торжествующе. — Но вы еще не пробовали еду! Скоро принесут!

— Так что же Кожлаев?

— Да, Кожлаев!.. — Пачевский горестно вздохнул и сдвинул на столе чистые тарелки, освобождая официанту место для корзинки с горячими хлебцами нескольких сортов, масленки с несколькими сортами масла и еще какой-то вазонки с фирменной ресторанной приправой. — Я, конечно, понимаю, что у вас с Кожлаевым свои счеты. Я же знаю, кем он был. Но поверьте, со своими он был человеком! Мы за ним были как за каменной стеной. А этого Капельникова он дважды просто от смерти спас, реально!

— Но не задаром...

— Да, конечно, не даром! — Пачевский каким-то плотоядным кошачьим жестом взял темный хлебец, осыпанный зернами, разрезал его и стал мазать маслом с фирменной приправой, говоря при этом: — Но, знаете, бизнес — это не для каждого. Есть люди, которым нельзя заниматься бизнесом ни под каким предлогом, это для них смертельно при любых вариантах... Вы тоже ешьте, хлеб с вином — это замечательно!.. Ведь я же не пойду в цирк акробатом под куполом! А в России все ринулись в бизнес, как будто это дрова колоть...

— И все-таки... — вернулся я к тому, что интересовало меня больше всего. — Капельников — инвалид, Рогачева испарилась...

— А я жив и цел, да? — Пачевский усмехнулся. — Вы это имели в виду? Но я им сразу сказал: вы должны были сначала ко мне приехать, а не к ним. Ведь все деньги Кожлаева шли через меня, я был его финансовый менеджер...

— Кому вы это сказали?

Пачевский откинулся в кресле и сразу как-то посерьезнел:

— Слушайте, вы действительно из ФСБ?

— Да.

— А можно ваше удостоверение посмотреть?

— Когда мы едем на Запад, то служебные корочки оставляем в конторе. Такой порядок.

— Логично. Но вы действительно Чернобыльский?

Я положил перед ним свой загранпаспорт.

Он, нужно сказать, очень внимательно с ним ознакомился, особенно с фотографией пятилетней давности.

— Да... Значит, вот вы каким были пять лет назад... Это же вы тогда закрыли нам два казино, верно?

Теперь я понял, откуда он знал мою фамилию.

— Да, — сказал я. — А вы имели к ним отношение?

— Я же вам сказал: я был финансовым гуру Кожлаева. Но только до тех пор, пока он взял этот Повольский банк. Я ему сразу сказал, что это плохо кончится, и тут же удрал из Москвы — сначала на Кипр, потом сюда. И, как видите, оказался прав!

Я внутренне усмехнулся его апломбу, спросил с улыбкой:

— Почему же он вас не послушал?

— Потому что решил помочь своим братьям-чеченцам, — всерьез ответил Пачевский. — Вы понимаете, кого я имею в виду?

— Харунова. Точнее, его компаньонов.

Пачевский снова посмотрел на меня как на недоразвитого, а потом — на дискетку, которая все еще лежала между нами на столе. И у меня вдруг появилось четкое ощущение, что он эту дискетку сейчас заберет. Поэтому я тут же взял ее, сунул во внутренний карман пиджака. Он расслабился, обмяк в своих и без того покато-округлых плечах и оглянулся на официанта, который уже катил к нашему столику тележку с набором блюд.

Пока официант располагал эти блюда на столе, Пачевский упорно молчал, а когда официант ушел, сказал:

— Господин Чернобыльский. Если вы будете играть со мной в эти детские игры, разговора у нас не получится. Я пришел на эту встречу, чтобы помочь своей стране, а не заниматься школьным онанизмом. Вы готовы меня выслушать?

Я сменил тон:

— Да. Я для этого приехал.

— Вот и хорошо. Я буду краток. Значит, первое: все деньги, которые проходили через наш оффшорный банк на Кипре, рассыпались, как вы увидите на дискетке, по лепесткам ромашки — на счета наших же зарубежных фирм и фирмочек в Европе, Азии и даже в Австралии и Сингапуре. Под заказы, которые по большому счету никто и не собирался выполнять. И найти их — все равно что искать на Млечном Пути потухшие звезды. Но я вам скажу, куда эти деньги ушли оттуда в **конечном** итоге. Все — на «Бэнк оф Нью-Йорк». Да, да, тот самый, скандальный. Но тогда еще не было никакого скандала, и через этот банк проходили сотни миллионов долларов, а не только наши. Это раз. Второе: часть этих денег — сразу скажу, не знаю какая, потому что я был вообще против этого, — так вот, часть этих денег Кожлаев обещал Басаеву, Хаттабу и вообще чеченским боевикам. А остальные он либо инвестировал в бизнес, либо держал в других банках, этого я не знаю, я дальше «Бэнк оф Нью-Йорк» их не контролировал. И наконец, последнее. Все, что я вам сказал о трансакциях, я сказал и Харунову, когда он и его партнеры приехали сюда по мою голову. И дал им точно такую же дискетку, как вам. То есть дал им совершенно полную информацию, где и как искать деньги Кожлаева. Но разница между ними и вами в том, что сейчас, когда вокруг этого «Бэнк оф Нью-Йорк» такой скандал, чеченцы в него сунуться не могут. А вы, ФСБ, можете. Все ясно?

Я оглушенно молчал.

Вот уж действительно — чем дальше в лес, тем больше дров! Кожлаев финансировал чеченских боевиков и самого Хаттаба! Или пообещал их финансировать, а денег не дал. Или дал, да не все... И они его грохнули, чтобы забрать все, но тут как раз скандал с «Бэнк оф Нью-Йорк»... Это не слабо!

Но я-то куда лезу? Не только против чеченской ОПГ, а против Басаева и Хаттаба! Опять Хаттаба!!!

Однако Пачевский-то каков, а? Маленький толстенький Карлсон с походочкой гомика, а всю чеченскую ОПГ оставил с носом — вот вам банк, где деньги лежат, да подите-ка суньтесь!

— Если у вас нет вопросов, то приступаем к трапезе, — сказал он. — Еда тут потрясающая! — И поднял бокал с темно-рубиновым черногорским вином. — За жизнь! Или, как говорят евреи, лэ хаим!

Должен сказать, что обед был действительно великолепным, теперь я знаю, куда, если разбогатею, нужно летать обедать.

214

* * *

...Перечитал свой дорожный дневник и понял, что все нужно переписать заново. Потому что это просто стандартные открытки с видами Вены, Будапешта и Праги. Впрочем, даже и на открытках обычно пишут какие-то человеческие слова: «скучаю», «помню», «думаю о тебе»... А у меня — сплошной служебный отчет о командировке.

Хотя на самом деле всю эту неделю — и в Вене, и в Праге, и даже в Будапеште — она была со мной. Ее глаза, ее походка с сексапильной перчинкой в каждом движении волос и бедер, ее сумасшедший рост, ее шоколадные ноги, увенчанные золотым пушком. На безжалостно одиноких лежбищах моих гостиничных номеров я надламывал, изгибал, гладил, целовал, мял и пил ее тело и часами не мог заснуть от изнуряющей эрекции и пылающего воображения, которое рисовало мне, как бы я с ней здесь, в цивилизации, на этих прохладных белоснежных простынях... на этом окне с видом на Дунай... на этом пароходе, плывущем под Карловым мостом...

И, сидя на Кертнер-штрассе, на улице Вачи и на Карловом мосту, я думал и видел, как прекрасно, как замечательно смотрелась бы она по утрам под тентами этих кафешек... в золотой оправе утреннего солнца, бьющего сквозь ее волосы и играющего на ее персиковом плече... И даже на Крытом рынке в Будапеште — как бы она объедалась тут малиной, клубникой, вишнями... А потом мы бежали бы в ближайший отель и снова, снова, снова...

Черт возьми, почему я не взял ее с собой? Уж тут-то, на этом чистом европейском воздухе, на этой замечательной жратве и вкусных винах я бы *достал* ее, разбудил ее чувственность и довел бы ее до оргазма! И тогда — о, как меняются их глаза, когда они кончат за ночь хотя бы пару разков! Как мурлычут, щебечут и поют своими губками, чуть припухшими от ночной работы! Как вертко крутят своими замечательными попками!

Я водил бы ее по венским кондитерским, кормил бы пражскими пирожными с венгерским токаем, а потом...

Блин, ну почему я не взял ее с собой?!

И даже, дебил, не взял ее телефон, когда она пришла ко мне за американским адресом своего ребенка!

Интересно, кстати, что за все время этой поездки я, кажется, ни разу не вспомнил свою банкиршу Инну. А ведь такая сексапильная была любовница! Просто бенгальский огонь в постели, мечта холостяка!

А вот эта сексуально глухонемая верзила, коломенская верста, каланча, дылда, жердь, циркуль, эскимо на спичках, — как мне теперь ее искать? Где? В третий раз идти в «Би-Лайн»?

Да, кретин он и есть кретин — даже если у него в кармане дискетка с секретными номерами счетов, на которых в «Бэнк оф Нью-Йорк» лежат кожлаевские миллионы!

...От Шереметьево такси прокатило по Ленинградскому, свернуло на Беговую, въехало на боковую дорожку — и я не поверил своим глазам: на скамейке перед моим подъездом сидела Полина!

— Что ты тут делаешь? — изумился я.
— Мне не дали визу... — тут же разнюнилась она.
Я не врубился:
— Какую визу? Кто?
А она завыла уже в голос и со слезами:
— Американцы... Сволочи...

...Но и утешить ее как следует я не смог — у нее, оказывается, были те самые проклятые дни...

* * *

Встреча была назначена на два часа дня в казино «Шатильон», что напротив «Мосфильма». Причину выбора этого места я понял только тогда, когда попал туда. Здесь, в просторном дворе перед казино, под крышей его летней веранды, дымились на мангале бараньи шашлыки, а рядом с мангалом стояли «однорукие бандиты» и другие игральные автоматы, и элита киношного бомонда — братья Кеосаяны и прочие звезды «Мосфильма» — с упоением дергали эти автоматы за ручки и штурвалы, запивали свои выигрыши и проигрыши вином и закусывали шашлыками.

Я стоял на веранде и ждал «хозяина».

Августовская жара уже несколько дней обещала грозу, но грозы все не было, только иногда солнечный дождь косыми полосами орошал город, скупо прибивая пыль, словно поливальная машина райкоммунхозтреста.

216

Наконец в одной из таких косых и прозрачных на солнце дождевых полос, на улице Пудовкина, возникла «гребенка» — черный «шестисотый» «мерседес» в сопровождении эскорта: впереди дозорный «БМВ», а сзади «мерседес»-внедорожник.

Так король Марокко является, наверное, своим подданным, так Путин, вероятно, въезжает в Кремль.

Стоило этой кавалькаде свернуть к казино, как, словно по приказу, даже наверху прекратили дождь. Медленно, очень медленно, чтобы все именитые киношники успели выглянуть из-под тента и оценить суперзначимость визитера, три черные лакированные машины в радуге уходящего дождя вкатили во двор казино и остановились точно по центру его. Тут же распахнулись дверцы передней и задней машин, телохранители-Шварценеггеры в черном десантировались и взяли «шестисотый» «мерседес» в каре, а еще один подскочил к нему, на ходу раскрывая огромный белый зонт. Только после этого открылась передняя дверца «мерседеса», начальник охраны Рыжего вышел из нее и открыл заднюю дверцу.

Явление Виктора Банникова народу достойно отдельного абзаца.

Он вышел из машины весь в белом — белый и по-модному чуть-чуть примятый пиджак, белая теннисная рубашка-апаш, белые брюки и белые же туфли. Загорелый, высокий, стройный, тридцатидвухлетний и по уши богатый — он, под зонтом, который нес охранник, не спеша ступал по влажному и чуть парящемуся после дождя асфальту, как Христос по Мертвому морю. И краем глаза наблюдал за реакцией зрителей. Правда, никто из мосфильмовских звезд не пал ниц, но все трое охранников казино и его менеджер выскочили из дверей, и ваш покорный слуга стоял тут же в почтительном ожидании.

Сняв урожай внимания, Банников на ходу демократично пожал руку менеджеру казино и кивком пригласил меня внутрь.

Я повиновался, вошел в зал.

Здесь было абсолютно пусто — все-таки середина дня. Только молоденькие крупье с хорошо тренированными улыбками на лицах сиротливо дежурили у игральных столов.

Но Банников прошел мимо них — через весь зал и прямиком в ресторан.

Я вошел за ним.

Ресторан был удивительно похож на оранжерею: под стеклянным потолком и в окружении стеклянных стен, весь в зелени внутри и снаружи. Впрочем, и в ресторане было совершенно пусто, все посетители были сейчас на открытой веранде.

Банников занял столик у стены, его охрана тут же улетучилась, частично, видимо, заняв посты у двери, а частично — снаружи, за стенами ресторана.

Я сел напротив Банникова.

— Что вы будете? — тут же подскочил к нам официант с увесистым меню.

— Я только чай, — сказал ему Банников.

— Зеленый? Черный?

— Зеленый.

— С жасмином?

— Нет. Просто зеленый. Если есть, японский. — И Банников повернулся ко мне: — А ты?

— Спасибо, мне ничего.

— Хорошо, докладывай.

Я огляделся по сторонам. Банников усмехнулся:

— Я выбрал это место, потому что я его покупаю. Здесь нет прослушки, можешь говорить. — И Банников повертел на правой руке часы «Патек Филипп» — точно такие, как у Путина.

Я вспомнил, что раньше он, как все новые русские, носил на левой руке тяжелый золотой «Роллекс». Но теперь «дядя Ваня», как последнее время зовут меж собой хозяина путинские клевреты, обучил хорошему тону не только свою администрацию, но и тех, кто кормится вокруг Кремля или хочет подкормиться.

Впрочем, когда Банников пойдет в Кремль, он, конечно, вместо «Патек Филипп» за 15 тысяч долларов наденет скромные «Кремлевские» для левшей, которые чистопольский часовой завод «Восток» год назад начал выпускать по заказу кремлевской администрации, копирующей привычки хозяина.

— Я добыл номера счетов Кожлаева в «Бэнк оф Нью-Йорк», — сказал я, удивляясь, как, оказывается, меняется даже наша лексика, когда переходишь с государственной службы к частному хозяину. Раньше я бы скромно и с достоинством сказал или написал в докладной: «В результате командировки получены данные о...», а теперь говорю «я добыл», выпячивая свои заслуги.

— Сколько? — нетерпеливо спросил меня Банников.

— Всего семнадцать счетов. Из них...

— Я не об этом! — снова перебил Банников. — Сколько всего?

— Я же говорю: всего семнадцать счетов...

— Мудак! Ты меня слышишь? Сколько бабок?

Теперь я понял, о чем он. И заодно — что значит работать на частного хозяина. Но проглотить этого «мудака» с первого раза было все-таки не так-то просто, и я молчал, choosing my options*, как говорят британцы.

Но Банников, видимо, прочел это на моем лице и сказал:

— Извини, я без обиды. Сколько там денег?

— За два года до смерти Кожлаев перевел на эти счета 334 миллиона долларов.

— Сколько?! — изумился Банников. Да, видимо, «побратим» Кожлаев все-таки не был до конца откровенен со своим «братаном» Банниковым. И, как оказалось, не зря...

— Но нужно иметь в виду, — поспешил я добавить, глядя, как официант ставит на стол чайничек с чаем и чашку для Банникова, — что часть этих денег, конечно, вернулась в Россию. Все-таки какие-то поставки продуктов, лекарств и оборудования были...

— Все, что было поставлено, я знаю до цента, — отмахнулся Банников и, отвернувшись к стеклянной стене, темно посмотрел наружу. Там с молодых березок и тополей, высаженных явно для того, чтобы отгородить казино от мусорных ящиков, гаражей и хрущоб обитателей этого района, тихо капали крупные дождевые капли, сияющие под солнцем, словно елочные игрушки. Но Банников вряд ли видел эту красоту, в его мозгу сейчас происходили сложные арифметические подсчеты.

— Кроме того, — сказал я осторожно, — еще какую-то часть он передал или собирался передать Басаеву и Хаттабу.

— Ко...кому-у?! — не поверил своим ушам Банников.

Я изложил ему все, что услышал в Праге от Пачевского, и сообщил о визите Харунова в Вену и в Будапешт.

---

* Выбирая, взвешивая, как быть (англ.).

— Н-да-а... — протянул Банников, стуча пальцами по столу и явно пропустив мимо ушей сообщение об инвалиде Капельникове и испарившейся Рогачевой. — Вот куда шли деньги... А мне он говорил...

Впрочем, что именно говорил Банникову «побратим» Кожлаев, я вряд ли когда-нибудь узнаю — Банников прервал себя и жестом подозвал официанта, распорядился:

— Виски. — И спросил у меня: — Ты будешь?

— Нет, спасибо.

Почти минуту мы сидели молча, Банников ждал свое виски, а я — его выводы. Мне кажется, я примерно представлял, о чем он думал. Если Харунов, даже при всех его чеченских крышах и Хаттабах, не может сунуться в «Бэнк оф Нью-Йорк», то почему бы нам не попробовать — тем паче под крышей ФСБ?

Конечно, всех нюансов отношений Рыжего с Харуновым я не знал, но — большие деньги искусительны, а очень большие деньги искусительны непреодолимо. За большие деньги продают друзей и родину, а за очень большие деньги продают и любимых. Не зря на Западе говорят, что все, что нельзя купить за деньги, можно купить за большие деньги, а что нельзя купить за большие деньги, можно купить за очень большие деньги. И это, конечно, относится и мужчинам, и к женщинам, хотя даже те женщины, которые открыто продают свою любовь, куда реже мужчин продают своих любимых...

Допив виски и поставив стакан на стол, Банников сказал:

— Поедешь в Нью-Йорк, узнаешь, сколько там бабок.

Я изумился:

— Я?!

— Конечно, — сказал Банников. — А кто же еще?

— Но я думал: мы напишем представление в ФСБ, направим американцам официальный запрос...

— Нет! — отрезал Банников. — Никакой ФСБ. Сначала я должен знать, сколько там денег.

— Но как я это узнаю? Без запроса ФСБ или хотя бы прокуратуры...

— Это не мое дело! — жестко сказал Банников. — Мы же партнеры — ты забыл? Я даю деньги, а ты работаешь. Вот и работай. А ФСБ и прокуратура — это на крайний случай. Если ты сам не вытянешь...

Вот теперь я понял его с полуслова: вся наша фирма «Возврат» и контракт с ФСБ — туфта или, точнее, прикрытие. Мы будем искать деньги Кожлаева (точнее, я их буду искать один), а если на каком-нибудь этапе нас возьмут за то самое место, за которое наши прокуратура и правительство так любят брать своих граждан, когда чуют под этим местом запах серьезных денег, не обеспеченных высокой крышей, — то какие к нам претензии? Мы же работаем на родину, вот наш контракт с ФСБ!..

— Партнеры? — сказал я, тут же ловя его на слове. — Партнеры — это хорошо. Но тогда давай договариваться на берегу. Если мы найдем эти деньги и мальчик окажется сыном Кожлаева...

— Твои пятьдесят процентов, — тут же сказал Банников, и от этих слов у меня разом похолодело внутри. Но не от суммы, которая могла светить мне за этими процентами, а от ясного понимания того, что задумал Банников.

Однако я не подал вида, а как бы разочарованно и даже со вздохом развел руками:

— Спасибо, но... Ты забыл Полину... Без нее мы не получим ни цента.

— Да, действительно, — легко сказал он. — Полина... Ну что ж... дадим ей пятнадцать процентов. Или десять, хватит с нее. Как думаешь?

Я подумал, что если я найду миллионы Кожлаева, то Полину этот Рыжий, конечно, оставит в живых: она ему будет нужна как мать наследника. А вот меня...

Меня он уберет сразу, как только откроются банковские сейфы.

ЧАСТЬ ПЯТАЯ

БЭНК ОФ НЬЮ-ЙОРК

В стеклянно-алюминиевых стенах 110-этажных «близнецов» Всемирного торгового центра горело солнце и отражались Гудзон с плывущими в его мареве баржами и прогулочными яхтами, прибрежный массив новеньких двадцати- и тридцатиэтажных жилых домов возле Бэттери-парка, навесные галереи перехода через хайвей от этого роскошного микрорайона к «близнецам» и разноцветный нескончаемый поток авто, лимузинов и двухэтажных туристических автобусов, летящих по этому хайвею со всего Манхэттена к жерлу Бэттери-танэл — гигантскому туннелю под Гудзоном, соединяющему северную часть Нью-Йорка с Бруклином. Таксишные гудки, рев сирен, шум моторов, треск мотоциклов и гудки парома, уходящего по Гудзону к статуе Свободы, резонировали от ажурных стен «близнецов» и шестидесятиэтажных «карликовых» небоскребов вокруг ВТЦ и наполняли воздух постоянным, как звук самолета, гулом. В этом гуле тонули и клекот чаек, бомжующих на берегу, и голоса уличных торговцев, продающих с лотков хот-доги, засахаренные орехи, фрукты, кока-колу и прочую снедь, и даже шум вертолетов, опускающихся на вертолетную стоянку у берега.

А неподалеку от ВТЦ, в полутора минутах ходьбы от него, на углу Бродвея и Уолл-стрит, то есть в самом что ни есть чреве этой финансовой мекки мира — ну, центрее просто некуда, обратите внимание на адрес: One Wall Street, не цифрой обозначен номер дома, а словом! — стоит сорокаэтажный монолит «Бэнк оф Нью-Йорк».

Конечно, прежде чем лететь на штурм этой цитадели Уолл-стрит, или — если хотите — прежде чем отправляться за деньгами, спрятанными в сейфах этого американского Кощея, я старательно изучил его биографию и те публикации, которыми была полна наша пресса пару лет назад в связи с семью миллиардами долларов, ушедшими из России на счета этого банка. Как оказалось, «Бэнк оф Нью-Йорк», основанный еще в 1784 году, является старейшим, а точнее — самым старым в Нью-Йорке и гордится тем, что *первым* занял первому американскому правительству Джорджа Вашингтона 200 тысяч долларов, которые и стали основой финансовой независимости США от Англии. И *первой* биржевой акцией, проданной в день открытия Нью-Йоркской биржи в 1792 году, была тоже акция «Бэнк оф Нью-Йорк». И в том же 1792 году банк дал Обществу строителей мануфактур заем на сооружение *первой* фабрики в Нью-Джерси, а затем на протяжении двух столетий финансировал самые крупные общенациональные стройки — от прокладки знаменитых американских хайвеев до туннелей под Гудзоном и нью-йоркского сабвея. Поглотив в начале прошлого века несколько других банков, BONY легко пережил времена депрессии, помог Рузвельту поднять американскую экономику и стал крупнейшим международным кредитором. Сегодня он оперирует валютой и ценностями на 77 миллиардов долларов, а в сотнях его отделений в США и в зарубежных странах работают десятки тысяч служащих...

И именно в этот флагман американского экономического могущества слили наши олигархи, чиновники и новые русские 7 миллиардов долларов наших с вами кровных денег!

Впрочем, если кого-то коробит такая формулировка, можно сказать иначе: именно этому самому солидному, старинному и респектабельному банку Америки доверили наши честные бизнесмены свои **7 миллиардов** честно заработанных долларов. Правда, доверили странным образом: не напрямую, не собственными вкладами, а почему-то анонимно, с черного хода, через сотни оффшорных банков и европейских фирм и фирмочек. По скромности, надо полагать. Но — с непременным условием аккумулировать получаемые средства на трастовых счетах банка в Нью-Йорке или в отделениях этого банка на Каймановых островах и в других оффшорных зонах.

Однако все тайное рано или поздно становится явным — особенно если буквально по соседству с вами на узких, как пропасти, улицах Уолл-стрита высятся не менее внушительные «билдинги» банков-конкурентов, которые не успели вовремя обзавестись русскоговорящими сотрудниками и потому не смогли отвести от этого щедрого российского денежного половодья хотя бы пару рукавов к своим сейфам. Эти банки-завистники и инициировали скандал по поводу «отмывания» «Бэнк оф Нью-Йорк» русских «грязных» денег, поглощения им пресловутого транша МВФ на сумму 4,8 миллиарда долларов и наличия 2,7 миллиона долларов на счету господина Дьяченко в «Бэнк оф Нью-Йорк» на Каймановых островах... Впрочем, в прессе фигурировали и другие высокие имена, но и комиссия американского конгресса, и Генеральная прокуратура США, возбудившая дело против BONY, оставили эти имена в тени расследования и ограничились пятнадцатью миллионами долларов Сонинбанка, поступившими из Москвы на счета «Бэнк оф Нью-Йорк». Это сразу загасило костер сенсаций, пылавший во всех российских СМИ, а также в «Нью-Йорк таймс», «Уолл-стрит джорнал» и в других западных изданиях, падких на дешевые скандалы.

Наши честные олигархи, банкиры и верховные рулевые нашей демократии праздновали победу и реабилитацию, Сонинбанк гордо отказался от каких-то несчастных 12 миллионов «грязных» долларов, и американцы позорно оставили на счетах своего «Бэнк оф Нью-Йорк» все семь пресловутых миллиардов. Таким образом, в толстой мошне этой главной акулы Уолл-стрит, где-то среди ее трастовых счетов и оффшорных трансакций, скромной стопочкой улеглись 334 миллиона долларов Романа Кожлаева.

Как говорил товарищ Мичурин, «взять их у нее — наша задача».

Но одно дело ставить задачи, а другое — решать их.

Во-первых, оказалось, что прилететь в августе в Нью-Йорк равносильно высадке в преисподнюю. Причем простым словом «жара» не передать даже и десятой доли того удушающего пекла, которое раскалило в те дни асфальтовые, бетонные, стальные и кирпичные джунгли этого «Города Желтого дьявола». 98° по Фаренгейту ежедневно накаляли исполинские кубы манхэттенских небоскребов так, что узкие улицы между ними превращались в жерла мартеновских печей, а каменные стены этих небоскребов — во внутреннюю поверхность тандымов, на которой можно печь узбекские лепешки и турецкий лаваш. К тому же подходить к этим стенам или искать под ними тень было вообще опасно: сверху, вдоль этих **стен, лилась** обильная горячая капель — это сочились от перенапряжения тысячи кондиционеров, торчащих из каждого окна. Они снабжали квартиры прохладой, а улицы дополнительным жаром своих моторов.

Но и посреди этой жары, шума, рева полицейских сирен, всплесков рэп-музыки из окон машин, в гуле автомобильных гудков и потоков транспорта и туристов как ни в чем не бывало раскатывали на роликах и велосипедах девки и парни совершенно невиданной красоты — высоченные метисы и метиски, шоколадно загорелые, в коротеньких шортах, облегающих маечках и с маленькими рюкзачками за спиной. Посыльные. Приковав свои велики к любому уличному столбу на Бродвее или Либерти-стрит, они исчезали в вестибюлях «близнецов» ВТЦ, «Бэнк оф Нью-Йорк», Биржи, Федерального резервного банка и прочих монументальных зданий Уолл-стрит, вручали там охранникам — «секьюрити гардам» какие-то срочные пакеты и тут же выскакивали обратно, чтобы вскочить на свои велики и катить дальше.

Я завидовал им.

Оглушенный, опаленный жарой и промокший от пота, я уже третий день курсировал в ленч-тайм, то есть, простите, в обеденный перерыв, между ВТЦ и зданием «Бэнк оф Нью-Йорк», вяло жевал горячий хот-дог в белой булке с обильной приправой из соленых огурцов и кетчупа и осторожно присматривался к этой толпе молодых «белых воротничков» — банковских служащих мелкого калибра, которые между двенадцатью и часом дня выскакивали из банка на Бродвей к старинной церкви «Trinity Church» подышать на улице «свежим воздухом», съесть свои любимые хот-доги и выкурить сигарету.

— Nice day today...*
— It's hot!..**
— How are you?***
— Have you seen Met's yesterday?..****

* Хороший денек сегодня... *(англ.)*
** Жарко... *(англ.)*
*** Как поживаете? *(англ.)*
**** А вы видели вчерашний бейсбол?.. *(англ.)*

— Hi! My name is Pol, nice meeting you. Where have you bought your short?..*
— I like your haircut. Who is your hairdresser?..**

Заговаривать с ними было легко — с каждым и с каждой, но дальше первых доброжелательных улыбок и ничего не значащих фраз я пока не шел, прислушиваясь к их сленгу и присматриваясь к их манерам и одежде. Позже, когда закончится их ленч-тайм и они утекут в свой банк, я перейду улицу Либерти и зайду в их любимый супермагазин «XXI век», где куплю себе дюжину таких же, как у них, белых рубашек с короткими рукавами и полдюжины хлопчатобумажных брюк-слаксов, а также светлые кремовые мокасины, которые можно носить без носков. А затем отправлюсь в «бьюти-салон» в Гринич-Виллидж, где они стригутся, и постригусь у какого-то Нельсона, и с завтрашнего дня буду здесь выглядеть своим в доску. А тогда...

В нашем деле подбора и вербовки осведомителя нельзя спешить. Может быть, завтра я вообще не приду к этой церкви Троицы, а в обеденный перерыв вместе с потоком банковских служащих повыше рангом и постарше возрастом зайду в их любимое кафе «Seafood Market & Row Bar» на первом этаже ВТЦ и попробую половить мою рыбку там, среди senior officers, то есть руководителей среднего звена. А то и поднимусь еще выше, на 44-й этаж, в «Skydive», куда на обед ныряют уже настоящие уолл-стритские акулы. Впрочем, нет, туда мне еще рановато. Как говорят в моей конторе, «чем крупнее твой осведомитель, тем осторожнее ты его окучиваешь». А мне нужно завербовать в «Бэнк оф Нью-Йорк» ни больше ни меньше, как служащего департамента международных трансакций! Но это сейчас самое горячее место, ведь именно там работала Наталья Гурфинкель, фасовавшая русские миллионы по банковским счетам BONY. И с тех пор как ее имя прославила мировая пресса, отношение к русским в этом департаменте должно быть, мягко говоря, настороженное...

Но и рассиживаться в Нью-Йорке на такой жаре мне тоже не резон. За две недели, которые я уже провел здесь у адвокатов и в манхэттенских барах и кафе, я практически свел на нет свой русский акцент и вполне могу сойти за аборигена

_____
* Привет! Меня зовут Пол, приятно познакомиться. Где вы купили такую чудную рубашку?.. *(англ.)*
** Мне нравится ваша прическа. Где вы стрижетесь?.. *(англ.)*

229

или по крайней мере за потомка второй волны русской эмиграции и солидного бизнесмена, который не прочь открыть счет своей компании в таком респектабельном учреждении, как «Бэнк оф Нью-Йорк». Модные пластиковые визитные карточки владельца корпорации «CherPoll-Am Ltd.» с престижным нью-йоркским почтовым и электронным адресом и телефоном будут готовы завтра (за 600 долларов адвокат зарегистрировал мне эту корпорацию в штате Делавэр, еще за 200 я обзавелся почтовым ящиком в офисном здании на Пятой авеню и за 580 зеленых в неделю снял крохотную квартирку-студию в отеле «Грейстоун» на углу Бродвея и 91-й улицы) и — вперед, мистер Poll Chernobylsky, hurry up, do your job, или, как говорил Никита Сергеевич Хрущев, «наши цели ясны, задачи определены, за работу, товарищи!»...

— Squz me, sir, may I see your ID?* — На молодом эбонитово-черном гиганте был синий форменный пиджак с нашивками «SECURITY», белоснежная рубашка, черный галстук и серые брюки с черными начищенными ботинками. А пластиковая бирка, висевшая на цепочке у него на груди, содержала его цветную фотографию с надписью «Sgnt Louis Williams Jr.» — «Сержант Луис Вильямс-младший».

— My ID? — изумился я. — Why?**

— Ple-ezzz...***

Это «please» было,таким внушительным, что я послушно достал из кармана паспорт.

Сержант Луис Вильямс — явно по слогам — прочел мою фамилию и удовлетворенно сказал:

— Okay, sir. Somebody wants to see you. Follow me****.

И, помахивая на ходу моим паспортом, двинулся в сторону ВТЦ.

Я удивленно следовал за ним, сделав на ходу последнюю затяжку и оглядываясь в поисках урны, чтобы выбросить сигарету. Поскольку никакой вербовки я здесь еще не начинал, я был, в общем, почти спокоен и думал, что это скорее всего какая-то ошибка. Или — чем черт не шутит? — кто-то из

---

* Извините, сэр, можно ваши документы? *(англ.)*

** Мои документы? Почему? *(англ.)*

*** Пожалуйста... *(англ.)*

**** Так, сэр. Кое-кто хочет с вами поговорить. Следуйте за мной *(англ.)*.

230

моих бывших подопечных новых русских тоже отбросил сюда, как Кожлаев, пару сот миллионов и теперь держит офис на одном из этажей ВТЦ — какую-нибудь «Русско-американскую биржу» или «Russian-American Investment Company». Изучая в вестибюле перечень расквартированных в ВТЦ фирм, я видел тут пару таких названий...

Между тем сержант уже вошел со стороны Либерти-плаза в лобби ВТЦ и уверенной походкой двигался по роскошной и просторной Concourse — галерее магазинов «GAP», «Banana Republic», «Strawberry» и других, а также веренице суши-баров, кафе и сувенирных стендов. Боже, какая тут была божественная прохлада! а витрины! а мраморные полы! а запахи цветочных магазинов! а эстрада, на которой студенты консерватории играли Вивальди! а живые деревья зимнего сада «Winter Garden», на скамейках которого даже сейчас, днем, целовались влюбленные!

Но главной особенностью, которая бросалась в глаза в этом вестибюле, или, точнее, в анфиладе вестибюлей, соединявших все здания ВТЦ, были не магазины, не рестораны и даже не зимний сад, а сами люди. Говорят, что около сорока тысяч людей работают в офисах ВТЦ и еще сто тысяч туристов волнами прокатывают тут за день, и потому в обеденный перерыв здешние плазы и торговые молы похожи на исполинскую космическую станцию из романов Бредбери и Азимова — здесь феноменальное смешение всех рас, здесь совершенно нет детей и стариков, и вся эта молодая 25—40-летняя орда движется вдоль витрин, торговых прилавков и ресторанно-закусочных стоек со скоростью рыбы в нерест — скорее, спешно, еще быстрее!

Хватая на ходу бумажные стаканчики с кофе и завернутые в пакеты бутерброды, или поедая у стоек хот-доги, пиццы и сандвичи, или присев за столики «Wendy» и «McDonalds», или выбирая сувениры, книги и одежду в магазинах, они все время поглядывают на часы и нетерпеливо переступают с ноги на ногу, словно им срочно нужно в туалет или через минуту их ждет отправка на другую планету. Даже влюбленные, целующиеся на скамейках зимнего сада, похожи на пассажиров космических кораблей, встретившихся ненадолго при пересадке. Я где-то читал, что ньюйоркцы вообще ходят на тридцать процентов быстрее, чем американцы в других городах или европейцы. Теперь здесь, в ВТЦ это было наглядно — здесь спешили все, даже бармены и полицейские.

Но мой Луис двигался в этом потоке спокойным и деловитым ледоколом, не давая мне ни отстать, ни столкнуться со встречными ордами. Затем, пройдя мимо скоростных лифтов, свернул в какой-то неприметный рукав к стандартно служебной двери. Придержав эту дверь, он пропустил меня вперед, но недалеко — сразу за дверью оказался узкий тамбур личного досмотра с рамой дверного проема, как при входе в казино или в аэропортах, и с рентген-машиной, просвечивающей ваши личные вещи. Здесь же стояли еще два угольно-черных, но уже пожилых охранника и молодая охранница посветлее, испанка, вероятно, для досмотра посетителей женского пола. Эта испанка протянула мне пластмассовое корытце:

— Any kind of metal, coins, keys and cell-phone, sir*.

Я послушно высыпал из карманов американскую мелочь. Потом беззвучно прошел через раму металлоискателя, после чего один из пожилых черных дружески похлопал меня по карманам и бегло прошел под мышками и в промежности своими жесткими, как из гранита, ручищами.

— Any camera?** — спросил между тем второй.

— He is clean***, — вместо меня сообщил ему первый.

— Okay, you can take him****, — сказал этот второй моему сопровождающему и открыл стальной засов двери в глубь тамбура.

За тамбуром оказались безликий коридорчик и стальная дверь служебного лифта. Сунув мой паспорт в карман пиджака, мой поводырь вставил свою пластиковую бирку в паз сбоку от лифта и шагнул в открывшуюся дверь кабины. Но роскошью эта кабина не отличалась — глухие металлические стены, рифленый металлический пол. И поехала она почему-то не вверх, а вниз, на минус пятый этаж, где мы сразу попали во чрево этого архитектурного города-монстра.

Вы когда-нибудь были в машинном отделении океанского судна? Слышали, как от напряжения и нагрузки ревут там гигантские турбины и как мелкой, зыбкой дрожью вибрирует стальная обшивка этого отсека?

---

* Все металлические вещи, монеты, ключи и мобильный телефон, сэр *(англ.)*.
** Есть фотоаппарат? *(англ.)*
*** Он чист *(англ.)*.
**** Хорошо, можешь вести его дальше *(англ.)*.

А теперь помножьте этот эффект эдак на тысячу и вы поймете, о чем я говорю. В семиэтажном фундаменте ВТЦ, на его подземной территории величиной с десяток футбольных полей разместились все его инженерные, электрические и прочие службы — своя электростанция, свои системы отопления и охлаждения, то есть кондиционеры с моторами величиной с турбины Днепрогэса (и гигантским бассейном воды для охлаждения этих турбин), и своя фабрика по утилизации мусора, и склады, и ремонтные службы, и еще бог знает что...

Конечно, я не видел *всех* этих сооружений и служб. Но их присутствие угадывалось, слышалось и чувствовалось вокруг, как чувствуете и слышите вы в мартеновском цеху энергию и жар сталеплавильных печей, даже не подходя к ним.

Пройдя по широкому безликому коридору, мы с моим поводырем оказались в сравнительно небольшом и глухом, как бомбоубежище, зале с некрашеными бетонными стенами, вытертым линолеумом на полу и простыми плафонами ламп дневного света под потолком. Никакого мрамора, никаких украшений, архитектурных изысков и роскоши галерей над нами. Никаких зимних садов, музыки и витрин. Четыре ряда старых канцелярских столов с мониторами, на экранах которых я, идя за сержантом Вильямсом, видел то, что внимательно рассматривали сидящие за этими столами полицейские: хайвей на западной стороне ВТЦ, Либерти-стрит на юге, Чёрч-стрит и Бродвей с его церковью Троицы на востоке. То есть все улицы и площади, окружающие «близнецов» Всемирного торгового центра, а также все подъезды к его гаражам, отелю «Мариотт», Всемирному финансовому центру, Бирже и Федеральному резервному банку, плюс «The World Trade Center Plaza» — гигантскую внутреннюю площадь ВТЦ с многотонным золотым глобусом, парящим над чашей огромного фонтана. И еще — все внутренние холлы, залы, променады и вестибюли ВТЦ с их сотней, если не больше, магазинов, магазинчиков и кафе. Даже зимний сад с влюбленными парами, целующимися на скамейках...

При этом каждый из наблюдателей мог с помощью «мышек» и клавиш своего кийборда поворачивать видеокамеры, установленные в секторе его обзора, наезжать трансфокатором на заинтересовавший его предмет или лицо и фиксировать это изображение в памяти компьютера. И они наезжали, то есть укрупняли объекты своих наблюдений, следили за ними объективами видеокамер, передавали с экрана на экран и, поднеся ко рту крохотный микрофон, негромко командовали:

— Sector 67-B. That tall man in a blue jacket... Follow him...*

— Sector 41-F. A woman in yellow skirt. She is looking too fat to me. Check her out...**

Собственно, ничего удивительного в работе этих людей не было. Если у нас в России каждый банк и казино оборудованы теперь видеокамерами, контролирующими все и вся, что к ним приближается, то в таком монстре, как ВТЦ, просто обязана быть служба безопасности — особенно после знаменитого взрыва, устроенного здесь в 1993 году арабскими террористами, которые спокойно и открыто заехали в подземный гараж ВТЦ на микроавтобусе, начиненном динамитом, и взорвали его с помощью дистанционного управления. Поразило меня как раз другое: сравнительно малая величина этого оперативного зала и далеко не самый современный вид здешней аппаратуры. Во всяком случае, у нас в оперативном зале на Петровке, 38, оборудование ничуть не хуже, хотя наши менты все время жалуются, что это уже прошлый век.

То есть американцы были в своем амплуа: наверху — шик, блеск, XXIII век, а внизу, в трюме, — старенькие мониторы и компьютеры, дешевые канцелярские столы, банки с кока-колой, бумажные стаканы с недопитым кофе и картонные коробки с недоеденными кусками пиццы...

Зато в глубине зала, на возвышении, похожем на кафедру, где за своими компьютерами и мониторами сидели два супервайзера, то есть руководителя этого НП, меня ждал настоящий сюрприз. Я даже остановился, не поверив своим глазам: одним из этих «супервайзеров» была Кимберли Спаркс! Да, да, та самая рыжая Кимберли, канадская фотожурналистка, которая в Чечне две недели строила мне глазки, а на поверку оказалась никакой не журналисткой, а шпионкой: по вечерам в Ханкале она сдавала свою фототехнику начальнику штаба нашего полка и просила для сохранности запереть эти камеры в сейфе его кабинета, а утром забирала свои «Кодаки» и «Пентаксы» и тас-

---

* Сектор 67-Б. Этот высокий мужик в голубом пиджаке. Последи за ним... (англ.)

** Сектор 41-Ф. Женщина в желтой юбке. Она подозрительно толста. Проверь ее... (англ.)

234

кала их по всему штабу на себе — до тех пор, пока я не обратил внимание на то, что она постоянно что-то нашептывает в них. Я заставил начштаба открыть мне его сейф, вскрыл эти «Кодаки» и «Пентаксы» и обнаружил в одном из них портативный радиопередатчик. То есть эта сука круглые сутки транслировала чеченским боевикам все наши штабные разговоры! Конечно, мы тогда повязали ее, и она получила шесть лет — вопреки всем протестам канадского посольства!

Но теперь — сколько же прошло? Всего четыре года, а она — вот где! В Америке! И еще лыбится, глядя на меня из-за своего стола с высоты этой руководящей «кафедры»!

— Hi, Poll! Nice to see you!* — сказала она и повернулась к сидевшему рядом с ней пятидесятилетнему мужику с короткой стрижкой и утомленными темными глазами на крупном лице. Я обратил внимание на его костюм — отличный, если не «Версаче», то «Валентино», и прекрасная белая рубашка с темным галстуком. — John, — сказала она ему, — here is Mister Chernobilsky — the one, who arrested me in Chechnya**.

— Well, — усмехнулся тот. — I think you owe him. Take him upstairs to the Windows...*** — И повернулся ко мне: — Welcome to USA, sir!****

«Окнами» оказался ресторан «Windows to the World» — «Окна в мир» на 107-м этаже ВТЦ.

Вид отсюда был и впрямь на весь мир — внизу, нет, *далеко* внизу лежал весь Нью-Йорк от Бруклина и Атлантического океана на юге до зелено-холмистого Вестчестера на севере, бесконечно плоского Нью-Джерси за Гудзоном на западе и длиннющего, как двухсоткилометровый краб, острова Лонг-Айленд на востоке. Даже самые знаменитые нью-йоркские небоскребы Эмпайэр-стэйт-билдинг, Пан-Ам и Рокфеллер-центр казались с этой высоты простыми фигурками на шахматной доске. Да что Рокфеллер-центр! Вертолеты пролетали ниже окон этого ресторана, просто под нашими ногами! От этого захватывало дух и казалось, что ты находишься на капитанском мостике

---

* Привет, Пол! Рада видеть тебя! *(англ.)*

** Джон, это тот самый Чернобыльский, который арестовал меня в Чечне *(англ.).*

*** Я думаю, ты его должница. Возьми его наверх, в Окна... *(англ.)*
**** Добро пожаловать в США, сэр! *(англ.)*

флагмана всего мира, что отсюда, с этого мостика люди действительно руководят нашей планетой...

Однако всласть полюбоваться открывшимся видом я, конечно, не мог. Враг, шпионка, цэрэушная сволочь и пособница чеченских террористов сидела напротив меня и улыбалась мне прежней насмешливо-игривой улыбкой — той самой, с которой она флиртовала со мной когда-то в Ханкале. Блин! Я не понимал, какого рожна она подняла меня в этот роскошный кабак, усадила за столик у огромного окна и смотрит теперь на меня, как кошка на сметану.

— О'кей, Пол, — сказала она наконец. — Расслабься. Я знаю, что ты меня ненавидишь, но расслабься. Это лучший в мире ресторан с французской кухней, жаль только, что тут нельзя съесть этот вид за окном. Зато все остальное — за мой счет, я угощаю. Джон точно сказал: я твоя должница...

Я сделал протестующий жест, но она уже диктовала официанту:

— Для начала две русских водки. У вас есть «Столичная»? Конечно, у вас все есть, я знаю. Хорошо, две водки со льдом и затем паштеты, анчоусы, зеленый салат и филе-миньон. Русские любят с кровью. — И повернулась ко мне: — Правильно?

Я вспомнил Абхаза, который платил за меня в пивной на Покровке, и Пачевского, который платил за меня в Праге, — каждый раз за этим следовала исповедь. Но что может сказать мне эта красивая рыжая сука, слегка располневшая — или заматеревшая? — за прошедшие четыре года? И почему она угощает меня, да еще в таком дорогом кабаке?

— Представляю, что ты сейчас думаешь! — усмехнулась Кимберли и словно процитировала мои мысли: — «Почему эта сука привела меня в кабак?» — И засмеялась: — Правильно? Только честно?

— Почти... — протянул я уклончиво.

— Спасибо! — Она сняла водку с подноса официанта, не дожидаясь, пока он поставит ее на стол. — Слушай, Пол, давай выпьем! Сразу! По-русски! — И поднесла рюмку ко рту, но остановилась: — Ой, я же забыла! Русские любят тосты. Давай выпьем за откровенность, о'кей? Cheers! — Она чокнулась со мной и тут же, откинув голову, выпила всю водку.

Я заметил, как при этом под ее служебно-строгой белой рубашкой выпятилась ее грудь, и какого цвета у нее шея и

236

ключицы — бледно-розовые, с едва приметными веснушками. Ирландка она, что ли? Или еврейка? Странно, почему у всех рыжих баб такая прозрачная кожа?..

А Кимберли со стуком поставила на стол пустую рюмку, вздрогнула всем телом, пропуская водку в желудок, и, закрыв глаза и наклонив теперь голову вперед, сильно крутанула этой головой из стороны в сторону — так, что ее пышные рыжие волосы прошуршали по скатерти стола.

— Уф! — сказала она, выпрямляясь и сделав шумный выдох. — Хорош-шо! Давно я не пила русскую водку! Спасибо, что ты приехал... Ладно, не буду тебя томить, слушай. Или знаешь что? Давай закажем еще по рюмке, мне понравилось. Не беспокойся, я не алкоголичка...

Но я уже видел, что она врет, — по той жадности, с которой она сняла рюмку с подноса у официанта, по удару этой рюмкой о стол, по вспышке живости в ее карих глазах сразу после первой выпитой стопки и по той поспешности, с которой она заказала по второй. То есть, может быть, она еще не совсем алкоголичка, но на пути к этому. Однако я не стал возражать против второй рюмки — я хотел услышать, в чем же дело и почему эта американская пьянь угощает меня на капитанском мостике финансовой империи мира.

— О'кей, — сказала она. — Ты арестовал меня в Чечне, конечно. Я была шпионкой, настоящей, и ты меня арестовал. Но теперь я могу сказать тебе: это было запланировано. Понимаешь?

— Нет, — сказал я, хотя — вдруг, одним пронзительным помыслом — догадался, о чем пойдет речь.

— Ладно, — сказала Кимберли. — Тогда посмотри на вещи с нашей стороны. Мы с тобой сидим на крыше мира. Нравится тебе это или нет, но этот воистину *Всемирный* центр международной торговли создали и построили мы, американцы. И ООН создали мы, и ЮНЕСКО, и еще десятки международных организаций, которые объединяют все цивилизованные нации в мировое цивилизованное сообщество. Ты следишь за моей мыслью? О'кей. Может ли духовная элита отстающих наций с их претензиями на господство над своими народами любить нас, если мы с помощью телевидения, радио и Интернета забираем у них молодежь и втягиваем их детей в нашу цивилизацию? Нет, не может! Чем больше они отстают от прогресса, тем больше они ненавидят нас, американцев, потому что это мы отсюда, с высоты, тащим мир в глобализацию, индустриализацию, интернетизацию и так далее. И поэтому они уже давно ведут с нами войну, еще с 1979 года, когда они захватили наше посольство в Тегеране. Это и было начало Третьей мировой войны, войны варварства с цивилизацией. А у нас тут думают, что это так, случайные эпизоды — взрывы наших кораблей, захват самолетов. Но это не случайность, это *джихад* — семь лет назад они пытались взорвать даже эту башню, где мы сидим! Ты бы видел, что тут творилось и сколько людей погибло! Какие-то fucking фанатики, — Кимберли презрительно поморщилась, и ее карие глаза потемнели и сузились, — гребаные дикари, которые ни хрена не знают, кроме своего шариата, взрывают символ объединения цивилизованных наций, его штаб и людей! Это просто позор, что мы это допустили, что здесь не было профессиональной охраны. В России это называется знаешь как? Я выучила в вашем лагере — *распиздяйство*! Правильно?

Я невольно улыбнулся — в ее английской речи, да еще в этом дорогом французском ресторане на крыше мира наше крепкое русское слово, произнесенное в полный голос, звучало так, что хотелось обернуться по сторонам.

Кимберли усмехнулась:

— Не беспокойся, здесь никто не понимает по-русски... — И вернулась к теме: — О'кей, если нам объявили войну, мы должны воевать? А? Должны? Конечно! Но — как? Как ты можешь проникнуть в штаб бен Ладена, Абу Нидала или Хаттаба? Где ты возьмешь арабиста — патриота Америки, который способен годами жить жизнью бедуина, спать на камнях, молиться пять раз на день Аллаху и отрезать заложникам головы, чтобы войти в доверие к шейху Мухаммеду, Басаеву или Усаме бен Ладену? Скажу тебе честно: у нас в ЦРУ таких нет — к сожалению. Но что-то же надо делать! И я поехала к вам, в Чечню... Слушай, давай еще выпьем, водка не может ждать, она согреется, правильно?

Мы выпили и закусили, это было вкусно, не скрою.

Кимберли сказала:

— О'кей, я офицер ЦРУ, американская шпионка. Хотя вы в России придумали для этого название лучше — разведчица. Так что я американская разведчица, о'кей? И мне нужно было проникнуть к террористам, войти к ним в доверие, так? Я полетела в Палестину как канадская журналистка, потому что к американцам там очень сильное подозрение и ненависть, а канадцы вроде другие. К тому же я действительно родилась в Канаде и мои родители живут в Торонто, так что это было легко — стать канадкой, такой левой-левой, которая не любит Америку и хочет помочь братьям-арабам бороться с евреями и кровавым американским империализмом. В Палестине я фотографировала жертвы израильских бомбежек и семьи арабских самоубийц, и мои фотографии и статьи были в канадских газетах. Потом я поехала в Пакистан, там я сумела познакомиться кое с кем из арабских террористов, точнее — меня им представили ребята из «Хезбуллы». Но они мне еще не доверяли. Каждый из них хотел меня в постель, конечно, а вот говорить со мной, как со своей, ввести в свою борьбу — нет. И тогда я сказала им, что поеду в Чечню и буду оттуда помогать их людям, тому же Хаттабу. Это им понравилось. Мы спрятали в «Пентакс» радиопередатчик, я договорилась с ними о паролях и кодах и прилетела в Москву. Знаешь, попасть в Чечню оказалось даже проще, чем мы думали. В вашем Генштабе есть люди, которые так «любят» евреев, что стоило им увидеть мои антиизраильские статьи, как мне тут же дали полный карт-бланш — пропуск в Ханкалу и даже привезли туда на военном самолете. Так что я еще из самолета начала свои передачи, только просила, чтобы нас не сбивали. Ты знаешь, что меня поражает в России? Нет, не антисемитизм, это есть везде. А ваши шашни с Ираком, Ираном и Ясиром Арафатом! Ну ладно, Арафат — это ваша марионетка еще с советских времен. Но Ирак! Имея под брюхом Чечню, куда арабы засылают хаттабов и валидов с оружием и деньгами, вы подписываете договоры о дружбе с главным арабским Гитлером! Извини, но этого я не понимаю! Что у русских общего с Ираком? Арабы хоть когда-нибудь вам помогли? Открыли Второй фронт? Посылали хлеб и сгущенку вашим детям? Привозили гуманитарную помощь? Кормили ваших ученых? Создали университет в Москве? Послали спасателей в Спитак? Кроме того, что Примаков и Жириновский говорят по-арабски, что еще у вас общего с Хусейном? Ну, скажи мне!..

Я молчал. Хусейн должен нам восемь миллиардов долларов, это во-первых. А во-вторых, вражда США с Хусейном и эмбарго американцев на иракскую нефть дают нам возможность латать все дыры бюджета продажей сибирской нефти, ну кто же будет резать такую курицу?

— Конечно, — усмехнулась Кимберли, — Хусейн должен вам восемь миллиардов баксов, я знаю. Но его внешний долг — сто сорок миллиардов. Неужели вы думаете, он начнет отдавать с вас? Он наобещает вам горы золота и океаны нефти, подпишет любые заказы еще на десятки миллиардов, но ведь это все блеф, вы никогда не увидите своих денег. А оружие, которое он у вас купит в долг, через год окажется в Чечне и будет стрелять по вашим солдатам. Или я не права?

Что я мог ей ответить?

— О'кей! — сказала она. — Вернемся к моей истории. Я прилетела в Ханкалу, и две недели вы не могли меня разоблачить — как я ни старалась! Но потом, слава Богу, ты меня арестовал, был международный скандал, меня судили в Москве и отправили в Пермский женский лагерь — все по-настоящему, я там сидела, как чечено-канадская шпионка. Конечно, Хаттаб все это читал в газетах, но он не дурак, он все проверял — сразу после меня в этот лагерь попали две чеченки, которых вы арестовали в Дербенте на рынке, где они хотели заложить взрывчатку. Ты помнишь эту историю? О ней писали все ваши газеты, как о большой победе вашей организации. А на самом деле Хаттаб подставил вам этих чеченок, чтобы они попались и получили срок. А потом — за деньги — их перевели в мой лагерь, и они увидели меня в зоне, увидели, как я отказываюсь работать на этой fucking лагерной фабрике, сучусь с надзирателями и дерусь с коблом, которая хотела меня трахнуть. Ну, я же прошла тренировку в спецшколе ЦРУ в Форт Брегге, и выбить зубы трем лесбиянкам, которые хотели меня изнасиловать, — это я могла даже без приемов боевого карате. То есть чеченки увидели, что я сижу по-настоящему, и мы подружились, они стали учить меня исламу и арабскому языку. И конечно, в письмах шифрованным языком докладывали обо всем Хаттабу, а тот, как я потом выяснила, — своему другу бен Ладену. Но ни Хаттаб, ни Усама бен Ладен не спешили мне помочь ни посылками, ни деньгами. И я просидела в вашем гребаном лагере два года, пока они убедились, что тут нет игры, что я действительно стала мусульманкой. Для них это была большая ценность — как нам нужны агенты в их мире, так им нужны агенты в Америке. Представь себе: белая, канадка, журналистка, которая была их шпионкой в Чечне и отсидела два года в русском концлагере! Когда они поняли, что мне можно доверять, они меня выкупили из вашей тюрьмы. Да, именно они — не канадское посольство и не ЦРУ, а сами арабы на деньги «Аль-Каиды» купили мне досрочное освобождение. «За примерное поведение и добросовестный труд» — так у вас пишут, правильно? Могу тебе сказать, это стоило им всего десять тысяч долларов. И — я вышла из тюрьмы. *«На свободу с чистой совестью»* — так? — произнесла она по-русски и почти без акцента, но затем опять перешла на английский: — Давай еще выпьем. За свободу, о'кей?

Кимберли подняла бокал вина, которое нам принесли к филе-миньон, и, должен признаться, я посмотрел на нее уже несколько иными, чем раньше, глазами. Все-таки отсидеть два года в нашем лагере — это что-то! Особенно — добровольно...

Мы выпили, и она продолжила уже чуть усталым голосом:

— А дальше, как ты понимаешь, началась главная игра. Всего я, конечно, не могу тебе рассказать. Но чтобы ты имел представление: я стала их эмиссаром в США и Канаде. Некоторые здешние мусульманские общины тайно собирают деньги для палестинцев и «Аль-Каиды», я помогала переправлять эти деньги Арафату, Хаттабу и бен Ладену, и я обрабатывала американские и канадские СМИ писать про арабо-израильский конфликт так, как это нужно арабам и палестинцам. Ты думаешь, Си-эн-эн вдруг, ни с того ни с сего, стало проарабским?.. Ну вот... Зато я почти каждый месяц летала в Малайзию и Пакистан на встречи с ними, самыми главными — извини, их имена я не имею права тебе назвать. Но мы многое знали из того, что они планировали, я даже принимала участие в разработке плана атаки на Любляны, когда Буш первый раз встречался с Путиным. И в планировании еще кой-каких операций. Конечно, я не знала всего, и не все теракты мы смогли предупредить. Я не знала про подготовку взрывов нашего крейсера в Йемене, наших посольств в Кении и Танзании и про атаку на наш авианосец «Салливанс». Но нападение на большую восьмерку в Генуе, захват наших посольств в Париже и в Лондоне — это мы сумели предупредить. И кое-что еще, всего не расскажешь. А когда Удугов объявил, что его боевики захватят самолет и грохнут его в Кремль, — как ты думаешь, кто подбросил вам информацию, что это всерьез, что Хаттаб действительно планировал такую акцию? И после этого вся московская ПВО почти полгода была на боевой тревоге... Как тебе филе-миньон?

Это так, как ты любишь, да? Cheers! — Она снова выпила, и на ее щеках уже заиграл тот розовый румянец, который вызывает алкоголь у белых женщин с тонкой европейской кожей. Я решил, что она все-таки ирландка...

А она сказала:

— Ты знаешь вашу сказку про мальчика-пастуха, который кричал «волки, волки!»? Помнишь, он один раз кричал, ему поверили, прибежали, а волков не было. Потом он еще раз кричал, люди снова прибежали, и снова не было волков. А когда он в третий раз закричал, ему никто не поверил и никто не прибежал, и волки съели сначала всех овец, а потом и мальчика. Знаешь эту историю?

— Знаю, — невольно улыбнулся я.

— О'кей, у нас такой сказки нет, у нас про таких людей говорят the lonely crying wolf — одинокий воющий волк. Так вот, там, внизу, в нашем секьюрити-офисе ты только что видел такого одинокого волка. Джон О'Нилл, начальник антитеррористического управления ФБР. Вот уже семь лет он воет в Нью-Йорке и Вашингтоне насчет «Аль-Каиды», бен Ладена и вообще джихада. Но никто его не слышит, никто не верит, что арабы ведут с нами войну! Причем — на наши деньги! Да, да! Мы покупаем у арабов нефть, а они на эти деньги закупают оружие, строят тренировочные лагеря и создали свою подпольную сеть во всех странах мира! Ты знаешь, как переводится «Аль-Каида»? Надежная Основа! Бен Ладен закладывает основу уничтожения западной цивилизации, тратит на это сотни миллионов долларов и мобилизует всех мусульман мира, как когда-то ваш Ленин — всех рабочих. Помнишь теракты ваших эсеров, убийства царских министров, «Пролетарии всех стран, соединяйтесь!»? Кто в 1901 году принимал это всерьез? А в 1917-м большевики уже владели Россией, а в середине века имели полмира! Сейчас все повторяется в арабском варианте. В Афганистане, в лагерях для террористов «Аль-Каиды» уже прошли подготовку десять тысяч боевиков — но никого это не колышет! Можешь представить: когда О'Нилл попросил у Белого дома деньги на дюжину арабистов и новые компьютеры для своего антитеррористического управления, они отказали! Ты можешь себе представить?! Fuck you, бляди! — выругалась она в окно в сторону юга, где находится, как понимаю, Вашингтон. И повернулась ко мне: — Извини мой французский!.. — Она

242

отпила вино из бокала. — Знаешь, чем больше я защищала нашу гребаную глобализацию и цивилизацию, тем больше я убеждалась, что при глобализации мир начинает жить по методу сообщающихся сосудов. Да, да, когда было два лагеря — ваш и наш, — каждый свое дерьмо держал отдельно. А теперь, когда мы объединились, то в наших странах всплывает ваше дерьмо, а у вас — наше. И ты не можешь пробить эту бюрократию даже динамитом!.. — Она вздохнула. — Да... Короче, Джон семь лет охотился за террористами. Он достал в Пакистане Рамзи Юзефа, который в 93-м организовал взрыв в этой башне ВТЦ и готовился взорвать сразу двенадцать наших самолетов в разных аэропортах мира. Он расследовал взрывы наших баз в Саудовской Аравии и атаки на наши посольства в Кении и Танзании. А когда в Йемене террористы подорвали наш эсминец «Коул», Джон помчался туда, но наш госдепартамент остановил это расследование, хотя Джон уже шел по следу йеменской ячейки «Аль-Каиды»... А в ночь на новое тысячелетие? Четверо суток мы все сидели как на иголках и ждали атаки, потому что накануне захватили Ахмеда Ресама, члена «Аль-Каиды», который в Йемене организовал взрыв эсминца «Коул». Можешь представить? Он на грузовике въехал к нам из Канады с 70 килограммами взрывчатки, чтобы в новогоднюю ночь взорвать аэропорт в Лос-Анджелесе!.. Но даже после этого Джону не дали денег на арабистов-слухачей эфира! И мы с Джоном просто выдохлись в этой войне — не с террористами, нет, а с нашей гребаной бюрократией. Две недели назад мы с ним уволились — он из ФБР, а я из ЦРУ — и перешли на работу сюда. То есть он еще не начал работу, он только присматривается. Но через несколько дней он будет начальником всей службы безопасности ВТЦ, и у него будет два офиса, один здесь, а второй наверху, на 34-м этаже. Конечно, здесь нет ни бен Ладена, ни Хаттаба, и адреналин не тот. Но зато мы каждый день вылавливаем карманных воров, жуликов с поддельными кредитными карточками и мерзавцев, которые, надев нашу полицейскую форму, выносят из офисов ВТЦ ноутбуки, лэптопы, компьютеры и даже мониторы. И еще мы задерживаем бомжей, проституток и всяких подозрительных типов вроде тебя. — Она засмеялась. — Ты знаешь, что наши ребята засекли тебя еще два дня назад, когда ты только появился? И, думаешь, почему? Ты двигался по Concourse в потоке туристов, как сом среди сельдей, ага. И я три дня гадала: что тебе тут нужно? А сегодня я поняла: ты охотишься на кого-то из «Бэнк оф Нью-Йорк». Правильно? Только не ври. Может быть, я смогу тебе помочь, если буду знать, что ты хочешь...

Я молчал, взвешивая этот неожиданный шанс. Можно ли ей верить? Впрочем, то, что она ушла из ЦРУ, а этот О'Нилл из ФБР, — в это я поверил сразу. Разве у нас в ГРУ, ФСБ и милиции не то же самое? Сколько таких же молодых, талантливых, рисковых, опытных и позарез нужных людей не выдерживают шкурной глухоты нашей бюрократии, перегорают в своем энтузиазме и уходят со службы в частный бизнес, вот в такие же охранные фирмы! А там... те, кто действительно талантлив, для кого разведка или контрразведка — призвание, те не могут прижиться в этих кормушках, здесь для них «адреналин не тот», и они начинают пить. Я мог бы назвать вам десятки наших О'Ниллов и Спарксов — от лейтенантов до генералов...

Интересно, Кимберли с этим О'Ниллом — любовники? Наверное...

Но как же быть с ее предложением? Конечно, при ее контактах в ЦРУ и ФБР выяснить, сколько денег лежит на счетах и в трастовых фондах Кожлаева в «Бэнк оф Нью-Йорк» — как для меня в Москве узнать, кто основал Повольский банк развития. А то и еще легче.

Но почему она так вяжется ко мне — этот ресторан, предложение помочь... Хотя... Она же не знает, что я ей родня, что я тоже ушел из ФСБ в частный бизнес. Для нее я — прежний офицер ФСБ, который прибыл в Нью-Йорк с каким-то заданием, и, увидев меня, она ощутила в жилах всплеск прежнего адреналина, рабочего...

— Между прочим, — сказала она, ожидая моего решения, но не торопя его, — за мой арест тебя повысили в звании?

— Да, — улыбнулся я в третий раз, эта рыжая бестия все-таки умела заставить меня улыбаться. — А тебя?

— Меня тоже, — ответила она с улыбкой. — Пока я сидела в вашем лагере, *етти его мать,* меня повысили дважды. Теперь я fucking special agent, это по-вашему как майор. А ты?

— Подполковник.

— Ого! Как видишь, мой арест пошел нам обоим на пользу. Ну? Что ты мне скажешь про твое задание?

Я посмотрел ей в глаза:

— А ты любишь этого О'Нилла?

— Да, — ответила она просто. — Очень. Но мы не любовники. И никогда не были. К сожалению...

Ее глаза опять потемнели и наполнились такой горечью, что я разом представил всю ее несчастную женскую долю: давно — еще, наверное, студенткой какой-нибудь школы ЦРУ или ФБР — она влюбилась в этого О'Нилла и, чтобы завоевать его, пошла черт знает на что — на Чечню, на нашу тюрьму, на смертельные игры с арабскими террористами и вот теперь — на эту работу в крысином подвале ВТЦ... А он... Он, конечно, догадывается или даже знает о ее любви, но у него другая жизнь, свой роман или... или он просто слепец!

Почему-то безответность этого мужика в модном костюме от Валентино даже разозлила меня, я словно обиделся за эту Кимберли и захотел утешить ее, погладить по ее рыжим волосам...

И она, кажется, почувствовала это, женщины всегда чувствуют, когда мы хотим их — даже просто погладить. Она сказала с усмешкой:

— А ты знаешь, почему я выбрала тебя в Чечне?

— Потому что я говорю по-английски.

— Нет. Потому что у тебя мужские глаза.

— Не понял. Что значит «мужские»?

— Ладно, может быть, когда-нибудь я тебе объясню... Смотри! — Она повернулась к окну. — Дождь пошел!

Действительно, пока мы разговаривали, все за окнами ресторана изменилось — солнце исчезло в густой серо-волглой облачности, земля утонула где-то внизу, ее не стало видно совершенно, и струи дождя косо потекли по гигантским оконным стеклам рядом с нами — совсем как в кабине самолета, летящего сквозь дождевые тучи.

— Потрясающе! — сказала Кимберли и встала, подошла к окну. — Ты когда-нибудь летел на самолете сквозь дождь? Я имею в виду — сам, за штурвалом?

Я не отвечал. Я сидел за столиком, потрясенный ее способностью чувствовать мои мысли и даже читать их. И странное ощущение какой-то пропущенной судьбы вдруг вошло в меня. Вот женщина — красивая, яркая, фантастически смелая, понимающая меня даже без слов и читающая мои мысли, женщина, которая — что уж тут скрывать? — снилась мне по ночам так, что я просыпался от эрекции и ломоты в ногах, женщина, которая буквально с первой минуты разговора становится мне настолько близкой, понятной и даже родной, словно я знаю ее годами, как жену или сестру, — но... Жизнь провела нас мимо друг друга! А точнее, даже не провела, а развела по разные стороны фронта — ведь это я арестовал ее, отправил в тюрьму... И это она передавала Хаттабу шифровки из нашего штаба о перемещениях наших солдат, это из-за нее, возможно, погиб Коля Святогоров... И она же подбросила нам объективку на Мовлади Удугова и Хаттаба... Или она мне врет? Но для чего?

Я сидел и смотрел на нее, стоявшую у затянутого дождем окна, — на пышную, словно вспененную, копну ее вьющихся рыжих волос... на ее спину и талию... и на ее крутые бедра и ягодицы... Ее нужно или убить, или...

Она вдруг повернулась — резко, рывком:

— Перестань! Ты меня уже съел своими глазами! — И нервно подошла к столу, села напротив меня, допила из своего пустого бокала последние капли вина и спросила в упор: — Ну? Ты мне скажешь, зачем ты приехал?

— Скажу.

Я достал из кармана записную книжку, открыл ее на странице, исписанной длинными рядами цифр и букв, вырвал эту страницу и положил ее перед Кимберли.

— Что это? — спросила она.

— Номера счетов моего клиента в «Бэнк оф Нью-Йорк». Его фамилия Кожлаев. На эти счета он через оффшоры отправил 334 миллиона долларов. Часть этих денег предназначалась твоему «другу» Хаттабу. Нам нужно знать, сколько денег на этих счетах сейчас и куда ушли остальные. Ты можешь это сделать?

Она взяла листок, заглянула в него.

— Цифры читать нужно сзади наперед, — уточнил я.

Она спрятала листок в нагрудный карман своей форменной белой рубашки и посмотрела мне в глаза:

— Мне это нравится. Позвони мне через два дня. И запомни: если я это сделаю, ты пригласишь меня в любой ресторан, который я захочу. Договорились?

Дежурить у «Бэнк оф Нью-Йорк» было уже ни к чему, а других дел у меня Нью-Йорке не было, и я, взяв напрокат

246

недорогой «форд» («всего» $ 57 в день плюс $ 17 страховка), поехал — куда бы вы думали? Правильно — в Ричборо, Нью-Джерси. В конце концов, пора было посмотреть на мальчика Ваню, наследника кожлаевских миллионов. Наверное, будь я писателем типа Мамина-Сибиряка, эту историю можно было бы назвать «Кожлаевские миллионы» — по аналогии с «Приваловскими миллионами», которые я читал в детстве.

Адрес Ваниных приемных родителей у меня, если вы помните, был: Глен и Семента Стилшоу, 12 Спринг-драйв, Ричборо, Нью-Джерси. Найти это Ричборо на карте штата Нью-Джерси оказалось проще пареной репы — на восьмидесятом хайвее, в пятидесяти примерно милях от моста Джорджа Вашингтона, что на севере Нью-Йорка.

И вот ясным, солнечным днем я отправился в это короткое путешествие. Описывать его, наверное, не стоит, потому что ничего в нем не было особенного, никаких неожиданностей или приключений — абсолютно! Но именно этим оно и было примечательно! Представьте себе — если сможете — ослепительное, палящее августовское солнце в небе, а в вашей чистенькой машине — кондиционер, прохлада, музыка, и вы катите по хайвею с именем West Side Highway. Слева от вас Гудзон серебрится и полыхает под солнцем, как спина исполинского осетра, а справа — аристократический Вест-Сайд с его прибрежными парками, теннисными кортами и старинными каменными особняками. На кортах сухопарые загорелые джентльмены в белоснежных шортах и футболках и дамы в белоснежных коротеньких юбочках мощными ударами посылают друг другу мячи через сетку; в тенистых липовых аллеях бегают поджарые энтузиасты и энтузиастки здорового образа жизни, и здесь же прогуливаются черные няни с белыми детишками, а на скамейках сидят молоденькие студентки соседнего Колумбийского университета с книжками в руках.

И вдоль этого покойного, умиротворенно-аристократического пейзажа вы катите в голубом «форде» — чисто выбритый, в новенькой рубашке-апаш фирмы «Polo», в легких дорогих брюках-слаксах, в кожаных мокасинах на босу ногу, и, как я уже сказал, в кабине у вас играет музыка радиостанции «Soft Jazz, Love-FM». Кайф! Откинувшись к спинке сиденья, держа руки на руле и глядя на встречный поток чистых дорогих машин, на зелень аристократических парков и теннисных кортов и на панораму старинных, XIX века особняков с их лепниной и мраморными колоннами, вы чувствуете себя Победителем жизни. Где-то там, в Индии, в Пакистане, в России, миллионы людей копошатся в своей нищете, болезнях и рабском труде за кусок хлеба, вы сочувствуете им, конечно, но вы сами — нет, вы уже перешли в другой мир, на другую планету, в другую жизнь. Какие, к чертям, террористы? Какие арабы, чеченцы и солнцевские бандиты? Это все Старый Свет, старый сон! А жизнь — вот она, впереди и чиста, как асфальт хайвея...

Да, теперь я понял, как чувствуют себя американцы. Они вдали от всех наших проблем, они в другом мире, в другом Свете. И — вперед! Под музыку! Жить и наслаждаться!

Вы читаете в высоте зеленые щиты с указателями и стрелками на «George Washington Bridge», мост Джорджа Вашингтона, плавно поворачиваете руль на извиве «экзита», чуть выжимаете педаль газа и, не теряя скорости на подъеме, въезжаете на инженерное чудо прошлого века — гигантский, двухъярусный, подвесной, двенадцатирядный, стальной мост, соединяющий высокий правый берег Гудзона с пологим левым, Нью-Йорк с Нью-Джерси. Под тяжестью тысяч машин, грузовиков, фургонов и автобусов, которые непрерывным потоком катят по нему в обе стороны, этот мост гудит и ревет, как слон. И панорама, которая открывается с его высоты на широченный разлив Гудзона вверху, на севере, и весь Нью-Йорк внизу, на юге, поднимает вам настроение еще выше, и вы вдруг ловите себя на том, что поете — в голос, под музыку радио «Love-FM» вы поете вместе с Фрэнком Синатрой: «If I can make it there, I'll make it everywhere! It's up to you, New York...»*.

А съехав с моста, вы сразу попадаете в хитросплетение шоссейных, хайвейных, парквейных и местных дорожных развязок, где держите ухо или, точнее, глаз востро, чтобы не улететь на скорости бог знает куда на север по 4-й дороге, или на юг по Нью-Джерси-Гарден-экспресс-вей, или на запад по 95-й Интерстейт-хайвей. Впрочем, когда у нас говорят, что Америка — страна дураков, то американцы этим обязаны скорее всего своему стремлению все упростить и сделать понятным даже олуху, который на скорости 80 миль в час все-таки успеет прочесть

---

* Если я смогу пробиться здесь, в Нью-Йорке, я пробьюсь везде! Все зависит от тебя, Нью-Йорк! (*англ.*)

огромный дорожный указатель и сообразить, что они для того и висят, чтобы вы, не раздумывая, следовали этим надписям. Хотя приезжему русскому с нашим горестным опытом подчинения указателям «Верной дорогой идете, товарищи!» и «Вперед, к коммунизму!» доверяться таким указателям непросто. Как-то, еще в бытность мою действующим сотрудником ФСБ, я на служебной «Волге» свернул с виадука над Нижней Масловкой под такой же красивый указатель на Новослободскую улицу и с ходу вылетел совсем в другую сторону — к улицам Ямского поля и цирковому училищу. Оказалось, что наши дорожные умники, перейдя на американский стандарт дорожных указателей, повесили этот указатель совсем не там, где нужно...

Но в Америке сомневаться в указателях некогда — секунда, и вы пролетели свой «экзит», и укатили по другой дороге хрен знает куда! А будете искать разворот — окажетесь вообще или в другом штате, или в районе черного гетто, как герой романа Тома Волфа «Костер тщеславий», которому один неправильный поворот стоил всей биографии...

Впрочем, не хочу вас пугать, а, наоборот, хочу сказать, что мое-то путешествие было самым что ни на есть замечательным: я «стал», как говорят американцы, на свою 80-ю дорогу, и куда бы ни зазывали меня постоянно возникающие над шестирядным шоссе зеленые указатели, в какие бы отели и рестораны ни соблазняли свернуть гигантские щиты рекламы, — я твердо держался ряда, над которым висела цифра «80», и наконец выбрался из перепутья узлов авторазвязки на эту 80-ю дорогу. И катил себе так, уже ни о чем не беспокоясь, а только наслаждаясь замечательной дорогой, зелеными просторами по обе ее стороны, солнцем над головой и музыкой и прохладой в кабине.

Ездить в Америке легко, и нога так и тянется прижать педаль газа, что все и делают. Хотя всюду висят знаки ограничения скорости «60 миль в час», все идут на скорости 80—90. И никто никого не подрезает, никто не садится тебе на хвост, никто не гудит, сгоняя с дороги, и не качает права — даже скучно ехать, ей-богу! То ли дело у нас дома — выезжая даже в соседнюю булочную, никогда не знаешь, доедешь ли живой...

Я катил по шоссе и думал о Кимберли. Ее пышные рыжие волосы, которые так и хочется пригладить... Ее зеленые глаза, полные губы, прозрачная кожа... Ее талия, которую так и хочется обнять... И конечно, ее бедра, крутые, как у виолончели... Как зовуще, притягивающе она стояла в ресторане «Windows of the World» на фоне умытого дождем окна! Наверное, она хотела, чтобы я подошел к ней. Конечно, хотела! А я — мудак! Но ничего, ничего, все еще впереди, старик! Мы еще сыграем на этой виолончели!

От предвкушения этой Кимберли, ее сочного, спелого тела и буйного рыжего темперамента я даже стиснул двумя руками баранку, и мощное, напряженное вожделение вошло в мои члены. О, как я сыграю на этой виолончели! Как стисну, надломлю и заставлю ее стонать, петь, вскрикивать от наслаждения, хватать открытым ртом мои пальцы и трясти этой рыжей копной волос из стороны в сторону...

Поворот на Ричборо возник так неожиданно, что я, резко крутанув баранку вправо, чуть не врезался в какую-то «тойоту». Громкий возмущенный гудок, испуганное лицо старушки за рулем, ее рот, распахнутый в однозначном «Fucking idiot!», и ее оскорбительно поднятый средний палец... — и я улетел в свой «экзит», сошел с основного шоссе на боковую дорогу.

Правда, никакого Ричборо тут не было. А было совершенно открытое и пустое, сколько видит глаз, поле, перекрещенное виадуком 80-го хайвея и какой-то дорогой местного калибра, проходящей под ним. На этом перекрестке стояла автозаправка «Shell». Я подъехал к ней, остановился у павильона-магазинчика. За стойкой оказался молодой худощавый индус с косичкой на затылке.

— Ричборо? Это двенадцать миль на север. Я там живу. Что вы там ищете, сэр? Спринг-драйв? Нет, не знаю, это, наверное, в пригороде. Давайте глянем на карту...

По карте он тут же нашел этот Спринг-драйв — крохотный «Весенний проезд» на западе Ричборо, и я в благодарность за помощь купил у него карту Нью-Джерси и блок «Мальборо» («Сэр, вы знаете, что в Нью-Джерси нет налога на сигареты? У нас пачка «Мальборо» — всего три доллара, а блок — двадцать восемь!»). А затем заправил машину, хотя у меня и так был почти полный бак. Таким образом, на элементарной доброжелательности он за две минуты заработал 42 доллара!

«Америка, блин!» — сказал я себе и покатил в Ричборо.

Впрочем, назвать это городом мог только человек, который в городе никогда не был и понятия не имеет, что это такое.

Если вдоль дороги стоят старая крохотная кирпичная церковь, две бензоколонки, сарай-забегаловка с надписью «Coffee-shop» и хибара с гордой вывеской «First Union Bank», то американцы называют это down-town, а все окружающее — city, город. Хотя сарайная архитектура даже большого скопления таких «билдингов» еще отнюдь не город в нашем европейском понимании этого слова. Но американцам на нашу старосветскую терминологию плевать, их Нью-Йорк так же похож на старый британский Йорк, как «Боинг-747» на «У-2» времен братьев Уточкиных.

Ричборо был, конечно, никаким не городом, а колонией вилл и односемейных домов, разлегшейся на огромной зеленой территории величиной, я думаю, с Тульскую область. Ну, поменьше, конечно, но когда вы час едете по совершенно безлюдным drive, то есть проездам, lines, то есть линиям, и ways, то есть путям, вдоль частных дворов величиной с парк Сокольники, и за кронами деревьев этих парков едва просматриваются один-два дома, а потом опять не то сады, не то парки с теннисными кортами, плавательными бассейнами и табличками «NO TRESPASSING. PRIVATE PROPERTY»*, то, повторяю, ваши представления о городе как *городе* следует забыть и в который раз чертыхнуть этих американцев. «Richboro» — богатое «боро» или, что правильнее, район богачей. Вот и весь перевод, в котором суть всех американских Ричборо, Ричмондов, Ричдрайвов и Ричдейлов. Богачи селятся с богачами, и никакой бедняк не может купить себе домишко в этом районе, поскольку домишек тут просто нет и многоквартирных домов не строят, а каждый дом с участком акров на двести тянет по меньшей мере на триста, а то и на пятьсот тысяч долларов. И пока едешь — хоть часами! — вдоль этой «одноэтажной» Америки, то невольно думаешь — ну, блин, живут же люди! сплошные олигархи! откуда у них такие бабки? коммунистов на вас нет! неужели какой-то владелец бензоколонки тоже живет в таком доме?

Через час, с помощью карты и еще двух остановок у бензоколонок на развилках дорог, я все-таки нашел этот гребаный Спринг-драйв! Он оказался короткой дорожкой с шестью домами по каждую ее сторону — далеко не такими бо-

* Прохода нет. Частная территория (*англ.*).

251

гатыми, как те, мимо которых я проезжал, и без гигантских владений-парков. Пролетариат тут живет, что ли? Хотя нет, и здесь перед каждым домом полянка с подстриженной травой, у каждого дома два гаража с машинами типа «лексус» и «торус», а за домами лужайка с плавательным бассейном, огромная наземная тарелка телеантенны, баскетбольное кольцо на столбе, а кой у кого даже свой теннисный корт. Поскольку нет тех огромных парков, скрывающих роскошные «хаусы», то и люди какие-то видны — кто траву стрижет газонокосилкой, кто в теннис играет. И ведь ничем от нас не отличаются — такие же две руки у каждого, две ноги и одна голова, а дома не слабые — комнат так на восемь, а то и десять, если судить по окнам...

Да, повезло мальчику Ване Суховею из нижегородского Дома грудного ребенка!..

Но стоп! Какой на фиг мальчик Ваня в доме номер 12 — окосел он, что ли? Трое пацанов — никакие не Вани, а чистые японцы — гоняют по двору мяч и забрасывают его в баскетбольное кольцо, а еще двое копаются в детском велосипеде, а шестой карапуз босиком ковыляет на кривых ножках за тявкающим щенком, но и этот карапуз никакой не Ваня, а тоже японец!

Медленно проезжая мимо оглянувшихся на меня японских ребят, я сверил табличку с номером «12» на доме с записью в своем блокноте и остановил машину. Все мои расчеты просто постоять где-нибудь рядом с этим домом, чтобы дождаться приезда или выезда его хозяев Глена и Сементы Стилшоу с их сынишкой Ваней (или как там они его переименовали), и в дешевый бинокль, который я купил на Бродвее, издали разглядеть этого мальчика, — все эти планы полетели к черту. Какие тут Глены и Сементы?!

Я вышел из машины и направился к японцам. Самый старший из них, двенадцатилетний, я думаю, прекратил игру и выпрямился с мячом в руках.

— Hi! — сказал я, приветственно поднимая руку.

Мальчик выжидающе улыбнулся: «Hi! How are you!», и я тут же вспомнил, что в Америке принято улыбаться, здороваясь с людьми. Улыбайся, блин, улыбайся, покажи человеку, что у тебя ничего плохого нет ни в душе, ни в намерениях...

Но мы же не умеем улыбаться, вот в чем наша беда! За семьдесят лет всемирного братства и всесоюзного «человек человеку — друг» мы разучились даже здороваться по-человечески, с улыбкой.

Все-таки я растянул губы:

— Слушай, это же Спринг-драйв, 12, так?

— Да, сэр, — почти хором сказали японские мальчишки, окружая меня.

И, глядя на них — худеньких, черноглазых и явных погодков, одинаковых, как грибочки из японского леса, — я улыбнулся уже от души.

— Но разве это не дом мистера Стилшоу? Глен и Семента Стилшоу...

— О! — сказал старший. — Они давно съехали. Мы купили этот дом.

— Давно съехали? — обескураженно переспросил я. — Куда съехали?

— Кто ж знает? — пожал он плечами и спросил: — А вы откуда? Из Венгрии?

Мысленно чертыхнувшись на свой все-таки неистребимый, как оказалось, акцент, я не стал разубеждать этого мальчишку, сказал:

— Да. Я давно не видел своих друзей и хотел сделать им сюрприз... Ладно, я пойду. Жаль, что я их не увижу. Гуд бай!

— Минутку, сэр! — сказал мальчик. — Я думаю, я могу вам помочь. Подождите! — И он бегом метнулся в дом и выскочил оттуда почти тотчас, держа в руках крохотный, величиной с обычную книжку, ноутбук. А следом за ним вышла японка средних лет — в деревянных сабо и в японском домашнем халате, под которым угадывался уже округляющийся новым приплодом живот. Она что-то говорила сыну по-японски, тот быстро ответил ей, и она повернулась ко мне, церемонно, на японский манер наклонила голову и спину в знак приветствия.

Я ответил с той же церемонностью:

— Good morning, mam! How are you...

— Это наша мама, она не говорит по-английски, — сказал за нее мальчик, открывая ноутбук и включая его. — Минутку, он должен врубиться. У вас в Венгрии есть ноутбуки? Это японская «тошиба», последняя модель! — И своими тонкими, как у пианиста, пальцами он быстро пробежал по клавишам кийборда, явно демонстрируя мне и свою скорость, и скорость этой японской «тошибы». — О'кей, я уже в Интернете! Вы знаете, что такое Web Yellow Pages?

— Только слышал, — подыграл я ему, глядя на экран, где возникла титульная интернетовская страница Всеамериканской телефонной книги Web Yellow Pages, и изумляясь своей тупости: конечно, я должен был перед тем, как ехать сюда, заглянуть в телефонную книгу!

— Как пишется их фамилия? — спросил между тем мальчик и тут же набрал на кийборде: — S-t-e-e-l-s-h-o-w, правильно? А имя? Glen? Это просто... — Он подвел курсор к команде «поиск» и тихо ударил по клавише «Enter».

Босой карапуз в тяжелом намокшем памперсе подошел к нам на своих кривых ножках, и я увидел, что это прелестная, коротко стриженная девочка с черными стрелками живых любопытных глаз. Щенок старался вырвать у нее из руки какую-то веревку, но она уже не играла с ним, а рассматривала меня.

Между тем «тошиба», чуть пожурчав, выбросила на экран семь телефонов и адреса семи Гленов Стилшоу в шести разных штатах Америки: два в Калифорнии, а остальные во Флориде, Нью-Йорке, Техасе, Колорадо и Вайоминге.

— Гм... — обескураженно сказал мальчишка. — Извините, сэр. Боюсь, вам придется позвонить им всем, чтобы найти вашего друга. Хотите воспользоваться нашим телефоном? — И приказал что-то по-японски своим братьям, которые тут же — все вместе — ринулись в дом, скорее всего за телефонной трубкой.

— Нет, нет! — поспешил отказаться я. — Останови их. Я позвоню из дома.

— В таком случае подождите еще минутку, сэр. Я вам отпечатаю этот список на принтере...

Вот уж не думал, что Кимберли потащит меня на Брайтон-Бич! Меньше всего я собирался светиться среди русских эмигрантов, ведь среди них могли быть мои бывшие «клиенты» и «подопечные».

Но Кимберли сказала:

— Я выполнила твою просьбу? Я хочу в «Романов»! С кем я могу туда пойти? Мои друзья-американцы ни хрена не понимают по-русски, им это не интересно. А одна я не могу идти в ночной клуб, я же не проститутка. Поэтому мы идем с тобой! Сколько я тебе сэкономила на взятках служащим «Бэнк оф Нью-Йорк»? Ну?! Только честно! И учти: ты рисковал ужасно! Любой из них мог взять деньги, а потом побежать в ФБР и заложить тебя! Ты даже не знаешь, какие у нас все стукачи! Так что поехали гулять на Брайтон — *за милую душу!* Правильно? Так по-русски?

Я улыбнулся. Что правда, то правда — эта Кимберли за два дня сделала то, что я — в лучшем случае! — мог сделать недели за две, и притом действительно с крупным риском угодить в лапы ФБР. А про деньги и говорить нечего...

Так что гулять по Брайтону, как по буфету, Кимберли имела полное право: в официальной — вы понимаете? *официальной* — справке ФБР, которую она притащила мне, значилось:

«Конфиденциально.
Специальному агенту Кимберли Спаркс,
офис ЦРУ в Нью-Йорке.

Отвечая на Ваш запрос, Департамент по борьбе с терроризмом ФБР сообщает: на указанных вами счетах в «Бэнк оф Нью-Йорк» в настоящее время находится (с учетом процентов) $ 117.872.423,36 — сто семнадцать миллионов восемьсот семьдесят две тысячи четыреста двадцать три доллара и тридцать шесть центов.

Остальные деньги, побывавшие на этих счетах с момента их открытия, ушли:

$ 3.342.412 — в Арабский объединенный банк, Карачи, Пакистан (на трастовый счет № 5490000876K764);

$ 2.562.566 — в палестинский банк «Возрождение», Рамалла, Палестина (на трастовый счет № 84077321409);

$ 1.731.890 — в Чечено-Кавказский Свободный банк, Баку, Азербайджан (на трастовый счет № 097AZ694573);

$ 72.500.000 — в «Прометей-Банк», Кипр (на счет фирмы «Капитал-Инвест» № 88709736789);

$ 72.500.000 — в «Банк Дэл Сол», Багамские острова (на счет фирмы «Прайорити-Инвест» № 98754821003)

и $ 42.800.000 — в «Кредо-Банк», Андорра (на личный счет г-на Романа Кожлаева № 67985300021).

Согласно оперативным данным, поступившим с Кипра и Багамских островов, фирмы «Капитал-Инвест» и «Прайорити-Инвест» являются дочерними фирмами швейцарской фирмы «Forse», принадлежащей г-ну Кожлаеву, и занимаются прямыми инвестициями в строительство московских жилых и офисных комплексов класса «люкс»...

— Бинго! — не удержавшись, воскликнул я по-американски, получив у Кимберли эту справку на белом, с крошечным орлом наверху, бланке ФБР. И даже чмокнул Кимберли в щеку. Правда, потом обратил внимание, что датой выдачи этого документа значилось 12 августа, а сегодня было уже 29-е. И я вопросительно глянул на Кимберли.

— О, это не имеет значения! — отмахнулась она. — Данные о деньгах сегодняшние. А дата... 13 августа я уволилась из ЦРУ. Понимаешь?

Я понял. Кимберли, как и я в Москве, воспользовалась своим бывшим статусом сотрудника самого влиятельного силового учреждения, и коллеги или друзья из ФБР, чтобы не подставляться, выдали ей эти данные задним числом, когда она еще была в должности и праве такие данные запрашивать...

— Ты хочешь, чтобы ЦРУ заморозило эти деньги? — спросила между тем Кимберли.

— Нет! Ты что! — испугался я.

— Но это же «грязные» деньги! Вы будете требовать вернуть их России?..

Я посмотрел ей в глаза и смешался:

— Да, конечно. Но не сейчас... Кое-что еще нужно сделать до этого...

Она пожала плечами:

— Ладно, это не мое дело. Мы едем на Брайтон?

— Конечно...

256

Но Брайтон меня разочаровал не меньше, если не больше, чем Ричборо. Вообще я подозреваю, что когда американцы говорят «Маленькая Одесса» или «Маленькая Италия», то они, наверное, имеют в виду скопление нескольких одесских или итальянских ресторанов в одном месте и громкую речь местных жителей, подкрепленную ожесточенной жестикуляцией. Потому что во всем остальном «Little Odessa» на Брайтоне была похожа на Одессу, как какой-нибудь обменный пункт валюты на шоссе Энтузиастов в Москве на «Бэнк оф Нью-Йорк» на Уолл-стрит.

Впрочем, какие-то картинки с натуры я вам должен представить. Начнем с моря, точнее — с широкого, на сваях, деревянного променада-«бродвока», тянущегося по берегу Атлантического океана вдоль всего Брайтона. Это и есть Брайтон-Бич, пляж на Брайтоне. У какого-то автора-эмигранта я читал, что в начале прошлого столетия, то есть году эдак в 1915-м или еще раньше, это было роскошное место отдыха нью-йоркской аристократии — как у нас Коктебель или у французов Коктебло. Всякие Рокфеллеры и Морганы приезжали сюда из Нью-Йорка на первых автомобилях, дорогих, как нынче персональные реактивные «Gulf-Jets». Потом, когда автомобилей стало побольше, Брайтон оккупировала разночинная буржуазия — врачи, адвокаты, биржевые дельцы и предприниматели, разбогатевшие на поставках воюющей Европе оружия, бинтов и солдатских кальсон.

Но во времена Великой депрессии Брайтон захирел и уже никогда не поднялся до своего былого аристократизма, а существовал лишь за счет еврейских курортников из соседнего Бруклина и ностальгирующих по прошлому детей бывших завсегдатаев этого пляжа — детей, которые выросли на этих пляжах и унаследовали богатства своих родителей.

Вторая мировая война доконала Брайтон — часть золотой молодежи уплыла в Европу воевать с Гитлером, а остальным стало не до курортов. Роскошные отели, пансионы и рестораны закрылись, дорогие виллы ушли с молотка. А после войны вместе с надземкой-сабвеем сюда пришла нищета — черные, пуэрториканцы, костариканцы и бог знает кто еще. Великие достижения цивилизации очень часто идут ей же во вред — всюду, куда американцы протягивают свои сабвеи, железные дороги и даже авиалинии, им рано или поздно приходится собирать манатки и сваливать домой. Из арабских стран, где они открыли нефть... из Кубы, где у них были первоклассные курорты... и даже с Брайтона, куда на сабвее хлынула вся нью-йоркская помойка...

И так бы остался этот Брайтон бруклинским Гарлемом или еще хуже, если бы не еврейская эмиграция из СССР. В поисках дешевого жилья наши евреи рыскали по всему Нью-Йорку, селились и на севере, в Вашингтон-Хайтс, среди пуэрториканцев, и на востоке, в Квинсе, среди испанцев и украинцев. Но больше всего им по духу и, главное, по карману пришелся Брайтон-Бич — здесь «всего» за двести долларов в месяц можно было снять трехкомнатную и даже четырехкомнатную квартиру! Правда, в совершенно разбитом доме с тараканами, крысами и засорившейся лет двадцать назад канализацией. Правда, в районе, где детей нельзя выпустить на улицу из-за валяющихся там наркоманов. Правда, по вечерам даже взрослым мужчинам было страшно идти от сабвея домой — в темноте, поскольку все фонари разбиты, можно было легко напороться на нож черных грабителей.

Но советская закалка комсомолом, целиной и армией не пропала зря — одесские таксисты, грузинские подпольные цеховики и рижские сионисты сообща выжили, выбили и выпроводили отсюда черных и пуэрториканцев, вытравили крыс и тараканов, отремонтировали канализацию, водопровод и протекающие крыши и вставили лампочки в разбитые фонари. Брайтон ожил, обзавелся русскими магазинами, кавказскими ресторанами и даже книжными магазинами. И конечно, приятно — что уж там кривить душой! — приятно среди американского сарайного дизайна и вездесущих McDonalds, K-Mart и One Dollar Store вдруг прочесть десятиметровые вывески: КНИЖНЫЙ МАГАЗИН «БЕЛЫЕ НОЧИ»... РУССКАЯ АПТЕКА... ГАСТРОНОМ «МОСКВА»... РЕСТОРАНЫ «ПРИМОРСКИЙ», «ЖЕМЧУЖИНА», «АПШЕРОН», «КАЛИНКА», «ЗИМНИЙ САД», «ГАМБРИНУС»... КАФЕ «АРБАТ», «ПАРИЖ», «ТЫ И Я»... КОНДИТЕРСКАЯ «ЗОЛОТОЙ КЛЮЧИК»... ОБУВНОЙ МАГАЗИН «ЗОЛУШКА»... и «КЛУБ-РЕСТОРАН ИМЕНИ ЮРИЯ ВИЗБОРА»! А из окон пирожковой «КАК У МАМЫ», магазина «МОСВИДЕО» и даже из дверей двухэтажного, а-ля Елисеевский, гастронома «НАЦИОНАЛЬ» несутся песни Газманова, Шуфутинского и «Валенки, валенки» Руслановой.

Но — Боже мой! — этот деревянный променад с его доминошниками, игроками в нарды и шашлычными забегаловками! Разве это одесский Приморский бульвар?

И — этот рев надземки с поездами сабвея, гремящими прямо над вашей головой вдоль всего Брайтон-Бич-авеню!

И — эти крики на всю улицу: «Гриша, иди вже сюда! Тут арбузы дешевше!»

И — эти расплывшиеся от американских харчей женщины-гусыни с авоськами в руках и с ногами величиной с ножки рояля!

Впрочем, Кимберли явно кайфовала от всего этого. Восторженно озираясь по сторонам, она тащила меня из одного гастронома в другой и требовала:

— Я хочу эту колбасу! To taste it! Попробовать!.. Я хочу этот хлеб! O my God! Он пахнет Россией!.. Я хочу этот кейк! Как это по-русски? Пирожно?..

— Мы же идем в ресторан...

— Это о'кей! Не важно! Я хочу сейчас! А это что? Пончи-ки? Что это — «пон-чи-ки»? А ты можешь купить мне эти песни? Я хочу эти песни — про валенки! И про «Москва-колокола»!..

Она раскраснелась, помолодела, и я, начисто забыв все про ее миссию в Ханкале, с легкостью покупал ей диски Газманова, кассеты Руслановой, матрешки «Путин», чебуреки и зефир в шоколаде.

К девяти вечера, совершенно объевшись кавказскими хачапури, киевскими тортами, чесночной украинской колбасой, московским эскимо и конфетами «Мишка косолапый», мы — на такси — добрались до ночного ресторана-кабаре «Романов», которое оказалось вовсе не на Брайтоне, а на севере от него, на авеню Кони-Айленд.

* * *

Ой, Одесса! Жемчужина у моря!
Ой, Одесса, ты знала много горя!
Ой, Одесса, мой милый теплый край!
Живи, моя Одесса, живи и расцветай!..

В «Романове» гремела музыка, огромный, мест на шестьсот, зал с большой эстрадой и хрустальными люстрами на потолке, хрустальными светильниками на мраморных стенах и прочей повсеместной лепотой, позолотой и бархатом праздновал две свадьбы, два дня рождения и одну бармицву. В связи с этим столы в зале были сдвинуты буквами «П», «Ш», «Г» и «Е», и разбитной толстяк-ведущий ежеминутно возглашал со сцены:

— А сейчас мы поздравляем молодых Риммочку и Лёню, и по просьбе Лёниного дедушки, который дарит им свадебный тур на Коста-Рику, наш оркестр исполняет популярную песню «Черный кот»!

Гости аплодировали дедушке и дружно шли плясать «Черного кота». При этом все мужчины были одеты в дорогие итальянские костюмы, модные рубашки без воротников и итальянские, с кисточками, туфли по 500 долларов за пару. Однако золотые цепи на шеях, перстни на руках и нечто неуловимо совковое в лицах этих джентльменов делали их похожими не столько на новых Рокфеллеров, сколько на персонажей из фильмов об итальянской мафии. А дамы... о, тут было полное смешение! Стройные девицы в джинсиках, с обнаженными животиками и с пирсингом в пупках, перезрелые толстушки в панбархате и с золотыми цепями на щиколотках, дебелые матроны с «химией» на голове и с бриллиантами в ушах и седенькие старушки, завитые и затянутые в корсеты. Все танцевали, ели, снова танцевали и снова ели — еды на столах было столько, что очередные фарфоровые блюда с жареными утятами и куриным сациви официанты ставили уже поверх блюд с салатами из омаров, фаршированной рыбой и печеными баклажанами.

Впрочем, все блюда на этих столах я перечислять и не берусь, тем паче что официанты все подносили и подносили — каких-то карпов в сметане, жульены из крабов и перепелиного мяса, горы пирожков с капустой, хачапури, оливье, чебуреки, «еще селедку с картошкой», еще шашлык-чалахач и так далее. И все это изобилие — словно с былой, сталинской Выставки достижений народного хозяйства или, может быть, с иллюстраций «Книги о вкусной и здоровой пище» — поглощалось и съедалось под ежеминутные тосты и обильную выпивку не столько мужской частью этих застолий, сколько — представьте себе! — женской! Поскольку мужчин все-таки было меньше, чем дам, и их постоянно вытаскивали из-за столов топтаться на танцплощадку, то остающиеся за столами матроны и старушки — то ли с горя, то ли со злости — мощно налегали на еду и даже на выпивку.

— Семья Гуревичей поздравляет дорогого Алика с бар-мицвой, дарит ему этот конверт с небольшим чеком и желает расти большим, умным и богатым! Зай гизунт, дорогой Алик! Специально для тебя — «Пусть всегда будет солнце!». Все поют и танцуют!

И все действительно пели хором и танцевали «Солнечный круг, небо вокруг!..».

— Родственники из Лос-Анджелеса желают тебе, Амелия, «хэппи бёсдэй» и просят принять в подарок эту корзину цветов и музыкальный привет «Хава Нагила»!

И все снова пели и плясали...

Мы с Кимберли сидели за столиком в левом конце зала, где располагались еще несколько таких же, как мы, одиноких пар или небольших компаний. Впрочем, слово «сидели» в этом случае совершенно не подходит, потому что Кимберли, возбужденная прогулкой по магазинам на Брайтон-Бич и разгоряченная водкой «Кристалл», бутылку которой мы с ней споловинили здесь в первые же двадцать минут под жареные грибочки лисички и селедочку с картошкой, поминутно тащила меня танцевать и лихо отплясывала и «Черного кота», и «Эх, Одесса!», и «Хава Нагилу». Она опять раскраснелась, легко и охотно прижималась ко мне в танце своей упругой грудью, животом и ногами и дерзко, обещающе, с улыбкой смотрела прямо в глаза, а потом кокетливо выскальзывала из моих рук и плясала сама, тряся своими пышными огненными волосами и извивая сокрушительно манящие бедра, обтянутые темно-вишневым коротеньким платьем. Конечно, она была чуть-чуть overweight, как говорят американцы, то есть излишне полновата, но здесь, среди этих эмигрантских тяжеловесок, она смотрелась прекрасно. И потом, кто сказал, что мужчины любят плоскодонок?

— Дамы и господа! — объявил ведущий. — Через пятнадцать минут мы начинаем наше феноменальное шоу с участием лучших ножек Нью-Йорка и лучших звезд московской эстрады! Можете отдохнуть, расслабиться и перекурить. Кстати, наш ресторан уже, наверное, единственное место в Нью-Йорке, где нет дискриминации курильщиков. Курите сколько хотите, но помните, что курение опасно для вашего здоровья!..

Публика почему-то зааплодировала, а Кимберли, идя со мной к нашей левой балюстраде, говорила на ходу:

— Ты знаешь *хохма*? «Хохма», правильно? A joke.

— Хохму... — подсказал я. — Ты знаешь хохму.

— О'кей, хох-му, — повторила она. — Когда два эмигранта построили этот «Романов», пришел инспектор из IRS и попросил финансовые документы строительства. И что ты думаешь? У них не было ни одного чека на покупку всех этих люстр, мрамора и вообще даже кирпичей и балок. Построить это здание им обошлось не меньше миллиона баксов, но они за все платили кэш, наличными. Представляешь? Стоп! — Она вдруг замерла, ухватив меня за руку и глядя на правую балюстраду зала. — Нет... Это невозможно...

Я проследил за ее взглядом.

Там, у правой стены зала, за столиком, на который смотрела Кимберли, сидела тихая компания из двух мужчин и двух женщин — правда, несколько отличная от расфранченной брайтоновской публики. Судя по их замкнутым лицам, это были русские туристы...

Но Кимберли!

Ее лицо остервенело, ноздри затрепетали гневом, она рванула с места и с неожиданной в женщине широтой шага стремительно понеслась к нашему столику. Здесь она молча взяла со спинки стула свою сумочку, достала из нее мобильный телефон, быстро набрала какой-то номер и, резко откинув за спину волосы, приложила трубку к уху.

— Куда ты звонишь?

Она не ответила. Не спуская глаз со столика у правой стены, она сказала в трубку твердым, жестким, официальным тоном:

— Добрый вечер, лейтенант. Это говорит специальный агент ЦРУ Кимберли Спаркс. Я звоню из русского клуба «Романов» на Кони-Айленд-авеню. Пришлите сюда людей проверить документы у одной суки. Она сидела в русской тюрьме — как она могла попасть в США?.. О'кей, я жду в ресторане. Левая сторона, третий столик от входа.

Я поморщился:

— Что ты затеваешь?

— Ты можешь себе представить?! — Кимберли по-прежнему не отрывала взгляда от столика на противоположной стороне зала. — Ее кличка Лошадь, она кобел и стукачка! Я сидела с ней в камере в Тамбовской пересылке. Ты не пред-

262

ставляешь, что она там делала! Смотри! — И Кимберли оття-
нула правый рукав своего платья, заголяя плечо с двумя глу-
бокими шрамами. — Видишь? Я не могу носить открытые
платья — это она меня грызла, зубами, до кости! Ты не представляешь, какая в ней сила! Я еле отбилась...

Я еще раз посмотрел на тот столик.

Одна из женщин была действительно похожа на лошадь —
наши зеки умеют давать точные кликухи. На вид ей было не
больше сорока — высокая крашеная блондинка в глухом зак-
рытом серо-жемчужном платье, с широкими худыми плечами,
узким лобиком, крупным носом и тяжелой нижней челюстью.
Рядом с ней сидели тоже не ангелы — смуглая и вертлявая, как
обезьянка, молодка с большими накладными ресницами и ярко
накрашенными губами, и два быка, не то солнцевских, не то
люберецких — плечистых, с коротким шеями и короткими
стрижками под американских десантников. То есть это были
наши типичные братки, приехавшие в Америку не то на гаст-
роли, не то оттянуться после очередной отсидки.

Тут в двери зала появился черный офицер полиции, эдакий сорокалетний увалень весом килограмм под сто сорок,
увешанный портупеями с кобурой, радиотелефоном, наруч-
никами и еще какими-то цацками. Оглядев зал, он неспеш-
ной походкой прямиком подошел к нашему столику и сказал
Кимберли:

— Это вы мне звонили? Вы Кимберли Спаркс?

— Да, лейтенант. Я хочу, чтобы вы проверили документы
вон у той компании. Это русские преступники...

— Можно мне посмотреть ваши документы, мэм?

— Я сейчас не на службе, лейтенант. Я не ношу документы в ресторан, — несколько нервно ответила Кимберли. —
Но я хочу, чтобы вы проверили...

— Мэм, — усмехнувшись, перебил ее полицейский, — я
проверил ваше имя в ЦРУ. Вы уже две недели как уволены.

— Это не имеет значения, лейтенант! — вскипела Кимберли, краснея так, что даже ее шея стала красной от бешенства. — Я говорю вам: проверьте их документы!

— Это мой участок, а не ваш, мэм! — с явной издевкой
усмехнулся полицейский. — И у меня нет никаких причин
портить людям вечер в ресторане. Гуд бай, мэм! И не вздумай звонить мне еще раз... — Он повернулся и той же не-

спешной походкой самодовольного павиана двинулся к выходу.

— Минуту, лейтенант! — сказала ему в спину Кимберли и встала.

Он, демонстративно игнорируя этот оклик, шел дальше.

— Лейтенант! — крикнула Кимберли так, что к нам повернулся весь зал. Повернулся и притих.

Лейтенант принужденно оглянулся.

Я впервые в жизни присутствовал при дуэли белого офицера американских силовых структур с черным, и мне было интересно, чем это кончится.

— Тебе нужна причина, чтобы проверить их документы? — спросила Кимберли у лейтенанта.

Он молчал, насмешливо глядя на нее.

— О'кей! Сейчас ты получишь причину... — И Кимберли через весь зал решительно направилась к столику своей Лошади.

Я понял, что если я не вмешаюсь, то сейчас произойдет нечто ужасное, и бросился за ней:

— Постой!

— Fuck off! — отмахнулась она.

— Но подожди!.. Что ты соби...

— *Отъебись!* — вдруг громко сказала она по-русски и с нашим, российским остервенением в голосе. А затем по-английски: — Это моя страна!

И, оттолкнув меня, шагнула к столику братков, сказала громко, по-русски:

— Привет, Лошадь!

Лошадь сидела, побледнев и выпрямив спину.

— Ты не узнаешь меня, курва? — усмехнулась Кимберли. — А Тамбов пересылка помнишь? — От внутреннего напряжения она переводила себя с английского дословно, в именительном падеже.

Лошадь искоса глянула на братков, и те стали медленно подниматься — они, я понял, были ее телохранители.

Я ринулся к этому столику.

Но Кимберли опередила и меня, и братков, и вышибал ресторана, которые уже спешили сюда, к месту события. Откинув сначала голову со своей рыжей копной, она затем вся качнулась вперед и смачно плюнула Лошади в лицо.

Дальнейшее трудно излагать последовательно, поско́льку все происходило одновременно: братки кинулись на Кимберли — я влетел между ними — Кимберли ногой врезала одному из них в пах так, что он скорчился, — вышибалы навалились на Кимберли — второй браток кастетом угодил мне в бровь — черный полицейский лейтенант шел к нам через зал, на ходу вызывая по «воки-токи» подмогу, — Кимберли, взбрыкнув в руках вышибал, ногами опрокинула на Лошадь стол с бутылками и едой — «мартышка»-лесбиянка визжала — я локтем разбил нос братку с кастетом — пять полицейских ворвались в зал и с ходу завернули руки за спину мне, Кимберли и браткам и защелкнули на них наручники — и только Лошадь, бледная как мел, сидела на стуле, не двигаясь и не сбрасывая с колен и груди ни салат оливье, ни селедку под шубой.

А вокруг шумели эмигранты:

— Это рыжая начала! Американка!..

— Люди спокойно отдыхали, а она!..

— Она этой женщине в лицо плюнула, я свидетель!..

Полицейские повели нас к выходу, а Кимберли на ходу сказала лейтенанту с торжествующей усмешкой:

— Теперь у тебя до хера причин проверить у них документы! Не забудь эту fucking Лошадь, она главная пострадавшая!..

Через час, после серии телефонных звонков в полицейский участок из нью-йоркского ФБР, вашингтонского ЦРУ и адвокатов службы безопасности Всемирного торгового центра, нас с Кимберли выпустили из брайтоновского полицейского участка, и Кимберли, весьма довольная своим подвигом, возбужденно оглядывалась в поисках бара.

— Эта *курва* прилетела по фальшивой визе!.. Поехали в Манхэттен, хватит с меня вашего Брайтона!.. Но теперь она сядет в *нашу* тюрьму!.. Я хочу выпить! Такси!.. Надеюсь, они не нашли у тебя справку, которую я тебе дала?

— Нет, конечно.

— А куда ты ее спрятал?

— Я ее съел.

— О, ты профессионал!.. Но не беспокойся, у меня есть копия... Сколько я говорила Кларку: нужно разогнать этот гребаный офис эмиграции и натурализации, это и раньше были авгиевы конюшни, а при Клинтоне там стало просто помойное ведро! Они даже не сами визы дают, а передали это на откуп какой-то адвокатской конторе! Ты представляешь?

Я представлял. Мир действительно стал функционировать по методу единой глобальной канализации, и дерьмо в нем всплывает так быстро, что не поймешь, чье оно — наше у них или американское у нас. Уж если Управление по эмиграции и натурализации при госдепартаменте США создало «дочернюю фирму», которая за бабки выдает визы кому угодно, вплоть до наших братков и уголовников, то что говорить о дочерних фирмочках при наших министерствах, губернаторах, мэриях и прочих органах власти, курирующих все, с чего можно снимать пенку, и другие блага так называемой *демо*кратии?..

— О'кей, мистер, — сказала Кимберли таксисту. — Нам нужно в Манхэттен, на угол 88-й стрит и Второй авеню. «Элани-бар»...

— Я не могу в бар, — сказал я. — У меня бровь разбита и весь пиджак в крови.

— Это верно... — вздохнула Кимберли. — Но мне нужно выпить... — И вдруг посмотрела мне в глаза: — О'кей, у тебя дома есть выпивка?

Конечно, после первого дринка мы оказались в постели. Этим должно было кончиться, что тут темнить? И я, и Кимберли с самого начала знали, куда мы идем — еще, между прочим, с Чечни! И Кимберли очень просто и почти обыденно преодолела этот барьер. Стоя возле окна в моей небольшой съемной студии на Бродвее, она даже не допила свой стакан рома с кока-колой, а поставила этот стакан на подоконник и спросила:

— Каким полотенцем мне пользоваться? Я иду в душ.

Я выдал ей чистое полотенце из тех, что неделю назад купил на уличной бродвейской распродаже — аж пять штук за десять долларов...

Но если вы думаете, что сейчас я стану описывать свои подвиги в постели, то вынужден вас разочаровать — точно так, как я разочаровал Кимберли. Да, я дал себе слово не врать в этих заметках и не приукрашивать себя, как это делают авторы всех мемуаров; так что теперь приходится быть честным даже в этом. Четыре года Кимберли зазывала меня в постель — и тогда, в Чечне, заигрывая и флиртуя со мной... и потом, когда снилась мне бог знает в каких позах... и на 107-м этаже ВТЦ в ресторане «Windows of the World»... и во время танцев в «Романове». Но когда — наконец! — я, приняв душ, лег подле нее, укрытой простыней, и сбросил эту простыню, и невольно залюбовался ее красивой головой с пеной рыжих волос на моей подушке, ее тонкими ключицами, округлыми плечами, большой — еще больше, чем мне всегда казалось, — грудью, глубоким прогибом талии и бедрами — теми крутыми, как у виолончели, бедрами, которые манили и дразнили меня всегда, — что-то не вздрогнуло во мне, не напряглось и даже не шевельнулось.

— What's wrong? Что не так? — тихо спросила Кимберли.

— Сейчас... подожди...

Но я уже знал, что вру. Больше того: еще тогда, когда она, стоя у моего окна с видом на неоновый пожар рекламы ночного Бродвея, пила ром с кока-колой, я, глядя на нее из глубины комнаты, вдруг понял, что что-то перегорело во мне, что я пуст. То ли эта сцена в «Романове», когда Кимберли вдруг показала свою полицейскую хватку и тренировку... то ли нью-йоркская жара... то ли просто старость... Не знаю... И даже не буду врать, что я вспомнил в этот миг Ханкалу и Грозный, и тот ужасный бой — даже не бой, а избиение, истребление, в который мы попали — хрен его знает, по наводке этой Кимберли? — и Коляна Святогорова, который там погиб... Или что я вспомнил Полину — мол, ее «светлый образ немым укором встал перед моими глазами». Чушь! Мужчины полигамны, и даже Маяковский, безумно, до самоубийства влюбленный в парижанку Яковлеву и ежедневно сочиняя ей из Москвы прекрасные стихи и телеграммы, в это же самое время (и тоже ежедневно) трахал юную московскую актрису Полонскую, которую ему подложила Лиля Брик, чтобы отыграть его у Яковлевой...

И хотя какое-то воспоминание о Полине действительно мелькнуло в моей голове, но я — если быть уж до конца откровенным — просто прогнал его, сказав сам себе: «Блин! Да ты смотри, какая женщина! Песня!», и пошел в душ, и приготовил себя...

Но что-то не сработало.

Даже в постели, когда я уже испробовал все известные мне способы мобилизации, а Кимберли — все, вплоть до французского, известные женщинам меры построения нас по стойке «смирно», мое мужское достоинство самым позорным образом вело себя как дезертир, предатель Родины и пьяный алкаш, которого невозможно поднять из канавы.

Отчаявшись, Кимберли устало откинулась рядом со мной на подушку и замерла с закрытыми глазами.

А я лежал, уставившись глазами в потолок, униженный и оглушенный своим неожиданным бессилием. Черт побери, вот, оказывается, как это приходит! Я-то думал, что импотенция — это просто страх импотенции и ничего больше. А выходит... Но почему, Господи? Ведь еще совсем недавно, всего пару месяцев назад, я по первому требованию какой-то мелюзги-банкирши был «всегда готов!», как сталинский пионер. И со всеми, кто был до нее — тоже и вне зависимости от меры моей влюбленности в них или хотя бы увлеченности этими женщинами. И вдруг тут, в Нью-Йорке, за границей — неужели это пришло?! Но на хрена мне тогда кожлаевские миллионы и вообще все на свете, если я уже импотент?! И неужели потенция — это как деньги и молодость: когда ты молод, тебе кажется, что ты будешь молод всегда, вечно и твоя потенция неиссякаема. И когда ты богат, ты думаешь, что уже схватил бога удачи за бороду и будешь богат всю жизнь. А потом, вдруг... Да, в один прекрасный, хотя нет — в один ужасный день ты вдруг видишь, что и деньги кончились, и молодость прошла, и от всего твоего былого могучего мужского достоинства осталась только функция мочеиспускательного канала...

А может быть, всему виной алкоголь? Все-таки мы с Кимберли осушили в «Романове» почти всю бутылку «Кристалла».

Что-то заставило меня скосить глаза, и я увидел, что Кимберли плачет. Беззвучно, без всхлипов, просто катятся слезы из ее закрытых глаз.

— Прости... — сказал я тихо. — I'm sorry... Это не твоя вина, ты прекрасная...

— Oh, yes! — саркастически усмехнулась она, не открывая глаз. — Я прекрасная баба, я знаю. Но fucking жизнь — где же мой мужик?.. Где мужчина, от которого я рожу ребенка?.. Мне уже тридцать четыре... — Она открыла глаза и вдруг села на кровати, легко поджав под себя ноги, в позе лотоса. И так, с поджатыми ногами, совершенно обнаженная и полногрудая, в свете огней ночного Манхэттена за окном, она стала похожа на индусскую статуэтку какой-нибудь их индусской богини плодородия. — Знаешь, — сказала она, — я чувствую, что я скоро умру... Нет, я абсолютно здорова... И во мне столько соков жизни! Но... Зачем я пошла в ЦРУ?.. Я могла бы родить дюжину детей... Посмотри на эту грудь... — И она рукой подняла свою полную, налитую грудь. — Она не кормила ни одного ребенка...

Я положил руку ей на колено:

— Ты еще родишь...

— Нет, — покачала она головой. — Я верю в предчувствия. И я была у астролога. Я скоро умру.

— Глупости... — Я притянул ее к себе, и она покорно и уютно умостилась на моем плече, и теперь мы лежали рядом безгрешно, как брат и сестра.

— Знаешь, — сказала она, — некоторые говорят, что мы с Джоном нашли себе тихую заводь. Мол, если террористы уже взрывали ВТЦ, то второй раз туда не сунутся. А Джон — нет, он уже семь лет следит за бен Ладеном и считает, что они всегда доводят дело до конца. Ты знаешь, что этот Рамзи Юзеф планировал? Он хотел обрушить башни ВТЦ одну на другую, чтобы погибли тысячи людей! Какое счастье, что Джон арестовал его в Пакистане! Я обожаю Джона...

Я промолчал. Конечно, в другой ситуации я бы не стерпел, чтобы женщина, лежа со мной, рассказывала, как она любит другого мужика. Но что я мог сказать сейчас, в моем положении бессильного импотента?

Она нашла в темноте мою руку и сжала ее:

— Не ревнуй. Джона вообще нельзя ревновать. Конечно, у него есть подруга, но дело не в этом. Знаешь его любимую поговорку? Он говорит: «Моя любовница — это ФБР. Я живу ею, я дышу ею днем и ночью». И это правда, он с семнадцати лет в ФБР, он отдал этой конторе двадцать пять лет жизни. А они назвали его Бизоном и выставили на пенсию...

Я изумленно повернулся к ней:

— Что?

Но она не поняла этого движения, а я не стал ей говорить, что и меня, Битюга, после 25 лет службы выперли на пенсию. Правда, судя по его костюму от Валентино, пенсии у нас несколько разные...

— Ладно, не буду больше о Джоне... — Она улыбнулась, даже в темноте я уловил эту улыбку в ее голосе. — А помнишь, я обещала тебе сказать, почему я выбрала тебя в Чечне...

— Помню. Ты сказала, что у меня «мужские» глаза. Что это значит?

— А то, что когда ты первый раз смотришь на женщину, ты сразу видишь, что и как ты будешь с ней делать в постели.

Я горестно усмехнулся:

— Выходит, я тебя обманул. Извини...

— Да ладно!.. Ничего... Это бывает у мужчин... В другой раз у тебя все будет хорошо, — сказала она великодушно и отерла слезы со щек. — Лучше скажи мне, как ты собираешься взять эти деньги из «Бэнк оф Нью-Йорк»?

— Я не собираюсь...

— О, перестань! Не ври. Гэбэшный полковник в отставке прилетает в Нью-Йорк, снимает квартиру на Вест-сайде и пасется возле «Бэнк оф Нью-Йорк»...

Я перебил ее:

— Как ты узнала, что я в отставке?

— Очень просто. Позвонила в Москву. У нас... ну, у ЦРУ там теперь официальный представитель.

Действительно, вспомнил я, как я не учел такого простого хода? В Москве, в американском посольстве уже шесть лет сидит официальный представитель ЦРУ...

— А ты думаешь, я стала бы напрягать своих друзей, чтобы для КГБ узнать про эти деньги в «Бэнк оф Нью-Йорк»? — продолжала Кимберли. — Я сделала это для тебя.

— Спасибо.

— Ну? Говори. Ты же знаешь, что можешь мне доверять.

И — совершенно неожиданно для самого себя — я вдруг рассказал ей все: и про убийство Кожлаева, и про его «побратима»-телохранителя Банникова, и про ребенка Полины, который живет где-то в США, но имеет все шансы стать наследником кожлаевских миллионов, если доказать, что он сын Кожлаева. И наконец, про чеченцев из Повольского банка развития, от которых Кожлаев пытался, видимо, откупиться несколькими миллионами, отправленными в Арабский объединенный банк и палестинский банк «Возрождение», но которые решили отнять у него все и теперь, как и я, тоже идут по следам его богатств.

Кимберли молча выслушала меня, а потом спросила:

— Эта Полина... Ты в нее влюблен?

— Женщина! — воскликнул я с показным возмущением. — Я рассказал тебе о миллионах долларов, которые лежат вот тут, рядом, в «Бэнк оф Нью-Йорк»! А ты!..

— Конечно, — усмехнулась она. — Ведь есть кое-что важней миллионов...

Я понял ее и — после паузы — неуверенно предложил:

270

— Знаешь что? Мы можем попробовать еще раз...

— Нет, дорогой, — сказала она. — Давай спать. Завтра я помогу тебе найти этого ребенка.

3 сентября я вылетел из Нью-Йорка в Майами, куда, как выяснила для меня Кимберли, переехали Глен и Семента Стилшоу из Ричборо, Нью-Джерси. Переезды такого рода здесь совершают, оказывается, почти все, кто усыновляет или удочеряет младенцев, — чтобы на новом месте никто из соседей не знал, что это не их родной ребенок, и не смог бы потом сказать об этом подросшему сыну или дочке. Поскольку в США нет прописки, людям просто нужно найти работу в другом штате, а все остальное прикладывается: исходя из своих средств или займов, которые вы можете получить в банке, вы покупаете там дом или квартиру и меняете свои, скажем, нью-йоркские автомобильные права на местные. И всё. А если вы не хотите, чтобы вас кто-нибудь вообще нашел, то можете изъять свое имя даже из телефонной книги...

Но Стилшоу, слава Богу, ни от кого не прятались, они, продав свой дом в Ричмонде, просто переехали в какой-то Сэндвилл, что в двадцати милях на юго-западе от Майами. И, поселившись здесь (дом 4531, 45-я линия, Сэндвилл, Флорида), обменяли свои нью-джерсийские права на флоридские — по этим данным в Транспортном управлении полиции Кимберли и смогла их найти.

В Майами, выйдя из гигантского стеклянного здания аэровокзала, я попал просто в сауну. Причем не в сухую, а мокрую — здешняя тропическая духота бьет вас воистину как парилка, куда вы заходите в одежде из прохлады кондиционированного воздуха. От неожиданности такого теплового удара я даже перехватил воздух открытым ртом, как рыба, выброшенная на берег. И взмок до трусов...

Впрочем, через пару минут я уже сидел в кабине «ниссана», который вместе с билетом на «Американ эйрлайнс» предусмотрительная Кимберли заказала мне в бюро путешествий ВТЦ у майамской компании по прокату автомобилей («ниссан»-седан 2001 года, кондиционер, радио, крыша с откидным «солнечным окном», электрически опускающиеся окна, голосовая система общения машины с водителем, неограниченный наезд километража, $ 27 в день плюс $ 9 страховка). То есть, оказывается, если, как аборигены, знать, что тут где и почем, то можно все иметь вдвое, а то и втрое дешевле. Этот «ниссан» в минуту

271

объял меня спасительной прохладой, а милый женский голосок из динамиков сообщил, что «температура в кабине комфортабельна — 72° по Фаренгейту; вы включили «вождение» — пожалуйста, пристегните привязные ремни!». Я попробовал проигнорировать эту просьбу, но машина стала мелодично дзынькать «дин-дон!», а голосок с японской вежливостью настойчиво повторял: «Пожалуйста, пристегните привязные ремни... Пожалуйста, пристегните привязные ремни...»

— Блин! — выругался я вслух, но, поскольку вырубить эту японскую надзирательницу было негде, пришлось подчиниться.

Голосок умолк, и я медленно, чтобы не сбиться с указанного на карте пути, выехал из аэропорта под дорожный указатель «826 South», то есть 826-я дорога, юг.

Сэндвилл — хотите верьте, хотите нет — оказался дикой, на мой взгляд, резервацией идиотов с большими деньгами. Представьте себе совершенно открытую, как ладонь, и опаленную чудовищным солнцем пустыню, в которой ровными солдатскими шеренгами стоят одинаковые, как солдаты, двухэтажные виллы с одинаковыми гаражами на две машины, одинаково квадратными двориками с одинаково искусственным травяным покрытием, одинаковыми плавательными бассейнами в каждом дворе, одинаковыми тарелками телеантенн и одинаковыми гамаками, натянутыми на одинаковые столбы с баскетбольными кольцами. Большего кошмара я в своей жизни не видел — если не считать, конечно, наших армейских городков где-нибудь в Монголии. Но там-то ребята живут вынужденно, по приказу Родины и Генштаба, а здесь... Ни одного нормального дерева, которое давало бы тень, а только свечи бесполезных пальм с метелками жидких перьевых веток-листьев наверху, да кактусы с их толстыми и уродливыми, как у морских коров, туловищами. Кто, какие идиоты могут покупать эти дома и селиться здесь — за свои деньги?!

Но ведь покупают: вокруг, пока я пересекал эти Lines и Drives в поисках 4531-го дома по 45-й линии, были десятки щитов с косыми надписями «SOLD OUT» — «Продано», перечеркивающими первоначальную надпись «House for sale» — «Дом продается».

Может, тут нефть нашли?

Правда, все выглядит совершенно безлюдно и даже безжизненно.

Впрочем, нет. Если приглядеться, то жизнь наблюдается: во-первых, совсем недалеко на северо-востоке поминутно и даже еще чаще взлетают и садятся серебристые «боинги» и аэробусы всех авиакомпаний мира, они буквально роятся в небе над Майами, словно пчелы в медоносный месяц над ульем с пчелиной маткой; а во-вторых, подле каждого дома в этом Сэндвилле брызгалки-поливалки, мерно раскачиваясь из стороны в сторону, поливают искусственные травяные лужайки, подстриженные, как шерсть у пуделя.

Но это, пожалуй, и все — окна всех домов закрыты изнутри плотными жалюзи, в бассейнах никто не плавает, да большинство этих бассейнов и вообще перекрыто брезентом... Правда, во дворе нужного мне дома № 4531 по 45-й линии — точно такого же, как все остальные — валяется цветной детский мяч, а бассейн открыт, и в нем, не шевелясь, плавают две желтые надувные утки...

Я проехал чуть дальше и остановил машину у соседнего дома со щитом «For sale». Если кто-то явится и поинтересуется, что я тут делаю, скажу, что присматриваюсь к этому дому, хочу купить.

Но я просидел три с половиной часа (слушая радио, сжигая бензин ради кондиционера, проклиная себя за то, что не взял с собой никакой еды, думая о Кимберли и безуспешно пытаясь мысленным усилием вызвать у себя эрекцию), пока в этом казарменном раю не возникло хоть какое-то подобие жизни. Да, примерно, в 4.30—4.45 то там, то здесь стали проезжать дорогие машины — «лексусы», «форды», «БМВ» и «мерседесы», их водители, не выходя из кабин, радиосигналом открывали двери гаражей, примыкающих к их домам, заезжали в них и — исчезали. Хрен его знает, подумал я, так, наверное, мы будем жить на Марсе, когда переселимся туда, окончательно загубив нашу матушку Землю: поскольку там нечем будет дышать, мы будем передвигаться по Марсу в автономных кабинах с искусственной подачей в них кислорода, въезжать на этих транспортных средствах в кислородные шлюзы-гаражи и прятаться от смертельного солнечного облучения вот в таких кислородных домах и резервациях. В конце концов, чем эта флоридская пустыня отличается от марсианской? Дышать тут совершенно нечем, это факт. Получить на солнце рак кожи можно, наверное, минут за двадцать. Так, может быть, этот Сэндвилл принадлежит НАСА, американскому космическому агентству, и они уже репетируют здесь переселение на какой-нибудь гребаный Юпитер или вообще в другую Солнечную систему? В конце концов, от этих американцев можно ждать чего угодно — триста лет назад они смылись сюда из Европы, почему бы теперь им вообще не слинять с Земли?

Эти мои (вполне резонные) размышления удрученного импотента были прерваны сначала все тем же механически-милым голоском: «У вас кончается бензин. Пожалуйста, заправьте бензобак!», а затем появлением очередного «лексуса»-внедорожника. Правда, подъехав к дому номер 4531, водитель этого «лексуса» не стал открывать радиосигналом металлические жалюзи своего гаража, примыкающего к дому, а остановил машину подле крыльца, устроенного странным образом: рядом со ступеньками был пологий наклонный спуск...

Не успел я понять, зачем этот спуск, как из «лексуса» вышел высокий моложавый мужчина лет тридцати пяти, взбежал по ступенькам в дом, выкатил из него детскую коляску и скатил ее по спуску на землю к задней двери своей машины. Из этой двери тут же вышла — эдак тяжело, задом (и довольно мощным) — низкорослая баба (иначе не могу ее назвать) лет тридцати двух. Меня всегда поражает способность маленьких женщин завоевывать рослых мужчин — в отличие от низкорослых мужчин, которые редко добиваются даже внимания высоких женщин. Впрочем, эта маленькая дама оказалась весьма живой и даже смешливой: вынимая из машины тяжелого, рыхлого пацана с безжизненно повисшими ножками и откинутой в сторону головкой, она чмокнула его и, смеясь, усадила в коляску. А затем, продолжая смешливо болтать с этим малышом, покатила коляску в дом, пока муж вынимал из багажника машины большие и тяжелые пластиковые пакеты с надписями «Publix Food Store» — «Продмаг».

Глядя на супругов Стилшоу в объектив японской фотокамеры «Пентакс» с мощным телеобъективом и мягко прижимая кнопку спуска, я уже знал, что их мальчик — это Ваня Кожлаев-Суховей: он был похож на Романа Кожлаева и черными, как уголь, глазами, и жесткими, вьющимися волосами, и самое главное — у него было точно такое же напряженно-страдальческое лицо, как у Кожлаева в палате института Склифосовского. Конечно, при этом у него не было, как тогда у его отца, трех пуль в животе. Но у него было другое.

У него был церебральный паралич — наследственная болезнь семейства Суховей.

— Ты не понимаешь! — кричал я в телефон в майамском аэропорту. — Я не могу к нему подойти! У него паралич, они носят его на руках!

— Не кричи, — сказал мне в ухо голос Банникова. — Я не глухой. Это точно кожлаевский сын?

274

— Точней не бывает!

— А сколько, ты сказал, за ним приданого?

— Сто семнадцать.

— Ты знаешь номера счетов?

— Нет, конечно. Откуда? — соврал я.

— А где остальные бабки?

— Понятия не имею.

— Значит, сто семнадцать? — спросил он в третий раз.
Похоже, он никак не мог слезть с цифры 334 на 117, словно
речь шла не о ста семнадцати миллионах долларов, а о ста
семнадцати рублях.

— Лимонов! — не выдержал я. — Сто семнадцать *лимонов*, понимаешь?

— Понимаю. Ладно, это тоже кое-что. Значит, нам нужны его волосы или хоть что-то для ДНК...

— Я знаю. Но как я могу к нему подойти?

— Мне по барабану, это твоя работа. Купи ему шоколад-
ку или игрушку...

— Блин! Виктор, ты представь себе: Сэндвилл — это как
Николина гора, но в Сахаре! Богатые дома в абсолютно голой пустыне! Ты можешь на Николиной горе подойти к ребенку, у которого паралич и которого родители носят на руках? Буквально, понимаешь?

— Ну, не знаю. Поселись по соседству...

— Уже пробовал. Тут все дома только на продажу. Ты
готов выложить пол-лимона за соседний дом?

— А снять в аренду? Это же Флорида, курорт.

— Ага! Сейчас! Я был в агентстве по недвижимости. Тут
через месяц начинается курортный сезон, и все, что можно
снять, уже снято на год вперед! Я не знаю, что делать...

— Сколько, ты сказал, стоит соседний дом?

— Четыреста восемьдесят тысяч.

— Это хороший дом?

— Дерьмо.

— Почему?

— Потому что в пустыне, понимаешь? Тут сдохнешь от
жары...

— Но ведь можно купить, а потом продать.

— Наверное. Но купить можно только банковским чеком. А как я получу сюда в банк пол-лимона? Их тут же
арестуют! И меня заодно!

— Что же делать?

— Не знаю...

И я действительно впервые в жизни не знал, что делать. Или — и не хотел знать. Потому что действительно, на кой мне хрен жариться в этом гребаном флоридском пекле, если я уже импотент? Конечно, деньги не мешают и импотентам — особенно миллионы, но... Как сказала Кимберли, в жизни есть что-то поважнее. И если у вас вдруг ничего не шевелится, даже когда рядом с вами лежит роскошная молодая женщина, то...

Я вернул этот говорящий «ниссан» прокатной компании «Саус-Бич-Рентал», сел в ночной самолет компании «Американ эйрлайнс», прилетел в аэропорт имени Ла-Гуардиа в Нью-Йорке, сгонял на такси в свой отель «Грейстоун» за вещами и только из международного аэропорта имени Кеннеди трусливо позвонил Кимберли и наврал ей, что меня срочно вызывают в Москву.

— Я понимаю... — мягко и почти без укора сказала она. — Ты нашел этого мальчика? Я рада за тебя. Счастливо! Надеюсь, *там* у тебя все будет в порядке. Позвони, когда вернешься...

Блин, завопил я мысленно. Это же великая женщина! Она догадалась, что ты сбежал от нее, боясь опростоволоситься и в последнюю перед отъездом ночь, но — простила тебя! Да ведь это же уникум, ведь так не бывает! Женщина может простить все, что угодно, — нищету, унижения и даже побои, но только если при этом ее все-таки хотят и имеют. А если *этого* нет, если вы начинаете увиливать от *этого* или манкировать *этим* — все, пощады не ждите...

Да, господа, женщинам не нужны импотенты. А кому они нужны, скажите, пожалуйста?

5 сентября в 15.00 «боинг» «Аэрофлота» взлетел над Нью-Йорком. Сквозь иллюминатор я увидел весь этот гигантский город с двумя сияющими над ним 110-этажными серебряными «близнецами» Всемирного торгового центра. Где-то там, внизу, в бункере этого центра, сидела сейчас Кимберли Спаркс. Я смотрел на гордые серебристые, летящие в небо башни «близнецов» и мысленно клялся Кимберли, что вернусь к ней. Не знаю как, не знаю где — в Заполярье с помощью сырой оленьей печени или еще какими-нибудь травами — но я верну, верну свою силу, прилечу в Нью-Йорк и...

Я еще не знал, что ровно через неделю от «близнецов» ВТЦ останется лишь 1 200 000 тонн обломков, под которыми погибнут три тысячи человек, в том числе Джон О'Нилл и Кимберли Спаркс.

276

ЧАСТЬ ШЕСТАЯ

КАПКАН

Стояло бабье лето — теплое, байковое. В такие погоды, да еще в преддверии наших неизбежных слякотно-гриппозных октябрьских ветров и морозов, хочется бродить по солнечному лесу с хрустящей под ногами листвой, или валяться в дачном гамаке, следя за полетом птиц в удивительно теплом зеленом небе, или, распивая на веранде чаи с малиновым вареньем, лениво думать о вечном и тайно мечтать уехать куда-нибудь на юг, на курорт, к теплому морю...

Но в эту осень нам было не до курортов.

11 сентября арабские террористы совершили самый дерзкий и самый невероятный террористический акт во всей истории человечества. Никакие сценаристы Голливуда, сочиняющие фильмы ужасов, никакие мастера приключенческого жанра или политических триллеров — Кинг, Крайтон, де Миль или Ле Карре — не могли ни на экране, ни на бумаге сотворить то, что Усама бен Ладен сочинил в какой-то афганской пещере, а затем осуществил руками девятнадцати камикадзе на глазах у всего мира — ошеломленного и бессильного перед этой беспрецедентной и самоубийственной дерзостью.

Да, в этот день все телеканалы, прервав свои передачи, показали, как в 8.46 утра по нью-йоркскому времени пассажирский «боинг» компании «Американ эйрлайнс», захваченный террористами, на скорости 660 км в час врезался вместе со всеми своими пассажирами в северную башню Всемирного торгового центра и поджег ее. А еще через семнадцать минут, когда уже буквально все телезрители мира просто приросли к экранам, наблюдая за гигантским пожаром этого «близнеца», — второй такой же «боинг» появился в небе Нью-Йорка и, сопровождаемый объективами сотен телекамер, спокойно, с профессионально отточенным мастерством сделал плавный разворот над Гудзоном, а затем неотвратимо, на скорости 840 км в час и без всякого сопротивления американской военной авиации или ПВО, вломился в южную башню ВТЦ. И в это же время еще один самолет, третий, рухнул в Вашингтоне на Пентагон...

Неужели чеченские боевики планировали устроить то же самое в Москве? Во всяком случае, идея послать самолет с пилотом-камикадзе на Кремль была впервые действительно озвучена Мовлади Удуговым, масхадовским «министром информации», и «запатентована» им в прессе еще в 1996 году...

Конечно, я тут же бросился к телефону и стал звонить Кимберли, но связи с Нью-Йорком не было до ночи, а по телику все показывали и показывали, как горят башни Торгового центра, как обожженные люди выбрасываются с его верхних этажей и как затем, охваченные огнем, рушатся оземь все 110 этажей этих башен, и облака дыма, цементной пыли, искореженной стали и бетонных обломков — облака весом в десятки и сотни тысяч тонн! — катят по улицам Уолл-стрит, накрывая там тысячи людей.

И с этого момента весь мир стал жить телевизионными новостями и заголовками газет, которые можно было читать, как страницы «Войны миров» Герберта Уэллса в новом, XXI века варианте.

ВСЕМИРНОГО ТОРГОВОГО ЦЕНТРА БОЛЬШЕ НЕТ!..

РУХНУЛ ПЕНТАГОН!

АМЕРИКА ЗАКРЫТА! ПРЕКРАЩЕНЫ ВСЕ АВИАПОЛЕТЫ!

ПРЕЗИДЕНТ ПУТИН ПОЗВОНИЛ БУШУ И ВЫСТУПИЛ ПО РОССИЙСКОМУ ТЕЛЕВИДЕНИЮ. «СЕГОДНЯШНИЕ СОБЫТИЯ В СОЕДИНЕННЫХ ШТАТАХ, — СКАЗАЛ ПУТИН, — ЭТО НАГЛЫЙ ВЫЗОВ ВСЕМУ ЦИВИЛИЗОВАННОМУ ЧЕЛОВЕЧЕСТВУ...»

ШТАБ-КВАРТИРА НАТО ЭВАКУИРОВАНА! НАТО ГОТОВО ПОСЛАТЬ ВОЙСКА ОХРАНЯТЬ ПОБЕРЕЖЬЕ США

РУХНУЛО ТРЕТЬЕ ЗДАНИЕ ВТЦ — 54-ЭТАЖНЫЙ НЕБОСКРЕБ НА ЛИБЕРТИ-ПЛАЗА

ГОРИТ ОФИС «АМЕРИКАН ЭКСПРЕСС»!

ПОЛИЦИЯ НЬЮ-ЙОРКА ПРЕДОТВРАТИЛА ВЗРЫВ МОСТА ДЖОРДЖА ВАШИНГТОНА

ВО ФЛОРИДЕ ИЩУТ СООБЩНИКОВ ТЕРРОРИСТОВ

РОССИЯ ВКЛЮЧИЛАСЬ В ОХОТУ ЗА БЕН ЛАДЕНОМ

У ПОСОЛЬСТВА США В БЕРЛИНЕ ОБНАРУЖЕН ГРУЗОВИК СО ВЗРЫВЧАТКОЙ

ЗНАМЕНИТЫЙ НЕБОСКРЕБ ЭМПАЙЭР-СТЭЙТ-БИЛДИНГ В МАН-ХЭТТЕНЕ МОЖЕТ ВЗОРВАТЬСЯ В БЛИЖАЙШИЕ МИНУТЫ

ИЗ-ЗА УГРОЗЫ ВЗРЫВА В ВАШИНГТОНЕ ЭВАКУИРОВАН КАПИ-ТОЛИЙ

НЬЮ-ЙОРКСКАЯ БИРЖА ЗАКРЫТА

САМОЛЕТЫ США И БРИТАНИИ АТАКОВАЛИ ОБЪЕКТЫ НА ЮГЕ ИРАКА

ПРЕЗИДЕНТ США ДЖОРДЖ БУШ ВВЕЛ В СТРАНЕ ЧРЕЗВЫЧАЙ-НОЕ ПОЛОЖЕНИЕ. СЕНАТ США ОДОБРИЛ НАЧАЛО ВОЙНЫ. БУШ ПРИЗЫВАЕТ РЕЗЕРВИСТОВ...

ПЕНТАГОН ПРЕДЛАГАЕТ ПРЕЗИДЕНТУ БУШУ НАНЕСТИ ЯДЕР-НЫЙ УДАР ПО БАЗАМ ТЕРРОРИСТОВ

ВОЕННЫЕ КОРАБЛИ НАТО СТЯГИВАЮТСЯ В ИНДИЙСКИЙ ОКЕАН

ИЗРАИЛЬСКИЕ ТАНКИ ВОШЛИ В СЕКТОР ГАЗА

ТАЛИБЫ ПРИЗВАЛИ ВСЕХ МУСУЛЬМАН МИРА К ДЖИХАДУ

В ЧЕЧНЕ БОЕВИКИ ЗАХВАТИЛИ ГУДЕРМЕС, НОЖАЙ-ЮРТ И АР-ГУН И ШТУРМУЮТ ГРОЗНЫЙ...

ТАЛИБЫ НАНОСЯТ УДАР ПО СЕВЕРНОМУ АЛЬЯНСУ И ГОТОВЯТ НАСТУПЛЕНИЕ НА УЗБЕКИСТАН

США НАПРАВИЛИ В ПЕРСИДСКИЙ ЗАЛИВ 100 САМОЛЕТОВ. ФЛОТ США НАЧАЛ ДВИЖЕНИЕ К СРЕДИЗЕМНОМУ МОРЮ

РОССИЙСКИЙ СПЕЦНАЗ УНИЧТОЖИЛ ЧАСТЬ ОТРЯДА ХАТТАБА

США ПРЕДУПРЕЖДАЮТ ВЕСЬ МИР О НОВОЙ ВОЛНЕ ТЕРАКТОВ, ПОДГОТОВЛЕННОЙ «АЛЬ-КАИДОЙ»

Разница между этими сообщениями и сообщениями о на-падении инопланетян, с которых в начале прошлого века на-чалось чтение по радио «Войны миров» Уэллса, была в том, что паника по поводу войны с инопланетянами закончилась через несколько часов и затем люди стали с упоением читать ту книгу, а мы... мы жили в этом реальном политическом триллере и сами были его персонажами.

ПО ДАННЫМ ГОСДЕПАРТАМЕНТА США, ОТДЕЛЕНИЯ «АЛЬ-КАИ-ДЫ» ДЕЙСТВУЮТ ВО ВСЕХ ЕВРОПЕЙСКИХ СТРАНАХ, А ТАКЖЕ В АЗЕРБАЙДЖАНЕ, УЗБЕКИСТАНЕ, ТАДЖИКИСТАНЕ И В ЧЕЧНЕ

ЧЕЧЕНСКИЕ БОЕВИКИ ГОТОВЯТ НАСТУПЛЕНИЕ НА АБХАЗИЮ

В ПЕТЕРБУРГЕ В ПОДВАЛЕ ЖИЛОГО ДОМА НАЙДЕНЫ 37 МЕШ-КОВ ГЕКСОГЕНА

КОММУНИСТЫ УСТРОИЛИ БУНТ В ДУМЕ

ЧЕЧЕНСКИЕ БОЕВИКИ ВТОРГЛИСЬ В АБХАЗИЮ

ПУТИН И ШРЕДЕР ДОГОВОРИЛИСЬ О СОВМЕСТНОЙ БОРЬБЕ С ТЕРРОРИЗМОМ

РОССИЯ ПУСТИЛА АМЕРИКАНСКИЕ САМОЛЕТЫ В ДУШАНБЕ

Конечно, у меня не было доступа к базе данных нашей конторы, но даже в Яndex.ru я нашел сообщения о том, что еще в декабре 1999 года по приглашению бен Ладена у него побывали Мовлади Удугов, Амир Хаттаб и другие чеченские командиры. И цепочка определилась. В 1996-м Удугов от имени Басаева и Хаттаба публично грозил послать самолет с пилотом-камикадзе на Кремль (но наше ПВО было тут же поднято по боевой тревоге); в декабре 1999-го Удугов и Хаттаб встречаются с бен Ладеном; а в сентябре 2001-го бен Ладен «творчески» претворяет эту идею в жизнь в Нью-Йорке. И...

28 000 АМЕРИКАНСКИХ СОЛДАТ И 300 БОЕВЫХ САМОЛЕТОВ УЖЕ СОСРЕДОТОЧЕНЫ НА БАЗАХ ВОКРУГ АФГАНИСТАНА. ВОЙНА МО-ЖЕТ НАЧАТЬСЯ В БЛИЖАЙШИЕ 48 ЧАСОВ...

ЕСЛИ ХАТТАБ НА ОРГАНИЗАЦИЮ ВЗРЫВОВ В МОСКВЕ, ВОЛ-ГОДОНСКЕ И БУЙНАКСКЕ ПОТРАТИЛ ДВА МИЛЛИОНА ДОЛЛАРОВ, ТО АТАКА НА США ОБОШЛАСЬ БЕН ЛАДЕНУ ВСЕГО В 500 ТЫСЯЧ...

В ГЕРМАНИИ АРЕСТОВАНЫ ТРИ АРАБА, ГОТОВИВШИЕ КРУП-НЫЕ ТЕРАКТЫ

БУШ ОТДАЛ ПРИКАЗ ПЕРЕКРЫТЬ ВСЕ ФИНАНСОВЫЕ ПОТОКИ ТЕРРОРИСТОВ И АРЕСТОВАТЬ БАНКОВСКИЕ СЧЕТА ИСЛАМСКИХ ЭКСТРЕМИСТСКИХ ОРГАНИЗАЦИЙ

ИСЧЕЗНОВЕНИЕ 300 000 ДОЛЛАРОВ, НАПРАВЛЕННЫХ ХАТТАБУ ДЛЯ ЧЕЧЕНСКИХ БОЕВИКОВ ИЗ САУДОВСКОЙ АРАВИИ, СТАЛО ПРИЧИНОЙ ОСТРОГО КОНФЛИКТА МЕЖДУ АРАБСКИМИ НАЕМНИКАМИ АБУ АЛЬ-ВАЛИДОМ И АМИРОМ ХАТТАБОМ

ОТ ТЕРАКТА В НЬЮ-ЙОРКЕ ПОГИБЛИ ГРАЖДАНЕ 62 СТРАН. НА СЕГОДНЯ, 20 СЕНТЯБРЯ, ПРОПАВШИМИ БЕЗ ВЕСТИ ЧИСЛЯТСЯ 5422 ЧЕЛОВЕКА, ЕЩЕ 233 ТЕЛА НАЙДЕНЫ ПОД ЗАВАЛАМИ ВТЦ, ИЗ НИХ 170 ОПОЗНАНЫ. СРЕДИ ПРОПАВШИХ БЕЗ ВЕСТИ 96 РОССИЯН

Затем в Интернете на сайте SeptemberEleven.com появился первый список жертв, тела которых опознали их родственники, друзья или спасатели. В этом списке была фамилия Джона О'Нилла, которого Кимберли называла одиноким волком, фанатом ФБР, годами кричавшим на весь Вашингтон об опасности «Аль-Каиды» и бен Ладена. Увидев это имя, я похолодел, я понял, что где-то рядом должна быть Кимберли. Но ее имени в списке не было, и надежда, что она все-таки жива, держала меня у экрана Интернета. Хотя ни ее мобильный, ни рабочий телефоны не отвечали — механический голос сухо извещал, что «все телефонные номера ВТЦ отключены из-за катастрофы»...

Между тем в дайджесте американской прессы, посвященном жертвам катастрофы 11 сентября, я наткнулся на подробности смерти «неуемного» Бизона Джона О'Нилла. Оказалось, что сразу после первого теракта он выбежал из ВТЦ, позвонил по мобильнику своему сыну и друзьям, сказал им, что с ним все в порядке, и ринулся обратно спасать горящих людей. Но все триста с лишним пожарных и шестьдесят офицеров полиции, говорилось в сообщении, которые бросились тогда в горящие башни ВТЦ, почти тут же оказались отрезаны от мира чудовищным пожаром, который достиг температуры 1800° по Фаренгейту и расплавил шахты всех лифтов и стальные колонны, на которых держались эти здания.

Через несколько дней спасатели, роясь в руинах ВТЦ, нашли тело О'Нилла, придавленного обломившимся лестничным пролетом. И было, конечно, что-то дьявольски роковое в том, что именно этот человек, отдавший ФБР 25 лет своей жизни, руководивший Нью-Йоркским управлением контртерроризма, был вынужден за две недели до теракта уволиться из ФБР и перейти на работу не куда-нибудь, а в службу безопасности ВТЦ — словно чувствовал, что именно здесь случится беда, и собирался, как Матросов, своим телом прикрыть амбразуру.

Теперь в Интернете был его портрет и фотография, на которой офицеры ФБР несут гроб с его телом — гроб, покрытый американским флагом...

Господи, подумал я, разглядывая это фото, а не так ли и мы несли на кладбище гроб с телом Коли Святогорова? Но почему эти гробы с грузом «200» не несут те, кто посылает нас в Афганистан и Чечню? И не чиновники их Белого дома и госдепартамента, которые не хотели слышать этого О'Нилла?

Тупо, как пригвожденный, я почти круглосуточно сидел теперь перед экраном компьютера, мучительно пробиваясь в Интернет с помощью карточек «Зебры», «МТУ» и других. Но легче, конечно, зебре пролезть в игольное ушко, чем с помощью, скажем, «Зебры» подключиться к Интернету — они продают тысячи карточек на лишь четыре телефонных входа, и можно представить, какая толпа осаждает эти четыре номера каждый вечер, это как очереди за билетами в Театр на Таганке в 1975 году!

Пробившись в Интернет после часа изнурительных попыток, я уже не выходил из него, часами вглядываясь в имена и фотографии жертв 11 сентября, список которых ежедневно обновлялся на сайте SeptemberEleven.com. Будет ли среди них Кимберли Спаркс? Неужели — будет? Каждый день все новые сотни имен... Господи, какие молодые люди! Все от двадцати до тридцати пяти, и все фотографии — цветные и явно любительские, те, которые их родственники наспех выхватили из семейных альбомов и принесли в Центр поиска пропавших. На этих фото улыбающиеся, смеющиеся лица — кто в свадебном наряде, кто с грудным ребенком на руках. И среди сотен американских, испанских, китайских, индийских и еще бог знает каких имен и лиц наши, русские — Елена Мельниченко, Алексей Разуваев, Алена Сесинова, Григорий Сикорский, Татьяна Рыжова...

По ночам, когда я сидел перед мерцающим экраном с этими фотографиями погибших, мне вдруг начинало казаться, что я видел их — да, я видел этих ребят там, в лобби и торговых галереях ВТЦ, на Либерти-плаза и на «The World Trade center Plaza» — гигантской внутренней площади ВТЦ с многотонным золотым глобусом, парящим над чашей огромного фонтана. И в зимнем саду, и в магазинах «GAP», «Banana Republic» и «Strawberry» на просторной Concourse северной башни, а также в суши-барах, кафе и возле сувенирных стендов. Это они лихой ордой неслись вдоль витрин, торговых прилавков и ресторанно-закусочных стоек — хватая на ходу бумажные стаканчики с кофе и завернутые в пакеты бутерброды, или поедая у стоек хотдоги, пиццы и сандвичи, или присев за столики «Wendy» и «McDonalds», или выбирая сувениры, книги и одежду в магазинах, или присев на скамейки зимнего сада для быстрого поцелуя...

27 сентября в очередном списке жертв теракта я среди имен погибших прочел имена сержанта Луиса Вильямса-младшего и Кимберли Спаркс.

Она была права, когда говорила, что могла бы родить десять детей, но не успеет родить ни одного...

Я прошел на кухню, налил себе стакан водки и, подойдя к окну и поглядев на небо, выпил за их память. Да, Коли Святогорова нет, Кимберли нет, О'Нилла нет, как нет Луиса Вильямса, Елены Мельниченко, Алексея Разуваева, Алены Сесиновой и еще тысяч погибших в Чечне, Москве, Волгодонске, Буйнакске и Нью-Йорке, а этот гребаный Черный араб Хаттаб жив! Жив, гад волосатый, — полковнику Ш-ову из Отдела спецопераций, который в нашей конторе руководит группой охоты за Хаттабом, снова не удалось его достать: «российский спецназ уничтожил часть отряда Хаттаба...» Часть!..

И, лежа без сна в своей квартире на Беговой, я все вспоминал и вспоминал эту Кимберли — ее рыжую копну волос, живые карие глаза, ключицы с веснушками... Ее тяжелую полную грудь, когда она подняла ее рукой, говоря, что эта грудь не кормила ни одного ребенка... И крутые бедра... И слезы, которые катились по ее щекам, когда я в ступоре импотенции лежал рядом с ней...

Господи! Да знал бы я тогда, что это ее последняя ночь с мужчиной, что через неделю ее прекрасное, в крупных и смешных веснушках тело, полное соков жизни, бешенства американского патриотизма, кокетства зрелой женщины и горечи неутоленной любви, — что это живое, теплое тело будет раздавлено в бункере тысячами тонн горящих обломков ВТЦ! Да я бы...

Нет, не усмехайтесь — я бы смог! Да, смог!

Но поздно...

Поздно каяться и вымаливать прощение у мертвых, нужно любить женщин, пока они живы и просят, хотят твоей любви...

Казня себя, я засыпал под утро, но и эти сны были тяжелые, как удушье, и я стал опять впадать в депрессию, описывать которую уже не собираюсь — что толку? Старый, небритый импотент, который 11 сентября должен был тоже погибнуть в ВТЦ или возле него, вербуя кого-нибудь из служащих «Бэнк оф Нью-Йорк», но которого спасла Кимберли и которую он, в свою очередь, предал, сбежав от нее из-за боязни своей импотенции...

Замкнутый круг этих мазохистских мыслей гнобил меня круглосуточно настолько, что я не мог позвонить Полине, больше того — боялся, что она сама мне позвонит или явится, как всегда, без звонка. Что я скажу ей? Что у ее сына церебральный паралич?

29 сентября в почтовом ящике моей электронной почты появилось странное послание по-английски:

Уважаемый мистер Чернобыльски!

Регистрационная запись нашего агентства недвижимости «Сэндвилл Риалти Инк.», сделанная 3 сентября с.г., показывает, что вы интересовались возможностью аренды дома № 4533 по 45-й линии в Сэндвилле, Флорида. В то время такая аренда была невозможна, однако сейчас мы рады сообщить, что вы можете арендовать этот дом на любой срок всего за $ 2500 в месяц с поселением в любое ближайшее время. Дом двухэтажный, с плавательным бассейном, гаражом, тремя спальнями, полностью меблирован, оборудован современной кухней с двумя холодильниками, посудомоечной машиной, микроволновой печкой, кофеваркой и пр. В доме все полы с ковровым покрытием, а также имеются: три телевизора, видеомагнитофон, кабельное телевидение, антенна-«тарелка» с приемом 120 телеканалов; в подвале — бар, комната отдыха, комната со спортивным оборудованием и бытовой блок со стиральной и сушильной машиной. В спальнях — пять комплектов постельного белья.

Если вы по каким-либо причинам не интересуетесь арендой этого дома, мы будем счастливы подобрать вам любой другой

286

по вашему вкусу в Сэндвилле или в любом другом месте на юге Флориды с поселением в любое время.

С уважением,

Зелма Лупрано, генеральный менеджер
«Сэндвилл Риалти Инк.».

Я саркастически усмехнулся и к чертям собачьим стер это письмо. Госпожа Зелма Лупрано считает меня полным идиотом. В то время как в страхе перед новыми терактами никто в мире уже не летает ни на какие курорты, я полечу в какую-то Флориду? Да еще в Сэндвилл, рядом с которым, судя по прессе, жили и тренировались эти арабские террористы во главе со своим железным Мухаммедом Атта! Представляю, как опустели все флоридские курорты, если тамошние агентства по продаже или аренде недвижимости вынуждены скрести по сусекам своих регистрационных книг и рассылать такие письма каждому, кто когда-либо переступал пороги этих агентств!

Fuck off, как говорят американцы. Отзыньте!

И Банникову, который звонил мне несколько раз, требуя отчета о командировке, я говорил практически то же самое: оть..., у меня запой! Кстати, я не знаю более действенного способа заставить людей оставить вас в покое. У вас может быть грипп, геморрой, стенокардия или даже рак мозга, а люди все равно будут допекать вас звонками и неотложными вопросами. Но стоит сказать им, что вы в запое, как они проникаются каким-то особым к вам уважением и сочувствием и терпеливо ждут...

Первого октября, чувствуя, что Полина вот-вот позвонит, я отправился на «Горбушку» за автоответчиком. Автоответчик дает возможность брать трубку избирательно и не разговаривать с теми, с кем ты не хочешь или не можешь говорить.

Но когда я вернулся с «Горбушки» с автоответчиком, то обнаружил, что дверь моей квартиры открыта. Разве я не запер ее, уходя? Озадаченный, я вошел в квартиру и...

Два моих книжных шкафа были пусты, а книги грудой валялись на полу — распахнутые, словно кто-то листал их и швырял на пол. Ящики письменного стола выдвинуты, и все бумаги из них тоже разбросаны, словно их доставали, проглядывали и отшвыривали. Вещи в одежном шкафу перерыты и...

Ох, черт, это не обыск, это грабеж — нет компьютера! Да как же я сразу не заметил? Новенький компьютер, который я купил два месяца назад на деньги, полученные у Болотникова, исчез! И картонная коробочка с дюжиной дискеток — тоже...

С минуту я стоял посреди комнаты в полном ступоре. Хотя, кроме компьютера, у меня и вправду почти нет ничего ценного, но то, что исчез именно компьютер, а монитор и принтер остались на месте — не говоря уже о телевизоре, фотокамере «Пентакс», паре неплохих костюмов и дюжине новеньких рубашек «Polo», привезенных мной из Штатов, — это меня напугало. Потому что ни простыми ворами, ни, конечно, Полиной тут и не пахло.

Я ринулся к своему тайнику в нише за электрическим счетчиком. Слава Богу, сюда никто не совался, все документы целы. И ксерокопия справки по счетам Кожлаева, которую в нашу безгрешную ночь дала мне Кимберли взамен той, что я сжевал и проглотил в «обезьяннике» брайтоновского полицейского участка, тоже здесь. И деньги... Впрочем, серьезных денег я дома не держу даже в тайнике — так, двести долларов на пожарный случай. Который вот и пришел.

Теперь я внимательно осмотрел дверной замок. Грабители вошли профессионально: замок был практически цел, его открыли отмычкой. Но воры не сочли нужным маскировать свой визит под квартирную кражу, а бесцеремонно унесли только то, что им было нужно — компьютер и все дискетки...

Любое ограбление, господа, имеет один важный психологический эффект: вы чувствуете свое бессилие. И, как загнанный зверь, слоняетесь по квартире, прислушиваетесь к каждому шороху за окном и за дверью и понимаете, что, оказывается, никакие двери, домофоны и замки вас не защищают. В любой момент к вам могут зайти, влезть, вломиться и взять все, что угодно, включая вашу жизнь. Паскудное, мерзкое чувство!

Я допил на кухне последние 150 грамм из своего «энзэ» «Столичной», чуть успокоился и стал думать, что же такого было в памяти моего компьютера и на моих дискетках и кому это могло понадобиться. Ясно, что идет охота за кожлаевскими миллионами, а в этой охоте, помимо меня, еще три игрока: Харунов с его чеченской командой, Палметов с ФСБ и Банников. Но как Харунов мог узнать обо мне? Кто мог навести его? Пачевский из Праги? Капельников из Вены? Или его бывшие секретарши-любовницы, которых я опрашивал в Повольске? Или начальник Повольского ГИБДД?

Итак, первая версия — Харунов. Теперь идем дальше, рассмотрим вторую: Палметов и ФСБ. Два месяца назад я, как генеральный управляющий фирмы «Возврат», подписал с ними контракт и практически под их крышей ездил в Австрию, Венгрию, Чехию и США. Но, вернувшись, ни разу не доложил о результатах, не позвонил, исчез. Ясно, что бегать за мной они не станут, а вот проверить, не собираемся ли мы с Банниковым их надуть, то есть найти кожлаевские миллионы и слинять вместе с ними, — это на месте Палметова и я бы сделал. К тому же изъять компьютер и дискетки, не тронув ничего остального, — это почерк нашей конторы.

А третья версия — Банников. Он тоже мог предположить, что я хочу его надуть, а мой «запой» только отговорка с целью затянуть время.

Но что они найдут? Конечно, ни на жестком диске моего компьютера, ни в дискетках нет той информации по кожлаевским счетам в «Бэнк оф Нью-Йорк», которую дала мне Кимберли. Но! В моем компьютере — файлы с уставом и договорами ЗАО «Возврат» с ФСБ. И база данных Повольского банка развития. И дискетка, которую дал мне в Праге Пачевский... Для Банникова эта информация не новость, он ее знает. Для Палметова сведения о наличии у Кожлаева счетов в «Бэнк оф Нью-Йорк» — это уже кое-что, но я всегда могу сказать, что это лишь первый этап работы. Зато для Харунова и чеченцев! Дискетка Пачевского, база данных работы Повольского банка и, наконец, создание фирмы «Возврат» — все это ясно и однозначно свидетельствовало, что я ищу деньги Кожлаева. Те самые деньги, из-за которых Мусаф Харунов грохнул сначала самого Кожлаева, а потом изуродовал Капельникова в Вене и аннигилировал Рогачеву в Будапеште...

Так неужели теперь — моя очередь?

«Доигрался! — заорал мой внутренний голос. — До-иг-рал-ся, блин! Харунов — это тебе не Палметов, не Банников и даже не чеченская мафия! Это Хаттаб, Басаев, «Аль-Каида»! Если Кожлаев обещал им какие-то деньги, а они его грохнули, то теперь они считают своими **все** его деньги. Разве ты не понимал этого раньше? Так куда же ты лез, кретин? Это ты не смог достать Хаттаба в Чечне, и даже весь наш спецназ в очередной раз не смог его ликвидировать, но для Хаттаба ликвидировать тебя в Москве — проще простого. Теперь, когда Буш бросил все ФБР и ЦРУ на то, чтобы перекрыть «Аль-Каиде» финансы и арестовать банковские счета исламских террористов во всем мире, у Хаттаба враз прекратился приток денег, и каждый доллар, который он сможет достать со счетов Кожлаева, для него как воздух, как кислород...»

Вот, вот почему этот налет!

От этой простой мысли страх всосался в душу и подморозил коленки.

Если Хаттаб сцепился с Валидом из-за трехсот тысяч долларов, то что он сделает со мной из-за кожлаевских миллионов?

Между тем сумерки за окном сгущались — ранние, холодные, уже октябрьские. И с наступлением этой мерзкой темени ощущение неизбежного, неотвратимого наезда чеченского катка — что с минуты на минуту дверь моя просто слетит с петель и чеченская бригада ворвется сюда, чтобы выламывать мне руки и ребра, рвать ноздри, прижигать гениталии и выкалывать глаза, — это ощущение надвигающегося вала беды вдруг сорвало меня с места.

Вы знаете, что такое *смертельная* паника? Вы когда-нибудь испытывали ее? Говорят, что от страха волосы дыбом встают на голове. Вранье! От настоящего, до ужаса, страха волосы превращаются в ежовые колючки, обращенные острием в мозг! Душа комком прячется где-то в паху, а мысли даже не скачут, а трясутся в голове, как мозги эпилептика. Да, я, прошедший Афган и Чечню, я, подполковник и кавалер трех боевых орденов, струсил и запаниковал, как самый последний не знаю кто, — именно потому, что я *был* в Афгане и *был* в Чечне! Именно потому, что я видел трупы наших заложников и знаю тех нескольких счастливчиков, которых родственники выкупили у безжалостных чеченских отморозков, — с отрубленными пальцами, даже у детей... Бандитский беспредел, богующий в нашей стране с начала 90-х годов, породил взрыв чеченского беспредела, помноженного на дудаевскую войну, доступность любого оружия и остервенение наших собственных зачисток...

Нет, уходить! Немедленно уходить, бежать, сматываться сию же минуту! Потому что сколько им нужно времени, чтобы пролистать мои файлы в компьютере и вернуться сюда по мою грешную душу?

Лихорадочно побросав в дорожный чемодан что-то из одежды, документы из тайника и «Пентакс» с флоридской пленкой, которую я так и не успел проявить, я надел пальто и шагнул к двери.

Однако профессия, которой отдана вся жизнь, — это уже не профессия, господа, это натура. Возле двери я остановился. Нет, уходить нужно так, чтобы не осталось никаких следов моего пребывания здесь! Человек вышел днем из квартиры и пока не возвращался. Он не побежал в милицию, не поднял на ноги свою родную ФСБ, он вообще понятия не имеет, что за ним идет охота. Это даст мне хоть какое-то время...

Укротив трусливую дрожь в душе, я снял пальто и повесил его на вешалку — туда, где оно и висело. Я открыл чемодан и, настороженно прислушиваясь к тишине в коридоре, вернул на место в шкафу свои свитера, пару пиджаков и нижнее белье. Да, в своей собственной квартире я вел себя чутко и осторожно, как вор. И даже камеру — дорогой японский «Пентакс» с мощным телеобъективом — пришлось (со вздохом) положить на место, вынув из нее, естественно, пленку. А сам чемодан лег на шкаф, где и лежал до этого. И зубная щетка, и паста, и электробритва — в ванную. Так, все по местам? Я сунул в простой пластиковый пакет документы, изъятые из тайника, туда же положил коробку с новеньким автоответчиком и фотопленку из «Пентакса» и огляделся — что еще нужно сделать, чтобы убрать следы моего визита? Ах да — водка! Початая бутылка «Столичной», которая стояла в холодильнике, теперь пуста. Что ж! Жаль, что у меня нет ни яда, ни взрывчатки. Но маленький сюрприз гостям все-таки можно оставить: я слил в эту бутылку остатки уксуса, который был у меня в кухонном шкафчике, и поставил «Столичную» назад в холодильник. Enjoy, как говорят американцы, пейте на здоровье!

А теперь — вперед, деру!

Бросив прощальный взгляд на свое добро и разбросанные книги, я надел ту же старую камуфляжную куртку, в которой ездил на «Горбушку», проверил в ее внутреннем кармане паспорт и фээсбэшные «корочки» (без них я в Москве никуда), нащупал в загашнике наши родные рубли, сунул к ним двести долларов и так — с пластиковым пакетом, в котором был уже никому не нужный автоответчик, — вышел из квартиры.

Где кабина лифта? Внизу или наверху? Если внизу, то не сидят ли уже в ней чеченцы?

Нет, слава Богу, кабина пошла сверху...

Я сделал выдох, открыл дверь подошедшей сверху кабины и — лицом к лицу столкнулся с моим новым соседом-чеченцем, хозяином верхней квартиры.

— Добрый вечер, — сказал он. И улыбнулся: — Заходите! Вам вниз?

Не знаю, какими силами я заставил себя войти в кабину — по-моему, я смотрел на него, как заяц на удава.

Он нажал кнопку первого этажа и продолжил с типичным кавказским акцентом:

— Ми тут немножко шумели, ремонт делали. Но вас, кажется, не было? Ви уезжали?

— Д-да... — вымолвил я.

— Далеко? На курорт? — И, не дождавшись моего ответа: — Знаете, завтра нам ище нужно пастучать, я паркет кладу. Вы будете дома?

«Проверяет, сука!» — подумал я и сказал:

— Б-буду...

— Это паследний день, клянусь! И за мной не пропадет! Как токо закончу — лучий каньяк и, вапще, будим друзьями! — Он протянул мне руку. — Меня Артур завут. А тебя?

— П-павел...

— У меня машина, — сказал он, выходя из лифта. — Хочешь, падвезу? Ты куда едеш?

Ага! Так я и сяду в твою машину!

— Нет. Спасибо. Я тут... в магазин.

— Ну, тагда спакойной ночи, дарагой!

Мы вышли из подъезда, он сел в свою машину, махнул мне рукой и уехал. Как ни странно, у него был самый обыкновенный «Москвич». «Под бедного маскируется, сука!» — подумал я, глядя ему вслед, и, на ходу застегивая куртку, пошел к станции метро «Беговая». И чем дальше я отходил от дома, тем легче мне становилось, словно на фронте, когда выходишь из зоны обстрела. А в электричке — такой же вечерней, как и та, в которой меня когда-то избили, — я, сидя среди устало дремлющих пассажиров, почувствовал себя, как ни странно, уже почти в безопасности...

Через два часа я был в Бронницах, там, подмерзая с тремя аборигенами на станционной площади, сорок минут прождал последний автобус до поселка Волжанка, а когда добрался наконец до Фединой «дачи», она оказалась темной и запертой, и даже его инвалидной «Оки» не было во дворе. А его моторная лодка лежала на берегу, перевернутая кверху дном и прикованная к дереву цепью с тяжелым навесным замком. Федя Синюхин либо помирился с женой, либо махнул на свою родину, в Вятку...

Я посмотрел на часы. Было одиннадцать вечера. Если бегом, то, может быть, успею к последней московской электричке. Но потом — куда?

И все-таки я побежал обратно на станцию — не ночевать же на улице! Хотя «побежал» — это, конечно, громко сказано, куда уж мне пробежать семь километров в мои 56 лет! Но и так — то трусцой, то быстрым шагом — я все-таки успел к электричке и к часу ночи оказался на Казанском вокзале. Потом — последним поездом метро — доехал до «Беговой». И — уже крадучись, как вор, — задами и вдоль гаражей вышел в тыл своего дома и посмотрел наверх, на окна своей квартиры.

Ждать пришлось совсем недолго. Так и есть! — через две минуты в темном окне моей кухни вспыхнула спичка и красным огоньком обозначилась чья-то сигарета.

Я оказался прав: меня ждали.

Как ни странно, но теперь, когда я убедился в том, что паниковал не зря и что они — там, наверху, я успокоился. Выходит, моя интуиция или мой ангел-хранитель еще функционируют.

Тихо и уже правильно, как профи, я шагнул еще глубже в тень и так, нигде не выйдя из этой тени от гаражей, пошел к лазам в дворовых заборах, знакомым еще с детства. И только выйдя на Хорошевское шоссе в двух, наверное, километрах от дома, передохнул и зашел в телефонную будку, сунул в прорезь телефонную карточку и набрал номер, который не имел права набирать.

— Алло... — сказал недовольный заспанный голос.

— Извини, я тебя разбудил? Это я...

— Ой! — Голос явно проснулся. — А я вам только полчаса как звонила, вас не было. У вас определитель, что ли?

— Да, — усмехнулся я. — В душе. Ты одна?

— А что? — сказала она кокетливо.

— Ты можешь дать мне свой адрес?

— Вы хотите за мной заехать?

— Почти.

— Но я уже в постели...

— Не важно, оденься.

— Вы... вы были там? — вдруг догадалась она. — Вы видели Ваню?

— Ты дашь мне свой адрес?

— Конечно! Пишите: улица Чаянова, 12, квартира 48, код домофона 1248. Когда вы будете?

Оказывается, врать легко. Вы просто не говорите всю правду, только и всего. Мы сидели у нее на кухне, и она все повторяла и повторяла свои вопросы:

— Ну, какой он? Ну, расскажите подробней!

— Да я его видел всего минуту... — усмехался я, допивая вторую чашку чая.

— Все равно! Расскажите еще! Он худой? Они его кормят?

— Он не худой, успокойся.

— А какой у них дом? Большой?

— Двухэтажный. С бассейном, гаражом, тремя спальнями, кухня с двумя холодильниками...

Полина изумилась:

— Откуда вы знаете? Вы были у них?

Я понял, что заболтался, но тут же выкрутился:

— Да это американский стандарт! У них все кухни с двумя холодильниками, посудомоечной машиной, микроволновой печкой, кофеваркой и прочее. И в каждом доме на полах ковры, три телевизора, видеомагнитофон, кабельное телевидение и антенна-«dish» с приемом ста двадцати телеканалов. А в подвале еще бар, комната со спортивным оборудованием и бытовой блок со стиральной и сушильной машиной. И в спальнях по пять комплектов постельного белья, это закон...

Господи, как легко, как приятно и даже вдохновенно было мне врать, глядя в ее зеленые, восхищенные и лучащиеся радостью глаза!

— И он точно похож на Романа? Не на рыжего Виктора? — спросила она в десятый, наверное, раз.

— Точно. И лицом, и волосы черные, и глаза...

— Слава Богу! А вы не сделали фотографию?

— К сожалению, не успел. Они унесли его в дом.

— Унесли? — всполошилась она. — Почему унесли? Ему же четыре года!

Но я и тут выкрутился:

— Да они его на руках носят, просто так, для удовольствия. И потом — там ведь жара чудовищная! Поэтому из машины — прямо в дом, бегом. Понимаешь?

Она доверчиво кивнула. И спросила опять:

— А какие они? Богатые? Как выглядят?

— Ну, какие... Глен такой высокий, почти как ты. Худощавый, лет 35—36. А Семента маленькая и толстая, но очень живая, веселая. Несет Ваню и смеется.

— Значит, не обижает?

— Да что ты! Я же говорю: на руках носят!

— А машина у них какая?

— «Лексус», внедорожник.

— Богатые... Слава Богу! А то я тут читала в «АиФе», что какие-то американцы вот так же усыновили нашего мальчика, а потом так над ним издевались, так издевались... А он, значит, на Романа похож, не на Виктора? Точно?

— Да сколько ж тебе говорить? Кожлаев вылитый!

— А на меня? На меня хоть немножко похож?

— Ну, ты даешь, Полина! Сначала молились, чтобы сын был на Романа похож, а теперь — чтобы и на тебя...

Она улыбнулась:

— Конечно! Хочется же. Мой ведь сыночек! Ой, как хорошо, что вы его нашли! Можно я вас поцелую?

Я в изумлении посмотрел на нее. После всего, что было у нас с ней в постели, и после ее признания, что она ненавидит мужчин...

Она поняла меня и усмехнулась:

— Вы не думайте. Я же просто так, от души.

— От души — поцелуй.

— Нет, если вы запрещаете...

Я улыбнулся:

— Я не запрещаю.

Она приподнялась и цаплей наклонилась ко мне через кухонный столик, но задела головой абажур, почесала рукой ушибленное место и засмеялась:

— Ой, блин!.. Нет, так не получится. Вечно мне мой рост мешает!..

Я протянул ей руку, посмотрел в глаза, за руку обвел вокруг кухонного стола и...

Вас когда-нибудь целовали атланты?

Я читал у Эрнста Мулдашева, что атланты высотой под восемь метров не утонули вместе со своей Атлантидой, а существовали до восьмого и — местами — даже до двенадцатого века нашей эры, бродили по земле, вступали в интимные связи с людьми и открывали им секреты своей цивилизации. Так, может быть, Полина и такие, как она, высоченные экземпляры человеческой породы — наследники генофонда тех самых атлантов?

Полина медленно, сверху вниз наклонялась ко мне, сидевшему на кухонном табурете, — словно нисходила, планировала ко мне с неба на своих лучистых зеленых глазах. И — отведя мои руки в стороны, чтобы я не мешал и не испортил своей мужской поспешностью этот божественный момент, — сама тихонько, байково коснулась губами моих губ... и еще... и еще раз...

Я замер. Я замер весь, целиком — дыханием, пульсом, мыслями. И только чистый, словно родник, поток желания вдруг неизвестно откуда хлынул в меня, открыл какие-то пересохшие шлюзы и стал мощно, весело и звонко наполнять мое бренное тело. Какая к чертям импотенция! Стоило этой жерди, этой каланче, этой коломенской версте и эскимо на высоких ногах трижды коснуться моих губ своими губами — не поцеловать, а только коснуться, блин! — и мне снова было двадцать, ну максимум — двадцать два! Я попытался обнять ее, но Полина властно и с неожиданной силой удержала мои руки по сторонам и продолжала тихо, байково, по-голубиному, в одно касание целовать мое лицо, ключицы и грудь в открытом вороте рубахи. А когда мои руки покорно и расслабленно повисли вдоль моего тела, ее прохладные пальцы стали медленно расстегивать мою рубашку, а ее губы продолжали целовать мою грудь все ниже, ниже...

Конечно, я понимал, что это была плата за мой визит к ее сыну.

Конечно, я знал, что это была игра и притворство, ведь она же сказала когда-то, что при желании может сыграть страсть не хуже Шарон Стоун.

Но, Господи, пусть она всегда так играет! И пусть они все так играют нами — каждую ночь, *каждую,* Господи!

О, я не могу этого описать! А все описания *ЭТОГО* даже у классиков эротики — ничто по сравнению с тем, что вы испытываете, когда вас любит (любит — как мне растянуть это короткое слово?), любит любимая женщина.

Можете ли вы описать кайф ныряльщика, когда он уходит в воду все глубже и глубже?

Можете ли вы описать кайф планериста, взлетающего над землей на крутом воздушном потоке?

А кайф лесоруба, который, разгорячась, сбрасывает на сибирском морозе с себя даже рубаху и, играючи своей силой, крушит уже потрескивающую от слабости и клонящуюся долу сосну?

А кайф шахтера, который, идя на рекорд, бешено долбит и долбит породу своим отбойным молотком?

А кайф парашютиста, летящего к земле в затяжном прыжке?

А кайф космонавта, оторвавшегося от земного притяжения и воспарившего над землей в невесомости космоса?

А музыку Шнитке вы можете описать словами?

А игру Ростроповича?

Какого черта эта музыка не звучала в Нью-Йорке, в отеле «Грейстоун», когда я лежал там с Кимберли? Или я просто вышел из того кобелиного возраста, когда мог и без музыки?

Да, вот в чем дело!

Любовь *любимой* женщины, ее затяжные ласки, байковые губы, ломкие руки, теплые булки ее ягодиц, бесконечность ее ног, арка спины, напряженные соски ее груди, влажные глубины рта, трепет языка, тихий хруст ее гланд и бешено пульсирующая ластуша ее чресел — вот партитура, вот симфония и ноктюрн, вот лунная соната и оратория, вот сумма всех звуков, красок и композиций, помноженная на каждый гран вашей чувственности и возведенная в высшую степень силой вашей потенции.

Впрочем, все вышесказанное — все равно лишь слова. Забудем о них, отбросим их и растопчем, и не будем отвлекаться от этого сакрального мига любви, не будем отвлекаться от него ни на какие слова и даже мысли!

Любить! Только любить! Только быть с *возлюбленной* женщиной, сжимать ее в руках, гладить, целовать и тискать ее грудь, разламывать и распахивать ее ноги, забрасывать их себе на плечи, ставить ее на колени, покусывать ее в загривке и снова целовать, нежить и сжимать ее тело, входить в него и не выходить, не выходить никогда, а быть в нем, быть в нем всю жизнь и чувствовать, чувствовать, чувствовать горячую пульсацию ее плоти и сладостный стон ее жизни!..

Мне кажется, что в ту ночь я все-таки *достал* Полину.

Острая и неизвестно откуда появившаяся сила вздымала мою плоть снова и снова... Или где-то в мозжечке, в подсознании у меня все еще сидел страх, что эта ночь может быть последней, ведь я только что избежал смерти. Не зря же солдаты, вернувшиеся с фронта или из Чечни, в первые дни демонстрируют чудеса потенции, не зря сразу после Второй мировой войны был такой бум рождаемости, и не зря теперь, после 11 сентября, весь Нью-Йорк затопила, судя по прессе, волна ночных сексуальных оргий...

Утром, когда первые голуби загулькали на жестяном подоконнике, Полина сладко потянулась всем своим двухметровым телом и спросила сквозь сон:

— А зачем вы туда летали?

— Куда?

— Ну, туда, к Ване.

— Ну как же! — сказал я и снова легко соврал: — Рыжий хотел знать: это его сын или не его?

— А-а... — сказала она и уснула, повернувшись на бок и поджав свои острые коленки.

А я лежал с открытыми глазами и думал: как же быть? Выйти из игры? Но это уже невозможно, меня все равно найдут и убьют. С другой стороны, в одиночку мне эту игру не выиграть, и глупо было на это рассчитывать. Следовательно, нужно срочно определяться с партнером. Ведь в этой игре три игрока: Харунов с его чеченцами и Хаттабом; Палметов с ФСБ и Банников. Кто из них был у меня вчера? И был ли?

Знаете, утром, когда в окно светит солнце, и небо светлое и чистое, и голуби мирно гулькают на подоконнике, и троллейбус под окном скрипит штангами по проводам, и воробьи купаются в лужах на мостовой, и школьники с ранцами и портфелями бегут по этим лужам в школу, а рядом с вами тихонько посапывает в кровати волшебная женщина, нежная и юная, как сонный цветок, — все ваши ночные страхи и приключения вдруг кажутся ирреальными, словно сон. Неужели кто-то действительно был в моей квартире? Неужели у меня и вправду унесли компьютер? А не перепутал ли я окна, когда в одном из них увидел огонек сигареты? Мое то было окно или соседское?

Я осторожно оделся и, оставив Полине нежную записку и автоответчик, тихо вышел из квартиры.

Через пятнадцать минут я был на Беговой — в грязном частном «Москвиче», который поймал на Чаянова. Но не отпустил там этого частника, а сказал, что мне нужно подождать тут одного человека. И терпеливо ждал, сидя в этом «Москвиче» через дорогу и чуть наискось от своего дома, возле ипподрома.

Через пятнадцать минут частник нетерпеливо заерзал, потом крякнул:

— Ну, долго мы будем телиться?

Я посмотрел ему в глаза. Это был плутоватый хмырь из мелких сшибал, торгующих на рынках автомобильными запчастями и турецкими куртками. Я достал из кармана деньги и положил сторублевку на пыльную панель рулевого управления.

— Сто рублей за каждые двадцать минут тебе хватит?

— Хм... — ухмыльнулся он.

— Тогда сиди тихо и не рыпайся.

На сорок третьей минуте, то есть в 8.37 утра, я увидел, как к подъезду моего дома подкатил серебристый «мерседес»-внедорожник.

И сердце мое почти остановилось — значит, все подтверждается, самые худшие из моих предположений.

Между тем из передней двери серебристого «мерса» выскочил крепкий, как Сталлоне, парень и шагнул к задней двери, но она распахнулась без его помощи, и оттуда спешно выбрался плотный и бритый наголо Харунов. Как и в Повольске, он опять был в темных очках. Гневно махнув Сталлоне на дверь моего подъезда, он быстро — круглой головой вперед — пошел за ним и скрылся в этой двери.

— Все, — сказал я своему хмырю. — Поехали.

Он ухмыльнулся:

— Бабу свою проследил, что ли?

— Езжай.

— Далеко?

— В центр.

Интересно, за сколько времени можно проявить пленку и отпечатать снимки?

Впрочем, куда больше, чем этот вопрос, меня интересовало другое. Если от этого Харунова и его Повольского банка развития деньги Романа Кожлаева должны были попасть к Хаттабу, то нельзя ли по этому же каналу — но в обратном направлении — достать Хаттаба?

* * *

....
....
....
....

* * *

Банникову, оказывается, тоже было не до бабьего лета.

ЧЕРНЫЙ ПОЯС

СПОРТИВНЫЙ ЦЕНТР ДЗЮДО ИМЕНИ В.В. ПУТИНА

Именно такая — и огромная — новая вывеска торчала теперь над его подмосковной, в Жуковке, дачей (бывшей дачей Кожлаева). А под вывеской кипела работа — два десятка строителей стучали молотками, визжали сверлами и гремели листовым кровельным железом. Часть внутренних стен и задняя стена дачи были сломаны, а сразу за дачей, во дворе натужно гудел экскаватор, выгребая котлован. Еще дальше, на месте прежнего бетонного забора была чистая и перепаханная тракторами полоса, а за ней два экскаватора ковшами рушили соседскую дачу, стоявшую подле густого сосняка, подступающего с запада к Жуковке.

— Ну? Как тебе моя идея? — торжествующе усмехался Банников, шагая по этому строительному раздраю. — Я купил эту хибару, — он кивнул на дом, который рушили экскаваторы, — и снишу его к гребаной матери, чтоб видок был на лес. А здесь у меня будет крытый бассейн по классу люкс — со стеклянными стенами, сауна и джакузи с видом на сосняк. А тут — два тренировочных зала, маты, ринг, ну все, как положено. И конечно, лучшие тренеры, самые лучшие! Через месяц все будет готово! «Вэ-Вэ» тут два раза на день проезжает по Рублевскому шоссе — как думаешь, не заедет? А? Еще как заедет! Сюда уже члены его администрации подваливали узнать, почем будут клубные карточки... Ты-то чего приехал? Вышел из запоя?

Я подумал, что Банников, конечно, далеко пойдет и без кожлаевских миллионов, и протянул ему стопку фотографий.

— А Палметов мне гарантировал, что ты непьющий... — сказал он. — Что это?

— Сын Кожлаева. Во Флориде.

— О, ну-ка дай...

Он внимательно рассмотрел первый снимок, который я сделал скорострельным «Пентаксом» в Кендалле, потом второй, третий...

— Что это с ним?

— Церебральный паралич, — сказал я.

— Дура, бля! — вдруг выругался Банников.

— Кто?

— Полина, сука! Зачала бы от меня, никакого паралича бы не было!

— Это у него не от Кожлаева.

— А от кого?

— Это у Полины семейное.

— Ты откуда знаешь?

— Я же был в Нижнем. У ее брата паралич. А кроме того, будь это твой сын, плакали бы кожлаевские миллионы... Но я к тебе не поэтому приехал. Харунов меня заказал.

— Что-о?! — Рыжий Банников тут же стал даже не белым, а серым, как раствор цемента в соседнем корыте строителей. — С ч-ч-чего ты взял?

Я рассказал про похищение компьютера, ночную засаду в моей квартире и утренний визит Харунова. То, что я ночевал у Полины, в рассказ мой, конечно, не вошло. Сказал, что ночевал на Казанском вокзале.

— Так... Понятно... — растерянно проговорил Банников, выслушав меня и глядя в пол.

Но я видел, как трусливо забегали его глаза по этому вскрытому полу.

— Понятно... — сказал он снова и спросил: — А я там засвечен?

— Где?

— Ну, в твоем гребаном компьютере! Где! — вдруг взорвался он.

— Нет, успокойся. Твоей фамилии нет нигде.

— А как же документы по фирме «Возврат»?

— Там я управляющий, ты же помнишь. А наше партнерство мы оформили отдельным контрактом у тебя в офисе, и он в твоем сейфе.

— Так... Понятно... Так... А кто знает про этого пацана во Флориде?

— Ты и я.

— И все? А Полина знает? Палметов?

— Нет, — соврал я.

— Точно?

— Точно.

— Вот и хорошо. Значит, поедешь во Флориду к пацану. Нам все равно нужны его волосы или еще какая-нибудь фигня для анализов, так?

— Ну, в общем, так.

— А тебе нужно слинять из России...

Конечно, я понимал, что он думает сейчас не столько о моей безопасности и даже не о деньгах Кожлаева, а о своей драгоценной персоне. Если Харунов выйдет на меня, а я расколюсь и скажу, что Банников мой партнер и это мы вместе ищем кожлаевские миллионы, то Рыжему не поможет ни дивизия его охранников, ни крыша ФСБ с дивизией имени Дзержинского...

— Сколько тебе нужно на поездку?

Я пожал плечами:

— А сколько, ты думаешь, мне придется скрываться?

— Хрен его знает! — нервно ответил Банников. — Поезжай, а там разберемся. И сиди в Штатах, пока я не скажу. —

Банников подошел ко мне вплотную и, оглянувшись на рабочих-строителей, тихо сказал, словно читал мои мысли: — Запомни, Битюг: Харунов — это тебе не Кожлаев. И не Банников. Харунов — это Хаттаб. Ты понял?

И в эту секунду зазвонил телефон. Казалось бы — ничего особенного, сколько таких телефонных звонков звучат сейчас каждую минуту теми особыми мелодиями, которыми озвучены все мобильники! Новые русские днюют и ночуют под эти звонки. Но почему-то именно этот звонок заставил нас обоих замереть на полуслове. Банников медленно извлек из кармана свой мобильник «Nokia», вибрирующий и заливающийся мелодией из «Болеро» Равеля, — извлек, как маленькую бомбу...

— Да?.. — напряженно произнес он в микрофон. И с облегчением выдохнул: — О-о! — И сказал насмешливо: — Здравия желаю, товарищ генерал! — И одними губами, без голоса, показал мне: — Палметов... — И спросил в трубку: — Наш общий друг? Понятия не имею! Он, сука, выставил меня почти на десять штук и ушел в запой, падла! Ну и кадры у вас! Вы ему звонили? Всю ночь? — Банников выразительно посмотрел на меня и продолжал в телефон: — А что случилось? Слет ветеранов? Через неделю? Да он по блядям пошел, куда же еще?! Вы его в клубах поищите. Нет, не в ночных, а в спортивных, где в баскетбол тренируются. — Рыжий явно вошел во вкус своей шутки и стал обсасывать ее: — Да у него сейчас конек — телки в два метра ростом! Да. Чем выше, тем лучше — он подпрыгивает и в лёт...

Юмор, как известно, — главный показатель интеллекта. У Банникова он был, конечно, где-то на уровне паха.

— Что? Конечно, скажу... — И, захлопнув крышку мобильника, враз посерьезнел, произнес без паузы: — Достал ты меня, Битюг! И чеченцы тебя ищут, и ФСБ! Выходит, из Шереметьево тебе уже не вылететь. Поедешь машиной в Ригу, я дам «окно». И никому не звонить! Никому — ты понял?

— В таком случае дай твой телефон.

— Зачем?

— На минуту.

Рыжий нехотя протянул мне свою «Nokia».

Я набрал длинный номер и посмотрел на часы. В Москве было двенадцать дня, а во Флориде четыре утра. Естественно, мне ответил автоответчик — женским голосом с испанским акцентом:

— Спасибо за звонок в наше агентство. Наши рабочие часы: с десяти утра до шести вечера ежедневно, кроме субботы и воскресенья. Но вы можете оставить свое сообщение после короткого гудка, и мы вам обязательно позвоним. Всего хорошего!

Я дождался гудка и сказал по-английски:

— Good morning, мисс Лупрано! Это мистер Чернобыльский относительно аренды дома номер 4533 по 45-й линии в Сэндвилле, Флорида. Благодарю за ваше письмо. Я согласен снять этот дом на шесть месяцев, начиная с сегодняшнего дня, по цене полторы тысячи в месяц. Завтра позвоню вам из Парижа. Всех благ!

Рыжий вслушивался в этот английский монолог, но не понял, конечно, ни слова.

— Куда ты звонил? — спросил он.

— Во Флориду. Я снял дом по соседству с мальчиком.

Вой сирен и трубный рев ревуна стерли изумление с его лица, он повернул голову к Рублевскому шоссе. Там на предельной скорости летел правительственный кортеж — впереди два внедорожника «БМВ» с включенными рогами-мигалками, сиреной и ревуном, а за ними две черных «ауди» со своими мигалками, потом черный бронированный лимузин Путина в каре из «мерседесов» и еще два замыкающих внедорожника охраны.

Проводив восхищенным взглядом этот пролетевший к Москве кортеж, Рыжий повернулся к рабочим:

— Эй! Чо хавальники открыли? За работу! — А мне чуть потише: — Так, ты тоже. Сколько тебе нужно в дорогу?

— Мы одну вещь забыли, — сказал я.

— Какую?

— Эксгумацию Кожлаева.

— Это еще на хрена?

— Ты забыл? Если я добуду волосы мальчика для анализа ДНК, с чем их будут сравнивать для установления отцовства?

Банников несколько секунд смотрел на меня в упор, словно решая в уме какую-то дилемму. Потом сказал:

— Иди за мной... — и, не оглядываясь, направился в глубину дачи, на ее неразрушенную половину.

Я заинтригованно двигался за ним.

Банников, не вытерши грязной обуви, прошел, следя по ковру, в свой (бывший кожлаевский) кабинет. Там он прямиком подошел к большому напольному сейфу и стал сосредоточенно колдовать над шифрами трех его замков.

Я стоял у него за спиной, гадая: что он может мне показать? Отрезанную голову Кожлаева? Его скальп? Засушенные уши?

Банников открыл наконец тяжелую дверцу сейфа, и я увидел, что сейф этот абсолютно пуст, в нем нет ничего. Однако Банников сунул руку на верхнюю полку и взял с нее один-единственный лист бумаги, который, оказывается, там лежал. Посмотрел на него и с усмешкой протянул мне.

— Что это? — спросил я.

— Читай. Увидишь.

Я взял лист, но читать на нем было практически нечего, за исключением двух строк. Крупными, кривыми, бурыми буквами и скорее всего пьяной рукой с перьевой ручкой там было нацарапано:

ТЕПЕРЬ МЫ БРАТЬЯ

И подписи:

РОМАН КОЖЛАЕВ + ВИКТОР БАННИКОВ

Я с недоумением взглянул на Банникова. На его круглом лице было мальчишеское торжество.

— Мудак! — произнес он с ликованием. — А еще ФСБ! Полковник! Это его кровь, понимаешь? Мы кровью расписывались.

«Nokia» в кармане у Банникова опять запела нарастающее «Болеро», Рыжий машинально достал трубку, отщелкнул крышечку:

— Алло, слушаю... — И побледнел: — К-кто? С-с-слушаю вас, да... — И дрожащей рукой протянул мне телефон: — Х... Х... Харунов... Т-тебя...

Я посмотрел на трубку. Итак, Харунов меня вычислил. Выхода нет.

Я взял эту трубку, приложил к уху:

— Чернобыльский.

— Дарагой! — сказала трубка неожиданно высоким для такого мужика, как Харунов, голосом. — Зачем бегаешь? Давай встретимся, пагаварим, как мужчины.

— О чем?

— Ты знаешь о чем.

— К сожалению, не знаю.

— Перестань! — усмехнулся голос. — Я с тобой серьезно гаварю, а ты! Вот ты в Ригу, я слышал, собрался, правильно? А зачем? Я тебя из Домодедово первым классом в Европу отправлю. Ты же знаешь, кто Домодедово держит...

Я знал, кто «держит» аэропорт Домодедово, об этом даже в газетах писали.

— Хорошо, — сказал я и посмотрел на часы. — Домодедово, через два часа. Я буду не один.

— А с кем?

Я посмотрел на Банникова, но он в испуге отрицательно замахал руками.

— С Банниковым, — все-таки сказал я.

— Очень хорошо, уже договорились! — радостно согласился Харунов. — До встречи, дарагой!

Я защелкнул крышечку трубки и протянул ее Банникову. Он возмутился:

— Зачем ты меня вмазываешь?!

— Очень просто, — объяснил я. — Чтобы ты не думал, что я с ними договорюсь за твоей спиной. Поехали.

— Но... но как он узнал, что ты здесь?

Я усмехнулся. Теперь, когда расклад всех карт определился, я почему-то сразу успокоился. Так десантник, стоя в открытой двери летящего самолета, успокаивается перед прыжком, так циркач, забравшись под купол цирка, успокаивается перед трюком без страховки.

— Масик, твой секретарь, — сказал я Банникову.

В отличие от Внуково, который практически не изменился с совковых времен и где по-прежнему такой же круглосуточный пассажирский табор, как на вокзалах в Тюмени или в Хабаровске лет двадцать назад, аэровокзал Домодедово перестроен на европейский лад, и здесь нет ни внуковской толчеи, ни очередей, ни неразберихи. Может быть, поэтому Swiss-Air и другие европейские компании стали перебираться из Внуково в Домодедово, хотя это на час дальше от города.

Мы сидели на втором этаже, в ресторане, и внешне, со стороны, это выглядело негромким дружеским разговором трех деловых людей. Но если бы какой-нибудь швейцарец или другой европеец из сидевших в ресторане иностранцев мог услышать этот разговор, он, даже зная русский в объеме полного курса славянского факультета Сорбонны, не понял бы в нем ни слова. И поскольку мой ноутбук тоже не знает этих слов и требует исправлений, перевожу на более употребимый русский, а непереводимые слова заменяю на тире и точки.

— Ты, —— ——! — не снимая своих темных очков, обращался Харунов к Банникову, который сидел весь в красных пятнах от страха. — Скажи спасибо, ——, что 11 сентября биржа грохнулась на — и у нас напряг с капустой, ——. А то бы я тебе, ——, твои —— лично отрезал и на —— намотал!

— Я хотел сначала узнать, где деньги, — оправдывался Банников. — А потом вам...

— Только не ——! Закрой своё ——! — И Харунов показал на меня пальцем. — Человек не знал, куда он лезет, у нас к нему нет претензий. Но ты, ...!

— Я извиняюсь, — сказал Банников.

— «Я извиняюсь»! Ты мой —— будешь сосать, а не «я извиняюсь»! Сильно крутой стал! Придется тебе —— подрезать. Иди отсюда на —! Дай мне с человеком по делу поговорить. Иди, иди, ———! Сядь там где-нибудь на —!..

Банников побитой собакой перешел за дальний столик и, поглядывая на нас, нервно крутил в руках ножку хрустального бокала.

Я понимал, что таким обращением с ним Харунов демонстрирует мне свою власть и силу. А мне стелет помягче, поскольку я ему нужен.

— Детский сад, ——! — огорченно сказал про Банникова Харунов, хотя был старше его лет на десять, не больше. И, сняв темные очки, прикрыл веки, устало потер глаза своей короткопалой рукой.

О, если бы я не был готов к этому, это был бы мощный удар, просто нокаут!

Потому что на веках у Харунова — и на левом веке, и на правом — была короткая, но выразительная татуировка:

НЕ БУДИ

Насколько я знаю, такую татуировку не делали себе в зоне даже самые крутые авторитеты и воры в законе.

Подняв веки, Харунов испытующе глянул на меня своими острыми и желтыми, как у коршуна, глазами. Но я уже успел натянуть на лицо маску изумления и оторопи, и Харунов, пряча в усы удовлетворенную усмешку, снова надел свои темные очки.

— Ладно, — сказал он, переходя на светский тон и каким-то волшебным образом избавляясь от своего узбекско-кавказского акцента. — Ты летишь за пацаном и все делаешь, как считаешь нужным. Рыжий в твоем распоряжении, и его бабки тоже. Но учти, что время нас поджимает. Месяц — твой крайний срок.

— Нереально, — сказал я.

— Почему?

— Потому что пацана нужно вывезти из Штатов абсолютно чистым.

— В каком смысле?

— В юридическом. Пойми, пока он обыкновенный ребенок, он никому не нужен. Но как только он получит кожлаевские миллионы — за ним побегут все, кто только сможет. Папа, мама...

— Хорошо. Согласен. Сколько тебе нужно?

— Три месяца. Минимум.

Харунов вздохнул:

— А другого пути нет?

Я пожал плечами:

— Только взорвать «Бэнк оф Нью-Йорк».

— И что?

— Я шучу...

— Ну и шутки у тебя!.. Сколько там, ты сказал?

— Сто семнадцать лимонов.

— Ты знаешь номера счетов?

— Нет, конечно, — легко соврал я ему, как еще раньше Банникову.

— А где же остальные деньги?

Я развел руками. Цифры, которые были в фэбээровской справке Кимберли, знали только она, я и те, кто давал ей эту справку. Но, как я прочел в сайтах Всемирного торгового центра, четыре этажа в северной башне ВТЦ арендовало ФБР, и скорее всего именно там, по соседству с Уолл-стрит, должен был располагаться их Департамент по борьбе с экономической преступностью, или как там это у них называется. Но северной башни уже нет, Кимберли тоже, а я не такой идиот, чтобы Банникову, Палметову или тем паче этому Харунову выдавать *всю* информацию.

— Хорошо, — сказал Харунов. — Давай так. Все, что обещали тебе Рыжий и Палметов, — это фуфло, сам понимаешь. Как только ты привез бы ребенка, они бы тебя зарыли, это закон. Но теперь ты имеешь дело со мной, то есть все будет по понятиям, я ручаюсь. Пацана привезешь не сюда, а через Истамбул и Карачи прямо в Ташкент, я вас встречу. Если мы получим сто семнадцать лимонов — семнадцать твои. В натуре. Вообще-то это все наши бабки, но семнадцать ты за работу получишь, это святое. Договорились?

Я, выдерживая паузу, словно собираясь торговаться, посмотрел в окно. Там садились и взлетали «боинги» и аэробусы европейских авиакомпаний, их трапы были буквально в ста шагах от меня. Насчет Ташкента он меня уел, я этот вариант не просчитывал. Выходит, и среди бандитов есть сильные игроки, покруче нас. Конечно, если этого золотого мальчика, сына Кожлаева, я привезу сюда, ФСБ его еще у трапа возьмет под такую охрану, что никакая ОПГ не достанет... И Банникова Харунов полоскал вовсе не для того, чтобы произвести на меня впечатление. А для того, чтобы Рыжий в страхе и в наказание за свои игры за спиной у Харунова оплатил всю операцию. Настоящий дуплет, ничего не скажешь!..

Но в принципе какая мне разница, кто из них платит за операцию и кто должен меня грохнуть, когда я вывезу мальчика из США, — Банников или Харунов? Я уже влез в эту историю так глубоко, что обратной дороги нет все равно.

Повернувшись от окна, я сказал:

— Ты забыл его мать, Полину.

Харунов усмехнулся:

— Не беспокойся, мы ее не обидим.

В этом я тоже не сомневался.

— А Рыжий?

— Рыжий у меня будет —— сосать!

— Но он же меня финансирует.

— Из наших бабок! Он мой должник! — И Харунов повернулся к Банникову, махнул ему рукой: — Эй, иди сюда!

Банников почти подбежал, причем как-то шаркая, на полусогнутых и заглядывая Харунову в глаза. Я просто поразился этой метаморфозе — еще три часа назад Рыжий был тузом, королем и гоголем, примеривал на себя путинский кортеж, а теперь враз стал шестеркой.

— Слушаю...

— Сядь! — приказал ему Харунов.

Банников послушно присел на край стула.

— Будешь жить, бля, — великодушно сообщил ему Харунов.

— Спасибо!

— Молчи, бля! Слушай. Мы договорились. Ты будешь делать все, что он скажет. И откроешь ему кредит. А мне будешь докладывать. Понял?

— Да!.. Конечно!.. Конечно!.. — согласно закивал Рыжий, переводя взгляд с Харунова на меня и обратно и пытаясь понять, о чем все-таки мы могли договориться.

Харунов протянул мне руку, и я пожал ее, скрепив наш договор.

Он усталым жестом снова снял очки и на всякий случай показал мне свою татуировку еще раз.

Я, однако, и так знал, что будить в нем зверя не просто опасно, а смертельно.

За окном очередной «боинг» с ревом пошел на взлет. «Куда он летит? — тоскливо подумал я. — В Париж? В Лондон? В Цюрих?»

ЧАСТЬ СЕДЬМАЯ

МАЙАМСКИЙ КОКТЕЙЛЬ

Вот уж действительно из огня да в полымя!

Как раз в день моего прилета в Майами американцы начали бомбить Афганистан. На что талибы тут же призвали мусульман устроить Америке такой джихад, что по сравнению с ним теракт 11 сентября стал бы просто мелким эпизодом вроде сараевского убийства шизофреника Фердинанда.

И потому проверка в майамском аэропорту была, словно мы прилетели не на курорт, а в секретную армейскую зону. Причем если раньше, до 11 сентября, этот аэропорт был действительно похож на улей, вокруг которого самолеты всех авиакомпаний мира роились, как пчелы в медоносный сезон, то теперь в огромном зале было практически пусто. Хотя в трехсотместном «боинге», прибывшем из Цюриха, нас было от силы сорок человек, пограничники изучали наши паспорта больше часа и с дотошностью саперов, рассматривающих чертежи неизвестных бомб. Страницу с фотографией владельца паспорта просвечивали со всех сторон, само фото раз десять сличали с оригиналом, и каверзные вопросы следовали один за другим: «Ваша профессия?.. Цель приезда?.. Сколько времени собираетесь пробыть в Соединенных Штатах?.. На какие деньги будете тут жить?.. Где получали въездную визу?.. На каком основании?..»

Впрочем, у белых европейцев паспортный контроль на этом закончился, зато десяток арабов, турок, африканцев и японцев задержали и томили еще час, и каждую запятую в их паспортах и визах чуть ли не на зуб пробовали.

Я, как ни странно, попал в первую, привилегированную категорию — то ли цветом кожи попадал в масть, то ли сказался звонок Путина Бушу 11 сентября и теперь мы с Америкой снова друзья.

Хотя затем была проверка багажа. Пегий спаниель, которого вели на поводке, внимательно обнюхивал все чемоданы, сумки, рюкзаки, портфели и даже дамские сумочки. Если он садился у какого-то чемодана или сумки, их хозяевам тут же приходилось открыть весь свой багаж. Искали, конечно, взрывчатку, оружие, наркотики и ампулы с бациллами чумы, но изымали и отнимали икру, колбасу и фрукты — в Америку, оказывается, нельзя ввезти даже яблоко!

Впрочем, спаниель — это только первая стадия проверки, front line. Далее весь багаж пропустили через просвечивающую камеру и, если замечали на экране что-то нестандартное или подозрительное, снова все проверяли вручную...

Через два часа после прилета я все-таки вышел из таможенной зоны. Мисс Зелма Лупрано лично встречала меня в зале ожидания, она оказалась смуглой старушкой кубинкой с белоснежной улыбкой фарфоровых зубов и таким количеством золотых браслетов, перстней, цепочек, кулонов и сережек, словно унаследовала все золото испанских конквистадоров.

— Я извиняюсь, мэм! Вам пришлось долго ждать...

— О! Не беспокойтесь, дорогой! Для меня большое удовольствие встретить клиента из России!

Россия тут ни при чем, мысленно усмехнулся я. До 11 сентября ты бы не стала, конечно, таскаться в аэропорт даже за британцем, но теперь, когда вся американская индустрия туризма грохнулась, как ВТЦ в Нью-Йорке, и половина авиакомпаний обанкротились, а оставшиеся сократили число своих рейсов вдвое, — что тебе остается? Сейчас для тебя каждый клиент на вес золота, ты его будешь окучивать и холить, как кошка единственного котенка, которого не утопили хозяева...

Хотя уже минут через двадцать я понял, что нельзя все мерить на наш аршин. Старушка Зелма явно получала кайф от своей работы, или, точнее, демонстрируя мне, как у нее тут все схвачено: и в банке («Софи, дорогуша! Это мой друг из России, открой ему счет под мою гарантию. О, не беспокойся, это чистые деньги, он русский полковник и снял у меня виллу, чтобы писать книгу...»), и в дилерской «Кендалл-Тойота» («Лео, как твоя жена? А сын? Слушай, моему другу нужна машина. Конечно, я могла отвезти его в «Нис-

314

сан» и в «Хонду», но ты же знаешь, как я к тебе отношусь. Ты можешь сделать, чтобы человек через двадцать минут уехал на «тойоте»?).

И через двадцать минут мы действительно ехали на двух машинах — Зелма впереди на своем белом «линкольне», а я за ней на новенькой «тойоте-авалон», которую взял на кредитную карточку и опять же под гарантию мисс Зелмы Лупрано. Мы катили по чистенькому шоссе, и я наслаждался погодой. В Москве уже давно осенние заморозки, и слякоть, и небо с портянку, а здесь плюс 85° по Фаренгейту, это, наверное, 28° по-нашему. Солнце, пальмы и никакой удушающей влажности, как было в августе. А на шоссе — потоки лакированных машин, и буквально над каждой машиной американский флажок — это янки после 11 сентября демонстрируют друг другу свой патриотизм...

В Сэндвилле, на 45-й линии Зелма подъехала к дому 4533, вручила мне ключи и показала мою роскошную двухэтажную резиденцию, где все оказалось даже лучше, чем было сказано в ее электронном письме. Помимо плавательного бассейна, гаража на две машины, трех меблированных спален и современной кухни с двумя холодильниками, посудомоечной машиной, микроволновой печкой, кофеваркой и полным комплектом посуды; помимо райской прохлады кондиционеров, трех огромных телевизоров, видеомагнитофона и антенны-«dish» с приемом 120 телеканалов; помимо повсеместных голубых ковров (правда, синтетических), а также комнаты отдыха в бэйсменте, который рука не поднимается назвать подвалом — ну какой же это подвал, это целый этаж со стенами, облицованными светло-кофейными, под дерево, панелями, с камином, баром, кожаным раскладным диваном, старинным письменным столом... — так вот, помимо всего этого благолепия, зеркал, светильников и люстр, меня еще ждал в гостиной букет цветов и корзина с фруктами и шампанским!

— Спасибо, Зелма!

— О, не стоит! — И она спрятала в свою сумочку 3000 долларов: 1500 за первый месяц аренды и еще столько же — «секьюрити депозит». — Надеюсь, здесь вы напишете замечательную книгу! А если будут какие-то проблемы — звоните мне, не стесняйтесь...

Да, все-таки не зря кто-то сказал, что Америка — самая удобная в мире страна! И американцы совсем не такие уж идиоты, если у них все так просто и лихо отлажено — плати бабки и тебя всюду будут встречать улыбками, цветами и шампанским!

Я ходил по этому огромному дому, открывал дверцы шкафов и находил в них все новые и новые сюрпризы — не только постельное белье, но и пледы, покрывала... не только посуда, но и сахар, чай, кофе... не только видеомагнитофон, но и набор видеокассет с классикой американского кино... а внизу, в бэйсменте, — душевая, туалет, спортивный тренажер и хозяйственная комната со стирально-сушильной машиной, компрессором кондиционера и громадной, под потолок, торпедой с клеймом «FFE» (что это такое? нужно потом разобраться)... а рядом, в комнате отдыха, — не только бар, камин и диван, но еще и радио, и сотня аудиокассет с джазом и классической музыкой. Если поставить в бар бутылку французского коньяка «Hennessy», которую я купил в Цюрихе в дьюти-фри, то...

Нет, господа, жить можно! Передайте Станиславу Говорухину: *так* можно жить...

Впрочем, буквально назавтра я услышал по телевизору и прочел в газетах:

СИБИРСКАЯ ЯЗВА ВО ФЛОРИДЕ!
Во флоридском городе Бока-Ратон зарегистрирован уже третий случай заражения сибирской язвой. Все три пострадавших — сотрудники редакции местной газеты «Sun». Один из них умер. ФБР направило во Флориду около ста агентов и расследует связь вспышки сибирской язвы в США с деятельностью террористов...

А еще через три дня:

СИБИРСКАЯ ЯЗВА ОБНАРУЖЕНА В НЬЮ-ЙОРКЕ!

А 14 октября:

ЭПИДЕМИЯ РАСШИРЯЕТСЯ! ВО ФЛОРИДЕ СИБИРСКОЙ ЯЗВОЙ ЗАРАЗИЛИСЬ СРАЗУ ПЯТЕРО!

А 17-го:

КОНГРЕСС США ЭВАКУИРОВАН ИЗ-ЗА СИБИРСКОЙ ЯЗВЫ
29 сотрудников сената заразились сибирской язвой!
Споры сибирской язвы были в полученном на адрес сената письме.

И вслед за тем понеслось:

СИБИРСКАЯ ЯЗВА У ПОЧТАЛЬОНОВ В ВАШИНГТОНЕ!
СИБИРСКАЯ ЯЗВА У ПОЧТАЛЬОНА В НЬЮ-ЙОРКЕ!
СИБИРСКАЯ ЯЗВА У ПОЧТАЛЬОНОВ В НЬЮ-ДЖЕРСИ!
СИБИРСКАЯ ЯЗВА ПРИШЛА В КАНЗАС И ИНДИАНУ!

Чем больше американцы бомбили талибов в Афганистане, тем опаснее становилось в США подходить к почтовым ящикам.

Хотя американцы, нужно отдать им должное, храбрились по-прежнему. Во всяком случае, наружно: теперь уже буквально все машины украсились американскими флажками, по улицам Майами, Корал-Гейбл, Сэндвилла и по всем хайвеям и фривеям катили, как на параде, бесконечные вереницы этих трепещущих на ветру звездно-полосатых флажков. И косынки у женщин звездно-полосатые, и майки на мужиках. И на каждом шагу: «Hi!.. How are you?.. Good morning!.. Good afternoon!» — просто паиньки!

А по телевизору с утра до ночи — про то, что Америка воюет не с мусульманами, а только с террористами-экстремистами.

А когда где-то в Техасе и Оклахоме белые подростки избили арабчат и подожгли мечеть, то все телеведущие набросились на эти эксцессы с форсированным возмущением, вытащили на экран лидеров мусульманских общин и открыто, в прямом эфире стали обсуждать положение мусульман в стране, когда она воюет с мусульманским Афганистаном.

— Мы не можем позволить варварам подорвать наши американские принципы равенства всех наций и религий!..

11 октября, в месячник после теракта, телевидение сообщило, что частные пожертвования в фонд помощи жертвам сентябрьского теракта достигли миллиарда долларов и чтобы население перестало сдавать донорскую кровь — ее уже сда-

ли столько, что негде хранить. Буш сказал по телику, что это ответ всем, кто называет американцев бездушными и бездуховными прагматиками. И все дома в США украсились американскими флагами, и мой сосед, приколачивая такой флаг на своем балконе, приветственно помахал мне рукой:

— Доброе утро, сэр!

Я подошел к забору, представился и спросил, когда могу пригласить их на барбекю, то есть на шашлыки по случаю своего новоселья — это, я читал, традиция американских новоселов: при вселении в дом звать на парти всех соседей.

Глен сказал, что лучшее время для такой вечеринки — суббота, где-то в полдень, потому что в воскресенье все в церкви. Но на большое количество гостей я не должен рассчитывать — в этом году Сэндвилл пуст, даже хозяева домов, которые приезжают сюда на зиму ежегодно, теперь не приехали.

Так мы познакомились. Если вы хотите подружиться с соседями, нужно начинать с просьб о советах по домоводству, кулинарии и прочим проблемам вашего быта. Глен сказал, что «FFE» — это последний писк противопожарной охраны: «Full Flame Extinguish», сжатая пламегасительная пена, которую используют в авиации и которая, в случае пожара, под давлением 16 атмосфер молниеносно вылетает из sprinklers — ввинченных в потолки металлических оросителей, настолько крохотных, что я их не заметил при вселении. А после этой пены из торпеды через те же sprinklers в зону пожара подается особый газ hallon, который мгновенно уничтожает кислород и тем самым гасит любые остатки огня. Только, сказал Глен, нужно успеть немедленно покинуть зону пожара, иначе задохнешься...

Я польстил Глену, сказав, что мы в России о таком и не слышали, и затем, с его же помощью, обнаружил в своем гараже передвижную, на колесиках, жаровню для барбекю. А часом позже на его же компьютере и принтере отпечатал формальное приглашение соседям на парти (которое, оказывается, нельзя вручать людям лично, чтобы не ставить их в неудобное положение — вдруг они не смогут или не захотят к вам прийти, — а нужно положить в почтовые ящики, которые стоят тут перед каждым домом на аккуратных стойках).

Затем, под руководством веселой толстушки Сементы, которая сама вызвалась поехать со мной в «Пабликс», супермаркет, я закупил мешок с синтетическим углем, мясо и специальные сардельки для барбекю, а также овощи, всякие приправы, недорогое калифорнийское вино, пиво и кока-колу...

Короче, я закатил совсем нехилую пирушку, на которой гостей и вправду было всего ничего: Глен и Семента Стилшоу с их парализованным сыном в детской коляске и супружеская пара из дома № 4501 — толстенький пенсионер — профессор археологии из Нью-Йоркского университета и его шестидесятилетняя (как шепнула мне Семента), но круто молодящаяся жена — высокая загорелая цапля с кукольным личиком подростка («Еще бы, после стольких подтяжек!» — шепнула мне Семента).

Конечно, речь шла о террористах и о вакцине от сибирской язвы, которой у американцев нет и которую им великодушно предложила Россия. Но вас, конечно, интересует пацан и то, как мне удалось получить его «tissue» — материал для лабораторного анализа на ДНК.

Мальчика звали Ив.

Вблизи, когда родители привезли его в коляске на мой бэк-ярд, то есть во дворик моего дома, он был еще больше похож на своего истинного отца, чем на фотографиях, сделанных телеобъективом моего «Пентакса». В те минуты, когда его лицо оживало, когда он тянулся из коляски к жаровне или надувным шарам, которыми я специально ради него украсил свой бэк-ярд, его темные и чуть выпуклые, как у всех чеченцев, глаза разом озарялись ярким и будто антрацитным огнем — совсем как у Кожлаева. И смуглое личико наполнялось мимикой, и зубки влажно поблескивали за детскими губами, и тело нетерпеливо приподнималось на руках и дергалось вперед, так опасно клонясь из коляски, что мы все инстинктивно бросались к нему, боясь, что он вот-вот вывалится и грохнется оземь. Впрочем, Семента всегда успевала первой — она почти не отходила от его коляски, а если и отходила на несколько шагов, то не спускала с Ива глаз.

Я, конечно, подивился, как остроумно они переделали на американский манер его русское имя, но, естественно, промолчал и вообще деликатно обходил в разговорах его недуг. Однако Семента сама подняла эту тему — наверное, чтобы сразу снять все недомолвки.

— Церебральный паралич бывает наследственный или от родовой травмы, — сказала она. — Я рожала в Нью-Джерси и, наверное, могу судить эту больницу, ведь ни у нас с Гленом, ни у наших родителей никакого паралича нет. Только как вы докажете, что это была родовая травма, если признаки паралича проявляются лишь через несколько месяцев после рождения? Мы заметили, что он плохо сучит ножками, только на пятом месяце, поехали к врачу, а он говорит: у вас ребенок падал с кроватки? Вы его не роняли на пол? Понимаете, какие сволочи? Сразу — на родителей!.. Но мы с Гленом думаем, что Бог все делает с какой-то целью. Он дал нам Ива таким, а не другим, чтобы укрепить нашу любовь. Правда, дорогой?

— Конечно! — И Глен обнял Сементу за плечи. — Я никогда не думал, что моя Семента такой герой! Знаете, она дочка очень богатых финансистов в Лос-Анжелесе и была, что называется, белоручка из золотой молодежи. И вот, представьте, эта принцесса из Калифорнии ради Ива пошла в детский инвалидный центр самой простой нянькой — только чтобы весь день быть рядом с нашим малышом. Моя дорогая, я тебя обожаю! — И Глен открыто, при всех поцеловал жену в губы.

Цапля-профессорша похлопала в ладоши, а профессор спросил:

— Сколько лет вы женаты?

— Девять, — ответила Семента. — Знаете, мы так старались сделать ребенка — пять лет! И когда у нас наконец получилось, были так счастливы! Мы и сейчас очень счастливы!.. Ив, ты упадешь! Родной мой, ты же не сможешь прожевать это мясо, я дам тебе сардельку... Знаете, он весь в Глена — такой непоседа, все время рвется из коляски, хочет ходить! И уже научился сам отстегивать эти ремешки, у него очень сильные руки! Если не уследить, падает на пол, разбивает себе то нос, то лоб... Вот, дорогой, попробуй этот кусочек... А дать тебе шарик? Смотри, какой красивый шар! Красный...

Но малыш, не сумев вырваться из коляски, уже потерял интерес ко всему, даже к цветным надувным шарам, и безвольно уронил голову на плечо, и обвис фигуркой, и с тупой покорностью судьбе глядел в землю потускневшими глазами.

Я смотрел на Глена и Сементу — как они стоят, обнявшись, над коляской мальчика — и пытался представить себе их жизнь до того, как они сгоняли в Россию за этим Ваней, и после, когда привезли его, крошечного, в Ричборо, а через пару месяцев обнаружили у него церебральный паралич. Впрочем, все, что происходит с ними после появления этого Ива, представить, пожалуй, можно...

— О чем вы пишете книгу, Пол? — отвлек меня профессор от этих мыслей.

— О! — улыбнулся я. — Зелма и вам успела сказать? Нет, я еще не пишу, я только собираюсь купить себе ноутбук и уж тогда сяду за работу.

— А о чем будет книга? — спросила его жена.

— Знаете, я же офицер в отставке. Я воевал в Афганистане — как раз там, в Кандагаре, где сейчас высадились ваши десантники. И в Чечне...

— Чеч... что? — переспросила она.

— Дорогая, ты не выговоришь. Это их Вьетнам, — сказал ей профессор и повернулся ко мне: — И?..

— И хочу написать о своих боевых друзьях, — сочинял я на ходу. — О тех, кто погиб и кто выжил...

— Как Хемингуэй? — спросила Семента.

— Или Ремарк, — усмехнулся профессор. И вдруг сказал мне всерьез: — Знаешь, Пол, если ты воевал в Афганистане и в Чечне, то попробуй написать книгу о борьбе с террористами. Ваш президент звонил Бушу в первый же день нашей трагедии и предложил свою помощь. Это замечательная завязка для триллера о нашей совместной войне с терроризмом. Подумай об этом. Если ты сможешь написать такую книгу, я тебе помогу ее продать, у меня в Нью-Йорке приятель, он литературный агент Кена Фоллета и других знаменитостей.

— Спасибо, — сказал я. — Это хорошая идея. Я подумаю...

Что ж, наверное, профессор прав. У них тут мышление совсем не такое, как у нас, они заранее думают, смогут ли продать свою работу, и если смогут, то кому и за сколько. Роман о совместной американо-русской борьбе с международным терроризмом — это сегодня, конечно, товар. И он действительно должен начаться со звонка Путина Джорджу

Бушу, только какой уж из меня писатель! Да и кто же подпустит меня к материалам переговоров Буша и Путина, Кондоллезы Райс и Владимира Рушайло, Игоря Иванова и Колина Пауэлла, Доналда Рамсфельда с Сергеем Ивановым и Джорджа Теннета с Николаем Патрушевым? Кто позволит мне встрять в этот узкий круг, кто пустит меня в закулисье Кремля и Белого дома и на кухню большой политики? Ведь такой роман нельзя высосать из пальца, он должен опираться на реальные факты. А при нашей шпиономании даже мне, ветерану ФСБ, ничего не покажут и не расскажут. Хотя — выступление Путина по телику со словами: «Россия не понаслышке знает, что такое террор, и поэтому, обращаясь от имени России к народу Соединенных Штатов, я хочу сказать, что мы с вами!», а вслед за этим, уже 13 сентября, группа американских экспертов по терроризму летит в Москву набираться опыта... Грызлов сообщает американцам сведения о базах талибов... Кремль открыто снабжает оружием войска анталибского Северного Альянса... Путин соглашается на высадку американских войск в республиках Средней Азии и в Грузии... Буш приглашает Путина на свое ранчо в Техасе... Террористы забрасывают в США споры сибирской язвы... Россия предлагает американцам свою вакцину...

Да, профессор прав — это классная завязка для романа «Сентябрь президентов»! И, я думаю, какой-нибудь Клэнси его уже пишет, потому что здесь этот Клэнси вхож к президентам, как когда-то Юлиан Семенов был вхож к Андропову. Не зря «Вашингтон пост» уже анонсирует книгу своих ведущих журналистов Боба Вулворда и Дана Бальза «10 дней в сентябре» — документальную и буквально поминутную хронику работы Белого дома с 11 по 21 сентября. Делать пиар своему президенту — это американцы умеют! А если этот Клэнси захочет слетать в Москву к Путину, то его встретят, как Ленин встречал Уэллса, а Сталин — Фейхтвангера. Но мне встреча с Путиным и Бушем не светит...

Я сижу над своим новеньким Compaq Pressario 1700T и думаю: а может, мне и взаправду начать писать роман? В конце концов, жизнь каждого человека — это роман. А в моей жизни чего только не было! Но только пусть это будет откровенный роман, без самолюбования и вранья, договорились? Как я его назову? «Пенсионер»? «Адреналин»? «Большие деньги»? Или просто «*У.Е.*»? В конце концов, мы все работаем за *у.е.*, на *у.е.* и для *у.е.* И американцы тоже: разве их доллары — не *у.е.*? И даже золото — если подумать — тоже *у.е.* Только платим мы за эти *у.е.* отнюдь не условными *е.*, а своим конкретным здоровьем, потом, потенцией и даже жизнью. Прибавьте контрактнику *у.е.*, и он полезет под чеченские пули вполне конкретно, и там его рано или поздно уе... за эти гребаные *у.е.*!

Вот и я — чем не контрактник? На хрена я прилетел в Америку, когда террористы взрывают тут дома похлеще, чем в Москве, а почтальоны развозят сибирскую язву по почтовым ящикам?

А с другой стороны, «у.е.» — это апофеоз нашего лицемерия. Хотя наш рубль такой же неконвертируемый фантик, как белорусские «зайчики» и украинские гривны, а в натуре вся наша жизнь привязана к курсу доллара (и стоимости нефти), наша знаменитая гордость великороссов не позволяет нам это признать, и потому вместо «грязного» и «проклятого» американского доллара мы всюду пишем «у.е.». И теперь у нас три валюты: рубль, доллар и неизвестный всему остальному миру у.е., мистический, как русская душа, и призрачный, как наша демократия, — везде вписан, а потрогать нельзя.

Интересно, кто это придумал? Ельцин? Гайдар? Лифшиц?

Через неделю после моей парти я из окна увидел, как Семента вышла на улицу к своему почтовому ящику и стоит подле него в нерешительности. И я знал почему: накануне по телевизору показали, как агенты службы биологической защиты, одетые в глухие резиновые скафандры, закрыли в Нью-Джерси несколько почтовых отделений на карантин, поскольку местные почтальоны слегли в больницу с признаками сибирской язвы. А затем был сюжет — предупреждение всему населению: если вы видите подозрительный конверт с незнакомым обратным адресом, не вскрывайте его! А если обнаружили в конверте белый порошок — немедленно обращайтесь в ближайшую больницу!..

Немудрено, что миллионы американцев, точно так же как Семента, подолгу стоят теперь перед своими красивенькими, как скворечники, почтовыми ящиками и боятся их открыть. И вообще, что-то тут, в американском воздухе, изменилось. Кончилась их изоляция, Новый Свет, другая планета. Америку вновь присоединили к Европе со всеми нашими проблемами. В Нью-Йорке каждый день паника и тревога — заминирован вокзал «Гранд Централ», бомба в аэропорту имени Ла-Гуардиа, сибирская язва в Сити-Холл... Как зыбки, оказывается, стены рая — ну просто по Ленину, который когда-то сказал: стена, да гнилая, пни — и развалится. Теперь американцы живут как мы в Москве, евреи в Тель-Авиве, англичане в Ольстере и испанцы в Бильбао...

Но мы же друзья! Я вышел на улицу и подошел к своему ящику. Мне не от кого ждать писем, но, помимо местной газеты «Майами геральд», я подписался на журнал «Тайм» и газету «Нью-Йорк таймс», а их кладут в почтовый ящик вместе с кипой рекламных проспектов, которые американцы называют junk mail — мусорной почтой. Демонстрируя Сементе чудеса храбрости, я смело открыл свой почтовый ящик и достал вчерашний «Нью-Йорк таймс». В нем на первой странице был крупный заголовок: «КОНГРЕСС ВЫДЕЛИЛ МИЛЛИАРД ДОЛЛАРОВ НА БИОЛОГИЧЕСКУЮ ЗАЩИТУ ПОЧТЫ. МЕЖДУ ТЕМ АМЕРИКАНЦЫ РАСКУПАЮТ МАСКИ, БОЯСЬ СИБИРСКОЙ ЯЗВЫ В СВОЕМ ПОЧТОВОМ ЯЩИКЕ».

— Видите... — стеснительно улыбнулась мне Семента. — Я тоже купила маску и резиновые перчатки, а все равно боюсь...

— Хочешь, чтобы я тебе помог?

— Не знаю, могу ли просить об этом...

— О, ерунда! — Я храбро подошел к ее почтовому ящику и открыл его. — Ого! Сколько писем!

— В том-то и дело, — сказала Семента и объяснила: — У Глена завтра день рождения, все поздравляют.

Я достал пачку конвертов — штук десять. И протянул их Сементе.

— Секунду... — сказала она, вынула из кармана халатика белую, на тесемочках, маску, как у хирургов, и резиновые перчатки, прикрыла этой маской нос и, натянув на руки перчатки, взяла наконец у меня свою почту. — Понимаете, — сказала она извиняющимся тоном, — я не столько за себя боюсь, сколько за Ива. У него такая слабая иммунная система... Отойдите на всякий случай...

— О, перестань! Открывай, не бойся!

Отведя от себя конверты подальше, Семента стала на вытянутых руках открывать их. Конечно, никакого белого порошка в них не было, а были красочные поздравительные открытки с неизменным «HAPPY BIRTHDAY!».

Я посмотрел в конец нашей улицы — там из дома № 4501 вышла профессорша, приветственно махнула нам издали рукой и, тоже натянув на лицо хирургическую маску, а на руки резиновые перчатки, достала из почтового ящика свою почту.

Нет, подумал я, эти люди в гигиенических перчатках не смогут выиграть войну у исламских террористов.

И спросил у Сементы:

— Где вы собираетесь отмечать день рождения? В ресторане?

— О нет! — вздохнула она. — Мы бы с удовольствием! Но мы же не можем оставить Ива. Так что приходите в гости, мы будем дома.

— Минутку! — осенило меня, но я не спешил со своей идеей, а сначала спросил: — А как же бэби-ситтеры, няньки? В газетах полно объявлений! Любая студентка за пять долларов в час может посидеть с ребенком, я сам читал!

— Конечно, может, — сказала Семента. — Но как я могу доверить Ива незнакомому человеку? Вы видели, что случилось в Бостоне?

— Нет. Что?

— Люди взяли няньку к грудному ребенку, а потом заметили, что их ребенок все время в синяках. Они поставили скрытую видеокамеру, и что же? Оказывается, как только ребенок начинал плакать, эта нянька била его палкой! Можете себе представить?! А в Пенсильвании нянька просто утопила ребенка в ванне! Нет, мы не можем оставить Ива с незнакомой женщиной.

— А со мной? Хотите, я посижу с ним завтра вечером?

— Взаправду? — изумилась Семента. — Вы сможете посидеть у нас вечером?

— А почему нет? Ведь он будет спать, не так ли? Я принесу свой ноутбук и могу сидеть сколько угодно, хоть до утра — какая мне разница! А вы погуляете, вы же молодые люди...

— Oh! My dear! — Семента даже прослезилась от избытка благодарности, чмокнула меня в щеку и понеслась домой, крича на ходу: — Глен! Глен! Ты слышишь? Пол готов посидеть завтра с Ивом! Мы поедем в казино!!!

Я посмотрел ей вслед. Она так соскучилась по гулянке, тусовке, казино и прочим прелестям жизни американской золотой молодежи! Конечно, я помогу тебе, my dear...

Срезать коротенький локон волос у спящего ребенка не составляло, как вы понимаете, никакого труда. Но мне повезло еще больше. Когда Семента и Глен, уложив Ива спать, уходили, я обратил их внимание на небольшое темное пятно на карпете — светлом синтетическом ковре у стола в гостиной, где я расположился со своим ноутбуком. Мне совсем не хотелось, чтобы они, вернувшись, подумали, что это я насвинячил, пролив кофе на их ковер.

— О, не беспокойтесь! — отмахнулась Семента. — Это Ив. Он сегодня опять грохнулся. Упрямый, как Глен: пытается ходить, но падает, набивает себе шишки. А сегодня стукнулся головой о ножку стола, даже кровь пошла. Я не успела замыть, извините.

— Ничего, — сказал я. — Я замою.

— Даже не думайте! — вмешался Глен. — Просто не обращайте внимания и чувствуйте себя как дома. Вот здесь у нас бар — виски, джин, бренди. А тоник в холодильнике. Работайте спокойно, Ив всегда крепко спит. А если что — звоните мне на мобильный, мы тут же прилетим...

— Идите, идите! И не спешите вернуться — enjoy your birthday!*

Я выставил их за дверь и, когда задние огни их машины скрылись за поворотом к хайвею, выждал на всякий случай еще минут десять.

После этого я сходил домой и принес свой коньяк «Хеннесси», небольшой целлофановый пакетик, ножницы и бритву «Жиллетт». Этой бритвой я аккуратно срезал верхушки ворсинок синтетического ковра с засохшей кровью малыша, сложил их в пакетик, а затем поднялся на второй этаж, зашел в спальню Ива и добавил в пакетик локон его черных и жестких, как у Кожлаева, волос. Материал или, как говорят американцы, tissue для сравнительного анализа ДНК Ива и ДНК Кожлаева был готов к отсылке в Гамбург, в лабораторию «Paypercheck».

---

* Наслаждайтесь своим днем рождения! (*англ.*)

Конечно, точно такая же лаборатория есть и в США — ACGS, American Center for Genetic Study, Американский центр генетических исследований. Но их сайт в Интернете сообщал, что сейчас они не берут частные заказы из-за перегрузки в работе по идентификации жертв 11 сентября. Оказывается, спасатели, разгребавшие руины ВТЦ, каждый день доставали из-под завалов сотни раздробленных человеческих останков и отправляли их в ACGS для опознания жертв по их ДНК.

Выпив чуток коньяка и обнаглев от своей удачи, я прямо в гостиной Глена и Сементы упаковал tissue Ива и лист с побратимской клятвой Банникова и Кожлаева в плотный картонный конверт «Глобал Прайорити Мэйл» — «Всемирной срочной почты», вложил туда чек на 300 долларов и сопроводительную записку со своим адресом и написал на конверте адрес лаборатории «Payercheck» в Гамбурге. А после этого заварил себе кофе и сел к своему ноутбуку за работу, не забыв, конечно, поставить рядом бокал с коньяком.

Жизнь, как я уже сказал, налаживалась.

Глен и Семента приехали в три ночи — хмельные, счастливые, усталые, с шампанским и с «Киевским» тортом в руках, который я, по их словам, должен был попробовать прямо сейчас, немедленно.

— Вы обязаны! — возбужденно говорили они наперебой. — Мы познакомились в ночном клубе с русскими! Они сказали, что в Майами на 79-й улице есть круглосуточный русский магазин! И мы поехали туда за этим тортом, чтобы сделать вам приятное! Вы знаете, что мы выиграли кучу денег? Ой! Подожди, Глен, дай мне сказать! Сначала мы поехали в «Принцессу», это казино на корабле! Не Лас-Вегас, конечно, но Глен — он у меня такой везунчик! Он сразу выиграл почти тысячу баксов! А потом — еще две! Затем, конечно, половину проиграл, но тут я его увела. И мы поехали по ночным клубам. Ладно, Глен, дальше ты рассказывай, а я побежала наверх к Иву. Его, наверное, нужно укрыть, он все время сбрасывает одеяло...

Я усмехнулся:

— Я его уже три раза укрывал.

— Все равно! Глен, что ты стоишь? Открывай шампанское! Я сейчас...

Семента убежала на второй этаж в спальню Ива, а Глен, открывая шампанское, сказал мне почти шепотом:

— Пол! Там такие девки! Такие девки! Что вы тут сидите? Если бы я был свободен — ой, бли-ин!..

Я посмотрел ему в глаза. В них было столько мужской неутоленной жажды, что не помочь ему было бы просто грех.

Между тем Глен, изо всех сил придавливая выпирающую из бутылки пробку, пытался удержать ее, чтобы выхлопом шампанского не разбудить малыша, но пробка оказалась сильнее и шарахнула в потолок, а шампанское брызнуло из бутылки мощным пенистым фонтаном. Глен поспешил наклонить бутылку к бокалам.

Я усмехнулся:

— Глен, тебе сколько исполнилось?

— Тридцать три.

— Знаешь, мне кажется, ты похож на эту бутылку. Если чуть-чуть сдвинуть пробку...

— О да! — открыто улыбнулся он. — Я чувствую в себе столько шампанского! Ох!.. Давай выпьем. За жизнь!

— Давай, — согласился я. И вспомнил, что уже слышал этот тост от Пачевского в Праге.

Русский магазин оказался моим спасением.

То есть я и до этого жил, прямо скажем, недурно, закупая в «Пабликс» и фрукты, и овощи, и мясо, и молоко, и все прочее. Американские супермаркеты типа «Пабликс» раз в пять больше, чем московский «Седьмой континент», и кажется, что вы можете найти здесь абсолютно все — от поздравительных открыток и жидкости для дезинфекции воды в плавательном бассейне до норвежского лосося и бараньего мяса на ребрышках. Но только когда я попал в русский магазин, я понял, чего мне тут не хватало для *полного* счастья: настоящего черного хлеба, настоящей соленой селедки, настоящей московской колбасы и еще дюжины родных яств, о которых американцы понятия не имеют — пельмени, кефир, вобла, холодец, чебуреки, вареники, пирожки с капустой...

Оказывается, во Флориде тьма русских эмигрантов — во всяком случае, столько, что только в Майами есть с десяток русских магазинов и ресторанов. Правда, не в самом Майами, а на север от него, в Норс-Майами-Бич, Авентуре, Сан-

328

ни-Айлс и Холливуде — веренице курортных пригородов, которые узкой полоской вытянулись вдоль океанского побережья на севере от Майами.

И теперь, с открытием этого русского магазина, у меня тут не жизнь, а житуха, я вгрызаюсь в свою книгу по десять часов кряду, как шахтер или метропроходчик. Глен и Семента уезжают с пацаном в восемь утра — Глен на своем «торусе» в «Фёст-Юнион Банк», где он заведует департаментом займов для домовладельцев и бизнесов, а Семента и Ив отбывают на «лексусе» в реабилитационный центр для детей-инвалидов, и я, практически до вечера, остаюсь тут один на весь квартал.

Правда, трижды в неделю за окнами с утра начинает трещать травокосилка, это мексиканцы — рабочие фирмы «Тропикал Саус Лэндскейп» стригут траву. Наверное, в Москве, привыкнув к нашему постоянному уличному шуму и грохоту, я бы на этот треск и ухом не повел. Но когда здесь, среди полнейшей тишины, вдруг врубается эта гребаная косилка, меня выбивает из колеи. Или портативная бензопила, с помощью которой эти рабочие подстригают кусты на манер кирпичной прически наших криминальных быков и американских десантников. Или пыле-листьеуборщики с легкими ранцами «блоуэрс», механическими сдувателями, — представьте себе эту картину: человек с таким ревущим, как мотоцикл, ранцем за спиной и со шлангом в руке идет по улице, его сдуватель гонит из шланга мощную струю воздуха и сметает ею с тротуаров всю пыль и листья на мостовую. А по мостовой катит огромная машина-пылесос, которая все это подметает и всасывает в свое чрево.

Я, конечно, не против такой замечательной уборки, а также стрижки травы и кустов, но зачем это делать трижды в неделю?! Ведь тут по улицам вообще никто не ходит, не сорит, не бросает окурки, не плюет и не гадит. Тут можно неделю проходить в белых носках, не стирая их. И пальмы, которые тут насажали и продолжают сажать, это не тополя, они не мусорят пухом...

Впрочем, все остальное время я могу стучать на своем новеньком ноутбуке (это, не скрою, затягивает как наркотик!), или плавать в бассейне, или слоняться по дому, изучая его конструкцию — устройство камина, сеть крохотных и автономных, на батарейках, сенсоров дыма в каждой комнате, схему подключения этой торпеды «FFE» к системе sprinklers... Или просто шастать по Интернету, поскольку, в ожидании результатов анализа из Гамбурга и вестей из Москвы, делать все равно нечего.

Между тем в мире происходят оглушительные события: вопреки всем предсказаниям наших военных обозревателей о том, что янки увязнут в Афганистане, как мы в свое время, американцы и англичане буквально за месяц расколошматили талибов — еще до того как нога первого американского солдата ступила на афганскую землю. Правда, расколошматили, я думаю, во многом как раз потому, что уже 13 сентября первая группа американских военных полетела в Москву за консультациями, а сколько таких групп без всякой рекламы побывало потом в нашем Генштабе, никто, конечно, не знает. Зато вместо нашей, времен феодализма, методы держать в каждом горном районе по гарнизону-крепости они применили куда более эффективный метод массированных высокоточных бомбовых ударов по штабам, аэродромам и армейским складам талибов, а затем и по их боевым позициям.

И я не без зависти смотрел по телику ежедневные пресс-конференции Дональда Рамсфельда и начальника объединенных штабов Пентагона о ходе этой операции «Возмездие». Они не только отвечали на каверзные вопросы дотошных журналистов (в том числе арабских), но и демонстрировали кинокадры самых последних, буквально сегодняшних бомбовых «зачисток». Впрочем, узкие стальные глаза Рамсфельда и его прямые сабельные ответы журналистам говорили мне больше, чем эти кинокадры, я даже думаю, что, позови Путин этого «ястреба» в начальники нашего Генштаба, война в Чечне закончилась бы через две недели...

Во всяком случае, уже через месяц после того, как американцы и англичане с воздуха раздолбали все талибские тылы, а мы подбросили вооружение и военных экспертов войскам Северного Альянса, режим талибов пал, и они десятками тысяч стали сдаваться в плен.

Правда, бен Ладена американцам достать не удалось.

И даже моего «друга» Хаттаба, который, как сообщила пресса, по просьбе бен Ладена перебрался из Чечни в Афганистан и возглавил оборону Кундуза, последний оплот талибов на севере страны, они тоже не смогли уничтожить. Хотя

330

пришедшие туда с Хаттабом 60 чеченских боевиков вместо того, чтобы сдаться в плен, покончили жизнь самоубийством, сам Хаттаб опять выскочил из окружения — к моему и полковника Ш-ова огорчению. Ладно, так и быть, я вам открою секрет: еще с тех пор, как в апреле 1996 года Хаттаб расстрелял в Аргунском ущелье колонну наших войск, убив и ранив больше ста наших парней, в нашей конторе, в Управлении по борьбе с терроризмом, была сформирована группа по захвату или ликвидации Хаттаба, и полковник Ш-ов — ее руководитель. Как Буш сказал 11 сентября, что он хочет бен Ладена «dead or alive», живым или мертвым, так и нам нужны Басаев и Черный араб Амир Хаттаб, который со всего мусульманского мира собирает деньги на подготовку боевиков и минеров, убивающих наших ребят в Чечне, и диверсантов, взрывающих наши дома в России. Да, Хаттаб — это наш бен Ладен: последний заплатил 500 тысяч долларов за 11 сентября, а Хаттаб потратил 2 миллиона долларов на организацию взрывов в Москве, Волгодонске и Буйнакске.

Интересно, если за голову бен Ладена Коллин Пауэлл предлагает 25 миллионов долларов, то сколько Игорь Иванов даст за голову Хаттаба?

Я переключил свой ноутбук на e-mail, вошел в электронную почту и написал:

Petya@mail.ru. Ребята, очень скучаю по новостям. Пол.

И в эту минуту раздался дверной звонок. Думая, что это соседи — Глен, Семента или профессор, — я, на ходу дожевывая бутерброд, подошел к двери. Нужно сказать, что в американских домах двери — на наш российский взгляд — совершенно нелепые: деревянные в своей нижней половине и стеклянные в верхней. То есть простым ударом молотка или даже локтя вы можете высадить верхнее стекло и открыть внутреннюю защелку. Впрочем, что вы хотите от этих американцев, тридцать лет назад они, я читал, вообще двери не запирали. Вот и донезапирались — до 11 сентября!

Поглядев через стекло, я увидел на крыльце плечистого веснушчатого парня в сером пиджаке и белой рубашке с галстуком, а на улице, возле моего почтового ящика — его серый «форд». Конечно, этот парень мог быть кем угодно —

страховым агентом, пожарным инспектором или проповедником какой-нибудь новой религии из тех, что нередко стучатся тут в двери, предлагая спасение от неминуемого завтрашнего Апокалипсиса. Но что-то в спортивной фигуре этого парня говорило о другой профессии. Интересно, кто на меня настучал — Стилшоу, профессор или Зелма Лупрано?

Я открыл дверь.

— Доброе утро. Мистер Чернобыльски? — сказал он по-русски, но с тем дубово не нашим произношением, что я сразу понял: нет, я не ошибся, этого гостя я ждал давно.

— Good morning, — ответил я, облегчая ему жизнь.

Он достал из пиджачного кармана «корочки», развернул их и показал мне.

— Я из ФБР, мое имя Патрик Барнс. Можно с вами поговорить?

— Sure. Come in. Do you speak English?*

Он невольно улыбнулся:

— Of course, I speak English**.

— Тогда заходи, come in.

— Нет, я не могу. — Он с явным облегчением перешел на английский. — Вы можете выйти наружу?

— Там жара, а тут кондиционер. Почему ты не можешь зайти?

— Ну... — замялся он. И признался вынужденно: — Мы не имеем права вторгаться на частную территорию.

Я усмехнулся:

— Это старые правила. Они скоро изменятся.

Он удивился:

— Откуда вы знаете?

— Я читаю прессу. У тебя включен магнитофон?

Теперь он окончательно смешался и даже покраснел:

— Сэр...

— Вот давай и запишем на твой магнитофон: я согласен с тобой говорить, но при условии, что ты зайдешь в дом и выпьешь хотя бы кока-колу. И не бойся, у меня нет оружия.

Он разом напрягся:

— Сэр, я не боюсь насчет оружия.

— Я знаю. Иначе ты бы не пришел один. Заходи. — И я направился внутрь дома, прямо к кухонному холодильнику.

---

* Конечно. Заходи. Ты говоришь по-английски? (*англ.*)
** Конечно, я говорю по-английски (*англ.*).

Ему ничего не оставалось, как следовать за мной.

Я открыл холодильник и спросил через плечо:

— Кока-колу? Айс-ти?

— Колу...

Я дал ему банку холодной кока-колы.

— Вот. Теперь садись. Слушаю тебя.

Он был явно со второго или третьего курса Монтерейской лингвистической школы ФБР, только там их учат русскому. Но сейчас им, конечно, не до учебы, 12 сентября ФБР и ЦРУ мобилизовали на поиски террористов всех, кого только можно, а неделю назад подчистили даже свои спецшколы и академии и бросили вся и всех на поиски диверсантов, забрасывающих споры сибирской язвы в почтовые ящики. Впрочем, мы на их месте сделали бы то же самое...

Он сел за кухонный стол и достал из кармана блокнот. Зачем ему блокнот, если на нем спрятан магнитофон, который пишет всю нашу беседу? Хотя что вы хотите от студента? Наверное, у него в блокноте вопросник или план беседы...

— Сэр, — сказал он. — Вы полковник КГБ, не так ли?

— Подполковник, — уточнил я. — И не КГБ, а ФСБ. Надеюсь, вам говорили, что это разные вещи. Ты же из Монтерея, не так ли?

— Да, сэр, — сказал он автоматически и тут же испуганно поправился: — Я имею в виду, я знаю, что ФСБ — это не КГБ... А сейчас вы тут в отпуске, отдыхаете, так?

— Нет, сейчас я на пенсии.

Он удивился не без иронии:

— И ваша пенсия позволяет вам жить во Флориде?

— Пенсия плюс сбережения.

— Сэр, могу я узнать размер вашей пенсии?

Я усмехнулся:

— А могу я узнать размер твоей зарплаты? Понимаешь, мы теперь живем по вашим правилам: наши доходы — это интим между нами и налоговым управлением. Как в Америке.

Он тут же отступил:

— Понятно. Извините, сэр. А долго вы собираетесь тут отдыхать?

— Я не отдыхаю, я пишу книгу.

Он опять удивился:

— Здесь?

— Да. Здесь тепло и спокойно.

Он усмехнулся:

— Невзирая на сибирскую язву?

Ну-ну, подумал я, вот и первый выстрел. Но вслух я сказал:

— Знаешь, Патрик, мы хоть и не КГБ, но и не такие идиоты, чтобы посылать своего полковника разбрасывать споры сибирской язвы по Америке.

— О нет, сэр! Нет! — Он даже всплеснул руками: — Что вы! Никто вас не подозревает!

— Я надеюсь.

— А вам знакомо имя Кимберли Спаркс?

Ого! Так вот зачем ты пришел! А я-то думал, что будет простая формальная беседа... Но врать нельзя. Да и зачем?

— Конечно, знакомо, — сказал я.

Он заглянул в свой блокнот:

— По нашим данным, вечером 29 августа вы и госпожа Спаркс были задержаны в русском ночном клубе «Романов» и доставлены в полицейский участок на Брайтоне в Нью-Йорке. Верно?

Клац! Вот где они нас зацепили! И значит, он не из местного ФБР, а из Нью-Йорка. А ведь юноша совсем, студент...

— Верно.

— И эту же ночь она провела у вас в отеле «Грейстоун». Это так?

Компьютерный век, блин! Вас зарегистрировали в полицейском участке на каком-то Брайтоне, вас внесли в компьютер в отеле «Грейстоун», вам по компьютерной сети авиакомпаний «Американ эйрлайнс» или «Аэрофлот» продали билет в Майами, ваш паспорт прошел контрольную будку в любом аэропорту, и вам по кредитной карточке дали в аренду машину в «Кендалл-Тойоте» или вы открыли счет в местном банке, и всё — тремя ударами клавиш и «кликом» «мышки» компьютера вы у них на экране со всеми вашими перемещениями, заправками бензином на бензоколонках и даже женщинами, которых вы привели к себе на ночь в отель!

Правда, эти женщины должны быть такими броскими, как Кимберли, чтобы их запомнил гостиничный портье...

— Патрик, — сказал я, — госпожа Кимберли Спаркс погибла 11 сентября. Неужели это так важно, где и с кем она спала незадолго до этого?

334

Он покраснел, и я вдруг подумал, что он тоже ирландец. Конечно! Патрик — это ирландское имя. Но ирландцы упрямы, как украинцы, и он тут же продемонстрировал это.

— Сэр, — сказал он сухо, — я обязан задать вам свои вопросы. Вы имеете право не отвечать, если хотите. Могу я продолжить?

— Давай.

— Как давно вы знакомы с госпожой Кимберли Спаркс?

— Четыре года.

— Где вы с ней познакомились?

— В Чечне.

— При каких обстоятельствах?

— Она приехала туда как канадская журналистка.

— И?

Пожалуй, нужно быть ближе к тому, что должно быть в ее цэрэушном личном деле.

— И оказалось, что она шпионка Хаттаба, я ее арестовал.

— Кто такой Хаттаб?

— Хаттаб для нас — как для вас бен Ладен. Это саудовский араб, который организовал взрывы жилых домов в Москве и в других наших городах.

Он кивнул. По-видимому, мои показания пока совпадали с цэрэушным файлом Кимберли.

— Сэр, а вам не кажется странным, что офицер, который арестовал госпожу Спаркс и отправил ее в тюрьму, как врага и шпионку, приезжает в Нью-Йорк и ходит с ней по ночным клубам, а потом...

— А потом ведет ее к себе в номер. В этом и есть прелесть бытия, Патрик. Сколько тебе лет?

— Двадцать четыре, — улыбнулся он и тут же спохватился, вспомнив, наверное, про магнитофон, спрятанный у него где-нибудь на поясе или под мышкой. — Но это не имеет значения...

— Имеет, Патрик. Ты выбрал профессию, которая готовит тебе еще и не такие сюрпризы. Давай твой следующий вопрос.

— О чем вы говорили с госпожой Спаркс?

Стоп! Вот тут у них должен быть тупик. Они не могут знать о справке, которую Кимберли втихую выцыганила для меня у своих друзей в ФБР, такие вещи не фиксируют ни в каких компьютерах. К тому же вчера я снова, уже в «Майами геральд», прочел, что четыре этажа в северной башне ВТЦ занимали какие-то службы ФБР. Если ФБР арендует под свои офисы четыре этажа в самом сердце Уолл-стрит, то, конечно, не для Управления по борьбе с угоном автомобилей или наркобизнесом. Скорее всего там были мои коллеги — Управление по экономической безопасности, которое контролировало работу американских банков и бирж. Поэтому Кимберли управилась с моей просьбой всего за пару дней — просто поднялась к своим приятелям...

— Сэр... — напомнил о себе Патрик.

— Извини. Что ты спросил?

— О чем вы говорили с госпожой Спаркс?

Я разозлился:

— В постели или в ресторане?

— Сэр... — укорил он меня.

— О'кей. Мы говорили с ней о жизни. Мы говорили о том, что мир живет по законам канализации — бюрократия, как дерьмо, везде всплывает первой и блокирует все остальное. Кимберли столько знала об «Аль-Каиде», но кто ее слушал? И даже когда она ушла из ЦРУ, кто-нибудь спросил у нее почему? Кто-нибудь просил ее остаться? Я могу поспорить, что нет!

— Значит, она вам сказала, что работала в ЦРУ?

— А это был секрет?

— Сэр, а вам не кажется странным, что она уволилась из ЦРУ, перешла на работу в ВТЦ и ровно через две недели...

Я опешил:

— Вы сошли с ума?!

Наверное, я сделал какой-то резкий жест или слишком агрессивно подался к нему своим телом — он отшатнулся:

— Сэр, я только выполняю мою работу. Мы обязаны проверить все версии. Ведь мы не нашли ее тела.

Я понял их логику. Кимберли знала Хаттаба, бен Ладена и еще десяток вождей джихада и «Аль-Каиды». Если у бен Ладена хватило ума превратить девятнадцать богатых саудовских арабов с высшим европейским образованием в зомбированных камикадзе, то, может быть, он и Кимберли перевербовал?

С трудом беря себя в руки, я выдохнул:

— Ну, знаете!.. Вы действительно психи!.. Пожалуйста, Патрик, пойди и передай своему руководству: я, подполковник ФСБ, который арестовал Кимберли Спаркс в Чечне, могу сказать где угодно, даже в вашем сенате: Кимберли была настоящей патриоткой Америки. Я не знаю, есть ли у вас в ЦРУ еще хоть одна такая. И, судя по тому, что случилось 11 сентября, я не уверен, что вы достойны иметь такую. Конечно, вы можете выбросить меня из страны за это заявление, но я сказал то, что думаю. И на этом, Патрик, всё, интервью закончено.

Он встал.

— Спасибо, сэр. Нет, действительно, большое спасибо. До свидания... — И уже в двери и практически с крыльца: — Сэр, а можно еще один вопрос, личный?

Но я еще не остыл:

— Они все были личные...

— Это будет последний, клянусь. И не про Кимберли.

— О'кей, спрашивай.

— Вы не хотели бы преподавать в нашей академии?

— В какой еще академии?

— В академии ЦРУ, Форт Брегг, штат Северная Каролина.

— Я?!

— Да, сэр.

Я насмешливо усмехнулся:

— Ты уполномочен делать такие предложения?

Он улыбнулся:

— Я — нет, сэр. Но мой отец генерал Барнс — директор этой академии.

— И у него училась Кимберли?

— Да, сэр.

Теперь я связал концы с концами. Кто-то из дебилов аналитиков ЦРУ или ФБР, игнорировавших предупреждения Кимберли и вой Джона О'Нилла насчет бен Ладена и «Аль-Каиды», хочет прикрыть свой зад и спихнуть свою вину на них же, зная, что мертвые не смогут ответить. То есть Кимберли была трижды права, говоря о дерьме, повсюду всплывающем выше порядочности.

А генерал Барнс пытается очистить свою ученицу от этой грязи.

— Патрик, — сказал я, — пожалуйста, передай своему отцу, что Кимберли Спаркс была лучшей ученицей его академии. Он может гордиться ею.

— Спасибо, сэр! — Он протянул мне руку и пожал мою крепким пожатием молодого спортсмена. — Я передам. Конечно.

Я посмотрел, как он отъехал на своем сером «форде», помахал ему на прощание рукой и вернулся в дом. Блин, вместо того чтобы искать террористов, они, оказывается, ищут, как им выгородить себя, свои жопы и высокие оклады! Ну до чего все знакомо, просто родные пенаты!..

Я спустился в бэйсмент, где был теперь мой «творческий» кабинет, и взглянул на экран ноутбука. Там жирным шрифтом светилась строка с сообщением об ответе, поступившем по электронной почте от *Petya@mail.ru*. Я открыл это сообщение и занялся его расшифровкой. Через час я прочел:

Pavel@AOL.com. Приступили к сочинению гарантийного письма. Есть трудности в композиции, нужен еще месяц. Отдыхай, загорай, набирайся сил. Петя.

* * *

И я отдыхал.

Какие у меня были развлечения? Во-первых, «Барнс энд Нобэл» — шикарный, величиной с московский «Библио-глобус», книжный магазин, только без московской сутолоки и со своим, внутри магазина, кафе, где вы можете, взяв с полки любую книгу, сидеть и читать ее за отдельным столиком, потом поставить обратно, взять другую книгу или хоть десять книг и снова сидеть и читать в прохладе аэрокондиционера и запахах замечательного колумбийского кофе. Как гурман, а еще точнее, как халявщик, добравшийся до шведского стола на какой-нибудь элитной презентации или приеме в Кремле, я вкушаю тут последние книжные новинки и просиживаю часами...

Второе мое любимое место — «Home depot», то есть «Все для домостроителя», гигантский, как крытый стадион, магазин, где действительно есть буквально всё — от фурнитуры до паркета и ковровых покрытий для пола, от ванн и джакузи на любой вкус до пиломатериалов и от готовых окон любых фасонов до электроламп и светильников. Обои, утеплители, средства аварийной сигнализации, кухонные плиты и холодильники, противопожарные sprinkles — водяные ороситители и распылители пены «FFE», а также целая оранжерея с цветами и лимонными деревьями в кадках. Вы можете зайти в этот магазин в любое время суток, хоть ночью, пройти по рядам с товарами и через пару часов выйти, купив себе практически весь дом в разобранном виде...

Ну и, конечно, океан. Когда нет шторма и ты плывешь в этой теплой, бирюзовой, йодисто-солоноватой воде, в голову приходят совершенно неожиданные идеи и кажется, что океан — это какой-то огромный мозг, который выключает тебя из будничной суеты нашей земной жизни и диктует тебе эти глубинные мысли и решения. Например, про Джона О'Нилла. Последнее время о нем пишут в газетах, рассказывают по телику. И называют его «невоспетым героем» Америки. Но было бы интересно синхронизировать последний год его жизни с подготовкой бен Ладеном атаки на Всемирный торговый центр. Скажем, так:

Бен Ладен и его боевики готовят взрыв американского крейсера «Cole» в Йемене, а Белый дом отказывает Джону в средствах на арабистов-переводчиков...

Джон со своей бригадой рвется расследовать этот взрыв по горячим следам, но Вашингтон задерживает его отлет на 36 часов, а затем американский посол (точнее, послиха) в Йемене, «боясь осложнений американо-йеменских отношений», вообще блокирует это расследование, запрещает Джону въезд в Йемен, и *террористы спокойно смываются из страны...*

В США сборная команда саудовских и йеменских арабов-террористов берет уроки вождения «боингов», а бюрократы в ФБР советуют Джону уйти на пенсию...

Террористы дежурят в бостонском аэропорту, регистрируя поминутно все утренние отлеты самолетов, а в ФБР Джона О'Нилла, главного эксперта по «Аль-Каиде», вынуждают подать рапорт об увольнении...

Мухаммед Атта дает последний инструктаж своей команде террористов, а в ФБР Джон О'Нилл получает расчет и покидает свой кабинет...

Ранним утром 11 сентября Джон и его подруга Валерия Джеймс катят в своей машине по просыпающемуся и залитому солнцем Нью-Йорку — мимо открывающихся кафе и булочных, мимо детей, бегущих к школьным автобусам, мимо людских потоков, завихряющихся у станций сабвея, мимо поливальных машин и разносчиков утренних газет...

И вальяжные бюрократы, избавившиеся от неуемного Джона, спокойно прибывают в лимузинах в свои офисы в Нью-Йорке и Вашингтоне...

А в бостонском аэропорту Мухаммед Атта и его команда вместе с 56 пассажирами идут на посадку в самолет, вылетающий рейсом № 175 в Лос-Анджелес...

Джон О'Нилл подвозит Валерию к ее офису, она целует его, желает ему «счастливого дня на новой работе» и уходит в подъезд манхэттенского небоскреба, и Джон катит дальше на юг, к Уолл-стрит и серебристым «близнецам» Всемирного торгового центра. В стеклянно-алюминиевых стенах этих 110-этажных «близнецов» горит утреннее солнце и отражаются Гудзон с плывущим по нему паромом и навесные галереи перехода через хайвей от роскошного микрорайона «Баттери-таун», и разноцветный поток авто, лимузинов и автобусов, летящих по этому хайвею, и во всем этом наземном и водном транспорте и даже под землей, в сабвее, спешат в этот час к ВТЦ тысячи и тысячи его сотрудников. Таксишные гудки, рев сирен, шум моторов, гудки парома, клекот береговых чаек и голоса уличных торговцев, продающих с лотков хот-доги, засахаренные орехи, фрукты, кока-колу и прочую снедь, — все это наполняет воздух живым, возбуждающим, рабочим гулом. И в этот поток вливаются машина Джона О'Нилла и автобусы, которыми едут на работу 34-летняя Кимберли Спаркс, 30-летний сержант Луис Вильямс, 28-летняя Елена Мельниченко, 40-летний Алексей Разуваев, 50-летняя Алена Сесинова, 30-летний Григорий Сикорский...

И вашингтонские генералы рассаживаются на своих утренних планерках в ФБР и деловых совещаниях в ЦРУ...

А в Бостоне, в аэропорту Логан вторая бригада арабских террористов вместе с 80 пассажирами идут на посадку во второй самолет, вылетающий рейсом № 11 в Лос-Анджелес...

Гигантские 110-этажные «близнецы» открывают свои двери на Либерти-стрит, и на Черч-стрит, и на Бродвее, и тысячи сотрудников этого Торгового центра — молодых, оживленных, прекрасно одетых — спешат в него со всех четырех наземных сторон и еще снизу, из подземных станций сабвея. Лихой ордой они несутся по лобби и галереям-Concourse вдоль торговых прилавков и ресторанно-закусочных стоек — хватая на ходу бумажные стаканчики с кофе и завернутые в пакеты бутерброды и заполняя кабины скоростных лифтов. И Джон О'Нилл, поглядывая на часы, паркует свою машину в подземном гараже и спешит к лифту...

И генералы-бюрократы, попивая кофе в руководящих офисах ФБР и покуривая сигары в руководящих офисах ЦРУ и Белого дома, ведут между собой неспешные секретные беседы государственной важности...

А в бостонском аэропорту Логан «Боинг-767» компании «Юнайтед эйрлайнс» с первой командой арабских террористов отрывается от посадочной полосы и идет на взлет...

И в Вашингтоне к гигантскому многокилометровому пятиугольнику Пентагона катят по хайвеям и парквеям потоки машин, и тысячи молодых офицеров в военной форме и в штатском, оставив свои авто на просторных парковочных площадях, с пяти сторон входят в проходные этого учреждения...

А в Нью-Джерси, в аэропорту Нью-Арк третья команда арабских камикадзе вместе с цепочкой из 38 пассажиров рейса № 93 идет на посадку в самолет, вылетающий в Сан-Франциско...

В Вашингтоне, на Капитолийском холме сотни американских конгрессменов и сенаторов (среди них Хиллари Клинтон и еще десятки знакомых лиц) и тысячи их помощников и служащих спешат в свои офисы в американском конгрессе...

А рядом, в Вашингтоне, в далласском аэропорту четвертая команда арабских камикадзе занимает места в самолете компании «Американ эйрлайнс», вылетающем рейсом № 77 в Лос-Анджелес...

В северной башне ВТЦ, на 34-м этаже, Джон О'Нилл раскладывает вещи в своем новом кабинете, ставит на стол фотографии детей и Валерии и вдруг видит в стеклянной стене, как *прямо на ВТЦ летит первый «Боинг-767» с террористами...*

И дальше уже сплошная хроника:

Пожар в северной башне...

Джон выскакивает из горящего здания на улицу, звонит по мобильному сыну и Валерии и видит, как...

Отрезанные огнем на верхних этажах ВТЦ, люди живьем выпрыгивают из окон, долго летят эти сто этажей и с немыслимым звуком разбиваются об асфальт...

И, увидев это, Джон О'Нилл мчится обратно в здание...

А второй самолет с пассажирами рейса № 175 врезается в южную башню ВТЦ...

Во Флориде телохранители президента США вбегают в школьный класс, где Джордж Буш выступает перед детьми, хватают его, стремительно засовывают в бронированную машину и мчатся на ближайшую военную базу...

А третий самолет рейса № 77 с террористами и орущими от ужаса пассажирами таранит Пентагон...

А в четвертом самолете рейса № 93 безоружные пассажиры, поняв, что их самолет будет таранить Капитолий, дерутся с террористами и вынуждают их спикировать на лес под Питсбургом...

И рушатся горящие башни ВТЦ, и гибнет несколько тысяч человек...

и чудовищные облака дыма, гари и обломков ВТЦ заполняют Уолл-стрит и юг Манхэттена...

и президент страны в растерянности прячется на какой-то секретной военной базе...

и мир зависает в одном шаге от ядерной войны...

и ярость против террористов объединяет США и Россию, Англию и Германию, Францию и Японию...

и тысячи тонн высокоточных бомб летят на головы талибов и афганцев...

Но ни один волос не падает с голов бюрократов, которые помешали Джону О'Ниллу предупредить этот теракт.

А потом в Атлантик-Сити, в Нью-Джерси, в церкви Святого Николая стоит у алтаря крытый американским флагом гроб Джона О'Нилла. И над ним, на хорах, детский хор негромко поет «Аве Мария» — точно так, как когда-то маленьким мальчиком пел здесь сам Джон О'Нилл...

...Конечно, я не голливудский режиссер или продюсер. Но когда, надев маску, плаваешь в малахитовых водах Атлантического океана, любуясь игрой солнечных лучей на складках песчаного дна, видишь и не такие фильмы...

* * *

Иногда ко мне заглядывает профессор, и мы едем на пляж вдвоем. Он дружит с какими-то нью-йоркскими богачами,

342

которые оставили ему ключи от своей виллы на берегу океана. Точнее, не от самой виллы, а от ее ворот, куда мы можем заехать, запарковать машину и через бэк-ярд пройти на пляж. Пляжи тут действительно фантастические — теплый кремово-желтый песок и буквально никого на всем побережье! Туристы не приехали, а местных отвадили от пляжей подводные террористы — акулы, которые искусали в этом году уже тридцать человек. Газеты пишут, что такого никогда не было, что нашествие акул вызвано слишком теплым летом и глубинным прогревом воды. Но я больше склонен верить версии моего профессора: на севере, в сотне миль от нас, на Дайтона-Бич золотая молодежь, которая тусуется там круглый год, занимаясь серфингом и автогонками, изобрела еще один вид спорта: кормление акул. Спускаясь под воду в аквалангах, они с рук кормили акул сырым мясом, а подводная киносъемка удостоверяла их отвагу для их «золотой» тусовки. Но теперь, после 11 сентября, и эти храбрецы не прилетели в Дайтону, а акулы, отвыкнув сами ловить мышей, то есть, простите, рыбу, разбрелись по всей акватории и нападают на людей, требуя дармовой подкормки.

Поэтому мы с профессором далеко не заплываем и долго не плаваем, а проводим время в беседах, точнее — я слушаю, а он говорит. То ли он уже не может без лекторства, то ли нашел во мне куда более внимательного слушателя, чем в своей кукольнолицей жене, то ли ему просто нужно обкатать на ком-то тезисы своей книги — есть такие люди, которые прежде, чем записать что-то, должны проговорить это вслух. Да! Я же забыл вам сказать, что профессор тоже пишет книгу. Впрочем, как заметил он сам с усмешкой, в этом нет ничего необычного, в Америке вообще нельзя найти профессора, который, выйдя на пенсию, не написал бы хоть одну книгу. Ведь эти книги — любого качества! — задаром вынуждены издавать университеты, где они отышачили по двадцать лет...

Однако название и тема книги моего соседа-археолога отнюдь не археологические. «Взлет и крах последней земной цивилизации» — ни больше ни меньше! У меня нет ни времени, ни эрудиции изложить все тезисы профессора, но вот лишь то, что я запомнил и записываю самым примитивным и даже, наверное, вульгарным (с точки зрения науки) языком.

— Америка — это последний шанс, который история земли дала нам, homo sapiens, как виду, в нашем развитии, — вещал профессор, вышагивая по кромке тихого океанского прибоя. — Триста лет назад она открыла этот материк для тысяч самых авантюрных, предприимчивых и сильных особей человеческого рода, чтобы они, вырвавшись из европейской феодальной цивилизации, создали здесь новую — цивилизацию демократии. И они сделали это! Буквально на голом месте, среди джунглей, болот и прерий, с помощью *индивидуального* предпринимательства и свободной конкуренции, они создали самую богатую, мощную, комфортную и сытую страну. Sky is the limit! — у нас нет ничего невозможного, вы можете добиться всего, чего захотите! — это был их девиз. Да, у нас есть нищие! Но у нас есть богатые, которые еще вчера были нищими, а сегодня у них из водопроводного крана течет минеральная вода! Принимая бедных и голодных со всего мира и работая в поте лица, мы доказали эффективность закона о выживании сильнейших, заслужили этим поддержку Высшего Разума, и в начале XX века этот Высший Разум допустил нас к открытию радио и телеграфа, двигателя внутреннего сгорания, а затем и ядерной энергии. Он просто *осенил*, осеменил человечество этими открытиями. Если до этого история homo sapiens развивалась медлительно-эволюционным путем и ползла, как на перекладных, то с начала XX века она понеслась скачками и галопом от одного великого открытия к другому, от простой морзянки к Интернету, от винтовых аэропланов к космическим кораблям и от пенициллина к генной инженерии.

Никогда, обратите внимание, ни-ког-да процесс технического развития земной цивилизации не осуществлялся с такой скоростью! Только когда на земле возникла цивилизация, способная употребить эти открытия в *цивилизованных* целях, только когда мы достигли понимания, что мир выгодней и полезней войны и массовых убийств, нас подпустили к использованию ядерной энергии, генной инженерии и другим могучим силам природы. Сегодня Америка — это страна высочайших технологий и революционных открытий, способных спасти человечество от голода, тектонических катаклизмов, встречи с космическим астероидом и даже от ядерной зимы.

Но ничего этого не случится! Человечество профукало этот последний шанс и обречено на гибель! Стоя буквально в двадцати — тридцати годах от перехода из животного существования к цивилизации высоких технологий и господству интеллекта над низменными инстинктами, человечество опять — в который раз! — поскользнулось на элементарном благодушии и трусости сытых — на том, от чего погибли все прежние цивилизации. И дело вовсе не в этих ничтожных арабских террористах! — усмехался профессор. — Как видите, у нас хватило оружия и решимости за двадцать дней разнести к гребаной матери все их Тора-Бора и прочие пещеры с дикарскими названиями. Если потребуется, мы можем снести с лица земли не только эти пещеры, но и сами горы, даже Гималаи. Разрушать не строить, и нет технических препятствий к разрушению даже целых материков! Арсенала нашего оружия хватит и на большее!

Однако нет никакого оружия против собственной глупости, трусости и благодушия! Сначала бацилла велфера, этой британской разновидности социализма, надломила закон о естественном отборе сильнейших, и миллионы лентяев, неучей, дегенератов и наркоманов, обреченных на вымирание, вдруг получили идеальные условия массовой инкубации за счет общества. Еще миллионы стали слетаться сюда со всего света, чтобы тут же сесть нам на шею, в некоторых аэропортах мира даже висели плакаты: «Лучшие условия велфера в США — в таких-то и таких-то штатах»! И полвека продолжалась эта вакханалия пожирания трутнями здоровой плоти общества. Только четыре года назад либералы спохватились и согласились сбросить эту удавку с общества, но это уже не остановило процесс. Как акулы, которых молодые идиоты приучили к дармовому мясу, тут же перестали ловить себе рыбу на пропитание, а набрасываются теперь на людей с требованием кормить их, так и развращенные велфером поколения иждивенцев, войдя во вкус, требуют себе все новых привилегий.

И общество продолжает откупаться от этого все более и более агрессивного балласта, бросая ему в качестве откупа уже не только продукты питания, бесплатное жилье и медицинское обслуживание, но и органы управления самим государством!

Да, да, мой дорогой, — сердито говорил профессор, — вы тут приезжий, вы не сталкиваетесь с нашей бюрократией, но зайдите сегодня в любой государственный офис и у вас потемнеет в глазах — они выглядят и работают так, словно вы попали в Эфиопию или в какую-нибудь Гвинею! Такой чудовищно наглой, бесцеремонной и издевательски медлительной бюрократии нет, я уверен, даже в России! Попробуйте дозвониться хоть до одного правительственного офиса — вы не дозвонитесь никогда, они оградили себя автоответчиками, как стеной! А некоторые уже взяли на вооружение новейшие изобретения, и вы можете услышать феноменальное требование: если вы хотите, чтобы вам ответили человеческим голосом, сообщите номер своей кредитной карточки, мы взыщем с вас пять долларов, и после этого с вами будут разговаривать. И это — правительственная организация!

Вы скажете, какое это имеет отношение к велферу? Самое прямое: сегодня все функции государственного организма осуществляют те, кто вчера сидел на велфере, или относятся к этой службе как разновидности велфера. Да, да, в государстве, которое основано и построено белыми людьми, *осуществляют* власть все, кроме белых! Посмотрите, в чьих руках департаменты образования наших детей — в испанских! Причем не испанских из Испании, страны Сервантеса и Колумба, а из бывших испанских колоний, из Пуэрто-Рико, Коста-Рики, Ямайки, Кубы и Мексики! Их здесь уже столько, что они отказываются учить английский язык и сделали испанский вторым государственным языком страны!

А почта? Вы знаете, что еще двадцать пять лет назад почту у нас доставляли два раза в день — в восемь утра и в три часа дня?! Точно, как часы! И любое письмо с западного побережья на восточное шло максимум два дня! А в Нью-Йорке любое письмо приходило назавтра! Куда это делось? Стоимость почтовых отправлений возросла в пять раз, а письма теперь доставляют раз в день, и письмо из Лос-Анджелеса в Нью-Йорк идет пять дней! И это при том, что основная масса корреспонденции уже давно идет по факсам и электронной почте! Так в чем же дело? А в том, дорогой мой, что почта — это тоже государственная служба! То есть все равно что велфер...

Хотите еще пример? Пожалуйста! Возьмите нашу Службу эмиграции и натурализации, посмотрите, как они работают, и у вас отпадут все вопросы! Потому что эта служба уже вся африканская! И для них синекура американской государственной службы, с которой невозможно уволить, но за которую платят от 30 до 70 тысяч долларов в год плюс все медицинские страховки, стала вторым велфером — они не работают, а делают нам, белым, одолжение тем, что просиживают там свои задницы! Мы, оказывается, должны лизать им жопы и кормить их до скончания века только за то, что привезли их предков в Америку и заставили работать на плантациях. Да, привезли и заставили! Но именно поэтому их потомки сегодня кайфуют и процветают в Америке, а не гниют от СПИДа в своих африканских джунглях!

Однако — нет! Оказывается, орут их демагоги, это их предки, будучи рабами наших предков, построили нам Америку! Чушь! Рабский труд — самый непроизводительный, именно потому человечество с ним распрощалось. К тому же если они такие прекрасные строители, то почему они не построили такую Америку в Африке?

Однако фрейдистский комплекс мести и зависти к белым людям выгрызает им души, превращает каждое ваше посещение наших государственных учреждений в пытку и унижение, и этот черный расизм уже довел нас до того, что белому стало трудней поступить в университет, чем черному, белому трудней получить государственную службу, чем черному, и даже въехать в Америку белому эмигранту куда трудней, чем арабскому террористу!

Да, представьте себе, на нашем главном КПП — в Службе эмиграции и натурализации белой Америки — уже практически нет белых людей!

Поймите, я совсем не расист. Среди студентов нашего университета масса черных, испанцев и даже мексиканцев! И все они замечательные спортсмены, а многие и вообще толковые ребята. Но это не значит, что я не вижу, как страна, основанная, построенная и достигшая своего расцвета благодаря бешеной, воистину *американской* работе белых европейских колонизаторов, темнеет на глазах, африканизируется, мексиканизируется и психически велферизируется. Словно коммунизм, сдохнув в вашей стране, видоизменился и перетек к нам сюда, в США, чтобы, как птица Феникс или как Робокоп, возродиться здесь! Да, да, Америка строит коммунизм, как это ни парадоксально! Потому что велфер — это социализм! Государственная бюрократия — это социализм! Всеобщее принудительное страхование — это социализм! А наступающая власть плебеев над интеллектуалами — это коммунизм!

Конечно, вы скажете: как же так? Посмотрите вокруг! Эти роскошные дачи, пляжи, отели, небоскребы — разве они не принадлежат белым? А Уолл-стрит? А банки? А Капитолий? А вся экономика?

Друг мой, мы строили Всемирный торговый центр шесть лет и восемь месяцев, а он рухнул на наших глазах за час сорок восемь минут! Всего за полтора часа от усилий, талантов и денег самых лучших в мире архитекторов и строителей остались только миллион двести тысяч тонн руин и обломков. И сделали это каких-то девятнадцать зомбированных арабов!

Нашу великую, могучую и прекрасную Америку мы строили двести с лишним лет, но нам достало одного президента Клинтона, чтобы все это замечательное строительство потеряло свою основу: европейско-американское отношение к труду. При нем страховые компании гигантской грудной жабой уселись нам на грудь и душат нас уже совершенно бесконтрольно; при нем экономика превратилась в гирлянду мыльных пузырей, а фондовые рынки стали «полем чудес» жулья и очковтирателей; он обрушил в грязь даже имидж самого президентства, а войну с Югославией употребил для прикрытия скандала с Моникой Левински. Ту Америку, которую великий Рональд Рейган поднял из пропасти картеровского правления и вознес на уровень сверхдержавы, Клинтон за восемь лет развратил и испоганил.

Так мы — сами — помогаем тунеядцам гробить свою страну. Да, пока что и на Уолл-стрит, и на Капитолийском холме, и в Белом доме у нас еще держится белая интеллектуальная элита. Но в стране, где белое население стало меньшинством, в стране, где каждые десять лет население увеличивается на 30—40 миллионов мексиканцев, мусульман и пуэрториканцев, эта элита — ради своих мест на верхушке власти — уже вынуждена заискивать перед африкано-испанским электоратом. И не за горами то время, когда этот электорат сожрет ее.

И то же самое происходит в Европе! Англию, Германию и Францию наводнили эмигранты, французы уже боятся арабов, немцы — турок, а русские — чеченцев. Со времен открытия огня все изобретения, движущие прогресс, сделаны в северном поясе и северными народами, но мы оказались не способны защитить эти открытия — наши корабли взрывают арабские фанатики, наши самолеты похищают палестинские варвары, и наши пентагоны и торговые центры атакуют саудовские самоубийцы. Цивилизация homo sapiens создавалась сорок тысяч лет, но она рушится, как рухнула цивилизация атлантов...

Однако те, кто угробит Америку, слепцы, дикари и тупицы! Они не успеют насладиться своим идиотским реваншем. Потому что американская цивилизация — это воистину последний шанс, который Высший Разум дал нам, homo sapiens, как виду. И как только Он увидит, что человечество этот шанс загубило, Он в досаде и гневе просто утопит нас всех — вместе с нашими церквями, мечетями и синагогами, Интернетом и космодромами, Уолл-стрит и Голливудом, материками и островами, как утопил Он в свое время Атлантиду вот в этом Атлантическом океане, а до нее — цивилизацию лимурийцев... — Профессор вдруг повернулся ко мне. — Вы не думаете, что и эти акулы, и жуткие наводнения последних лет, и ураганы — это все предупреждение нам, homo sapiens? Кстати, вы знаете, что Стивен Спилберг начал съемки фильма о том, какой будет Америка через пятьдесят лет? Причем с Томом Крузом в роли главного героя — полицейского. Спилберг собрал целую команду социологов, футурологов и градостроителей, которые строят ему Вашингтон 2050 года! Понимаете, какой это бред? Я-то после «Списка Шиндлера» считал этого Спилберга трезвым реалистом, а он просто образец либерального благодушия! Белые полицейские в Вашингтоне через пятьдесят лет?! Да в Вашингтоне уже сейчас белые не живут! А через пятьдесят лет не только в Вашингтоне, но и во всей Америке не будет никакой полиции — ни белой, ни черной, ни желтой! Через пятьдесят лет по этому пляжу будут снова ползать крокодилы, а на пальмах скакать обезьяны. А все эти дома обвалятся еще раньше, как обвалились и утонули в песках те города, которые израильтяне построили в Эйлате, а потом вместе с Эйлатом отдали Египту...

— Профессор, а вам детей не жалко? — уел я его, вспомнив старинный анекдот.

Он остановился у белой кромки прибоя. Лысый толстячок с животиком, выпирающим поверх ярких плавок до колен, он с его апокалипсическими пророчествами смотрелся нелепым истериком на фоне благодушно покойного бирюзового океана с белоснежными круизными лайнерами на рейде, мирно планирующими над водой пеликанами, тихо плывущим в небе дирижаблем с рекламой автомобильных покрышек «Good уеаг» и белой вереницей дорогих тридцати- и сорокаэтажных жилых домов-этажерок вдоль чудесного солнечно-песчаного пляжа.

— Детей? Конечно, жалко, — ответил профессор, не оценив моего российского юмора. — Даже этого мальчика, как его? Ива... Ведь это не их сын, правда?

Я поразился:

— С чего вы взяли?

— А вы что, не видите? Я не антрополог, но, по-моему, это видно и невооруженным глазом. Мальчик если не чистокровный араб, то смесь. Впрочем, это не важно. Даже его, паралитика, мне жалко. И арабских детей. Но именно поэтому я спешу со своей книгой. Может быть, еще не поздно остановить это тотальное самоубийство...

Конечно, по сравнению с эпохальной работой профессора моя рукопись выглядит частной историей мелкого пенсионера с большими амбициями. Ведь я не археолог, не антрополог, не историк, не ясновидящий и понятия не имею о том, что будет не только через пятьдесят, но даже через пять лет.

Однако и мне жалко мальчика Ваню. И еще тех Вань, которых посылают у нас под пули Хаттаба и Басаева. А кроме того, я, похоже, люблю маму этого Вани — эту каланчу, верстовой столб, коломенскую версту, эскимо на высоких ножках.

И поэтому я названивал в Гамбург, посылал туда по электронной почте сначала вежливые напоминания о своем заказе, а затем и возмущенные письма относительно их молчания и задержки результатов анализов. Банников и Харунов дышали мне в затылок, а точнее, атаковали меня телефонными звонками. Однако немцы оказались непробиваемы, как броня «Т-72». Или заражены российским пофигизмом. Хотя в письме из Гамбурга, которое пришло — наконец! — лишь в середине декабря, была названа, конечно, другая причина.

Уважаемый мистер Чернобыльски!

Руководство лабораторией «Paypercheck» извиняется за столь длительную задержку результатов анализов. После 11 сентября мы настолько перегружены заказами, хлынувшими к нам из США в связи с полным прекращением Американским центром генетических исследований приема частных заказов на аналогичные работы, что вынуждены увеличить срок выполнения заказов до шести месяцев.

Присланные Вами материалы дали возможность провести полные и углубленные исследования. Анализ их результатов дает стопроцентную гарантию того, что мужчина, подписавшийся именем «Роман Кожлаев», является отцом ребенка, образцы крови и волос которого Вы нам прислали.

Свидетельство, заверенное нашими экспертами, и результаты анализа прилагаем.

Все присланные Вами материалы будут храниться у нас на случай необходимости повторных анализов или каких-либо проверок.

С уважением...

14 декабря я получил это письмо и тут же факсом отправил его Банникову для Харунова, поскольку там, в Москве, Харунов уже не просто рвал и метал, а самым серьезным образом грозился прилететь во Флориду и лично оторвать мне —— и размазать их по моей ——. Еще бы! Я же сказал ему в Домодедово, что вся операция займет три месяца, а два из них ушли только на первую фазу — установление отцовства Кожлаева!

Однако не фиг теракты устраивать, мстительно подумал я не знаю о ком — Харунове? Хаттабе? Бен Ладене?

Pavel@AOL.com. Клиент дозревает и демонстрирует признаки финансовых трудностей. Следуя методам молодого Сталина, его хакеры уже атакуют европейские банки. Держим совместную оборону. Сообщи свои новости. Петя.

* * *

Они прилетели буквально через десять дней — на Рождество, которое здесь, в тропиках, выглядит, прямо скажем, курьезно.

В то время как Москву накрыло очередным снежным бураном и за одну ночь четырнадцать алкашей там замерзли в сугробах, здесь даже Санта-Клаусы с их красными колпаками, красными мантиями и накладными белыми бородами ходят в шортах! Белые пластмассовые олени стоят под зелеными пальмами, волхвы из папье-маше и кукольно-красочный Вифлеем с новорожденным Христом и Девой Марией красуются в парках и частных дворах на фоне цветущих кактусов, а искусственные рождественские елки соседствуют в витринах магазинов с купальниками и водными лыжами. Температура воздуха плюс 27° по Цельсию, а воды в океане — плюс 20°. Можно плавать, загорать, играть в гольф и заниматься сексом прямо на пляжах. «Sex-on-a-beach» — этот коктейль, я думаю, возник в Майами.

Когда открылась раздвижная дверь и они вышли из таможенной зоны в зал, я не просто ужаснулся, я обмер. Вместе с Банниковым и Полиной шли четверо быков — один впереди, двое по бокам, а четвертый шел сзади и толкал тележку с шестью большими дюралевыми чемоданами, одинаковыми спортивными сумками и кожаными чехлами с клюшками для гольфа. Но на игроков в гольф эти четверо были похожи так, как я на Ларису Долину. Я просто не понимаю, как они прошли паспортный контроль — это были даже не крутые Сталлоне Харунова, а супер-Шварценеггеры того особого подмосковного розлива, которых вчетвером нельзя пускать не только в США, но даже сажать вместе в Бастилию — стены пробьют!

Я понял, что вся моя операция лопнула, грохнулась, накрылась «маленьким синим платочком». Если Патрик Барнс или кто-то из его коллег явится ко мне и увидит эту бригаду...

Между тем Банников — высокий, стройный, в легком итальянском костюме от Фоср, при часах «Патек Филипп» и в туфлях «Реглесс», да еще в сопровождении двухметровой красотки Полины — опять смотрелся кем-то между Путиным и принцем Монако, прибывшим на флоридский турнир

352

по гольфу. Поравнявшись со мной, он на ходу бросил мне небрежно: «Привет, пошли!» — и направился к выходу.

Но я не сдвинулся с места.

Один из Шварценеггеров своей стальной клешней взял меня за плечо и развернул вслед за Банниковым, но я дернулся в сторону:

— Руки!..

Банников оглянулся на этот шум, нахмурился:

— В чем дело?

— На хера ты их привез? — сказал я ему громко и нарочито грубо.

— Это моя охрана. А в чем дело? — Он посмотрел на дверь таможенного зала, из которого продолжали выходить пассажиры.

— Здесь не нужна охрана, — сказал я. — У них на лбу написано, кто они.

— Ну, это не твое дело. Это мои носильщики клюшек для гольфа. Поехали, быстрей! — И он снова взглянул на двери таможенного зала, словно оттуда мог выскочить американский пограничник и вернуть его и его банду в зону проверки. Или — сам Харунов.

Но я уперся:

— С ними я никуда не поеду.

Банников психанул — я увидел, как потемнели его оливковые глаза. Но мы стояли в майамском международном аэропорту, и он вынужден был сдержаться. Он подошел ко мне вплотную:

— В чем дело, бля? Они будут жить с нами. У тебя же три спальни. Поехали! Где твоя машина?

Я достал из кармана ключи от машины и протянул их ему:

— Вот! Гараж «Дельфин», стоянка А-44. Езжайте. А я выхожу из дела.

И, бросив ему ключи, повернулся, чтобы уйти.

Но два Шварценеггера, конечно, заступили мне дорогу бетонной стеной:

— Ты, сука! Делай, что тебе говорят!

Наверное, где-то в другом месте я бы струсил. Но здесь, бросив косой взгляд в сторону, я только усмехнулся:

— Козлы! Посмотрите вокруг: вас уже пасут агенты ФБР...

Конечно, это был блеф, но он сработал: Банников тут же широко улыбнулся, обнял меня за плечи и попробовал подтолкнуть к двери, говоря:

— Ну ладно, ладно! Выйдем на улицу и все решим. Какие проблемы?..

Я, однако, стоял на своем:

— Нет, решим здесь. Они с нами жить не будут. И в Сэндвилл не поедут.

— Слушай, Битюг, не выводи меня! — Голос у Банникова стал серьезным и тихим, а улыбка напоказ еще шире. — Ты тут на мои бабки живешь.

— Нет, на свои. Все, что я трачу, я возвращу из своей доли. Это у нас в контракте.

— Ну, до этой доли еще дожить надо, — вырвалось у него, но он тут же поправился: — Шучу, шучу! Пошли же!..

— Рыжий! — сказал я. — Во-первых, убери руку, тут обнимаются только геи...

Это подействовало, Банников, как истинный русский, тут же испуганно убрал руку с моего плеча.

— А во-вторых, — продолжал я, — если ты хочешь все похерить, бери мою машину и езжай с ними в Сэндвилл, в Майами, хоть в жопу! Но без меня. И передай Харунову: я не для того полгода вкалывал, чтобы эти козлы одним своим видом тут все похерили!

— Ну хорошо, хорошо, я понял, я извиняюсь... — Банников изобразил на лице виноватость и хотел меня снова обнять, но спохватился и опустил руку. — Ну, я сделал глупость, согласен. Но куда ж я их дену? Они уже тут...

Эти переходы от грубости и плебейства к вкрадчивому, задушевно-мягкому и обволакивающему тону были у него мгновенны, просто какой-то особый дар трансформации. То есть он из той породы людей, которые умеют мигом подладиться под вас, против них невозможно устоять, они легко окучивают вас своей притворной щедростью, добротой и лестью, а затем внедряются вам под кожу... впрочем, стоп, об этом я, кажется, уже писал и теперь повторяюсь только в силу старческого склероза.

— Там на улице стоят такси, — сказал я Рыжему, — в них половина шоферов — русские. Они отвезут твоих быков в любой мотель в Холливуде или в Санни-Айлс, и пусть они

354

сидят там и загорают или летят обратно, но чтобы в Сэнд-вилле я их не видел. Иначе...

— Понял, понял! Уже договорились! — Банников все-таки обнял меня за плечо и спешно повел к выходу.

Когда Шварценеггеры с их спортивными сумками и клюш-ками для гольфа укатили в такси, а я повез Банникова и Полину в Сэндвилл (для шести его дюралевых чемоданов пришлось взять отдельное такси), я спросил как бы вскользь:

— Виктор, а что с твоим Масиком?

— О... — Рыжий сделал печальное лицо. — Знаешь, он попал под машину.

— Давно?

— Нет. Три недели назад.

— Понял.

Похоже, единственной, кто ничего не понимал, была Полина.

Банников (по приказу Харунова) купил ее этим полетом к сыну — за американскую визу и возможность увидеть своего Ваню она была готова теперь изображать невесту Банникова и напоказ, для Глена и Сементы Стилшоу, и по ночам, в мастер-бэдрум — хозяйской спальне на втором этаже, которую занял Банников.

С этим я, к сожалению, ничего не мог поделать. Открывать Рыжему (а следовательно, и Харунову) свои отношения с Полиной означало поставить под удар всю операцию — этот Харунов не так прост, чтобы не учитывать возможность нашего с Полиной сговора по ходу всей этой истории. Он, я думаю, даже приказал Банникову спать с Полиной, чтобы исключить такой сговор. А во-вторых, Полина и Банников должны были выглядеть настоящими женихом и невестой в полном современном смысле этого слова. На это и был основной расчет — мужчины, как известно, больше всего заводятся как раз на чужое добро...

Короче, в день их прилета я переселился в подвал, точнее — в бэйсмент. И хотя здесь можно было включать музыку или до одури смотреть телевизор, должен признаться, что выдержать это испытание оказалось куда труднее, чем я предполагал. Причем днем, внутри дома, Банников обращался с Полиной с явным и даже демонстративным садизмом: «Ну, ты, каланча! Где мой завтрак?! Эй, циркуль, выключи эту кофемолку на хрен!» — словно мстил ей за то, что когда-то она зачала ребенка не от него, а от Кожлаева. У многих людей, знаете, вывернутая психика...

После завтрака — часов в двенадцать — Банников хозяйски садился в мою машину и уезжал на пляж Саус-Бич, на модную Линкольн-роуд — эдакий майамский Бродвей, а то и на острова Кий-Веста, знаменитые со времен Хемингуэя. Там, в экзотических кубинских и тайских ресторанах, он завтракал и обедал, на съемных яхтах уходил в море и летал на планере над Кий-Вестом. За деньги в Америке действительно можно даже из водопроводного крана пить газированную воду.

Возвращался он далеко за полночь и, как я понимаю, из самых крутых ночных клубов на Саус-Бич. Не знаю, почему он не брал там проституток и не истощал себя с ними в каком-нибудь отеле — может, от скупости, а может, из боязни подхватить здесь СПИД. Но факт есть факт: он приезжал, взвинченный и возбужденный до предела, бегом поднимался из гаража в спальню и, даже не приняв душ, набрасывался на Полину с силой и мощью недогулявшего быка.

Даже сквозь потолки первого этажа и своего бэйсмента я слышал остервенелый скрип их кровати и мощные, хлесткие, все учащающиеся удары тела Полины о стены...

Это Банников компенсировал сам себе выхолощенность своей спермы.

А затем долго, очень долго шумели там душ и вода в биде...

Да, оказалось, что замечательные американские дома с их комфортом, каминами, синтетическими ковровыми полами, системами общего кондиционирования, антипожарными дымоуловителями, биде и прочими достижениями этой последней стадии цивилизации — просто спичечные коробки, построенные не из кирпича и дерева, а из прессованной стружки и пенопласта. Звукопроводность такая, что мне просто некуда было деться от этих звуков, как ни глушил я их коньяком и Пуччини.

«Черт возьми, — мысленно орал я себе, кусая кулаки и принуждая себя к терпению, — а в чем, собственно, дело? Разве она не спала с ним раньше, до тебя? И разве она не спала с сотней других — тем же певцом молодежных хитов

Надиром Залоевым или с каким-то козлом, который возил ее в Ниццу? А с Кожлаевым она не спала?»

Но по утрам, когда Полина спускалась на кухню и смотрела на меня своими изумленно-вопрошающими глазами, я чувствовал, что лучше бы мне провалиться сквозь пол и даже сквозь землю.

На третий день утром Полина, спустившись вниз, спросила:

— Когда я увижу ребенка?

Я вздохнул:

— Я уже говорил. Они уехали на Рождество в Бразилию. С родителями Сементы. Извини, этого я не мог предусмотреть...

Она не ответила, она вообще не разговаривала со мной с момента приезда, в ее глазах я стал теперь никем и ничем, мелкой «шестеркой» рыжего Банникова.

Но я действительно не мог предусмотреть, что рано утром 22 декабря, в самый канун Крисмоса, то есть католического Рождества, Семента и Глен вынесут из дома своего Ива, складную детскую коляску и два чемодана, погрузят их в «лексус» и...

Стремительно натянув на себя спортивные трусы и майку, я выскочил тогда якобы на утреннюю пробежку и, как бы на бегу, махнул им рукой:

— Эй, куда вы?

Глен — тоже на ходу — опустил стекло своей машины:

— Привет! Мы в Рио на праздники. Marry X-mas to you!

— И вам счастливого Рождества! — крикнул я с поддельным энтузиазмом.

И теперь приходилось просто ждать возвращения семейства Стилшоу из Рио-де-Жанейро.

Конечно, когда Банникова не было, я пытался как-то объясниться с Полиной, сказать ей, что иного пути просто нет, что это не только ее жертва, но и моя — ради нее и ее ребенка!

Но при первых же моих словах она молча вставала и презрительно уходила наверх, запиралась в этой проклятой мастер-бэдрум.

Женщины, блин! Они начисто лишены самой элементарной логики.

Однако и оставлять ее неготовой к встрече с Ивом было тоже нельзя.

Первого января, накануне возвращения Стилшоу, я за завтраком все-таки сказал:

— Полина, у мальчика паралич.

Она в недоумении подняла глаза от своей тарелки:

— У какого маль... — и пресеклась, догадавшись. — Что?

— Я должен тебе это сказать.

В ужасе она закрыла руками безмолвно кричавший рот.

После полудня из глубины 45-й линии возник кремовый «лексус». Он миновал несколько елок, выброшенных из домов еще два дня назад, сразу после Рождества, — теперь, в связи с победоносным разгромом талибов, Америка слегка пришла в себя, в небе снова появились самолеты, и некоторое количество хозяев сэндвиллских домов прилетели во Флориду на рождественские каникулы, украсили свои дворы иллюминацией, елками, искусственным снегом, оленями с Санта-Клаусом и библейскими многофигурными композициями. Но сразу после Рождества елки здесь выбрасывают, не дожидаясь даже Нового года, который тут и не праздник вовсе, а так, выходной день...

Миновав эти елки на мостовой (у мусорщиков тоже выходной, елки уберут только завтра), «лексус» подкатил к дому № 4531 и через открывшиеся ворота въехал во двор.

Полина стояла у окна нашей гостиной, чуть сдвинув тюлевую гардину.

Я на всякий случай дежурил рядом.

Но когда Семента извлекла из «лексуса» Ива с его безжизненно висящими ножками и понесла его в дом, Поля не вскрикнула, не ударилась головой об окно, а тихо опустилась на пол и, закрыв руками лицо, зашаталась из стороны в сторону, говоря негромко, в ужасе:

— Они пропустили... Они пропустили...

— Что они пропустили, Поля?

Она подняла мертвые блуждающие глаза:

— Боже мой!..

— Что «Боже мой»? Что они пропустили?

Ее глаза остановились на мне, словно возвращаясь откуда-то издалека и осознавая заново, кто я и где мы с ней находимся.

358

— Почему вы не сказали мне раньше?

— А что бы это изменило, Поля?

— У него не паралич, у него парез... Это лечится, но раньше, в грудном возрасте...

— Откуда ты знаешь?

— Боже мой! Какая я сволочь! Боже мой! — Сидя на полу, она откинулась головой и, закрыв глаза, стала с силой биться затылком о подоконник. — Боже! Какая я сво...

— Подожди! Перестань!

Я обнял ее, не давая ей разбить голову, но она забилась у меня в руках с какой-то буквально истерической силой.

— Пусти! Пустите меня! Я дрянь!..

Эта злая, истерическая сила в ее молодом двухметровом теле была такой мощной и яростной, что мне пришлось просто навалиться на нее.

— Успокойся! Перестань! Поля!

— Нет! Пустите! Пусти-и-и-и! — взвыла она с какой-то звериной тоской, вырываясь и выгибаясь всем телом, и только тогда, когда я просто придавил ее своим весом к полу и залепил ее вой поцелуем, она — сначала еще сопротивляясь и кусая мне губы — вдруг расслабилась, вытянулась подо мной на полу и...

Что-то случилось с ней, с нами — я не знаю, как это бывает, у меня нет объяснений.

Я же не целовал ее, я просто залепил ей рот своим поцелуем, чтобы она перестала выть и орать в истерике, но именно в этот миг — нет, не в этот, секундой позже — ее ноги сначала вытянулись, а затем ее спина выгнулась аркой навстречу мне, и руки вдруг обняли меня.

— Да! Да! — сказала она с закрытыми глазами. — Да...

И сама впилась в мои губы жадным, кусающим поцелуем...

— Что они пропустили, Поля?

Она молчала.

— Поля!

Она открыла глаза. Мы все еще лежали на полу, на этом голубом синтетическом ковре — обессиленные и пустые. Но теперь ее голова и спутанные волосы расслабленно покоились на моей груди.

— Что они пропустили? — повторил я негромко.

Она с усилием отжалась на руках, села рядом со мной и снова закрыла глаза.

— А? — спросил я снова.

— Понимаешь... — Голос у нее был глухой, пересохший. — У меня тоже был парез. Но это частичный паралич, он лечится... Массаж, алтайские травы, снова массаж... Если сразу прихватить, как мне... Я родилась в восьмидесятом, мои тогда жили неплохо, отец шабашил по стройкам и хорошо зарабатывал. Они меня сразу на Алтай повезли, к дедушке. И вылечили... А брат родился в девяностом, когда мы нищими стали. И еще отцу ногу отрезало — какой там Алтай! У нас на еду не было... А Ване уже четыре — Боже мой!..

Я привлек ее к себе:

— Не плачь. Мы повезем его на Алтай.

— Вы обещаете?

— Да.

— А зачем вы-то сюда приехали? И Рыжий. И весь этот спектакль — зачем?

— А он тебе не сказал?

— Он сказал: если я хочу увидеть сына, то должна вести себя, как он прикажет.

— И всё?

— Ну, еще, что если Ваня правда сын Кожлаева, то он его должен усыновить, так он Роману поклялся. Но я ему не верю. Я думаю знаешь что?

— Что?

— Я думаю, у Кожлаева в России пара заводов записаны на Ваню, поэтому Рыжий Ваню-то усыновит, а потом...

— Что потом?

— Вы меня убьете.

— Как это? — Я даже опешил от такого заявления, сказанного совершенно обыденным голосом. — Ты что? С ума сошла?

— Конечно, убьете, — сказала она, не меняя тона. — Я же не дура. Рыжий за деньги кого хошь убьет. Он и Кожлаева убил, а то я не знаю!..

Какой-то дальний гул спас меня от необходимости продолжать этот разговор. Сначала я подумал, что это очередной «боинг» взлетает в соседнем, всего в семнадцати милях от нас, майамском аэропорту, но тут шарахнул такой удар грома, что Полина испуганно прижалась ко мне.

Мы поднялись с пола, посмотрели в окно.

Еще двадцать минут назад в небе сияло солнце и пальмы стояли не шелохнувшись. А теперь вдруг все небо укрылось глухими тяжелыми тучами, и вертикальный, в полнеба, вал дождя стремительно катился на Сэндвилл со стороны океана с гулом, грохотом и молниями. С такой неотвратимостью танк катит на ваш окоп, так цунами накрывает индийские села. Пальмы, как мусульманки, обреченные на расстрел талибами, замерли и пригнулись покорными свечками, птицы умолкли, и уже через минуту всё — и дома, и пальмы, и кактусы, и пластмассовые рождественские олени, и игрушечные Санта-Клаусы, и выброшенные на улицу рождественские елки, — всё накрыло каким-то яростным, косым, воистину тропическим ливнем. Этот ливень барабанил по крыше, стучал в окна, гудел в желобах, терзал пальмы, хлестал кактусы и легко опрокидывал во дворах пластмассовых оленей, а на улицах — черные мусорные баки с крышками.

Очередным разрывом грома небо разломилось прямо над нами, электричество вдруг погасло, и дождь припустил с такой силой, что по улице потоками воды понесло мокрые рождественские елки и сорванные пальмовые ветки, похожие на гигантские гусиные перья.

— Я боюсь... — сказала Полина.

— Окно! — вспомнил я и побежал в свой бэйсмент, где были низкие, на уровне земли, окна.

Так и есть! Одно окно, которое я, курильщик, часто держал открытым, было распахнуто, и через него в бэйсмент просто хлестала вода. С лестницы я прыгнул в эту воду — она оказалась мне почти по колено, — пробежал к окну, опустил его и огляделся в полумраке. Черный кожаный диван и два тяжелых кресла уже приподняло водой, напольная лампа-торшер рухнула на бар, и только мой открытый ноутбук, к которому я не подходил с момента приезда Банникова, живехонький стоял на столике. Но шнур от него уходил в воду! Точнее — к розетке, которые американцы, мать их в три креста, ставят лишь на ладонь выше плинтуса! Не из-за этого ли замкнуло проводку?

Я выдернул шнур и закричал:

— Полина! Тащи ведро из гаража¹

Ее голова появилась сверху.

— Я боюсь выйти... — сказала она жалобно.

И позже, когда мы, стоя по щиколотку в воде, потные и грязные, черпали эту воду и сливали ее в унитаз, она вдруг сказала:

— Знаешь, а у меня с тобой получается.

— Что получается? — не врубился я.

— Все получается, глупый! — засмеялась она. — Черпай!..

Женщины! Они, конечно, с другой планеты. В США даже есть такой бестселлер — «Женщины с Венеры, мужчины с Марса».

Часа через полтора, когда мы с ней вычерпали почти всю воду и выглянули на улицу, оказалось, что солнце опять сияет как ни в чем не бывало и что мы еще легко отделались — пролетевший над Флоридой ураган снес в этот день семнадцать крыш, разрушил до фундамента два магазина, сломал не знаю сколько пальм и порвал несколько миль электрических проводов.

А у нас только в бэйсменте намокли мебель да днища стиральной машины, этой торпеды «FFE» и компрессора кондиционера...

Впрочем, вечером Банников приехал на такси, и следом за ним на тросе прикатила моя «тойота-авалон» с проломленной крышей. Оказалось, Рыжий во время обеда запарковал ее возле своего любимого ресторана «Joe's Stone Crab», и сломанная ураганом пальма грохнулась прямо на машину.

Так начался для нас новый, 2002 год.

Формальное представление соседям Полины и Банникова состоялось назавтра, на скромной парти в моем иллюминированном бэк-ярде.

— Глен, Семента, знакомьтесь, это моя племянница Полина, а это ее жених Виктор... Ив, а это тебе...

Ив получил скорострельный лазерный пистолет, гоночную машину с пультом дистанционного управления и вертолет, который ползал по земле в разные стороны, оглушительно стрелял и орал жестяным мегафонным голосом: «Stop! Drop the gun! Fire! Fire!»*

_____

* Стой! Бросай оружие! Огонь! Огонь! (англ.)

362

Счастью Ива не было предела, и его глаза засияли такой же жаждой немедленно стрелять и жать на все кнопки этих игрушек, какая загоралась в глазах у Глена, когда он смотрел на Полину.

Но Полина совершенно не замечала этого. Она влюбленной кошкой терлась и ластилась к Виктору, крутя своей восхитительной попкой, кокетливо вскидывала за спину свои золотые волосы, обнимая «жениха» и вообще изображая страсть действительно не хуже Шарон Стоун. Она была так перчено сексуальна и соблазнительна, что у Глена трепетали ноздри и зубы стучали, когда он пил виски с содовой, у меня перехватывало дыхание, и даже Банников, который еще утром, за завтраком, хамски третировал Полину, вдруг завелся и, хватив полстакана виски без всякой содовой, потащил Полину в дом.

Я бессильно развел руками и объяснил:

— Он завтра уезжает. Извините...

— Она очень сексуальна, — сказала Семента. — Пошли домой, Глен.

Наутро за Банниковым заехала на лимузине его команда солнцевских Шварценеггеров, и они укатили в аэропорт, а я вызвал «техничку» и на прицепе поволок свою «тойоту-авалон» обратно к ресторану «Joe's Stone Crab» на Саус-Бич. Там я должен был взять у официантов свидетельские показания о падении дерева на крышу моей машины — только тогда, сказал мне Лео из «Кендалл-Тойоты», полиция выдаст «репорт» об инциденте и страховая компания полностью компенсирует ремонт. А на время ремонта Лео — тоже за счет страховой компании — выдал мне совершенно новенькую «тойоту-камри», и вся эта процедура, вместе с дорогой и оформлением полицейского «репорта», заняла ровно три с половиной часа.

Следующие два дня мы с Полиной катались по югу Флориды — Саус-Бич, Кий-Вест, дом Хемингуэя, роскошный, для миллионеров, торговый центр «Перл-Харбор Мол», зоопарк с розовыми фламинго и «Попугаичьи джунгли» возле Кендалл, еще один гигантский торговый центр в Авентуре и «Бабочкин рай» в Корал Спринг. Но даже в этом воистину райском месте, где под прозрачным куполом двух огромных павильонов тысячи разноцветных бабочек — от маленьких, величиной с пятак, до гигантских, величиной с тарелку, — под музыку Чайковского и Дебюсси летают над живыми цветами, ручьями с золотыми рыбами и причудливо стриженными деревьями, — даже в этом раю я не мог отвлечь Полину от мыслей о сыне.

— С Ваней! С Ваней нужно сюда приехать! Только вылечить его нужно...

— Мы вылечим, — обещал я.

— Когда? Когда? — нетерпеливо восклицала она.

В субботу утром я наконец дождался, когда Семента вынесла Ива на качели под пальмой, а Глен вышел за местной газетой «Майами геральд», которую в шесть утра развозят по улицам велосипедисты-подростки и прямо на ходу ловко, в синих целлофановых пакетах, забрасывают в каждый двор.

Я высунулся из окна:

— Доброе утро! Ребята, я еду в Санрайс на фермерский рынок. Хотите со мной?

Семента посмотрела на Глена, но он развел руками:

— У меня много работы... Извини...

Я в этом не сомневался, он всегда притаскивал на уик-энды кипы бумаг из банка, которые ему нужно проверять и обрабатывать.

— Мне сказали, там цирк, карусели, — продолжал я.

— А ваша племянница тоже едет? — спросила Семента.

— Нет. У нее сплин, она спит.

— Ну, не знаю... — Семента посмотрела сначала на Ива, потом на Глена.

— Езжайте, конечно, — сказал Глен. — Ив будет счастлив.

И мы провели на фермерском рынке полдня, потому что это не рынок, а целая ярмарка — с торговыми рядами дешевых тропических фруктов, овощей и цветов; с гигантской барахолкой старых и новых, но уцененных вещей — от обуви и ювелирки до мебели и аукциона автомобилей; с обжорными павильонами с пиццей, вареной кукурузой и сосисками «хот-дог»; с чертовым колесом, каруселью, детской железной дорогой и настоящим цирком под куполом, где, как оказалось, все циркачи, от клоуна и жонглеров до дрессировщицы собак и кошек, — из России и только слоны свои — американские.

Ив восторженно визжал на «американских горках», ел со мной воздушную кукурузу «поп-корн», хватался за меня на «чертовом колесе», а в цирке возбужденно показывал пальцем на слонов и даже кричал: «Mammy, look! Look!»*, что было показателем полной эйфории, поскольку в обычной жизни он не произносил ни слова, а безучастно дремал в своей коляске.

Конечно, на обратном пути Ив от избытка впечатлений уснул в машине и проснулся, только когда мы вернулись в Сэндвилл.

Семента пересадила его из моей машины в коляску, навесила на эту же коляску сумки с покупками и покатила к себе домой.

А я спешно занял НП у окна и засек время по часам. Вот она разгружает на кухне коляску... Пересаживает Ива в манеж с игрушками... Удивленная отсутствием Глена, поднимается на второй этаж, в свою спальню-«мастер-бэдрум» и...

Ждать мне пришлось ровно две минуты.

Гулко хлопнула парадная дверь их дома, Семента, вся красная, разъяренно выскочила во двор, метнулась к открытому гаражу, бешеной рукой распахнула дверцу «лексуса», прыгнула на сиденье, завела машину и, взвизгнув колесами, с места рванула так, что вышибла медленно открывающиеся створки ворот, и зигзагом умчалась по 45-й линии.

Глядя ей вслед, я глубоко вздохнул. Полина сыграла свой «Основной инстинкт», и первый акт спектакля закончился.

Однако новое бурное счастье Глена Стилшоу продолжалось недолго.

Ровно через три дня к нему и к переселившейся в его дом Полине явился посыльный адвокатской фирмы «Джакоб Хирш и К°» с требованием выселиться в 24 часа. Оказалось, что умные родители Сементы, покупая дом своей дочке, предусмотрительно записали его на себя, а не на нее, и, таким образом, Глен не имел права даже на половину этого жилья.

Глен, однако, был американец и знал не только законы, но и местные обычаи. Даже если будет принято судебное решение о выселении, никакая полиция не станет выбрасывать на улицу отца с ребенком-инвалидом, в США не выбрасывают на улицу даже злостных неплательщиков кварт-

___

* Мама, смотри! Смотри! (*англ.*)

платы. Поэтому на обороте требования о выселении Глен написал: «Выселюсь, если получу развод». А поскольку адвокаты Сементы тоже знали американские обычаи, звонок от «Хирша и К°» последовал ровно через два часа: мистер Хирш приглашал Глена в свой офис для обсуждения условий развода.

Глен, со своей стороны (и с моей финансовой поддержкой), обратился к адвокатской фирме «Род Силверман и К°», и в результате трехдневных переговоров (стоимостью в 2436 долларов только для нашей стороны) стороны договорились, что Глен отказывается от всех претензий на совместное с Сементой имущество, а Семента отказалась от материнских прав на ребенка, усыновленного ими в России.

Оформление этих условий и свидетельства о разводе заняло десять рабочих дней.

Между тем Полина, совершенно обалдев от неожиданно свалившегося на нее материнства, просто утонула в круглосуточных заботах о сыне (днем) и новом женихе (ночью).

Ив перестал ездить в дебильный центр для детей-инвалидов, а принял на себя удар всей мощи застоявшейся Полининой вины перед ним. Мало того что был немедленно куплен массажный стол и Полина принялась усиленно массировать Иву ноги, она еще вызвонила «Русскую аптеку» на Брайтоне, заказала у них какие-то алтайские травы, а затем связалась с известным русским гомеопатом, проживающим в Бруклине, и с экстрасенсом, проживающим в Бостоне, и с японским иглоукалывателем в Холливуде, и с китайским травником в Палм-Бич.

Конечно, даже усилиями этих светил чуда не произошло, но Полина не отступала. Она трижды в день массировала Иву ноги, прогревала их уксусно-винными припарками и ваннами из алтайских и китайских трав, устраивала энергетические сеансы с Бостоном, тащила Глена и Ива в Холливуд к иглоукалывателю, а меня заставила свозить ее и Ива в маленькую православную церковь на 46-й авеню, где священник, плохо говоривший по-русски, окрестил мальчика по православному обычаю и прочел молитвы за его выздоровление.

Глен, конечно, не был посвящен в истинную причину такой вулканической любви Полины к его приемному сыну, но, кажется, и не очень задумывался над этим: по ночам Полина так горячо благодарила его за возможность быть с

Ивом, что утром Глен уезжал на работу совершенно хмельной от этой неожиданной благодати.

А я стал сомневаться в том, что все это лишь игра в духе Шарон Стоун.

В конце концов, женщины в отличие от мужчин не только привыкают к тем, кого любят, но рано или поздно начинают любить тех, к кому привыкают. Вспомните сказки про Аленький цветочек, Щелкунчика, Квазимодо и прочие. А Глен далеко не Квазимодо, он молод, не пьет, не курит, работает в американском банке, и он — отец ее ребенка, пусть даже приемный. Она спит с ним по ночам, а днем занимается сыном и домашним хозяйством — так что еще нужно русской женщине?

Конечно, я пытался как-то воздействовать на ситуацию и приходил к Полине, когда Глен был на работе. Но...

— В чем дело? Я все делаю так, как вы хотели, — почти враждебно говорила мне Полина, потная и распатланная от своих круглосуточных трудов. — Верно?

— Верно-то верно, но...

— Ну и все! И не мешайте мне! — Она ожесточенно массировала ноги мальчика, лежавшего на массажном столе.

— Я не мешаю. Наоборот. Но мне кажется, ты слишком усердствуешь...

— Это мой сын! И он будет ходить! Будет!

— Я не про сына. Я про Глена...

— Да? — Она выпрямилась и повернулась ко мне: — А вы хотите, чтобы я спала ночью с Гленом, а днем с вами? Да?

Я промолчал. Эти переходы на вы всегда означали ее стремление отстраниться и провести между нами черту.

— Но я вам не блядь! — усмехнулась она, возвращаясь к массажу. — И не ждите такого! Лучше принесите мне с кухни ведро с плиты... — И минуту спустя, пеленая безжизненные ноги мальчика в полотенце, смоченное в горячем настое трав и вина, и наворачивая клеенчатую пеленку поверх этого компресса: — Кстати, сегодня Глен получает свидетельство о разводе, завтра мы едем в мэрию подавать заявление на брак. Вам придется быть там свидетелем, вы же мой «дядя»...

Но еще до регистрации брака они переселились ко мне, поскольку Глен обязался выселиться из дома в течение недели после получения свидетельства о разводе. Конечно, я уступил им мастер-бэдрум на втором этаже, Ив со всеми его игрушками занял еще одну спальню, в гараже появилась вторая машина — маленькая «терсел», которую Глен взял в рассрочку под банковский заем (свой «торус» он тоже вынужден был оставить Сементе), а я...

Я опять переселился в бэйсмент.

Однако роль дедушки-дяди оказалась для меня совершенно невыносима.

Я и раньше, как только Полина стала жить с Гленом, забросил свой ноутбук и засыпал по ночам лишь после солидной порции коньяка, хотя...

Собственно, если взглянуть на ситуацию со стороны, все шло замечательно, как в ловко построенной театральной пьесе: Семента отказалась от материнских прав на Ива, а Полина в эти права должна была вот-вот вступить, и за одну эту операцию Банников по приказу Харунова положил на счет фирмы «Возврат» и мою кредитную карточку в московском банке еще 20 000 долларов на предстоящие далее расходы. Я мог пить шампанское, есть устрицы и даже покупать себе в русском магазине черную икру по немыслимой цене 800 долларов за килограмм.

Но я покупал себе только коньяк. Я покупал коньяк и пил его, стоя у ночного окна под темными окнами спальни Глена и Полины и пытаясь внушить себе, что все нормально, старик, все путем, даже если она не вернется ко мне, то на деньги, которые мне обломятся после завершения всей этой истории, я найду себе сто таких Полин! Боже мой, да мало ли в Москве длинноногих верзил! Да я пойду к своему «брату» Абхазу — у него в «Ред старс» таких пруд пруди, к нему на конкурс «Look of the year» со всей страны ежегодно слетаются тысячи таких двухметровых красоток! И все правильно, Битюг, у тебя не было другой игры, ты просто гениально ведешь эту пьесу, а все остальное — просто детали, и давай еще выпьем за успех и — как там говорят евреи? — за жизнь! Лэ хаим!

Я пил за жизнь и за «лэ хаим» и снова пытался убедить себя, что все путем. Ведь, в конце концов, если вернуться к началу этой истории, то с чего все началось? Выброшенный на пенсию в 2300 дубовых подполковник ФСБ, вспоминая дела, которые он вел, решил на свой страх и риск возобновить расследование, которое он не закончил на службе. Правильно? Нет, неправильно. Давай начистоту. Выброшенный на пенсию в 2300 дубовых подполковник ФСБ, вспоминая дела, которые он вел, решил наверстать упущенное и сорвать большой куш, а конкретно — несколько лимонов. И если на этом пути его угораздило влипнуть в большую контртеррористическую игру и при этом еще втюриться в какую-то каланчу и вертихвостку с длинными ногами и омутом зеленоглазья, то it came with the territory — это, как говорят тут американцы, приходит вместе с территорией. И нехер по этому поводу комплексовать, а нужно отрезать эту Полину, взять себя в руки и спокойно идти к намеченной цели. В конце концов, все бабы продаются, разве не так? Так! Покажите мне женщину, чью любовь нельзя купить, — нет, покажите хоть одну! Тысячи женщин стоят на Тверской и Садовом кольце, их любовь стоит не больше сотни долларов. Другие продают себя в клубах и казино, третьи — в борделях, а остальные — так, в розницу, где придется. И не говорите мне о порядочных женщинах, порядочные — это те, что обходятся нам на порядок выше, только и всего...

Однако и эти рассуждения, и настоящий французский коньяк не помогали. По ночам мне стали снова сниться кошмары, правда, не чеченские. Теперь мне снились Берман и Жандарев из телепрограммы «Без протокола», они расстреливали меня цитатами из моей рукописи, крича, что это порнография и что «Идущие вместе» должны мою рукопись сжечь, как книги Сорокина. А когда я пытался спорить, Берман и Жандарев обрывали меня, как на допросах в гестапо: «Здесь мы спрашиваем!», и добавляли самодовольно: «И этого уже не изменишь!» Затем рядом с ними возникал Владимир Соловьев из «Соловьиных трелей» — облокотившись на спинку стула, он нависал надо мной прокурором времен Ежова и требовал признаться в антисемитизме. Потом его сменял Александр Генис, торгующий на «Свободе» окрестностями Довлатова, в которых он, судя по всему, пребывал при жизни писателя. Этот Генис внушал слушателям «Свободы», что я, уехав из России, работаю в Нью-Йорке таксистом. В отличие от интеллектуала Гениса я не вижу ничего зазорного в работе таксистов, а вот дешевое вранье считаю первым признаком плебейства. Следом за вралем Генисом выкатывал целый сонм критиков из «МК», которые, улюлюкая и воня, сравнивали меня с Незнанским и Марининой — это даже во сне казалось мне хуже расстрела Хаттабом; и я стал снова просыпаться в холодном поту и с колющей болью в сердце, и, сидя на кухне с рюмкой коньяка, думать: а на хрена я пишу свои заметки и зачем их публиковать, если наши критики и телеведущие видят свое основное призвание в том, чтобы у кого-то выискать порнографию, у Олега Газманова найти маму по отчеству «Абрамовна», у Говорухина — резкую цитатку про Путина, а у Брынцалова — золотой унитаз. «Золотой унитаз» — какое точное название для их передач...

Но оказалось, что даже эти терзания — ничто по сравнению с теми, которые я стал испытывать, когда Полина и Глен, подав заявление на брак, переселились ко мне.

Блин, вот как, оказывается, нас может достать женщина! Нет, я уже не мог сидеть дома и стучать на своем ноутбуке. Зачем? Что я хочу доказать? Что и в 56 можно стать Мартином Иденом, преодолеть все и вся, выйти на поле и сыграть за тридцатилетнего или даже против тридцатилетних. Но так ли это? Беня Крик мог переспать с русской женщиной, и русская женщина оставалась им довольна — но сколько было тогда Бене Крику? Мной тоже были довольны некоторые женщины, но что сказали бы женщины о Бене Крике, доживи этот Беня Крик до моих лет? И вообще, какой к черту роман?! Разве можно стать писателем в 56 лет? Толстой в этом возрасте вообще бросил писать, а Хемингуэй, который жил вот тут, рядом, на Кий-Весте, застрелился, когда ему стукнуло 62...

Впрочем, дело было, конечно, не в моей писанине. А в том, что я просто не мог смотреть на совершенно осоловевшего от Полины Глена и делать вид, что тихим и добрым дядюшкой радуюсь их голубиному счастью. Покойная Кимберли оказалась права: в жизни есть кое-что посильнее миллионов...

Я заводил машину и уезжал в ночной Саус-Бич.

О, теперь я могу быть гидом по ночному Майами.

По вечерам, с одиннадцати, небольшая улочка Линкольн-роуд превращается тут в римскую виа Венето или парижский

Монмартр. Даже круче — вся улица, непроезжая, как Новый Арбат, уже с девяти вечера заставлена буквально сотнями крошечных столиков и грибков, которые официанты местных клубов, баров и ресторанов ставят вокруг уличных фонтанов так густо, что между ними можно едва протиснуться. К одиннадцати вечера в черноте южной ночи, как на фоне бархатно-черного театрального полога, за всеми этими столиками, иллюминированными маленькими свечами, сидят влюбленные пары (гейские, лесбийские и традиционные). Они неспешно едят, пьют вино, тихо беседуют, смеются и целуются под журчание романтично подсвеченных фонтанов. И все это — холеные, дорого одетые, модно постриженные юноши и молодые мужчины от 20 до 35 и полуоголенные девицы — не проститутки, а богатые туристки со всех стран мира и местная золотая молодежь. Их ночная жизнь начинается с этого ужина на Линкольн-роуд или на Ошеан-драйв — веренице ночных ресторанов вдоль океанского побережья.

Даже в январе в Майами жарко, и потому — тут никого в пиджаках, все в коротких рубашках «тишортах» или в майках, с загорелыми плечами, а девушки — американки, кубинки, испанки, черные — в мини-мини и топиках, прикрывающих разве что сосочки. А животики у всех открыты, и, возможно, именно этой модой на обнаженные женские пупочки Америка спровоцировала исламский джихад и теракты — в мусульманских странах женщине публично обнажить пупок преступнее, чем открыть даже срамное место. А Америка теперь диктует моду не только на машины и ноутбуки, но и на одежду...

После ужина, то есть после часу ночи, все эти сотни, если не тысячи молодых бездельников и бездельниц, туристов и тусовщиц расходятся по ночным клубам. На Линкольн-роуд клубы в основном для голубых (и вообще на Саус-Бич порядка половины населения геи, и это поначалу кажется совершенно ирреально — видеть, как они ежедневно дарят друг другу цветы...), но ночные клубы есть не только здесь, а и на Вашингтон-авеню, на Либерти-стрит, на Эспаньол и на Ошеан-драйв.

На Ошеан-драйв с его бесконечным рядом прибрежных гостиниц и ресторанов (и таинственно-тенистым, увитым плющом и цветами трехэтажным особняком Версаче, в котором этого маэстро моды убил его любовник) есть несколько клубов с дискотеками на открытом воздухе.

Но самые крутые клубы — на Вашингтон-авеню. Здесь всю ночь открыты все магазины, бары, пиццерии, стриптиз-бары, «topless», «go-go» и, конечно, ночные клубы. Улица залита светом, витрины магазинов сияют неоном, по мостовой медленно, как на прогулке, катит густой поток машин, очень дорогих, открытых и спортивных — «бентли», «феррари», «кадиллаки», «роллс-ройсы»...

Припарковать машину негде, все парковки заняты, и нужно знать маленькие частные площадки во дворах банков и магазинов, чтобы за взятку или двойную плату приткнуть там свою машину хоть на несколько часов...

А по тротуарам на Вашингтон-авеню и на Ошеан-драйв шляются толпы туристов и бездельников со всего мира вперемешку с местной черной и испано-коричневой шпаной, проститутками, похожими на дорогих манекенщиц-моделей, и моделями, одетыми или, точнее, раздетыми, как проститутки.

И все эти потоки, толпы и компании завихряются у входов в ночные клубы — совсем юные, 17—20-летние толпятся у трехэтажного «Levels» («Уровни», или «Этажи»), где на каждом этаже своя музыка. А публика постарше и посолиднее — 20—30-летние — осаждают «B.E.D.», «Mint», «Opium Garden»...

Впрочем, простое и, так сказать, внешнее наблюдение за ночной жизнью Майами не скажет вам ничего об этом мире. Вы можете прилететь сюда, пошляться по ресторанам, вкусно поесть в «Baleen», «Cafe Tu Tu Tango», «Red Fish Grill» и других дорогих кабаках, рекомендованных вашими путеводителями, вы можете посидеть за столиком на Линкольн-роуд или на Ошеан-драйв, поглазеть на дом Версаче, позагорать на пляжах, искупаться в Атлантическом океане, потанцевать в ночных клубах и улететь, счастливо думая, что вот и вы побывали в Майами.

Дорогие мои! Позвольте вам сообщить, что в Майами вы так и не были, вы до него не добрались. Потому что истинный Майами отнюдь не в этом. Истинный Майами живет по своему расписанию, которое известно отдельным избранным аборигенкам, некоторым таксистам и приезжим завсегдатаям с очень — ОЧЕНЬ! — толстыми кошельками. Потому что настоящий Майами — это вовсе не пляжи, не рестораны, не дорогие бутики на «Перл-Харбор Мол» и даже не ночные клубы на Линкольн-роуд.

Истинный Майами — это Ж-Е-Н-Щ-И-Н-Ы. Причем не просто Женщины с большой буквы, в том или ином количестве такие Женщины есть в каждом городе и в каждой стране, а именно Ж-Е-Н-Щ-И-Н-Ы — то есть такие, у которых каждую, буквально *каждую* частицу их восхитительных тел нужно писать с большой буквы. Потому что Майами — это сексуальная мекка мира, это столица модельного бизнеса вселенной, и это сюда, как птицы на зимовку, слетаются на зиму все самые знаменитые модели мира. Здесь на фоне теплого океана они снимаются для бесчисленных рекламных роликов, фильмов и журналов, здесь они играют в теннис, плавают в изумрудных бассейнах, загорают на крышах самых дорогих отелей и тусуются в ночных клубах. А следом за ними и в погоне за их фотографами, агентами и славой сюда стаями и поодиночке подтягиваются их юные и не менее красивые конкурентки и просто искательницы мужей, содержателей и приключений. И наконец, сюда же, в Майами, со всей Америки сбегают от докучливых родителей пятнадцати-, четырнадцати- и даже тринадцатилетние teenagers, то есть Лолиты молочно-восковой спелости.

А там, где юные, красивые и доступные (для хорошего кошелька) женщины, там и мужчины с такими кошельками.

И — наоборот.

Этот давний, настоявшийся за пятьдесят послевоенных лет коктейль из высокой красоты, флоридского загара, огромных денег, ночного порока и спроса на изысканную женскую ласку породил и создал особый, уточненный и специфически майамский тип женщины — кубино-бразильско-европейский, с вытянутым под метр девяносто станом, немыслимыми и идеальными, как у куклы Барби, ногами, совершенными бедрами, греческим бюстом, чувственными африканскими губами и карибским музыкальным темпераментом. Их тела отмыты в самых дорогих шампунях, их ногти обработаны в самых дорогих салонах красоты, их волосы сияют блеском волос египетских цариц, их грудь подтянута и округлена у самых дорогих пластических хирургов, а их маленькие татуировки выглядывают из-под их дорогого белья в таких местах...

Помните, я писал вам о нимфах, залетевших на сорок минут потвистовать в «Вишневый сад»? Помните?

Теперь в Майами я догнал их!

Оказывается, они могут слетать на день в Париж, на сутки в Аддис-Абебу и на три часа в Москву, но живут, зимуют они здесь! Здесь их лежбище, пастбище и место нереста. Здесь они пасутся, и здесь их пасут пастухи, имена которых известны всему миру, а также Уолл-стрит, Интерполу и полиции.

Но почему же вы, пробыв в Майами неделю или две, не видели их? Как вы могли их не заметить?

Потому что вы не знаете их расписания и шифрованного кода их жизни.

А посему, как говорит мой любимый Булгаков: за мной, читатель! Идемте, я дорого с вас не возьму.

Итак, сегодня понедельник, и вам кажется — ну, что понедельник? пустой, потерянный день!

Нет, господа, в Майами это как раз самый-самый урожайный день, это запев всей недели и открытие сезона охоты на «sugar-daddies», поскольку эти «сладкие папашки» именно в понедельник прилетают сюда на свои очень деловые конференции, митинги и симпозиумы. Ах, это так важно именно в Майами провести конференцию по маркетингу коксования угля! Или по проблемам глобализации. Или по интенсификации капитализации махинации и хренации...

Но — стоп, не будем своей язвительностью отнимать у Задорнова сладкий хлеб антиамериканизма. Sugar-daddies прилетают в Майами не за наш счет, а за счет своих фирм или их клиентов. Впрочем, они и сами люди небедные, и потратить за вечер три или пять тысяч долларов для них все равно что для вас купить себе эскимо. Собственно, ради этого они и прилетели в Майами, преодолев все страхи перед террористами бен Ладена. Отсидев половину дня на своей очень деловой конференции и поспав после этого пару часиков в «Хилтон» или в «Four Seasons», они отправляются в «Tantra», что на углу Эспаньол и Пенсильвания-авеню. Это небольшой, компактный и изысканный VIP-клуб с травяным покрытием при входе и уютным залом, в котором на небольших стойках танцуют богини красоты, эротики и соблазна. Я готов побиться об заклад, что даже в своих самых дерзких снах вы не видели таких женщин. И я не берусь описать их.

374

Вы можете описать «Болеро» Равеля или «Лунную сонату» Бетховена? А глаза Тани Самойловой в «Летят журавли»? А походку Шарон Стоун в «Основном инстинкте»?

В «Tantra» нимфы с глазами Тани Самойловой, походкой Шарон Стоун, пластикой Анастасии Волочковой, фигурами с картин Боттичелли и в одежде столь откровенной и вызывающей, что от одного их вида у вас пересыхает в горле, танцуют вроде бы сами для себя, а на самом деле, конечно, персонально для вас. Под гениально подобранную музыку, которую лучшие в мире ди-джеи, прилетающие сюда из Голландии, Бразилии и Танжера, подпитывают ритмичными ударами в бразильские барабаны, всё ускоряя и ускоряя вам пульс, эти нимфы не просто танцуют некие эротические танцы — о нет!

Движениями своего тела они манипулируют вами, то останавливая ваше дыхание, то бросая вас в жар и в трепет. Медленно обнажаясь, они начинают обнажать ваши давно закрытые рецепторы наслаждения, а демонстрируя свои молодые прелести, они на самом деле омолаживают вас, ускоряя вашу кровь и прочищая тем самым заблокированные и зашлакованные сосуды вашей кровеносной системы. И ласками, которыми они в ритме музыки ласкают друг друга в конце своего танца, — этими тягучими, нарочито замедленными ласками, откровенными до последнего предела и даже еще дальше, ласками, от которых у вас пересыхает горло и возбуждается все, что, казалось, уже и не способно возбуждаться, — они подхватывают наконец вашу усталую душу, освобождают ее от оков будничной стеснительности и возносят вверх, все выше и выше, на плато возбуждения, вожделения и охоты.

И вот теперь, когда вы *готовы*, когда вы открылись миру своей интимной жаждой неги, женской ласки и неземных удовольствий, когда каждый мускул ваших усталых от жизни членов оживает и воспламеняется вулканом хрен знает откуда появившейся юношеской энергии, — именно в этот «момент истины» вы вдруг оказываетесь лицом к лицу с одной из этих неземных див или даже попадаете в их окружение — если вы, конечно, *стоите* того.

Нет, это не проститутки.

Во всяком случае, они себя таковыми не считают.

Это охотницы за sugar-daddies — жрицы любви, наложницы и гейши, любовницы и компаньонки на все время вашего пребывания во Флориде. А потому не спешите, присмотритесь, пригласите их в VIP-зал, отгороженный от остального зала не столько простеньким канатом, сколько ценой столика, и там за бутылкой «Вдовы Клико» стоимостью в 500 долларов или в танце, где у вас будет возможность прикоснуться к ожидающим вас райским прелестям, остановите свой выбор на одной из них.

Поужинав со своей избранницей здесь же или в соседнем, по ее выбору, ресторане (куда вы переедете в вызванном для вас лимузине и где вы за умной беседой со своей новой очаровательной знакомой оставите пару штук за шампанское и черную икру), вы можете посетить еще пару клубов или напрямую отправиться в ваш «Хилтон» и там за одну ночь испытать все те радости и блаженства, которые описаны у Шехерезады, Набокова и Генри Миллера. А утром, после завтрака в «Joy's Stone Crab», «Escopazzo» или «Caprazzio», вы подарите своей юной подруге пару штук на сувениры в честь вашей судьбоносной встречи и, поскольку вам, к несчастью, нужно ехать на вашу гребаную конференцию, получите от нее восхитительный поцелуй с нежными объятиями, полными трепета и нового вожделения. «До вечера, дарлинг!»...

Или — наплевав на конференцию — вы поедете вместе с ней за этими сувенирами в «Перл-Харбор Мол» — так, какие-нибудь сережки с бриллиантиками, колечко с сапфирчиком, платьице от Гуччи...

Но сколько вы ни потратите, вы не пожалеете об этом ни минуты, поскольку — что деньги? Бумага! Дым! А женщина, и особенно благодарная женщина, да еще благодарная двадцатилетняя женщина не земной, а кубино-бразильско-европейской красоты, чувственности и темперамента, — о, господа, кого бы из них вы ни выбрали в свой первый вечер в «Tantra», вы уже не расстанетесь с ней до отъезда и всю свою оставшуюся жизнь будете вспоминать о ней каждую ночь, и рваться в Майами, и назначать здесь конференции, симпозиумы и деловые встречи...

Впрочем, эти sugar-daddies-girls, «cream of the cream» и «honey of the honey» — самые сладкие и самые вкусные девочки нашей планеты — отнюдь не для русских мужчин. И даже не для новых русских мужчин. Потому что наш русский мужик — пусть он трижды новый или даже настоящий миллиардер и олигарх — только думает, что он богач, и потому регулярно доказывает это себе и окружающим тем, что легко, за одну ночь проигрывает в казино пятьдесят штук, летает на выходные на Бали или закатывает друзьям гулянку в Монте-Карло. Но потратить на женщину за одну ночь пять тысяч долларов — нет, до этого наши мужики еще морально не доросли, и только, кажется, один из них — в силу своего еврейского темперамента и профессорского интеллекта — легко дарит любимым женщинам *аж* тысячу долларов за ночь. А остальные олигархи, будь они хоть трижды евреи до пятого колена, все равно в душе русские и морально еще не дозрели до таких удовольствий. Не зря все метрдотели Ниццы презирают наших новых русских за то, что они могут выпить за завтраком ящик «Вдовы Клико» стоимостью пять тысяч евро, но тащат в свой номер в «Хилтоне» уличную проститутку стоимостью двадцать франков...

Нет, до уровня Майами наши мужики еще не доросли.

А посему, дорогой читатель, за мной, я покажу вам то, что ждет вас на следующей стадии развития капитализма в России.

Во вторник вам следует поехать в «Solid Gold». Если, по примеру гостиниц, присуждать звездочки ночным клубам, то этот стриптиз-клуб на углу 163-й улицы и Бискейн-роуд на севере Майами, возле Санни-Айлс-Бич, нужно считать пятизвездочным. И это не мое личное мнение. Взгляните на парковку перед этим клубом, здесь каждую ночь вы можете увидеть с десяток «бентли», «роллс-ройсов» и «феррари», а «кадиллаков» и «мерседесов» тут просто как овец у водопоя в жаркий день или «Жигулей» возле Истринского водохранилища.

На самом деле «Солид-голд» — это не один клуб, а два, и совершенно раздельных — мужской и женский. В мужской пускают и мужчин, и женщин с мужчинами, вход всего 10 баксов с персоны, цена одного дринка — 12. Здесь в интимном полумраке зала танцуют стриптизерши феноменальной красоты, и вы можете заказать table dance, то есть персональный, специально для вас танец у вашего столика, а можете пригласить приглянувшуюся ваг красавицу за столик в зону VIP, или на второй этаж, во free action-room, комнату свободных действий, или, наконец, еще выше — в интимнейшую, с дорогой мягкой мебелью champagne-room — шампанскую комнату, где вы будете вдвоем, не считая шампанского,. хоть всю ночь напролет...

А в женский клуб мужчин категорически не пускают, здесь туристки и бизнес-вумэн, прилетевшие в Майами на свои симпозиумы и конференции, оттягиваются от бизнес-мыслей и семейных забот в обществе мускулистых карибских и бразильских Бандерасов и нежных ди Каприо, которых тоже можно пригласить на table dance, а можно заказать в champagne-room...

Среда. В среду вы обязаны посетить как минимум два клуба, начните с «Mint». На мой взгляд, этот «Минт» ничего особенного собой не представляет. Большой прямоугольный зал, выкрашенный в салатный, под мяту, цвет, несколько черных кожаных кресел вдоль стен и длинная стойка бара — вот и все «художественное» оформление. Но ритуал есть ритуал, и почему-то именно с «Минт» по средам начинается то, что здесь называют meat market — мясной рынок. Уверяю вас, это не говядина! Это в тесноте танцующей толпы шевелятся и подтанцовывают отборные, нежные, свеженькие и брызжущие сексапилом chicks, то есть курочки, на таких ножках и с такими попками, сисечками и глазками, что ни холодные зеленые стены, ни дринки со льдом, ни чудовищная, бьющая по голове музыка, ни даже мощные, до измарози, кондиционеры уже не могут остудить вашего воспламенившегося взгляда.

Но не спешите. Во-первых, ночь только начинается, во-вторых, в «Минт» любят ходить и голубые, и лесбиянки, им почему-то приятно потереться «как люди» среди обычной публики, а в-третьих... Знаете, я как-то был по делам в Японии, и местные гурманы отвезли меня в ресторан, где один небольшой стейк стоил 150 долларов. Я поинтересовался, почему так дорого. Японцы объяснили, что это телятина с фермы, где коров содержат под музыку Чайковского и поят пивом, отчего их мясо становится особенно сочным и нежным. Поэтому проведите в «Минте» с полчаса, и если вы ничего, то есть, простите, никого себе не приглядели, пошли дальше, я отведу вас на следующую ферму. А если приглядели, то тем паче — скажите ей, что мы с вами идем в «B.E.D.», и она пойдет за вами как миленькая...

А по дороге... Знаете что? Теперь, когда мы уже знаем друг друга не первый день, а третий, я вам скажу, как своим землякам: Майами — это не только женщины. То есть нет, поймите меня правильно, я совсем не о том, упаси Боже! Я о другом. Как вы относитесь к «колесам»? Опять не ясно? Говорю еще проще: майамские женщины — это особое блюдо, которое принято вкушать с особыми пряностями и специями — кокаин, марихуана, A-ball, экстази и крэк. Теперь понятно? Для непосвященных объясняю на ходу, по-быстрому: A-ball — это пакетики чистого кокаина по 3,7 грамма, но вам столько не нужно, вам для остроты ощущений нужен сегодня грамм, не больше. Грамм кокаина стоит в Майами 40 долларов, а если берете три и выше грамма — получаете скидку. Но кокаин у уличных торговцев редко бывает чистым, чаще всего они смешивают его с витамином Е или С или еще с чем-нибудь близким по цвету. Этот кокаин вдыхают — впрочем, это вы видели в кино сотни раз. Про марихуану вы тоже, конечно, слышали, перехожу к экстази.

Экстази — это маленькая розовая таблетка с выжатой на ней буквой «Х» и стоимостью 20 баксов за штуку. Снимает стеснительность и скованность, поднимает восприимчивость к музыке и пластичность, столь нужную для танцев. Время действия — шесть часов.

А крэк — это кокаин в виде крошечного, меньше спичечной головки, камушка. Он плавится под огнем, и запах этой плавки вдыхают. Хотя крэк вам сейчас ни к чему, это наркотик домашний, он снимает бытовую озабоченность, гарантирует переход в эйфорию и нирвану. Кроме крэка и экстази, последнее время все большую популярность приобретают painkillers — сильнодействующие таблетки от боли, которые в отличие от экстази не возбуждают, а расслабляют. Тысячи туристов да и местных бизнесменов снимают этими таблетками свои стрессы — подчас весьма криминальные — и готовы платить врачам за рецепты на эти лекарства или покупать их из-под полы у фармацевтов...

Все, мы с вами подошли к «B.E.D.». Итак, если есть желание оттянуться по настоящему, по-флоридски, то экстази и A-ball вот, за любым углом и даже в самих ночных клубах. Только будьте внимательны, это лишь кажется, будто тут нет полиции, а на самом деле здесь полно переодетых «копов» ментов и агентов **ФБР**, они пасут наркоторговцев, так что кому надо — быстро и по-тихому, а потом — за мной, в «B.E.D.»...

Что такое «B.E.D.»? На самом деле это «bed», то есть кровать, а точки между буквами хозяева клуба поставили просто так, для прикола. Хотя и кроватей здесь тоже никаких нет: притемненный зал уставлен очень низкими столиками и очень широкими белыми оттоманками. На столиках стоит шампанское, которое вы заказываете вместе со столиком и оттоманкой по 250—300 долларов за бутылку, а на оттоманках вы валяетесь, обнимаетесь и целуетесь со своей избранницей. Правда, не под Чайковского, это вам не Большой театр и не японский коровник, а под оглушительно-бурную барабанно-плясовую африкано-бразильскую музыку. Рядом, буквально рядом, без зазора, под эту же музыку раскачиваются, прижимаются друг к другу и шевелятся — не то в танце, не то в сексе стоя — все остальные, эдак четыреста или пятьсот девушек молочно-восковой спелости, затянутых в полупрозрачные топики и мини-мини, которые практически ничего не закрывают, но зато все подчеркивают.

Слева от входа — стойка бара, там дринк стоит 10—12 долларов, а если вы заняли оттоманку со столиком, то должны заказать как минимум три бутылки шампанского. Но эти цены никого не смущают, ведь вы для того и прилетели сюда, чтобы оттянуться и потратить деньги, заработанные на биржевых спекуляциях, наркотрафике, нефтетрафике и других аферах. Не так ли?

Шальные деньги и уходят на шалости курортного понта — курочек с meat market по цене 5—8 тысяч за три дня нежной дружбы или 10—15 тысяч за неделю вечной любви; на вытянутые стреч-лимузины, которые здесь арендуют на всю ночь, чтобы ездить из клуба в клуб (в этих лимузинах есть все — от музыки, наркоты и выпивки в холодильнике до кнопки разделительной стенки, которой можно отгородиться от водителя и предаться неотложной любви, не выходя из машины); а также на выпивку и еду — действительно замечательную в «Опиум-гарден» и «Кроу-бар».

Впрочем, стоп! В «Опиум-гарден», что на углу Коллинс-авеню и Сэконд-стрит, и в «Кроу-бар», что на углу Вашингтон и Эспаньол, мы идем в четверг, по четвергам здесь главная майамская тусовка. Хотя я не уверен, что вас туда пустят. Дело в том, что по четвергам пускают сюда далеко не всех, по четвергам тут особый фейс-контроль: перед входом в «Опиум-гарден», огороженным канатом, стоит огромная толпа, но три рослых и стильно одетых «гарда»-охранника, которые знают в лицо всю местную богему, пускают в клуб только ее, а из незнакомых выбирают лишь юных красоток в сопровождении богатых спутников. А всякие занюханные и одинокие старперы вроде меня могут попасть в эти клубы только по-русски — сунув кому-то из «гардов» двадцатку в карман, а затем заплатив в кассу еще полтинник...

Но уверяю вас, эти расходы — не зря. По четвергам здесь можно встретить любую знаменитость — от Мадонны и Курниковой до Сафина, Сталлоне и ди Каприо. Кстати, Мадонна внешне ничего особенного собой не представляет, а так — пигалица, и легенда говорит, что охранник этого клуба как-то сказал ей: «Ты, крошка, потусуйся здесь еще малость — говорят, что сегодня Мадонна приедет...»

А вообще «Опиум-гарден» — это потрясное место, два этажа затененных ресторанов и танцевальных залов, оформленных в греческом стиле, с роскошными шторами, портьерами, скульптурами, порталами и прочими атрибутами древнегреческого эпикурейства и разложения. В каждом зале своя тусовка и своя музыка — электронная, хип-хуп и самая модная — африканская. Прав был мой профессор: загляните в самые модные молодежные клубы — Америка африканизируется, мексиканизируется, мусульманизируется и рэпируется, даже в ночных клубах люди уже дергаются под африканские тамтамы...

Впрочем, не любо — не слушай, а тусоваться не мешай, ступай в «Кроу-бар», там следующая возрастная ступень — от 30 и выше, адвокаты, врачи и «экзекьютивс», то есть управленцы и менеджеры крупных компаний — танцует «техно-мьюзик»...

Что у нас осталось? Пятница, суббота и воскресенье. Сами понимаете, это святые дни, это сезон закрытия деловых конференций и научных симпозиумов и, следовательно, лирических, драматических и даже трагических прощаний sugar-daddies, сладких папаш, со своими юными майамскими подругами. Сколько нежности, слез, мокрых платочков, шампанского, прощальных ужинов на круизных яхтах и подарков из ювелирных лавок и бутиков от парижских кутюрье! Сколько страстей, экстаза, прощальных клятв, эротических стриптизов и бурных оргазмов! В ночном Майами вдоль набережной иллюминированы все яхты; казино «Принцесса» совершает два рейса — днем и вечером; в городском концертном зале дают заезжую оперу или мюзикл; а на Саус-Бич забиты все ночные клубы и рестораны — от фешенебельных «Перл», «Спэйс» и «Опиум-гарден» до разночинных стриптизников «Мадонна», «Дэжа-вю», «Лас-Вегас-кабаре», «Майами-голд» и «Долхаус». При этом «Спэйс» работает нон-стоп, чтобы вы могли оттянуться перед отлетом в любое время суток, и отъезжающие, выписавшись из своих отелей, прибывают сюда с чемоданами, гуляют, пьют, танцуют и отдыхают в интимной прохладе «шампанских комнат» до последних минут...

А если вам хочется взбодриться «на дорожку» или оторваться «на посошок», то по дороге в аэропорт, буквально в нескольких милях от него, есть неплохой стриптиз-клуб «Голд спрайт», куда заезжают на такси и на лимузинах на час-полтора до вылета. Здесь, не извлекая чемоданов из багажников такси, люди заряжаются зрелищем прощального стриптиза — той удивительной смесью тропического загара, огромных денег, ночного порока и спроса на изысканную женскую ласку, которая и есть флоридский коктейль кубино-бразильско-европейской красоты, то есть девушек с вытянутым под метр девяносто станом, идеальными, как у кукол Барби, ногами, совершенными бедрами, греческим бюстом, чувственными африканскими губами и карибским музыкальным темпераментом. Их тела отмыты в самых дорогих шампунях, их ногти обработаны в самых дорогих салонах красоты, их волосы сияют блеском волос египетских цариц, их грудь подтянута и округлена у самых дорогих пластических хирургов, а их маленькие татуировки выглядывают из-под их дорогого белья в таких местах...

Но — стоп, господа! Объявляется посадка на самолет, вылетающий из аэропорта Майами, пассажиров просят пройти в самолет. До встречи, дорогие sugar-daddies, welcome to Miami, see you soon!

Я вынырнул из этого водоворота в конце февраля, когда в мотеле «Монако», куда я прикатил из «Солид-голд» с бразильской девушкой Лолой, администратор отказался взять мою российскую «визу» — на ней, как оказалось, уже не было ни копья! Правда, на комнату и на девушку я какую-то наличность еще наскреб по карманам (в связи с обвалом на международном финансовом рынке и дефицитом туристов в Майами цены тут сильно снизились и на то, и на другое), но настроение у меня сразу же опустилось, причем повсеместно, и я вернулся домой где-то в пять утра. Здесь я прослушал на автоответчике очередную порцию матерных звонков Банникова и Харунова, требовавших завершения операции, мысленно сверил их с газетными сообщениями о том, что усилиями силовых и финансовых структур стран НАТО во всем мире арестовано и заморожено больше ста миллионов долларов «Аль-Каиды» и других исламских экстремистских групп, и понял, что пора кончать эту игру — Харунов или, точнее, Хаттаб уже дошел до ручки. Бен Ладену, если он жив, и всем остальным арабским спонсорам Хаттаба уже не до Чечни, и потому, если хакерам Хаттаба не удалось взломать защиту европейских банков и скачать с их счетов деньги, то кожлаевские миллионы нужны этому Хаттабу как воздух. Война — это деньги, и не какие-то у.е., а настоящая полновесная валюта. А когда ее нет, солдаты перестают воевать, генералы перестают думать, а вождей вешают, как фашистов в Нюрнберге.

Телефон зазвонил коротким гудком, и тут же щелкнул, включаясь, автоответчик. Я посмотрел на часы. Было 5.54 утра, а в Москве соответственно 13.54, конец обеденного перерыва.

Прокрутив мое двуязычное приветствие с предложением «live your massage — оставьте ваше сообщение, я вам обязательно позвоню», автоответчик переключился на запись, и я тут же услышал родную русскую речь с узбекско-кавказским акцентом:

— Ты, ————! Я твою —— —! Какого — ты молчишь, ———? Думаешь, мы тебя, —, не достанем? Да я тебя лично буду в —— ——— в этой ——— Флориде! Ты понял, ———? Это мой последний звонок, —! Если ты сегодня же не позвонишь, ——, считай себя на том свете, ——— в —, я твои —— на пальмах развешу!

Щелкнул, выключаясь, автоответчик. За узким подвальным окном занимался рассвет. Да, по всем параметрам выходит, что пора закругляться, иначе моим —— действительно угрожает опасность.

Я выпил тоник, который нашел в баре, и уснул не раздеваясь. А проснулся где-то часов в двенадцать, промыл зеленым «Antiseptic» вкус конюшни во рту и в гортани и потопал наверх ставить точки над i.

Но там, во дворе, возле детских качелей, которые Глен перетащил сюда со двора своего бывшего дома, выставленного теперь на продажу, я увидел следующую картину.

Полина, стоя на коленях перед Ивом, держала его за плечи и просила:

— Стой! Ну, стой, Ваня! Ну, пожалуйста!

Однако стоило ей отпустить руки, как мальчик падал. Причем не на бок падал и не вперед или назад, а именно опадал, оседал на этих подкошенных в параличе и совершенно безжизненных, будто ватных, ногах.

Полина подхватывала его в последний момент, поднимала, держала за плечи и, заглядывая ему в глаза, требовала опять:

— Стой! Ну, попробуй стоять! Ну, вот же твои мышцы, вот! — И, одной рукой держа мальчика, она второй теребила его икры, вроде и вправду слегка утолстившиеся. — Ну, постой! Пожалуйста!

Потом отпускала руки и...

Глядя на нее своими непроницаемо-угольно-черными глазами, он опять оседал и валился на землю.

— Блин! — в отчаянии вздергивала она его. — Ваня! Ты попробуй! Ну хоть минуту постой!

Я подошел поближе, она повернулась на звук моих шагов и вдруг закричала в истерике:

— Уйдите! Уйдите!!!

— Что с тобой? Успокойся!

— Уйдите вон! — Она выпустила Ваню, он опять рухнул, неуклюже, как тряпичная кукла, и лицом прямо в песок, и Полина рухнула рядом с ним лицом в землю и завыла, просто завыла в голос, как русская баба где-нибудь в Твери: — У-у-у-у... У-у-у-у...

Да, чуда не произошло. Кровь, которую Полина старалась травяными припарками привлечь в сосуды и капилляры мышечной ткани ног мальчика, и массаж, с помощью которого она разминала и разрабатывала эти мышцы, не наполнили его ноги силой...

Но я удивился не этому, я поразился тому, как изменилась сама Полина. От прежней зеленоглазой нимфы, русалки и сказочной Аленушки остался только рост, ничего больше — она исхудала до костей, она выглядела теперь как обметенная метла.

Впрочем, я, кажется, выглядел еще хуже.

— Зачем вы меня привезли сюда? Зачем? — хрипло рыдала она, валяясь в траве. — Я не хочу жить!.. Не хочу-у-у!..

Обычно, когда женщина плачет, это сигнал к тому, чтобы ее пожалели, это у них, как у детей, зов и требование любви.

Я шагнул вперед и погладил ее по голове, но она тут же с ненавистью отпрянула и даже отползла по траве.

— Не-ет! Не трогайте меня! Я ненавижу вас! Ненавижу! Уйдите!

Я поднял Ваню, разбившего себе лицо, и отнес в дом. И там, умывая его под краном, я вдруг ощутил какое-то странную мимолетную судорогу, прошедшую в икрах его ног. Словно он напряг эти мышцы и тут же отпустил. Или мне это показалось?

Я отстранил его от себя, посадил на край раковины и посмотрел ему в глаза.

— Listen, boy!* — сказал я ему по-английски. — Ты ее ненавидишь, да?

Он посмотрел на меня своими горящими ненавистью антрацитными глазами и тут же отвел их в сторону.

Но я уже все понял и требовательно встряхнул его:

— No! Посмотри на меня! Ты уже можешь стоять, я знаю! Просто ты ее ненавидишь. И меня тоже. Да? Говори! Я знаю, что ты можешь говорить! Ты ненавидишь нас за то, что мы отняли тебя у мамы Сементы, правда? За то, что мама Семента бросила тебя, да?

И я повернулся к Полине, вошедшей в дом.

— Дура! — сказал я ей по-русски. — Он не верит, что ты его родная мать! И никогда не поверит! Семента носила его на руках, как куклу, а ты отняла у него Сементу и еще требуешь, чтобы он стоял и ходил! Понимаешь? Он назло тебе будет падать! Назло, понимаешь?!

---

* Слушай, мальчик! *(англ.)*

Она застыла с открытым ртом.

— И в кровать он, наверное, писает уже, — сказал я. — Да? Она кивнула, в ужасе от такой простой догадки.

Я отнес Ваню в манеж, посадил к игрушкам, и мне показалось, что в его узких, как у Кожлаева, детских губах прячется улыбка злобного торжества. Словно он понимал и подтверждал то, о чем я говорил по-русски.

Да, оказывается, вы можете свернуть горы, получить документ, который на основе неопровержимых анализов ДНК будет свидетельствовать о том, что это ребенок ваш, родной, кровь от крови и плоть от плоти, вы можете даже отнять его у приемной матери, победить его парез и вдохнуть жизнь в его парализованные ноги, но это еще не значит, что вы вернули себе своего СЫНА.

— Что же мне делать? — тоскливо говорила Полина.

Я не знал, что ей ответить. Ив не хочет быть Ваней, он не хочет «маму Полину» и не хочет для нее ни стоять, ни ходить. Он боится стоять. Он знает, что, пока он не стоит и не ходит, его будут носить на руках, жалеть и нянчить всю жизнь, как это делала mammy Cementa. И он сделает все, что в его детской власти, чтобы вы вернули ему его прежнюю жизнь и прежнюю маму. Он будет падать, разбивать себе лицо, писать и какать в штаны и в кровать, плеваться манной кашей и не говорить с вами ни по-английски, ни тем паче по-русски — потому что он хочет, чтобы вы вернули ему его прежнюю маму — Сементу. Что вы можете сделать? Показать ему анализы ДНК, полученные из Гамбурга? Объяснять ему? Лупить его? Что?

Я молча ел овощной суп, который налила мне Полина.

— Я получила все документы, — сказала она. — Теперь я его законная мать. Но что толку?

Я молчал. Она знает, что она должна делать, это было оговорено еще в декабре.

— Мы уезжаем в Небраску... — сказала она.

— Что? — Я изумленно поднял голову от тарелки.

— Мы не можем здесь жить, тут все ужасно дорого. Глен нашел работу в Небраске.

— Ты собираешься с ним жить?

— Да. Собираюсь.

— Ты что — его любишь?

— Ну... — Она отвела глаза. — Какая разница? Он хороший человек...

— Я тоже хороший человек.

Она досадливо поморщилась:

— При чем тут?.. — и села к столу. — Смотрите. Если я поеду в Россию, что меня ждет? Рыжий меня убьет, Ваню отдаст какой-нибудь бабке, а его наследство переведет на себя. Я же слышала ваш разговор про Масика, который попал под машину...

— А я? — сказал я. — Ты меня не учитываешь.

— И вас он тоже убьет. Зачем ему свидетели?

Нужно признать, она была недалека от истины. Хотя у меня на этот счет были кое-какие другие соображения, но я еще не мог их доверить ей. И поэтому я сказал:

— Знаешь, у нас в академии был учитель, полковник Маневич, он говорил, что все нужно делать по этапам. Наш следующий этап: развод с Гленом, чтобы ты могла легально вывезти отсюда ребенка.

— А если я откажусь?

— Вывезти ребенка или развестись с Гленом?

Она молчала.

— Знаешь, — сказал я, — тебе совсем не обязательно ехать с ребенком в Россию...

— А куда же?

— Мы можем поехать в Европу. В Италию, например. Или в Брюссель...

Я знал, что это слабый довод, но других у меня пока не было. Полина усмехнулась:

— На какие шиши?

— У нас будут деньги...

— Нет. — Она встала. — Я никуда не поеду, ни в какую Италию. Хватит. У меня есть сын и есть муж. Пусть он американец...

— Но он хороший человек, — усмехнулся я и тоже встал. — Спасибо. Суп был замечательный. Когда вы собираетесь ехать?

— Не знаю... Глен сказал: через неделю.

— Неужели ты думаешь, что я тебя отпущу?

Она усмехнулась:

— А что вы будете? Драться? Так вы не в России, вы тут приезжий. — И она ушла в гостиную, достала из кладовки складной массажный стол.

У Вани, по ее расписанию, наступал час массажа.

Это был такой новый и не предвиденный никем поворот, что я был вынужден доложить о нем начальству. Факс Банникову (я не хотел объясняться по телефону ни с ним, ни с Харуновым) выглядел просто:

Полина отказывается разводиться с Гленом. Они собираются переезжать в Небраску, где Глен нашел новую работу. Прошу дать мне еще неделю на дополнительные усилия. О результатах сообщу. Павел.

Докладную в другую инстанцию пришлось кодировать, она выглядела так:

Petya@mail.ru. Форс-мажорные обстоятельства требуют играть флоридский вариант. Немедленно высылайте гарантийное письмо. Оно должно быть у меня через 24 часа. Пол.

* * *

Что чувствуют космонавты перед взлетом? И что будут чувствовать астронавты, покидая чужую планету — пусть даже самую прекрасную?

Я стоял у окна, смотрел на эти гребаные пальмы и цветущие кактусы, на зеленую траву и чистые мостовые Сэндвилла и думал: нет, в раю жить нельзя! Даже sugar-daddies не выдерживают здесь дольше недели — при всех их деньгах, яхтах и замечательных флоридских девочках особого карибско-бразильско-европейского розлива. Пусть здесь тепло и солнечно, пусть вместо наших нахальных серых воробьев и каркающих черных ворон здесь летают пеликаны, зеленые попугайчики и красногрудые кардиналы, пусть тут круглый год можно плавать в изумрудно-зеленом океане и загорать на золотых пляжах, но — «где-то далеко идут косые дожди»...

Скажете, что это пошло, банально и move-tone, но я стоял у окна и чувствовал себя Тихоновым из «Семнадцати мгновений весны». И даже когда я ездил в «Home depot» за еще одной торпедой-контейнером сжатой пены «FFE»... или получал по электронной почте очередные инструкции от «Пети»... или подключал эту торпеду «FFE» к системе sprinklers-распылителей... или расписывался в приеме пакета экспресс-почты «DHL» (блин, до чего же американцы любят аббревиатуры!)... или прятал содержимое этого пакета за решетку кондиционера в своем бэйсменте... или стирал из памяти ноутбука все свои дневниковые записи и потуги на роман — в самом деле, ну кому нужна эта писанина?.. или прислушивался по ночам к каждому шороху за окнами... или смотрел, как Полина и Глен пакуют свои чемоданы и картонные коробки с игрушками Ива, — этот мотив из фильма Юлиана Семенова и Татьяны Лиозновой, эта простенькая, как унылый подмосковный дождь, мелодия Микаэла Таривердиева все не отлипала от меня, а всплывала во мне, словно поплавок на рыбалке с Федей Синюхиным.

Да, там, дома нам снятся жаркие страны, теплые пляжи и языки океанских прибоев, по которым можно бегать босиком даже в марте, когда в Москве минус 20° и окна черствеют от инея. Но здесь...

Ладно, признаюсь еще в одной слабости.

Когда 3 марта, вечером, Глен притащил на своей «тойоте-терсел» небольшой прицеп «U-hold» для их чемоданов и ящиков, уже сложенных у парадной двери для утренней погрузки и вояжа в Небраску, я сказал:

— Глен, мне нужно с тобой поговорить.

— Конечно, — тут же ответил он с испугом. — Я готов.

— Мы должны говорить при Полине, позови ее.

Он послушно поднялся на второй этаж и спустился с Полиной.

— Сядьте. — Я показал им на пустой стол в гостиной.

Они сели за стол. За окном ветер кренил и трепал верхушки пальм, к Флориде приближался очередной ураган. Полина смотрела на меня как на врага, но я проигнорировал это, я сказал:

— Глен, ты помнишь Виктора? Ее жениха, с которым она сюда приехала?

— Да, конечно, — ответил он.

— Ты знаешь, что он бандит?

Глен пожал плечами:

— Да, Полина мне сказала. Но это уже не имеет значения...

— Имеет. Он может прилететь в любой момент и убить тебя.

— Я так не думаю...

— А ты подумай.

— Я думал. Если он не прилетел за ней в январе и феврале, то сейчас тем более...

— А если он прилетит?

— Я буду с ним драться.

— Ты? — удивился я.

Глен сунул руку под пиджак и извлек из-под мышки пистолет.

— Ого! — сказал я. Это было как раз то, чего я опасался даже больше, чем рыжего Банникова. — Можно посмотреть?

Глен, поколебавшись, отдал мне пушку — совсем неплохой немецкий «НК», «Hekler & Koch USP Compact» американского калибра .45ACP с несколько потемневшим серебряным верхом. Я вынул обойму, понюхал дуло. Глен и Полина напряженно следили за моими руками. Судя по запаху, из пистолета стреляли не так давно. Глен, конечно, купил его вовсе не ради Банникова, а для защиты от меня.

— Подержанный, — сказал я. — Где ты его взял?

— В Холландэйл. Там есть магазин и тир.

Я кивнул, я знал это место, там есть любое оружие от «маузеров» и «узи» до «калашникова».

— Почем? — спросил я.

— Двести баксов, — ответил Глен.

— Что вы хотите от нас? — по-русски сказала Полина, не выдержав этой игры.

Я повернулся к ней и тоже перешел на русский:

— А что ты родная мать Вани, ты ему тоже сказала?

— Да! Сказала! А что?

Практически у меня не оставалось никаких козырей, но я еще потянул паузу, потом произнес:

— Н-да... Ну что ж... — и развел руками. — Вы свободны...

Глен потянулся за пистолетом, но я сунул обойму в карман.

— Нет, пушку ты получишь утром.

Глен посмотрел на меня, словно примериваясь, броситься на меня или нет, и я усмехнулся:

— Остынь. Я профессионал.

Он расслабился. А я повторил:

— Ты получишь свой пистолет. Утром. Спокойной ночи...

— Спокойной ночи, — ответил он.

— Сволочь! — по-русски сказала мне Полина. — Я тебя ненавижу...

— Good night, — ответил я ей по-английски и, не вставая со стула, смотрел, как они плечом к плечу стали подниматься по лестнице в свою спальню.

Вздохнув, я посмотрел в темное окно, иссекаемое дождем, и поплелся вниз, в свой бэйсмент. Телефон молчал третьи сутки, и автоответчик светился крохотным непрерывным огоньком. Я вылущил из обоймы пули и ссыпал их одну за другой в унитаз. Я не боялся, что он засорится, я знал, что пользоваться этим агрегатом мне уже не придется. После этого я положил пистолет в свой тайник за решетку кондиционера, выжал из бутылки «Hennessy» остатки коньяка себе на язык и на грудь, бросил бутылку рядом со своим диваном, погасил свет и лег спать не раздевшись.

Конечно, уснуть я не мог, как ни пытался. Если они не явятся до утра, то либо я полный остолоп, либо...

Наверное, я все-таки уснул под шум дождя и ветра, потому что не услышал шагов за окном, а проснулся только от звука их шагов на первом этаже. Если вы не умеете летать, то скрыть свое перемещение по американскому дому невозможно, хотя тут всюду лежат синтетические ковры. Впрочем, это я уже говорил...

Я взглянул на фосфоресцирующие в темноте стрелки часов на столе. Было 4.20 утра, и ураган за окном стихал.

Судя по их осторожным шагам, их было трое. Двое тихо, как ангелы, взошли на второй этаж, а третий двигался ко мне замедленной походкой рыси. Интересно, кого они будут брать раньше — меня или молодоженов? На их месте я бы начал с меня — хотя бы из уважения к моему армейскому званию.

Так и есть — наверху ни звука, а дверь в мой бэйсмент тихонько скрипнула.

Кажется, я буду иметь дело с профессионалом — после скрипа целую минуту ни звука, ни шороха.

Потом — узкий луч фонарика по стене... по полу... по пустой бутылке «Hennessy» на полу возле меня...

Я закрыл глаза и заставил себя сконцентрироваться на дыхании, оно не должно прерываться и обязано выглядеть тяжелым, как у пьяного.

Конечно, светить мне в лицо он не стал, а все так же кошачьи-рысьи приблизился к дивану, постоял надо мной, принюхиваясь, и наконец сунул мне в ухо дуло пистолета. Но ему пришлось больно вдавить пистолет в мою ушную раковину, прежде чем я «спьяну» разлепил глаза.

— Тихо! — сказал он шепотом. — Без фокусов. Вставай.

Я повел глазами из стороны в сторону, словно примеряясь, куда мне броситься, но он еще сильнее вдавил пистолет в ухо и предупредил:

— Даже не вздумай!

Я расслабился, покорно сел на диване.

— Вставай. Медленно... — сказал он, отступив на шаг и держа пистолет в руке.

Теперь я по абрису его фигуры понял, что это не один из показушных Шварценеггеров Банникова, а кто-то из Сталлоне Харунова.

— На стул!

Я сел на стул к своему компьютеру.

— Ноги вместе! Руки за спину!

Я повиновался.

Он надел мне на руки петлю из капронового троса и затянул его с такой силой, что руки должны онеметь через минуту.

— Ноги!

Я послушно поднял ноги, он затянул их таким же капроновым тросом.

Потом липкой лентой заклеил мне рот от уха до уха. И сказал куда-то в микрофон, спрятанный у воротника:

— Первый готов. Давайте остальных. — Только после этого он облегченно выдохнул, включил свет, отбросил ногой пустую бутылку «Hennessy» и презрительно добавил уже для меня: — А еще полковник, блин! Вот почему мы в Чечне столько мудохаемся!

Отвечать было нечем — рот был залеплен. К тому же наверху уже раздался шум, испуганный вскрик Полины и мужские голоса:

— Лежать! Не двигаться! Don't move!.. Так, одевайтесь!..

Через минуту еще два Сталлоне притащили в бэйсмент полуодетых Глена и Полину с залепленными ртами. Их руки были связаны такими же, как у меня, капроновыми тросами. Сталлоне, который брал меня, снова доложил в микрофон:

— Первый! Первый! Я второй! Все в порядке: взрослые в подвале, а пацан дохнул хлороформ и спит. Можете заходить. Прием.

Но на «прием» никто не вышел, а вместо этого по потолку прошумели быстрые шаги, и в бэйсмент спустились Харунов и Банников. Банников с ходу врезал Глену кулаком по лицу так, что Глен, связанный, опрокинулся на спину, и Банников стал бить его, лежачего, ногами, крича по-русски и по-английски:

— Сука! Сволочь! Бабу мою захотел? I'll kill you! Убью гада!..

Это был хороший спектакль — Харунов и трое Сталлоне дали Рыжему минуту на избиение Глена, а затем оттащили в сторону, но Банников все рвался у них из рук, крича, что все равно убьет этого гребаного американца.

Потом настала моя очередь, но уже без всякого спектакля, всерьез. Харунов подошел ко мне и сказал негромко:

— Где документы с анализами?

Я молчал.

Он ударил кулаком, это был мощный удар, от которого я тоже грохнулся на пол вместе со стулом, но и падая, я уже понял, что все идет правильно, убивать меня они пока не будут.

Двое Сталлоне подхватили меня с пола вместе со стулом, вернули в вертикальное положение.

Харунов повторил:

— Где анализы?

Я молчал, видя перед собой испуганные и недоумевающие глаза Полины.

Новый удар кулаком разбил мне нос, кровь брызнула на ковер, но упасть мне уже не дали — все те же двое Сталлоне теперь держали меня, прижимая к стулу.

— Ну? — сказал Харунов. — Убить тебя, ——? Я же убью, ты меня знаешь.

Я молчал, глядя Полине в глаза. Она ничего не понимала, я для нее был одним из них, и вдруг... Когда Харунов хрястнул меня в третий раз, она дернулась, но ее держал тот Сталлоне, который брал меня. Он чуть подтянул ее сзади за связанные руки, и она тут же задохнулась от боли в плечах и лопатках.

Четвертый удар Харунова был уже такой силы, что у меня что-то хрустнуло в затылке и сознание отключилось. А когда включилось, я услышал:

— Дурак, лучше говори! Я рукой кирпичи разбиваю. Где анализы?

Я опять посмотрел на Полину. Теперь она уже не дергалась, теперь по ее щекам текли слезы. Слезы из ее зеленых глаз, которые я так люблю.

Харунов достал финский нож, нажал кнопку, и лезвие выскочило в миллиметре от моего левого глаза.

— Ну? — сказал Харунов.

Я знал, что он не шутит, и показал глазами под потолок на решетку кондиционера.

— То-то! — удовлетворенно сказал Харунов, подошел к решетке и ножом сковырнул ее. Однако его роста не хватало, и он глазами показал Банникову на отверстие воздушного желоба.

Рыжий, проявляя рвение, охотно бросился выполнять приказ. Я следил за ним, наступал первый «момент истины». Рыжий сунул руку в желоб и торжествующе достал сначала пистолет Глена, осмотрел его и, презрительно хмыкнув: «Блин, разряжен!», швырнул в сторону. Затем настала очередь моей заветной папки. Рыжий открыл ее, в ней были гамбургские анализы с немецкими печатями и еще один тоненький и запечатанный полиэтиленовый конверт-папка, прибывший накануне из Москвы экспресс-почтой «DHL». Банников вскрыл его и достал содержимое — продолговатый американский белый конверт с тиснением «Bank of New York» и в нем сложенный втрое лист с английским текстом, написанным от руки.

Я невольно еще раз глянул на часы.

Было 4.42 утра, отсчет времени работы «гарантийного письма» начался.

А Банников, держа в руках этот листок, изумленно уставился на него:

— Что это?

— Что там? — спросил Харунов, подходя к нему.

И вдруг до Рыжего дошло.

— Ах ты, сука!.. — замахнулся он на меня, но Харунов остановил его:

— Подожди! — и забрал у него этот листок. — Что это?

— Номера счетов! Кожлаевских! — воскликнул Банников.

Действительно, на листке округлым женским почерком было написано по-английски:

В «Бэнк оф Нью-Йорк» — $ 117.872.423,36.

Остальные деньги ушли из BONY:

$ 3.342.412 — в Арабский объединенный банк, Карачи, Пакистан (на трастовый счет № 5490000976К764);

$ 2.562.566 — в палестинский банк «Возрождение», Рамалла, Палестина (на трастовый счет № 84077331409);

$ 1.731.890 — в Чечено-Кавказский Свободный банк, Баку, Азербайджан (на трастовый счет № 097AZ694473);

$ 72.500.000 — в «Прометей-Банк», Кипр (на счет фирмы «Капитал-Инвест» № 88709746789),

$ 72.500.000 — в «Банк Дэл Сол», Багамские острова (на счет фирмы «Прайорити-Инвест» № 98754831003),

и $ 42.800.000 — в «Кредо-Банк», Андорра (на личный счет Кожлаева № 67985400021).

То есть там были все те данные, которые я получил от Кимберли за две недели до ее гибели — с той только разницей, что в номере каждого счета была изменена одна цифра. Но суть этой бумажки была, конечно, не в этом...

— Вы поняли, Масуф Иманович? — сказал Харунову Рыжий. — Этот гэбэшный подонок собирался нас надуть! Блин! — И, демонстрируя рвение, врезал мне кулаком по уху.

Но Харунов и без него оценил бесценность найденной бумажки. Он сложил ее втрое, вложил в конверт «Бэнк оф Нью-Йорк», спрятал этот конверт в карман своего пиджака и сказал:

— Всё! Уходим!

— Подождите, — остановил его Рыжий и кивнул на Глена, валявшегося на полу. — Нужно с этим закончить.

— Ах да! — вспомнил Харунов. — Ну, давай! Быстрей!

Банников рывком поднял связанного Глена с пола, посадил на диван. Потом достал из кармана пиджака какие-то бумаги с отпечатанным по-английски текстом, рывком сорвал у меня с лица липкую ленту и приказал мне:

— Только тихо, без фокусов! Переведи этому мудаку: сейчас он подпишет все документы о согласии на развод с Полиной и отказе от приемного сына. А если не подпишет, я ему лично сделаю обрезание. Переводи!

— Вытри мне кровь с лица, — сказал я.

— Переводи так, не подавишься! Ну?!

Я молчал.

Рыжий опять замахнулся, но Харунов сказал миролюбиво:

— Отставить! — И приказал одному из Сталлоне: — Вытри его.

Тот утер мне лицо, и я перевел Глену требование Рыжего. Глен согласно затряс головой.

Рыжий взял у Харунова нож, перерезал капроновый трос на руках у Глена и сунул ему бумаги и авторучку. Глен, не поднимая глаз, стал поспешно расписываться везде, где у слова «signature» — «подпись» были проставлены галочки. Судя по количеству этих галочек и листов, которые подписывал Глен, Рыжий сегодня или вчера побывал у настоящего американского адвоката, вот почему они так задержались. Конечно, для стопроцентной юридической силы этих документов подписи Глена должны быть заверены нотариусом, но это уже мелочи, подделать печать американского нотариуса — плевое дело.

Я посмотрел на Полину.

Не знаю, что она чувствовала, глядя, как Глен подписывает согласие на развод, но вряд ли она теперь поехала бы с ним в Небраску.

Впрочем, у нее никто и не спрашивал.

Получив все, что они хотели, Харунов и Банников заспешили, поглядывая на часы.

— Все! Все! Поехали! Забирайте пацана!

Один из Сталлоне убежал на второй этаж за Ивом, второй, снова залепив мне рот липкой лентой, волоком потащил меня наверх, а третий вел за мной Глена и Полину.

Считая затылком и спиной ступеньки лестницы, я смотрел на Полину, но она прятала от меня глаза.

В гостиной они бросили меня на полу посреди комнаты.

Сверху, со второго этажа, один из Сталлоне принес спящего мальчика.

А Рыжий сбегал на улицу к их машине и тут же вернулся, держа в руках какой-то брикет и еще какие-то цацки.

— Так, — сказал он мне и снова больно сорвал липкую ленту у меня с лица. — Переводи опять. Готов?

Сидя на полу, я кивнул.

Он сказал, глядя Глену в глаза:

— Значит, так, сука! — И мне: — Ты переводи синхронно! — И опять Глену: — Вот это видишь? — Рыжий показал ему брикет и микрофон-присоску. — Это взрывчатка со взрывателем, управляемым по радио. А это микрофон, он работает на триста миль. Ты понял? Сейчас я прилеплю их к твоей машине, ты сядешь за руль и поедешь к —— матери в свою ——— Небраску! Без оглядки, ты понял? И если ты хоть раз остановишься или кому-нибудь скажешь по дороге хоть слово, я нажму кнопку, и ты взлетишь в воздух, как ———. Усек?

Я переводил, шмыгая кровоточащим носом, а Глен послушно и поспешно кивал, боясь поверить, что выберется отсюда живым.

— Где твои вещи? — спросил Харунов у Полины.

Она кивнула на сумочку и чемодан в ряду чемоданов и ящиков, заготовленных с вечера к отъезду.

— А документы? Паспорт?

Полина показала глазами на свою сумочку.

Он открыл ее, достал три паспорта. Российский паспорт Полины и американский Ива положил себе в карман, а третий швырнул Глену. И спросил у Полины:

— А вещи пацана, игрушки?

Она показала на еще два чемодана.

— Так, — сказал Рыжий троим Сталлоне, — Полину, пацана, эти чемоданы и детскую коляску в нашу машину, живо! Остальное в его прицеп! Пошли! — Рыжий толкнул Глена в сторону выхода, но тут же вернулся ко мне: — Ой, совсем забыл! — и опять залепил мне рот липкой лентой.

Полина, выходя, обернулась на меня, но кто-то из Сталлоне подтолкнул ее к выходу, на что Рыжий тут же сказал:

— Ну-ну! Потише! Это моя невеста!

Убедившись, что узлы капронового шнура на моих руках и ногах не ослабли, он подхватил последний из чемоданов и вышел вслед за всеми.

Я сидел на полу, слушал, как они во дворе швыряют чемоданы в прицеп «U-hold», как со скрипом закрываются металлические створки этого прицепа и как они — и Глен, и банда Харунова — заводят свои машины.

Кровь из разбитого носа постепенно останавливалась.

Ураган, видимо, пронесло стороной, оросив нас только дождем, — пальмы за окном стояли в своем обычном, без урона, зеленом оперении, и солнце, поднимаясь где-то рядом, в Атлантике, искрило лучами в их мокрых тяжелых ветках.

Неужели они оставят меня живым?

— Ты понял, Глен? — послышался со двора голос Рыжего. — Мне нас...ть на красные светофоры, на все! Если я слышу, что ты остановил машину, я тебя взрываю на —! Ю андэрстэнд?

— Я поньял, я поньял! — поспешно сказал голос Глена.

— Все! Вали отсюда!

Взревел мотор «тойоты-терсел», взвизгнули, рванув с места, колеса, и машина вместе с прицепом с грохотом покатила по рассветному Сэндвиллу.

Я ждал. Неужели сейчас отчалит и вторая машина?

Но нет, конечно. Банников, таща что-то, взошел на крыльцо и вошел в дом. В руках у него были две тяжелые пластиковые канистры. Он свернул с них крышки и стал деловито поливать из этих канистр синтетические ковры вокруг меня. В воздухе запахло бензином, и я уже знал, что меня ждет. Но я ошибся: оказалось, был и сюрприз. Вылив обе канистры, Рыжий достал из кармана обыкновенный взрыватель «МУВ» и на простой леске-растяжке закрепил его — один конец к узлу на моих руках за спиной, а второй к ручке на окне в пяти метрах от меня. Это было гениальное решение, и Банников прочел в моих глазах, как высоко я оценил его хитрость.

— Ага, понял? — сказал он. — Песец тебе, Битюг! Только дернешься и — песец! Правильно? Ну, пока! Конечно, когда-нибудь встретимся, но там! — Он показал пальцем вверх и вышел — легкий и уверенный в себе, как король Монако.

Я остался сидеть на полу, с ужасом глядя через плечо на взрыватель, висящий на растяжке.

На улице их машина чуть прибавила обороты тихого японского двигателя. На чем они приехали? На арендованном джипе? В микроавтобусе? Во всяком случае, через полминуты все стихло.

Я сидел на полу, на голубом ковре, пахнущем бензином.

Солнце уже встало выше крыш и грело теперь сквозь окна настоящим флоридским теплом, отчего запах бензина усиливался с каждой минутой.

Они все сделали классно и правильно, абсолютно! Они все сделали так, как и я бы сделал на их месте. Но с этим взрывателем они меня переплюнули на сто очков! Конечно! Как я этого не учел? Они не могли поджечь меня сразу — им нужно отъехать от этого дома как можно дальше, а еще лучше — успеть улететь с Полиной и мальчиком до того, как в доме начнется пожар. И они нашли простое и гениальное решение, ведь не стану же я дергать этот взрыватель и поджигать сам себя. Во всяком случае, не стану его дергать, пока есть силы сидеть без движения. А тут всего семнадцать минут до аэропорта, еще час на регистрацию и взлет, и они в воздухе — good by, USA! Fuck you, подполковник Чернобыльский!

Я сидел и тупо, до боли в шее смотрел на этот гребаный взрыватель. Я видел такие сотнями в Чечне. Он состоит из трубчатого корпуса, ударника, пружинки, чеки, шпильки и запала. В боевом положении пружина находится в сжатом состоянии, чека входит в отверстие ударника и удерживает его во взведенном положении. Для выдергивания чеки необходимо усилие всего в 0,5 кг. После выдергивания чеки ударник под действием освободившейся пружины ударяет по капсюлю — воспламенителю запала и происходит взрыв капсюля-детонатора. И что с того, что сейчас этот взрыватель не подключен ни к мине, ни к фугасу и, следовательно, сам по себе не представляет опасности. Никакой мины или фугаса тут и не требуется. Через несколько минут пары бензина превратят всю эту комнату в бомбу, которая взорвется от любой искры еще до того, как эта искра долетит до пола и подожжет ковер. И уж, конечно, до того, как эта пламегасительная пена «FFE» и газ hallon заполнят комнату.

Так какого же хрена я сижу?

Я посмотрел наверх, на крохотные пожарные sprinklers, ввинченные в потолок.

Или я посмотрел еще выше, сквозь потолок, к небу, где, как уверял меня профессор, находится Вечный Разум?

Не знаю.

Вы способны дернуть взрыватель, чтобы взорвать сами себя?

Основной инстинкт — это все-таки не инстинкт размножения, а инстинкт самосохранения и выживания, и дернуть чеку взрывателя или направить свой самолет на таран могут только такие герои, как Гастелло, или такие безумцы, как Атта.

Я представил, как через секунду мое любимое, родное и такое уютное тело разлетится от взрыва на кровавые куски и ошметки, и похолодел от ужаса и страха.

Господи, за что?

Господи, помоги мне!

Они не зря использовали капроновый шнур, связывая мне ноги, и липкую ленту, а не кляп. Пожар расплавит и то и другое, и никто никогда не скажет, что это было преднамеренное убийство. Русский подполковник в отставке баловался взрывателем и взорвал сам себя...

Чувствуя, что я растягиваю последний миг своей жизни, я тихонько потянул на себя капроновую леску растяжки. Она напряглась, и казалось, чека взрывателя уже сдвинулась на микрон. Еще один микрон, и...

Я еще раз посмотрел наверх, на пожарный распылитель...

Взрыв грянул сам по себе, или я все-таки дернул чеку взрывателя?

Я не успел подумать, тело думало быстрее меня, оно рванулось в сторону и — с закрытыми глазами — покатилось по полу в алом пламени и густой бело-синей пене «Full Flame Extinguish», хлынувшей изо всех антипожарных распылителей под давлением 16 атмосфер.

Но я был жив! Я был жив! Мама, я жив!

Что это за голос? Чей? «НЕМЕДЛЕННО ПОКИНЬТЕ ПОМЕЩЕНИЕ! СЕЙЧАС БУДЕТ ПУЩЕН HALLON! НЕМЕДЛЕННО ПОКИНЬТЕ...» О, конечно, с потолка магнитофонный голос — предупредительные американцы!

Откатившись в сторону двери, я вспомнил, что огонь — это ерунда, его действительно уже добивает эта замечательная пламегасительная пена «FFE», но через минуту я задохнусь тут не от едкого дыма синтетических ковров, тлеющих под пеной, и не от самой этой пены, которая лезет мне в нос, в уши и в глаза, а от какого-то газа hallon, который должен хлынуть сюда вслед за пеной и уничтожить в комнате весь кислород.

Вы когда-нибудь тонули?

Вы знаете, что когда мы уже сдаемся, понимая, что все, КОНЕЦ, уже не выплыть, и когда мозг говорит этой жизни последнее «прощай» и отключается, даже тогда наше тело еще продолжает бороться за жизнь, делает какие-то рывки и движения и — выплывает!

Я не знаю, как я выбил эту горящую дверь. Я даже не помню, как я докатился до нее — со связанными ногами и руками!

Я читал в Интернете, что когда люди, стоявшие 11 сентября возле горящего ВТЦ и зеваками глазевшие на этот пожар, вдруг оказались накрытыми облаком руин рухнувшей северной башни, они побежали прочь с такой немыслимой скоростью, на какую не были способны никогда в жизни!

Лежа на полу, я связанными ногами выбил входную дверь. Как я это сделал, не знаю.

Глоток чистого воздуха вернул мне сознание, а смертельная опасность — рассудок. Я лежал на пороге, всем телом еще внутри квартиры, а ногами на выбитой двери. Пожар был практически подавлен этой действительно пламегасительной пеной и газом, но что-то с такой силой жгло мне босые ноги, что я инстинктивно подтянул их к себе и увидел, что это плавится капроновая удавка.

Боль была нестерпимой, и если бы липкая лента не залепляла мне рот, я заорал бы во весь голос.

Впрочем, орать было некому, в конце февраля даже Майами пуст, не то что какой-то Сэндвилл! За исключением двух «писателей» — меня и профессора, жена которого смылась потусоваться в Нью-Йорк, — тут никого нет в радиусе трех кварталов вокруг.

Не знаю, что произошло раньше — я разорвал ногами плавящийся капроновый шнур или он сам перегорел...

Я перевернулся со спины на колени, вскочил и, прыгая через осколки стекла из выбитой двери, бросился прочь, на улицу, в сторону дома профессора.

На мое счастье, он сам трусцой бежал мне навстречу — в спортивных трусах и кроссовках. Я и не знал, что он встает в такую рань и бегает от инфаркта. Скорее всего он начал эти пробежки только пару дней назад, когда улетела жена. Конечно, он изумленно остановился:

— Пол, что случилось?!

Я мычал и тянул к нему голову с выпученными глазами и залепленным ртом.

Он понял наконец и осторожно потянул за край липкой ленты.

Я нетерпеливо замычал изо всех сил.

Он дернул, я распахнул освободившийся рот и закашлялся так, что повалился от этого кашля на землю.

— О мой Бог! Что случилось? Что с твоими руками? — причитал профессор.

Кашляя и отплевываясь, я повернулся к нему спиной, чтобы он развязал мне руки. Он подергал узел и сказал:

— Я не могу. — И кивнул в сторону дома: — А где Глен, Полина?

— Они уехали... — сказал я сквозь кашель.

— Уехали? О! — восхищенно воскликнул профессор, воспитанный американским кинематографом. — Они связали тебя, ограбили и удрали?

Я побежал в гараж — там на стене висели садовые ножницы и другие инструменты.

— Сюда! — крикнул я профессору. — Иди сюда!

Неловко работая за моей спиной садовыми ножницами, он продолжал восхищаться:

— Связали, ограбили и удрали! Это как в кино! Ты хочешь, чтобы я позвонил в полицию?

— Нет, спасибо. Это семейные дела...

Наконец он все-таки разрезал капроновый шнур, и я стал трясти намертво занемевшими руками.

— Я понимаю, семейные дела... — сказал он. — Чем-нибудь еще тебе помочь? Тут пахнет как на пожаре...

— Спасибо. Немножко горело, но уже все в порядке.

— Ты уверен?

— Да. Спасибо, — сказал я нетерпеливо.

— Пока, — ответил он. — Нам повезло — ураган прошел на севере. Хорошего дня! — И, все еще удивленно крутя головой, профессор побежал на свою утреннюю пробежку, но тут же остановился: — О, Пол! Между прочим! Я говорил о тебе с моим другом в Нью-Йорке. Помнишь — он агент Кена Фоллета и других знаменитых писателей, его зовут Ал Зуккерман. Я сказал ему, что ты пишешь книгу о борьбе с терроризмом, и ему понравилась эта идея, он готов с тобой работать. Представляешь?! Агент самого Кена Фоллета! Вот что значит личные связи! Ты напишешь настоящий бестселлер! Поздравляю! Я дам тебе его телефон, когда вернусь с пробежки...

О Господи! Только какого-то Зуккермана мне сейчас не хватало!

С трудом дождавшись, когда профессор наконец уберется, я схватил запасной огнетушитель и вернулся в дом. Там практически не было огня; пена, оседая, клочьями лежала на полу и на мебели, но я все равно вылил весь огнетушитель на ковер, кухонные полы и мебель.

Затем сбежал вниз, в свой бэйсмент, наспех, как попало, смазал ожоги на ногах и руках кремом «First Aid» — первая помощь, смыл с лица кровь и копоть и переоделся.

Еще через минуту моя «тойота-авалон» летела по 836-й дороге в сторону аэропорта. Там один за другим, словно снаряды из «катюши», взлетали пассажирские «боинги» и аэробусы, скопившиеся за ночь нелетной из-за урагана погоды.

Майамский международный аэропорт — это длиннющее полукилометровое и вогнутое пятиэтажное сине-зеленое стеклянное здание с двумя десятками стеклянных дверей по всему фасаду — входами к стойкам американских, европейских, африканских, австралийских и прочих авиакомпаний. К этим входам, обозначенным буквами «A», «B», «C», «D», «E», «F» и так далее почти до конца алфавита, причаливают такси и автобусы, а частные машины должны парковаться напротив, в крытых четырехэтажных гаражах, которые кокетливо именуются «Дельфин», «Фламинго» и еще что-то в этом роде.

Но мне уже некогда было парковать машину, я просто бросил ее у входа «A» и, не обращая внимания на свисток полицейского, вбежал в зал.

Наверное, в любое другое время я отделался бы коротким разговором с полицейским или штрафом.

Но — блин! — я же совсем забыл, что после 11 сентября все американские аэропорты буквально наводнены полицией и агентами ФБР! Трое штатских бросились ко мне с разных сторон.

— Сэр! Что у вас в машине?

Я понял, что нужно немедленно сдать назад, иначе...

— О, абсолютно ничего, господа! Я просто хочу взглянуть на табло...

И я действительно успел бросить взгляд на большое табло с надписью «DEPARTURE» (вылет) и похолодеть от его верхней строчки: «Дубаи, рейс № 190. Портал «L», ворота 32. Идет посадка». *Конечно! Дубаи! Саудовская Аравия! Вот куда они полетят!* — осенило меня, но тут один из этой троицы взял меня за локоть стальными пальцами и сказал негромко:

— Пошли к машине, проверим.

Объяснять им, что я их коллега, а бандиты там, в портале «L», было бы пустой тратой времени. Я сделал индифферентное лицо и, считая в уме секунды, заставил себя спокойно вернуться к машине. Они заглянули в нее и велели мне открыть багажник. Потом какой-то четвертый, с зеркалом на длинной, как у половой щетки, рукоятке, сунул это зеркало под машину и дотошно осмотрел днище. И только убедившись, что машина пуста и безвредна, они сказали:

— О'кей, езжай! — и проследили, как я отъехал.

Пришлось проехать на парковку напротив портала «L» и, сдерживая себя, чтобы не бежать, быстрым шагом вернуться в здание аэровокзала.

Но хотя бы тут мне повезло — я увидел их сразу, в небольшой очереди пассажиров к стойке регистрации билетов кампании «Royal Jordanian» они стояли буквально первыми! Впереди Банников с тремя паспортами и билетами и Полина с детской коляской, эдакая замечательная молодая пара с мирно спящим ребенком-инвалидом и тремя чемоданами. А за ними Харунов и трое его Сталлоне налегке, с одними спортивными сумками в руках.

Облегченно выдохнув, я утер пот с лица и уже спокойным шагом подошел к ним.

— Доброе утро, господа! — сказал я по-русски.

Описать выражения их лиц и отвалившихся челюстей не сможет никто, в театральных пьесах в таких случаях пишут «мертвая пауза».

Пользуясь этой паузой, я сказал:

— Это арабский рейс, вокруг двадцать агентов ЦРУ в штатском. Улыбайтесь как родному. Иначе...

Должен сказать, что Харунов и Банников первыми усвоили новые правила игры — Харунов улыбнулся натянуто, как гиена, а Банников с его прирожденным талантом хамелеона радостно распахнул руки и шагнул ко мне, собираясь меня обнять.

— О! Павел! Какими судьбами?

Но я остановил его:

— Без рук! У нас судьбы разные... Полина, возьми у него свои документы и иди сюда с ребенком.

— Но... — начал было Харунов.

Я повернулся к нему:

— Позвать ФБР?

— Следующий! — позвали от стойки регистрации билетов.

— Ты следующий, — сказал я Харунову. — Иди, пока я не позвал ФБР.

Он шагнул к стойке, положил на нее свой паспорт и билет и посмотрел на меня взглядом Мухаммеда Атта. Я понял, что следующая наша встреча — если она состоится — будет стоить мне жизни.

— Полина, — позвал я снова.

Но Банников не отдал ей документы, а, держа Полину под локоть, подошел ко мне вместе с ней и, улыбаясь породственному, сказал:

— Слушай, давай договоримся. Тебе Полину, а...

Я тоже улыбнулся:

— Заткнись. Тащи ее чемоданы и пацана.

— Но, Павел, ведь мы партнеры!

— Еще одно слово, и я сдам тебя в ФБР. Быстро пацана, на нас уже смотрят!

Я не врал, вокруг — в некотором, правда, отдалении — стояли и действительно смотрели на нас четверо молодых бесстрастных мужчин. А прогуливавшийся по залу черный полицейский остановился рядом:

— Any problem, gentlemen?*

— No, sir! — улыбнулся я. — No problem at all!

И Банников, отпуская локоть Полины, повторил, как попугай:

— Но, сэр! Но проблем эт ол!

Я взял из рук Рыжего все три паспорта — его, Полины и малыша — и сказал:

— Тащи коляску и вещи! Живо!

Полицейский, с недоумением хлопая глазами, смотрел, как Рыжий прикатил к моим ногам детскую коляску с Ивом, все еще безмятежно спящим, а потом и три их чемодана.

---

* Какие-то проблемы, господа? (*англ.*)

— What's going on?* — спросил полицейский.

— Don't worry, sir. It's a family business**, — сказал я.

Семейные дела — это в Америке святое, полицейский повернулся и флегматично двинулся дальше.

Харунов отошел от стойки регистрации билетов, его место занял тот Сталлоне, который вязал меня в бэйсменте.

— Мой паспорт, — сказал мне Банников.

— Сначала твой бумажник.

— Это еще зачем?

Я чувствовал, что Харунов, стоявший чуть поодаль, просто прожигает меня своим взглядом, но теперь был мой бенефис, и я хотел доиграть его до конца.

— Давай, давай бумажник! — грубо сказал я Рыжему. — Быстро!

Он в некотором недоумении достал из внутреннего пиджачного кармана свое красивое кожаное, с золотой монограммой портмоне. Я взял его, открыл, там, как я и полагал, была пачка стодолларовых купюр — небольшая, тысячи три. Я вытащил эти деньги, а портмоне и российский паспорт Банникова вернул владельцу.

— Но... — изумленно начал он.

— Иди, иди! — сказал я, пряча деньги в карман. — Это на ремонт дома, ты там ковры попортил. Пошли, Полина! На выход.

Пропустив вперед Полину с детской коляской, я подхватил три их чемодана и пошел следом.

— Я тебя убью, клянусь матерью! — услышал я за спиной голос Харунова.

Я не удержался и, обернувшись, бросил ему на ходу:

— Если доживешь.

* * *

Газета «Известия», 18.09.2002

ЧЕЧЕНСКИЕ ХАКЕРЫ ПЫТАЛИСЬ ОГРАБИТЬ ЕВРОПЕЙСКИЕ БАНКИ

— В конце 2001 года банда Хаттаба предприняла хакерскую атаку на компьютерные сети десяти европейских банков, — заявил «Известиям» эксперт Управления

---

* Что происходит? (*англ.*)

** Не беспокойтесь, сэр. Это семейные дела (*англ.*).

компьютерной и информационной безопасности ФСБ России Владимир Непомнящий. — От имени одного из крупнейших ирландских банков были разосланы электронные письма с коммерческими предложениями. При этом к каждому письму прилагалась тщательно запрятанная программа удаленного администрирования, позволяющая отправителю письма получить неограниченный доступ к компьютерным сетям получателя.

Сообщение о хакерских проделках банды Хаттаба поступило в ФСБ из оперативных источников. Оттуда же прибыли образцы электронного послания. Проанализировав его содержание, эксперты установили, что после прочтения такого письма одним из пользователей хакеры получают доступ к счетам, конфиденциальным данным о клиентах и возможность сознательного нарушения работы банковских сетей.

— Подобные действия преступников квалифицируются нами как акт кибертерроризма, — говорит Владимир Непомнящий. — Предупреждения о «письмах Хаттаба» были направлены нами в правоохранительные органы тех стран, где находились атакованные банки. На предупреждения, разосланные ФСБ, ответила одна из зарубежных спецслужб. Благодарность, полученная от нее, позволяет утверждать: письма Хаттаба действительно представляли серьезную угрозу.

Газета «Коммерсантъ», 09.09.2002

СПЕЦСЛУЖБЫ СООБЩИЛИ ПОДРОБНОСТИ ОПЕРАЦИИ ПО УНИЧТОЖЕНИЮ ХАТТАБА

Вся цепочка, по которой письмо отправили адресату, была обречена

Организатор взрывов жилых домов в Москве полевой командир Хаттаб был уничтожен в Чечне 19 марта этого года. Его ликвидация стала, наверное, самой успешной спецоперацией после убийства Джохара Дудаева во время первой чеченской войны. Корреспондентам «Ъ» удалось выяснить некоторые подробности того, как чекисты разобрались с Черным арабом...

Спецназовцы рассказывают, что несколько раз полевой командир-террорист буквально ускользал из их рук. Но наконец ФСБ удалось завербовать человека, входившего в отряд Хаттаба. От него в спецслужбе узнали, что Черный араб окружил себя тройным кольцом охраны. И к самому Хаттабу арабы из его самого ближнего окружения никого не подпускают...

Предприняв несколько неудачных попыток захватить Хаттаба, в ФСБ решили воспользоваться опытом 30—40-х годов, когда советские спецслужбы активно использовали яды для ликвидации неугодных им людей. Яд, правда, заменили на самое современное отравляющее вещество. Им было обработано письмо, отправленное из Саудовской Аравии Хаттабу... Любой контакт с посланием являлся смертельным, причем действие яда от времени значительно усиливалось. Вся цепочка, по которой письмо затем отправили адресату, была обречена...

Источники «Ъ» утверждают, что письмо убило не только Черного араба, но не менее десяти приближенных к нему людей и курьеров.

ЭПИЛОГ

Москва, 5 октября 2002 года

В Москве — первый снег. Конечно, завтра он растает, но сейчас... Легкий, морозный, пушистый, он посеребрил крыши домов, опушил еще зеленые ветки деревьев и белым роем залетает на мой балкон.

Я стою у широкого окна и сверху, с высоты четвертого этажа смотрю на Патриаршие пруды. Пруд еще не замерз, но белая оторочка снега уже обрамила его берега, и лебеди зябко прячутся в дальнем конце пруда, в своем зеленом дощатом домике. Поскольку у них подрезаны крылья и они не могут улететь, их скоро заберут в зоопарк на Красной Пресне. Говорят, что летом из этого зоопарка сюда на пруд каждое раннее утро прилетают розовые утки — сотни розовых уток, от которых весь пруд становится розовым. А в восемь утра эти утки летят обратно в зоопарк на кормление...

Наверное, это красиво — розовые утки на Патриарших прудах.

Но мы еще не видели этого, мы прилетели в Москву из Горно-Алтайска только неделю назад. Мы провели там все лето и осень — лечили Ваню и Кирилла, брата Полины. Санаторий «Эдельвейсы Алтая» — горячие ванны с добавлением настоев алтайских трав и экстрактов из оленьих пантов, массаж, подводный велосипед, стимуляция голеностопных мышц токами малой частоты, снова ванны, массаж и опять припарки из свежих алтайских трав. Потом Кирилл улетел в Нижний Новгород, в школу, а мы — сюда.

409

Да, теперь мы живем здесь, в элитном доме для новых русских на углу Малой Бронной и Благовещенского переулка. Дело не в том, что «сбылась мечта идиота» и я уже могу себе это позволить, а в том, что строительство этих «элиток» вокруг Патриарших прудов (и еще шести жилых комплексов класса «люкс» в разных районах Москвы) финансируют фирмы «Капитал-Инвест» (Кипр) и «Прайорити-Инвест» (Багамы), которые являются дочерними фирмами швейцарской фирмы «Forse», принадлежавшей Роману Кожлаеву. Вступив в свои законные права владельца этих компаний, Иван Кожлаев-Суховей — по контракту фирмы «Возврат» с ФСБ (и завету бывшего вождя мирового пролетариата «нужно делиться») — передал 71,5 процента жилплощади этого дома хозяйственному управлению ФСБ, и теперь нашими соседями являются, в частности, генерал-майор Ш-ов и генерал-майор Палметов, которые придумали и разработали операцию «Гарантийное письмо».

Именно к ним я помчался в то роковое утро, когда увидел Харунова, подъехавшего к моему подъезду на своем серебристом внедорожнике «мерседес». А уже от них — на Рублевское шоссе, в Жуковку к Банникову...

Извините, что в силу секретности этой операции я был вынужден заменить этот эпизод целым рядом отточий; как говорят разведчики, раньше об этом нельзя было рассказать.

Кстати, о Харунове и Банникове. Они, конечно, умерли, как и все остальные, кто из Саудовской Аравии доставил Хаттабу то письмо, в этом отношении журналист «Коммерсанта» получил максимум информации, которую мы могли слить в прессу.

Еще одной нашей соседкой стала недавно Инна Петровна Соловьева, бывший заместитель председателя правления Российского промышленно-инвестиционного банка, кандидат юридических наук. Теперь она начальник юридической службы ЗАО «Возврат», это ее стараниями и талантом Ваня стал законным наследником своего отца Кожлаева и владельцем его швейцарской фирмы «Forse». На очереди банковские счета Кожлаева в «Бэнк оф Нью-Йорк» в США, «Прометей-Банке» на Кипре, «Банке Дэл Сол» на Багамских островах и в «Кредо-Банке» в Андорре. Конечно, легче выжать воду из камня, чем деньги из банкиров, но я не сомневаюсь, что Инна Петровна способна и на то, и на другое. 18 января у нас суд в Нью-Йорке с «Бэнк оф Нью-Йорк», а 26 марта у Инны защита докторской диссертации в МГУ на тему «Юридические аспекты рисков партнерства в российском бизнесе».

Прочитав эту диссертацию, я раздумал делать Соловьеву своей партнершей по фирме «Возврат», даже если она выиграет суды у всех вышеперечисленных банков. Она получает свои шесть процентов от всех выигранных дел, ей не нужно каждый день ходить на работу, у нас хорошие деловые отношения, оформленные «Трудовым соглашением». Что еще нужно молодой талантливой женщине, которая, кажется, вот-вот выйдет замуж за генерала Петра Ш-ова?

Да, и у нее замечательные отношения с моей женой! Я имею в виду — с Полиной. Конечно, мой «брат» Абхаз считает, что это брак условный, что так не бывает, ведь Полина младше меня на 36 лет! Но что в нашей жизни безусловно? Возраст, мне кажется, это тоже у.е. — условная единица нашего мироощущения. Мы живем в мире у.е. — попробуйте это оспорить!

Любит ли меня Полина? Знаете, я еще не спрашивал. Я люблю ее, и этого пока достаточно. А Полина... Женщины любят тех, к кому они привыкают, и привыкают к тем, кого они любят. И пока у меня, как у Иисуса Навина, есть силы, чтобы воевать и входить и выходить...

Я смотрю за окно — где же они?

Ах вон где! Возле памятника дедушке Крылову!

Я открываю балконную дверь и выхожу на балкон. Отсюда их видно куда лучше. Полина, Инна и Ваня играют в снежки и прячутся друг от друга за приснеженными фигурками зверей из басен Ивана Андреевича. При этом Ваня еще, конечно, не столько бегает, сколько ковыляет, но детский азарт уже гонит его вперед, он швыряет в них снежки: «А вот тебе! А вот тебе!», падает, скользит по снегу в своем зимнем нейлоновом комбинезоне, снова вскакивает весь в снегу и растерянно мечется между высоченной, в длинной дубленке, Полиной и маленькой, в норковой шубке, Инной...

— Эй! Хватит! — кричу я с балкона. — Идите домой!

Но они только отмахиваются и пытаются достать меня снежками.

— Иди сюда! — кричит Полина. — Смотри, какой снег!

— Идите к нам! — зовет меня Инна.

— Павлик! Зюда! — кричит мне Ваня.

За моей спиной звонит телефон, но я не снимаю трубку, там работает автоответчик, он говорит: «Вы позвонили в фирму «Возврат», оставьте ваше сообщение после гудка...» Сегодня в «Коммерсанте» появилось сообщение о нашей фирме, и уже с утра телефон звонит каждые пять минут. Это наследники, которые интересуются условиями возврата денег, ушедших когда-то за рубеж. В России ежегодно совершается от 300 до 700 заказных убийств, и почти у каждого убитого есть банковские счета за границей. Так что на ближайшие 20—30 лет фирма «Возврат» работой обеспечена.

— Павлик! — снова кричит мне снизу Ваня. — Ну иди же зюда!

Он уже неплохо говорит по-русски.

И он зовет меня Павликом, что с этим поделать?

> *«И нынче у меня столько же силы, сколько было тогда, чтобы воевать и входить и выходить...»*
> *Иисус Навин, 14, 11*

> *«Никогда не говори, что ты идешь в последний путь!»*
> *Из еврейской молитвенной песни*

P.S. Да, еще одна деталь. Почту я пока получаю по старому адресу, на Беговой. Заехав туда вчера, я открыл почтовый ящик № 119 — старый, зеленый, с дырочками — и отшатнулся: в ящике лежал по-американски продолговатый белый конверт.

Сердце остановилось и рухнуло куда-то в желудок... я взмок... но потом все-таки взял себя в руки и присмотрелся.

На конверте, в левом верхнем углу было тиснение мелкими английскими буквами:

CIA Academy
Fort Bregg, NC, 45376, USA

Это, чтоб вы знали, высший американский шик — написать свой адрес самыми крохотными буковками; чем солиднее контора или бизнес, тем мельче буковки в их официальных бланках:

Тем не менее я не без страха открыл этот конверт. Там был плотный официальный бланк академии ЦРУ США с шестью строчками:

Уважаемый мистер Чернобыльский!

От имени командования академии ЦРУ в Форт Брегг имею честь пригласить вас прочесть у нас курс лекций «Эффективные методы борьбы с международным терроризмом». Об условиях и времени вашего приезда можете позвонить мне или послать e-mail.

С уважением, генерал Кристофер Барнс.

Конец.

Майами — Москва,
март — октябрь 2002

Выражаю свою глубокую признательность сотрудникам российской ФСБ Андрею N., М. Ш-ну, В. С-ву, Г.С. Я-чу, а также сотрудникам американского ЦРУ Элани N. и Тиму N., чьи фамилии еще не могут быть названы, — за их бесценную помощь в моей работе над этой книгой.

Существенно помогли мне своими консультациями банкиры Роман Блинов и Владимир Юмашев, а также журналисты Олег Лурье и Лев Ройтман.

Отдельная благодарность Елене Юровой, Эвелине Добышевой и Леониду Карповичу — моим гидам по ночному Майами.

Особое спасибо Виталию Лейбе за возможность использовать в книге некоторые факты его биографии.

При всем этом все фактологические, исторические и прочие ошибки, допущенные в этой книге, — исключительно на моей совести.

И в заключение моя искренняя признательность Анне Родиной из Лондона, Татьяне Орловой из Тюмени, Виктору Крашенинину из Харькова, Марии Черненко, Насте Яценко и Ольге Трахтенберг из Израиля, Альбине Метеловой из Хабаровского края, Ольге Литке из Германии, семье Дизелдорф из Австрии, Светлане Собиновой из Москвы, Сергею Зубанову из Мурманска, Ольге N. из Нового Уренгоя, Денису Рупека из белорусской армии, Сергею Иванову из Челябинской области и всем остальным читателям, которые помогают мне своими теплыми письмами и чье мнение я ставлю выше мнения многих профессиональных критиков.

Автор

ПРИЛОЖЕНИЕ

ДОНЕСЕНИЯ АМЕРИКАНСКОГО РЕЗИДЕНТА

От автора:

17 октября 2002 года я прилетел в Москву с рукописью этого романа, а буквально через неделю террористы Бараева захватили зрителей мюзикла «Норд-Ост» в Театральном центре на Дубровке. И трое суток весь мир следил за этой новой битвой цивилизации с варварством, а я вспоминал свои прошлогодние разработки, посвященные международному терроризму.

Тогда, в 2001 году, в московской газете «Версия» были опубликованы семь «Оперативных донесений полковнику В.В. Путину, Президенту Российской Федерации, от Эдуарда Тополя, ефрейтора запаса, резидента США с 1979 года». Мне кажется, они не только не устарели, но — в свете этих новых терактов на Бали, в Москве, Вашингтоне и Израиле — стали еще актуальнее. И я решил сделать их приложением к роману...

Газета «Версия», 17 июля 2001 г.

С ЧЕМ ЕСТЬ АМЕРИКУ

ПОЛКОВНИКУ В.В. ПУТИНУ,
ПРЕЗИДЕНТУ РОССИЙСКОЙ ФЕДЕРАЦИИ,
от Эдуарда Тополя, ефрейтора запаса,
резидента США с 1979 года

Срочно
Совершенно секретно
For your eyes only

Оперативное донесение № 001

Многоуважаемый Владимир Владимирович!

В связи с Вашей предстоящей второй встречей с американским президентом Дж. Бушем доношу:

Каждый раз, когда я лечу из России в США, я веду в самолете пристальное наблюдение за американцами с детьми, которых они только что усыновили или удочерили в российских детских домах. Какие бы ужесточения ни ставили на их пути российские и американские бюрократы, какие бы взятки ни требовали с них многочисленные посредники, простые американцы продолжают летать за детьми в Россию и вывозят оттуда белобрысых и голубоглазых малышей. Обращаю внимание: именно белобрысых и голубоглазых, себе подобных. Последний раз под моим наблюдением находилась супружеская пара из-под Цинциннати, они месяц провели в Сыктывкаре, получая в местном детдоме двоих детей — трехлетнего мальчика и его пятилетнюю сестру. «Вообще-то мы летели за одним ребенком, потому что дома у нас своих трое, — показали они мне при опросе. — Но увидели этого Коленьку и не захотели разлучать его с сестрой, забрали их обоих». «Как? — спросил я с изумлением. — У вас трое своих? Сколько же им лет?» «Вот, — предъявили они дорожный фотоальбом, который только что показывали Коле и Варе. — Старшему одиннадцать, средней девять, младшему семь». — «И вы взяли еще двоих?!» — «Да, — улыбнулись они. — Знаете, у нас есть еще много любви...»

***

Сейчас в США пользуется гигантской популярностью молодой психолог Энтони Робинс — его книги о самолечении оптимизмом расходятся миллионными тиражами, он консультирует и лечит президентов, магнатов, звезд кино и эстрады. А в основе его метода лежит простой постулат: все, что мы делаем в жизни, мы делаем ради любви. Плачем и сучим ножками в детстве, совершаем безумные поступки в юности, свершаем открытия, завоевания и даже преступления — только ради того, чтобы нас любили. Американцы до того впитали этот тезис, что считают его аксиомой и именно этой меркой стали оценивать людей.

А теперь, накануне саммита, как умный человек с пылким сердцем и холодным рассудком, отстранитесь, Владимир Владимирович, на минуту от личного, взлетите над Кремлем и посмотрите на него глазами американцев. Кого любит и чьей любви добивается президент Путин? Своих товарищей по прежней работе — эту любовь он демонстрирует открыто и даже декларативно. Силовые ведомства — то же самое. Власть как таковую, причем вертикальную. ВПК — однозначно. Карате. Крепкое русское словцо. Свою семью. И — Россию, что при первой же встрече с Вами в Люблянах разглядел Джордж Буш, или Дабл-Ю, как его тут называют.

Но Россия — слишком общее понятие, а американцы — люди конкретные. Они хотят знать: если в Люблянах вы оба действительно приглянулись друг другу, то при той магической силе, с которой воздействует Ваше слово на российское общество, когда же схлынет в нем волна антиамериканизма? Когда телевизионные головы перестанут эту волну гнать и внушать простому русскому человеку, что Америка стремится поработить Россию? Когда они прекратят играть на комплексе уязвленной национальной гордости народа, проигравшего, как ему талдычат с экранов, «холодную войну»?

Nothing of the kind, Владимир Владимирович! Ничего подобного! Американцы считают, что ни черта русские не проиграли, а проиграла корпорация по имени «ЦК КПСС Inc.», мечтавшая о мировом господстве и ради этого оккупировавшая войсками Афганистан, а военными советниками — Анголу, Никарагуа, Сирию и еще десятки стран на всех континентах. Но и слава Богу, что проиграла, поскольку чем бли-

421

же они прорывались к выигрышу, тем стремительнее они толкали свой народ к роковому ядерному столкновению с Америкой. Вам, как человеку, который обладает теперь всей полнотой информации, известно, как и чем это могло обернуться.

Следовательно, в «холодной войне» выиграли две стороны — российский и американский народы. Они выиграли Жизнь. И немалую роль в этом сыграло то обстоятельство, что американцы, то есть простая одноэтажная Америка, любят русских. Не знаю, что докладывают Вам Ваши резиденты, но я, как американский resident, живущий в США уже двадцать с лишним лет, свидетельствую: и те и другие — белобрысые, круглолицые и по характеру очень близки — любят рвать на груди рубаху и жить с душой нараспашку. Любят выпить, гульнуть. Умеют вкалывать. И наконец, вспомните, кто помог России одолеть фашизм? Кто открыл Второй фронт? Кто кормил Россию по ленд-лизу? Кто, рискуя жизнью (и теряя ее), вел в Мурманск караваны судов с хлебом, маслом и оружием? Хотя об этом не сделано ни одного фильма ни в России, ни в США, я до сих пор помню вкус тех американских булок и американской тушенки, которыми спасали нас от голода в Сибири в 1943 году. И я уверен, Ваши родители и Ваш тренер по карате тоже помнят вкус этого хлеба. И еще — восторг по обе стороны океана от встречи на Эльбе.

А что творилось в Америке, когда Горбачев объявил о своем новом мышлении и перестройке совкового концлагеря в демократическое общество? Мне кажется, Вы в это время были в Германии и в силу своих рабочих обязанностей вряд ли имели возможность отслеживать еще и американские события. Поэтому вот еще одни свидетельские показания американского резидента, то бишь жителя. Взрыв симпатии простых американцев к русским был ошеломляющий! Это не идет в сравнение ни с какими произраильскими, ирландскими, китайскими и прочими парадами в Нью-Йорке! Это не идет в сравнение даже с первомайскими демонстрациями на Красной площади! Вся Америка буквально ликовала по поводу освобождения русских от коммунистической деспотии. Горбомания и русомания стали тут национальной страстью. Все автобусные остановки и станции метрополитена во всех городах от Атлантики до

Тихого океана были украшены портретами Горбачева и рекламой русской водки. Америка перешла на «Столичную», а если кто-то по старинке пил виски или джин, то все равно говорил не американское «чиирс!», а «на здорове!». Издатели, которые до этого печатали мои романы один за другим, дружно отказались от романа «Завтра в России» только потому, что там был предсказан антигорбачевский путч. «Даже если это правдивый сценарий развития событий в России, нашим читателям такая правда не нужна!» — сказали мне эти издатели. И не потому, что не поверили моим предсказаниям, а потому, что все американцы — вся страна — хотели русским хеппи-энда.

Именно эта душевная, генетическая симпатия американцев к русским и сегодня еще сильна настолько, что — невзирая на цунами антиамериканизма, накрывшего Россию в последние годы, — простой американец готов лететь за тридевять земель и удочерить-усыновить русских сирот, взять их в свою семью.

Но эта же симпатия позволила Клинтону с позорной бездумностью закачивать в ельцинское правление миллиарды долларов американских налогоплательщиков — американцы были уверены, что дают деньги на помощь русским шахтерам, учителям, голодающим детям. И не наша, простых американцев, вина, что все эти миллиарды были разворованы чиновниками, власть предержащими и передержавшими ее. Они-то, они, отводя от себя упреки в воровстве и ограждая свои российские бизнесы от конкуренции, и стали раздувать антиамериканскую истерию, они-то и кричат, что Америка своей помощью хотела закабалить Россию и что «бесплатный сыр бывает только в мышеловке». Но это чистой воды вранье и демагогия. После войны Америка подняла из руин всю Западную Европу и Японию и никого не закабалила. Не так ли? А в шкурном лицемерии российских демагогов я убедился сам, и знаете где? На Курильских островах, куда я возил гуманитарную помощь русским пограничникам. Там, на Шикотане, армейские снабженцы втихую предлагали мне «пустить через ларек» все, что мы привезли солдатам дальних погранзастав, — продукты, медикаменты, компьютеры и спортивный инвентарь. А когда я послал их с этим предложением по широко известному в России адресу, то тут же, на публичных встречах с солдатами и офицерами, и началась песня о «сыре в мышеловке». Зато когда я, вернувшись с Курил в Москву, зашел как-то в ночное казино и спросил у хозяина, почему тут так пусто, он ответил мне замечательно, он сказал: «Да Камдессю, блин, очередной транш задержал, людям играть не на что!»

* * *

Уважаемый Владимир Владимирович! Никто в США не сомневается в том, что энергичным толчком двух президентов американо-российские деловые связи могут войти в новую, позитивную, фазу. При том весе, который имеет «Дабл-Ю» в кругах крупного американского бизнеса, его слова о том, что Вам можно доверять и что «если бы я ему не доверял, я бы не пригласил его на свое ранчо», — эти слова действительно дорогого стоят! Настолько дорогого, что под одну эту личную рекомендацию в Россию могут хлынуть не только делегации, но и реальные деньги. Пожалуйста, Владимир Владимирович, учтите уроки прошлого и будьте осторожны с теми, кто и как будет встречать, проводить и осваивать эти деньги в России. Потому что доверчивым людям, даже американцам, свойственно делать ошибки, но никто, и особенно американцы, не любит, когда его дурят дважды. А в России, чей интеллектуальный потенциал так высоко оценил «Дабл-Ю», за последние десять лет выросли подлинные титаны молниеносных трансакций американских траншей в кассы казино и оффшорные банки. И потому спешу Вас предупредить: поверьте моему двадцатилетнему опыту — в Америке легко получить первый шанс, очень трудно — второй и почти невозможно — третий.

Первый шанс на помощь американского народа использовал Сталин во время Второй мировой войны. Второй растранжирил Ваш предшественник. Третий Россия получает под Ваше имя и доверие у Буша, и только Ваша личная репутация будет стоять на кону. А потому — упаси Вас Бог пустить этот процесс на самотек, перепоручить кому-то. Сразу после Люблян в российской прессе зазвучала знакомая песня: «Америка открывает нам объятия, в которых она нас задушит». Потому что эти люди не умеют и не хотят учиться искусству переговоров, жить по законам экономической конкуренции, а не военного противостояния и битья ботинком по столу.

424

Они с удовольствием похерят и этот третий шанс, а потом будут снова кричать об американской угрозе закабаления.

Но, как американский резидент, свидетельствую: если Вы сломаете сопротивление своих изоляционистов и убедите Америку в том, что ни один ее доллар не вышел из-под контроля, не украден и не ушел в оффшор, если сумеете создать такой деловой климат — вот тогда в Россию устремится поток не только рисковых американских авантюристов и предпринимателей, но и серьезных бизнесменов, а в лице всего населения США Россия получит и партнера, и друга. Что, между прочим, не исключит здоровой — и нездоровой — конкуренции во всех областях международного бизнеса. Но, как говорят американцы, it came with the territory — это приходит вместе с территорией...

* * *

Уважаемый Владимир Владимирович! Давным-давно, лет сорок назад, одна возлюбленная мною девушка повела меня, голодного в ту пору студента, в ресторан «Москва» пообедать. Ресторан был полон командировочными, и мы оказались за столом с какой-то пожилой парой. Глядя на нас, влюбленных, они сначала тихо улыбались, потом заговорили с нами, и я спросил у них: «А у вас есть дети?» «Да, — сказали они. — Мы богатые — у нас четверо сынов!»

Эту фразу я запомнил на всю жизнь.

Богатство не в деньгах, не в оружии, не во власти, богатство — в детях.

И я хочу предложить Вам перед встречей с Бушем съездить хоть на денек в пару подмосковных детских домов — без свиты и журналистов, а для себя, для эмоциональной подзарядки. Скажем, в Люберецкий дом грудного ребенка. А потом, при встрече с «Дабл-Ю», сделать главной темой своих разговоров не только и даже не столько проблемы Югославии, ПРО и расширения НАТО (это, согласитесь, задачи тактические), а главную стратегическую проблему наших стран: что нужно русским и американским детям, чтобы новый век не повторил кровавой истории прошлого века, что нужно российским детям — немедленно, сегодня! — чтобы не утонуть в нищете дошкольных и школьных учреждений, разливанном море детских болезней и туберкулеза, в подростковом алкоголизме и цинизме?

Потому что Буш, как Вы убедились в Люблянах, — простой парень. А простые американцы обожают помогать всем — по плану Маршалла и без всяких планов. Моя тетка — простая алабамская медсестра на пенсии — ежемесячно посылает деньги в одиннадцать африканских и азиатских детских домов. А американская благотворительная организация «Project Hope» оказывает миллиардную помощь медикаментами сорока странам мира, но когда они прикатили в страны СНГ и предложили доставить сюда тонны новейших лекарств, отношение местных чиновников к этому порыву лучше всех выразил один украинский министр здравоохранения, он сказал американцам: «А шо я буду з цього маты?» А когда я и программа «Времечко» пытались создать вещевой авиамост «США — Москва» для доставки одежды в российские детские дома, то и эта затея увязла в безразличии генеральных руководителей «Аэрофлота».

Почему я заговорил об этих, казалось бы, мелких фактах? Да потому что до тех пор, пока Вы, как президент, не прокламируете главным вектором своего правления заботу о детях России, будущее России — реальное, физическое — крайне тревожно. Проверьте это у В. Матвиенко и Э. Памфиловой, ваши дети — в беде по всем параметрам: и по медицине, и по питанию, и по морали, и по уровню образования. Я не хочу нагружать Вас цифрами и сводками этой беды, вот только первое, что есть под рукой: за пять последних лет число российских детей сократилось на 4,4 миллиона, миллионы живущих лишены родительского тепла и ухода. А прочитав в прессе детские сочинения, присланные на конкурс «Мое слово с трибуны ООН», я буквально содрогнулся: «Кто-то говорит, что детство — самое счастливое время в жизни. Как бы не так! Это мы в основном являемся жертвами маньяков, хулиганов и аферистов. Это нас убивают. Это нас продают, как какую-нибудь вещь! Это мы ночуем в подвалах, на чердаках, в чужих подъездах. Это мы просим милостыню, а родитель отберет ее и пропьет...»

И если Вы — своим личным, как президент, вмешательством! — не остановите этот процесс вырождения детства в России, если не станете главным попечителем российских детей, если громогласно не объявите себя гарантом их здорового образа жизни, если не сможете или не захотите раз в месяц провести хотя бы пару часов в детдоме или доме грудного ребенка — то для кого Вам возрождать Россию? Ради кого закладывать под залог свою репутацию на Западе? Ради чего дружить с Америкой и Бушем? Может быть, сегодня отрыв российского детского здравоохранения и образования от западного еще не столь Вам заметен в силу энтузиазма российских врачей и учителей, но завтра, когда все западные дети будут, как мой трехлетний сын, иметь компьютеры, никакой и ничей энтузиазм уже не поможет наверстать стремительное отставание России от США и Европы и Россия сама собой может оказаться в стане нищей азиатчины, куда с таким энтузиазмом ее постоянно толкают сторонники «самобытного евро-азиатского пути». Между тем именно Америка и американский народ могут действительно и от всей души помочь российским детям...

В ближайшее время, Владимир Владимирович, Вы опять встретитесь с нашим президентом. Американцам ясно, что именно эта — уже не ознакомительная — встреча определит многолетние отношения России и США и может стать судьбоносной в XXI веке для обеих стран. А потому я спешу сказать Вам «в руку», что, помимо дипломатов и чиновников вашего и нашего Белых домов, помимо нашего Пентагона и вашего Генерального штаба, есть еще американский народ, который, несмотря на пятьдесят лет «холодной войны», все-таки расположен к России сердечно. Станут ли Россия и НАТО союзниками перед угрозой всемирного наступления ислама? Станут ли Россия и США такими же цивилизованными партнерами, как США и Европа? Будет оружие, проданное Россией Ирану, стрелять по США или пойдет в Чечню?..

Я думаю, что, если в основу Вашей наметившейся дружбы с Бушем ляжет детская тема, эти и все остальные тактические вопросы, рассматриваемые через призму стратегической заботы о детях и юношах двух наших стран, будут решаться куда проще и легче.

С пожеланием успехов на этом пути, с уважением и надеждой,

Эдуард Тополь.

США, 15 июля 2001 г.

КАКАЯ ПОМОЩЬ НУЖНА АМЕРИКЕ

Оперативное донесение № 002

Открытое письмо В.В. Путину, Президенту Российской Федерации

Многоуважаемый Владимир Владимирович!

Поскольку мое предыдущее совершенно секретное донесение, которое я послал Вам накануне Вашей встречи с президентом Д. Бушем, попало в прессу (газета «Версия», 17.07.01), я полагаю излишним прибегать впредь к кодированию своих писем и пишу Вам открытым текстом. Тем более что после вчерашней, 11 сентября, трагедии нам тут, в США, не до шуток.

Я был обрадован и даже горд, когда услышал, что Вы и министр обороны России г-н Сергей Иванов первыми предложили нашему президенту и правительству помощь в эти трудные для США дни. Я не знаю, какую именно помощь Вы имели в виду, но я довольно точно знаю, какая помощь нужна.

На мой взгляд, тяжелое наследие безалаберного правления клинтоновской администрации оставило нам развращенную государственную бюрократию, безответственность и разгильдяйство во всех сферах — от обороны и разведки до обеспечения безопасности авиаполетов. И в связи с этим сегодня моему правительству нужны не столько списки арабских террористов, подготовленных при советской власти в тренировочных лагерях под Симферополем, в московском Серебряном Бору и на остальных базах подготовки террористов в СССР, Болгарии, Чехословакии и ГДР, сколько совсем другое — опыт «крепкой руки» и принятия стратегических решений в предельно сжатые сроки.

Что я имею в виду?

В свое время в СССР существовала весьма эффективная практика обеспечения безопасности полетов: на каждом рейсе в самолете под видом пассажира летел как минимум один хорошо тренированный и вооруженный охранник. Я считаю, что эта практика должна быть немедленно перенята всеми авиакомпаниями США и остального цивилизованного мира и Россия могла бы стать инициатором создания такой международной охранной службы и предложить для ее организации своих специалистов из «Альфы», «Беркута» и других аналогичных спецотрядов.

Второе. К моему стыду за мое новое отечество, даже наши самые ультрасовременные «боинги» оснащены всего лишь «черными ящиками», сработанными еще рабами Рима. Это настолько вчерашний день, что даже у меня, полного профана в электронике, вызывает остервенение. Между тем можно и, как говорил Ленин, «архиважно» срочно установить в салоне каждого пассажирского самолета пару скрытых видеокамер, чтобы командир и второй пилот видели перед собой на экране все, что происходит у них на борту. Это настолько элементарно, что даже хорошо оплаченные лоббисты «черных ящиков» не смогут теперь оспаривать необходимость тотального оборудования видеокамерами всех старых и новых авиалайнеров. Но это не все. Вся видеоинформация должна через космические спутники автоматически передаваться с борта самолета на землю, на пульты контрольного штаба новой организации — Всемирной службы безопасности полетов.

Я полагаю, что меня за эту идею назовут фантазером только еще большие профаны в электронике, чем я. Потому что я-то уже проконсультировался с электронщиками и они заверили меня, что создание такой системы передачи видеоинформации с самолета на землю элементарно с технической точки зрения.

Я уверен, что русские, а также израильские и американские электронщики российского происхождения, не обремененные бюрократическими и корпоративными узами, могут инициировать и технически обеспечить создание такой международной службы. А по сравнению со стоимостью спасенных такой службой жизней и материальных ценностей затраты на создание этой организации копеечны.

Это что касается тыла. А теперь относительно переднего фронта борьбы с международным терроризмом. Я многократно слышал от В.Б. Рушайло и других бывших и нынешних руководителей МВД, ФСБ, ФАПСИ и российского Интерпола публичные и частные предложения о кооперации усилий США и России в деле борьбы с международным терроризмом. Теперь американская трагедия заставит наконец мое правительство и руководство НАТО серьезно отнестись к этим предложениям. Я глубоко убежден, что сейчас уже поздно, неэффективно и нелепо искать конкретных организаторов последней террористической атаки на США. Вызов цивилизованному миру брошен, и этот вызов тотален и ультимативен: либо исламские террористы будут держать в страхе все столицы мира и все цивилизованные народы, либо мы должны покончить с терроризмом «как с классом». И ответ цивилизованных стран может быть только один: США, европейские страны, Россия и Израиль должны одним массированным ударом физически уничтожить все штаб-квартиры всех террористических организаций, все лагеря подготовки террористов и все их базы, склады техники и оружия. А страны, которые поощряют международный терроризм, дают убежища террористам, размещают на своих территориях их базы и штаб-квартиры, должны быть ультимативным образом поставлены перед перспективой собственного краха в случае продолжения такой политики.

Только такое тотально-ультимативное решение адекватно сегодня проблеме, которая стоит сейчас перед Вами, как президентом, и президентами других цивилизованных стран. Do not be mistaken! — и не стоит думать иначе! — все остальные меры, менее масштабные, вызовут только героизацию «подвига» террористов-камикадзе и массовое рождение их последователей. Кто-то из великих умов прошлого говорил, что государство сильно не тогда, когда враги боятся на него напасть, а тогда, когда враги боятся подумать о нападении. Именно эта задача стоит теперь перед западным миром.

И как в свое время история выдвинула Рональда Рейгана, Маргарет Тэтчер и папу римского на решение глобальной проблемы борьбы с коммунизмом, так сегодня история, как я ее понимаю, определила наконец, зачем именно Вас, Буша и Шарона она ОДНОВРЕМЕННО сделала руководителями России, США и Израиля.

Уважаемый Владимир Владимирович! Все предыдущие цивилизации погибли от варваров. Но я надеюсь, что — при таком понимании Вами и Дж. Бушем своей миссии — у нашей цивилизации достанет ума, скорости и воли избежать очередной катастрофы.

С уважением и пожеланием успехов и твердости,

Эдуард Тополь.

США, 12 сентября 2001 г.

430

Газета «Версия», 25 сентября 2001 г., и роман «Римский период»

НАКАНУНЕ ОКОНЧАТЕЛЬНОЙ ВОЙНЫ

Оперативное донесение № 003

Многоуважаемый Владимир Владимирович!

Вот уже неделю я не работаю. Кому будут нужны книги, когда мир изготовился к окончательной мировой войне разума с безумием и человечности с варварством?

11 сентября, не отрывая глаз от телеэкрана, я из Флориды судорожно набирал нью-йоркские телефоны своей дочки, брата, племянниц. Телефонной связи с Нью-Йорком не было. Между тем я знал, что мой брат Юрий с женой работают буквально через дорогу от горящих свечей Всемирного торгового центра (Юра — инженер по техническому обслуживанию большого, величиной с квартал, магазина «XXI век», что на углу Чорч и Кортланд-стрит). И когда две горящие стодесятиэтажные этажерки ВТЦ стали рушиться, я понял, что с моим братом — беда.

В три часа дня я узнал, что Миша, муж Юриной дочки, тоже оказался в этом пекле. Он ехал на работу автобусом через Баттери-туннель под Гудзоном, и, когда они выехали из туннеля к ВТЦ, уже горела первая башня, а во вторую как раз врезался самолет. На их глазах. Все выскочили из автобуса и побежали к реке, к Гудзону. Отсюда они смотрели на горящие башни ВТЦ и видели людей, прыгающих из этого пекла с высоты семидесяти этажей, а затем и апокалиптическую картину падения этих супернебоскребов.

Глядя на это, Миша уже знал, что под обломками этих гигантских башен должны быть его тесть и теща, дедушка и бабушка двух его детей.

В пять часов дня мы узнали подробности.

В 8.45 открываются двери магазина «XXI век», и с четырех сторон в него вливаются ручьи первых покупателей. В 8.48 утра Юра был на 5-м этаже, в кабинете хозяина магазина, они обсуждали какие-то текущие рабочие проблемы. Юра стоял спиной к окну, за которым на расстоянии двухсот метров возвышались гигантские изумрудные близнецы ВТЦ. Он не видел, как в один из них врезался самолет, но услышал взрыв, обернулся и увидел, что верхушка северной башни горит. Вдвоем с хозяином магазина они подошли к окну и, наученные опытом предыдущего, в феврале 1993 года, взрыва в ВТЦ, стали обсуждать, опасно это для их здания или нет. Юра сказал хозяину, что на всякий случай нужно бы эвакуировать покупателей из магазина, но сделать это следует без паники. Они стали обсуждать эту идею и решили объявить по радио, что магазин закрывается по техническим причинам. В это время второй самолет врезался в южную башню ВТЦ, гигантский выброс огня из этой башни полыхнул им в глаза, взрывной волной выбило стекла в окнах. Свет в магазине погас, электричество отключилось. Какая-то сотрудница с криком вбежала в кабинет директора, остальные в панике бросились к лестницам. Юра с женой и другими служащими магазина опрометью бросились по лестнице вниз, на улицу, — почти так же, как десять лет назад они бежали из Баку во время азербайдждано-армянской резни. Правда, тогда у них на руках были две дочки...

Когда они выбежали из магазина на Кортланд-стрит, фантастическое зрелище всего, что вы видели на телеэкранах, оказалось от них в ста шагах — не беззвучная картинка на экране, а с гулом огня, с воем пожарных и полицейских сирен и с криками людей. Каждые десять секунд с верхних этажей ВТЦ выпрыгивали очередные жертвы невиданного пожара, и при появлении нового летящего тела толпа задерживала дыхание. Обожженные люди удивительно долго летели вниз с гигантской высоты — летели живые, размахивая руками и ногами. Потом они шмякались о мостовую, превращаясь в кровавые пятна, и толпа издавала единый хриплый выдох.

Полиция стала отгонять всех от этого зрелища и горящих башен, люди отошли на квартал в сторону Бродвея и встали на углу Бродвея и Либерти-стрит. Здесь, у здания «Либерти-плаза», собралось несколько тысяч зевак, туристов и счастливчиков, выскочивших из ВТЦ и соседних зданий. Многие покупали в киосках разовые фотоаппараты и снимали горящие башни. Юра и Фрида стояли перед банком HSBC, возле камня Хемсли, легендарной хозяйки нью-йоркских отелей и других жилых многоэтажек.

— Идем отсюда! Мало ли что... — сказал Юрий жене.

— Подожди, посмотрим, — ответила Фрида.

Люди, воспитанные телевизором и кино, научились и жизнь воспринимать как фильм, не имеющий лично к ним никакого отношения.

Юра, Фрида и еще тысячи людей вокруг (кое-кто даже с детьми) стояли и смотрели на горящие над ними небоскребы, словно это не жизнь, а хорошо поставленный голливудский боевик с феноменальными видео- и звуковыми эффектами. Никто, даже архитекторы ВТЦ, вызванные властями к месту катастрофы, не догадывались, что тонны чистейшего бензина, вылившиеся из бензобаков самолетов в утробы башен, превратят эти башни в мартеновские печи, способные расплавить их гигантские стальные опоры.

В 9.50 верхушка горящей северной башни с гулом и грохотом поплыла вниз, разом обрушив на землю и зрителей тысячи и тысячи тонн обломков металла, бетона, асбеста, пыли и пепла. Посреди солнечного дня тут же стало темно, как ночью, в воздухе засвистели камни, балки, стальные прутья. Толпа закричала, бросилась бежать, слепо толкая и давя друг друга в черном дыму и темноте. Бетонная и стеклянная пыль забивала дыхание, людей рвало, они кричали: «Спасите! Я умираю!» Бегущий поток разомкнул Юру и Фриду, Фрида споткнулась, упала, кто-то упал на нее, а по ним, не останавливаясь, бежали люди, и этот слепой поток утащил Юру от жены. Он стал задыхаться асбестовой пылью и бежал в толпе, ослепнув, обезумев, в полной темноте того самого гигантского вала пыли, копоти и огня, который так эффектно смотрелся на телеэкранах, когда выбивался из узких улиц Уолл-стрит. Инстинкт выживания гнал тысячи людей, обезумевших и ослепших, туда, где могло быть спасение, — к реке, к Ист-Ривер.

По дороге Юра споткнулся о чье-то тело, упал и услышал женский голос: «Хэлп ми!» Он поднял эту женщину, и они побежали вдвоем, держась за руки, все еще в темноте, среди удушающей бетонной и асбестовой пыли. Они бежали, натыкаясь на стены домов, руками нащупывая дорогу из этого ада.

Наконец впереди появился какой-то просвет, это была Вотер-стрит (Водная улица) в районе 13—17-го пирсов на Ист-Ривер.

В беспамятстве и теряя последние силы, они добежали туда.

Здесь стояли пожарные с брандспойтами и обливали водой выскакивающих из ада людей. На каждом спасенном был слой асбестовой пыли толщиной в несколько дюймов. Все уличные гидранты были открыты, чтобы спасшиеся могли умываться. «Скорая помощь» раздавала бумажные маски от пыли. Люди обнимались, плакали, поздравляли друг друга со спасением, предлагали друг другу свои мобильные телефоны, чтобы позвонить родным и сообщить о спасении.

Промывая глаза, Юра уже знал, что жены нет в живых, что толпа ее растоптала и что ему нужно бежать дальше, спасти для детей и внуков хотя бы себя. Но он побежал обратно — навстречу потокам людей, выбегающих из ада.

Однако на границе этого ада, на Голд-стрит и Вильям-стрит, уже стояли полицейские и агенты ФБР, они никого не пускали в зону катастрофы.

— My wife! Моя жена! — горячечно закричал Юра полицейскому по-английски и по-русски. — She is over there! Она там! She felt down on Liberty Plaza! Она упала на Либерти-плаза! I need to go there! Я должен идти туда!

— Нет, — сказал полицейский. — Туда нельзя. Ты там задохнешься.

— Но она там! Я должен! I must! Я не могу ее бросить!

В его крике, глазах и во всем его виде было нечто такое, что к ним подошел мужчина с надписью ФБР на спине, взял Юру за руку и пошел в этот ад вместе с ним. Они шли по слою обломков, руин и пепелища сквозь оседающую пыль, гарь и метель миллионов бумаг, вывалившихся из тысяч офисов бывшего ВТЦ.

Когда они наконец добрались до здания «Либерти-плаза», там не было ни души.

— Наверно, ты просто забыл, где она упала, — сказал Юре офицер ФБР.

— Нет, я помню, мы стояли здесь, у камня Хемсли...

И вдруг Юра увидел привидение.

434

Фрида, белая, как невеста, от асбестовой пыли на голове, лице, одежде, вышла к нему из оседающего облака пыли.

— Фрида! — закричал Юра, не веря своим глазам. — Где ты была?

— Там... — Фрида махнула рукой в сторону Ист-Ривер.

— А зачем ты вернулась?

— Тебя искать... — сказала Фрида.

Было чуть больше десяти часов утра и канун тридцатилетия их супружеской жизни.

— You are crazy, russian crazy! (Безумцы, русские психи!) — покачал головой офицер ФБР.

— Я потеряла очки, серьги и заколку, — пожаловалась ему Фрида. Она еще не чувствовала, что у нее разбиты ноги и все тело в синяках от ушибов.

Вместе с колонной спасенных и спасшихся людей они пешком пошли через Бруклинский мост в Бруклин. Над их головами стелился дым и, как конфетти, кружились миллионы деловых бумаг ВТЦ, легким ветром эту бумажную метель сдувало на Бруклин.

А за спиной у них горел и дымился Всемирный торговый центр и рушилась его вторая башня. От ее падения шатнулся Бруклинский мост, люди ухватились за перила...

Когда они перешли мост, то увидели тысячи жителей Бруклина, которые стояли на улицах с водой и медикаментами в руках — встречали выживших. Тут же суетились фото- и тележурналисты с камерами, а сотрудники Красного Креста зазывали обожженных, раненых и потрясенных пережитым людей в свой офис — промыть глаза и раны, измерить давление...

В пять часов дня, когда восстановилась телефонная связь с Нью-Йорком, я услышал своего брата.

— Мы только перешагнули порог, — сказал он и стал возбужденно рассказывать о чуде своего спасения, поминутно кашляя и говоря: — Извини, у меня забиты легкие, я еще не умылся, но ты не перебивай, я хочу тебе рассказать...

Он все еще не отошел от шока, ему нужно было высказаться, отхаркаться, отмыться...

Я слушал его, не отрывая глаз от экрана, на котором все показывали и показывали, как красиво врезается самолет в небоскреб ВТЦ, как летят в воздухе тела тех, кто

выбросился из окон, как горят и опадают эти стодесятиэтажные башни. Я смотрел на эти съемки день, два, три.
Смотрел и думал, с чего началось это кино в жизни и кто
был его Люмьером...

Террористические банды начали формироваться в шес-
тидесятых годах — без опыта, денег, оружия и международных связей. Но очень скоро, буквально за десять лет,
они достигли пика профессионализма, и решающую роль
в их становлении сыграли, конечно, тренировочные лагеря, оружие, организация взаимосвязей, надежные убежища и идейное, координационное и практическое руководство, которые они сполна получали от Кубы и Палестинского сопротивления.

Кубинские военные силы и разведка были взращены
Советским Союзом. В ноябре 1964 года я, в то время журналист газеты «Бакинский рабочий», сам сопровождал
юного министра вооруженных сил Кубы Рауля Кастро в
его поездке по Азербайджану. Рауль тогда завязывал тес-
ные отношения с Кремлем, КГБ и Минобороны СССР.
Вскоре вокруг Гаваны возникла сеть тренировочных лагерей для борцов с империализмом со всего мира, они были
под постоянным руководством КГБ, а кубинские инструкторы, работающие за рубежом, подчинялись инструкциям
и приказам Москвы.

PLO (Организация освобождения Палестины), родивше-
еся в 1964-м и первым применившее угон самолета в качестве международного оружия, тоже было полностью воору-
жено Советским Союзом. По данным, опубликованным в
журнале «Terrorism» и в других источниках, как минимум
один из десяти палестинских боевиков прошел тренировку в
СССР или в странах советского блока. Это были высокопро-
фессиональные курсы, и я могу подтвердить это следующим
эпизодом. В 1977 году, когда по ходу съемок моего фильма
«Ошибки юности» нам понадобилось снимать сцены солдат-
ской жизни главного героя, директор нашей картины привез
нас под Симферополь, в учебный лагерь палестинских боевиков. Там один из офицеров-инструкторов рассказал нам,
как палестинцы-курсанты по ночам уходили в самоволки —

ножами бесшумно «снимали» русских солдат — охранников лагеря...

Аналогичные лагеря были в Болгарии, Чехословакии, ГДР и в Северной Корее. Все палестинские боевики, которым не пофартило учиться в СССР, ГДР, Болгарии, Чехословакии или на Кубе, прошли с помощью кубинских инструкторов подготовку в федуинских лагерях Алжира, Ливии, Сирии, Ливана и Южного Йемена. В то время именно в Южном Йемене находилась главная база оперативных действий Палестинского фронта сопротивления, ее работу полностью контролировали советские инструкторы. Тут растили как боевиков-палестинцев, так и кадры террористических бригад Европы, Африки и Японии, и сюда же в поисках убежища прибывали после своих операций члены самых смертоносных банд в мире.

С самого начала своего существования и потом на протяжении десятилетий Палестинский фронт сопротивления охотно делился своим военным опытом и оружием со всеми международными террористическими организациями — от баскских сепаратистов и итальянских «красных бригад» до «Японской Красной армии» и турецких «серых волков».

Как известно, Хрущева, Брежнева и остальных кремлевских вождей того «славного» прошлого, по которому еще многие скучают в России, мало интересовала политическая ориентация всех этих «марксистских» и «пролетарских» фронтов, бригад, армий и вооруженных ячеек. Главными целями Кремля были дестабилизация западного общества, подрыв капиталистической экономики и демократии, и «полезные идиоты» всех мастей и рас замечательно справлялись с этой задачей.

Простой инженер Ясир Арафат, которого чуть ли не с помощью кулаков Москва обратила в лидера создаваемого ею же Палестинского сопротивления, довольно быстро вошел во вкус этого ранга, зачастил в Москву целоваться с Брежневым и уже в августе 1974 года открыл тут свой офис. Это было легализацией «палестинского канала» широкого снабжения оружием всех террористов мира. Так, в период с 1979-го по 1983 год PLO поставило две крупные партии оружия итальянским «красным бригадам» — одну для себя, на хранение, вторую для «бригад». В обмен на это «КБ» обязались провести несколько атак на израильское посольство в Риме.

Террористы «Японской Красной армии» именовались поначалу, в 1971 году, «Арабским комитетом Красной армии Японии» и только в 1974 году отпочковались от Народного фронта освобождения Палестины. Когда в 1974-м «Красная армия» захватила французское посольство в Голландии, среди террористов уже не было ни одного араба. Но при этом все три свои опорные базы даже японские террористы держали в Ливане и оружие получали от PLO. Когда 30 мая 1972 года они прибыли в Тель-Авив рейсом «Эр Франс» и осуществили массовую бойню в аэропорту Лод, они были вооружены автоматами и гранатами советско-чехословацкого производства.

16 августа 1972 года палестинские террористы, флиртуя в римском аэропорту с двумя англичанками перед их отправлением в Тель-Авив на самолете израильской авиакомпании «Эл Ал», подарили британским девицам в качестве сувенира магнитофончик. В этом магнитофоне было 200 граммов высококачественной пластиковой взрывчатки советского производства. Англичанки пронесли этот магнитофон в самолет, и вскоре после взлета эта мина взорвалась.

В сентябре 1973 года пять членов организации «Черный сентябрь» въехали в Италию и поселились в Остии неподалеку от взлетных полос римского международного аэропорта Леонардо да Винчи. В распоряжении террористов были две ракеты «земля — воздух» советского производства с пусковым устройством «Стрела». Это суперсекретное на то время оружие они получили в Ливии для того, чтобы 5 сентября сбить пассажирский израильский авиалайнер и так отпраздновать первую годовщину убийства израильских атлетов на Мюнхенской олимпиаде 1972 года.

Знаменитый Ильич Рамирес Санчес (Карлос), воспитанник московского Университета им. Лумумбы, осуществлял свои акции на кубинские средства и опираясь на московскую информацию. Так, в сентябре 1973 года он организовал захват палестинскими террористами поезда, который вез еврейских эмигрантов из СССР в Австрию. Советский Союз снабдил Карлоса точным расписанием движения поезда и номерами вагонов, в которых ехали эмигранты, а чехословацкие власти дали возможность террористам, вооруженным «калашниковыми», сесть в этот поезд, когда он пересекал чехословацкую территорию.

В сентябре 1975 года в Голландии были арестованы два сирийца, они готовили аналогичный захват поезда и взятие в заложники советских евреев-эмигрантов. Во время допросов выяснилось, что и эти террористы прошли вместе с другими арабами подготовку в лагере под Москвой.

А боевые отряды Народного фронта освобождения оккупированного Персидского залива, поднявшие восстание в Омане, были вооружены советским оружием и тренированы кубинскими и южнойеменскими наставниками...

А Томас Мак-Махон, убивший в 1979-м британского лорда Маунтбэттена, прошел тренировку в лагере Народного фронта освобождения Палестины.

А когда иранские террористы захватили американское посольство в Тегеране, генеральный секретарь Арабской лиги заявил, что проблема может быть решена overnight — за одну ночь, если США вступят в прямые переговоры с PLO...

Это — голые факты, точнее, их очень малая часть. В июне 1982 года в Ливане в рядах PLO было уже 15 500 боевиков, хорошо обученных и вооруженных лучшим советским оружием — 130-миллиметровыми пушками, ракетами «земля — земля» и «земля — воздух», ракетными устройствами «Б-21» и танками «Т-34». Они практически оккупировали христианский Ливан еще в 1976 году, превратив его южные города в свои базы, а бейрутский аэропорт — в убежище для тысяч «революционеров»-террористов со всего мира. Все, кто хотел получить в руки «калашникова» и профессиональные навыки убийцы, могли прилететь в Бейрут без всякой визы, как «гости PLO», пройти курс обучения и улететь в любую точку мира сражаться с «проклятым Западом». Только в 1981—1982 годах в ливанских лагерях PLO прошли тренировку больше тысячи иностранных террористов. Документы, захваченные израильтянами во время оккупации Ливана в 1982 году, свидетельствуют, что здесь проходили подготовку террористы из Западной Германии, Италии, Северной Ирландии, Испании, Голландии, Франции, Турции, Греции, Кипра, Японии, Аргентины, Эритреи, США, Чили и Южной Африки. В Бейруте и других городах проходили международные конференции итальянских «красных бригад», «Японской красной армии», «Французского прямого действия», немецких бригад Бадер-Майнхоф и прочих «пролетарских» организаций.

Когда я читаю сейчас в московских газетах статьи, в которых российские журналисты с сочувствием описывают ликование и пляски палестинцев по поводу очередного «удачного» теракта в Израиле и пишут, что «палестинцев тоже можно понять», я вспоминаю, как PLO создавало свои тренировочные лагеря в Ливане. Христианский город Дамур с населением в 25 000 человек был освобожден от жителей за одну январскую ночь 1976 года: в эту ночь бойцы PLO вырезали 582 христиан этого города, и пока шла эта резня, остальные сбежали. (Но об этом никогда, конечно, не сообщала советская пресса, резню приписали Шарону, войска которого нашли места массового захоронения христиан.) Как и другие города Ливана, Дамур после «зачистки» христиан был превращен Арафатом в тренировочный лагерь международного терроризма, здесь даже открыли свои официальные офисы турецкие «серые волки» и Армянская секретная армия освобождения Армении. А, освобождая для себя и своих «гостей» христианские кварталы в центре Бейрута, палестинские боевики, которым так сочувствуют иные россияне, расстреливали там с балконов вся и все, даже стариков и детей на улицах, даже собак и кошек.

Известно, что боевики и руководители «красных бригад», убившие Альдо Моро, лидера христианских демократов Италии, проходили подготовку в Болгарии и Чехословакии и получали оружие у PLO. А за покушением на папу римского, главу христиан-католиков, стояли турецкие «серые волки», прошедшие тренировки в лагерях PLO и нанятые болгарской разведкой, а еще точнее — казначеем болгарского посольства в Риме.

Я предоставляю российским журналистам возможность сверить по газете «Правда», не в эти ли дни Москва выстраивала на Ленинском проспекте шеренги трудящихся приветствовать очередной визит своего пламенного арабского друга Арафата...

Конечно, помимо PLO, международный терроризм по мере своих сил и возможностей взращивали также Ирак, Иран, Ливия, Сирия и Южный Йемен. Все они сообща взрывали, расшатывали, дестабилизировали и ужасали мир «проклятого» капитализма и демократии. И нужно признать, что они почти добились этой цели — цели, которую ставил перед ними Борис Пономарев, заведующий Международным отделом ЦК КПСС. В 1978 году половина французских избирателей была готова голосовать за популярный фронт, созданный провосточными социалистическими партиями и древнесталинской Коммунистической партией Франции. Западногерманская правящая социал-демократическая партия должна была мириться со своим ультралевым крылом, открытым для восточного влияния. Британская лейбористская партия тонула под весом своего ультралевого крыла. И почти каждый третий итальянец регулярно голосовал за Коммунистическую партию Италии, которая, согласно документам «Архива Митрохина», была на содержании КПСС, а каждый второй итальянский избиратель настаивал на участии коммунистов в правительстве.

Но особой и первоочередной мишенью всех террористов и всех ультралевых с самого начала были США. Только в период между 1968 и 1975 годами было совершено 913 террористических актов, напрямую направленных на граждан США и американские организации. В последующие годы третью часть жертв политических похищений в мире составляли американские государственные и военные служащие. А затем — захват посольства США в Тегеране, похищение американского генерала Джеймса Л. Досиера в Италии, атаки на американские посольства в Африке — вот ступеньки эскалации, по которым террористы, взращенные на профессиональной заботе ЦК КПСС, благодушии западной демократии и финансовой поддержке фанатичного Востока, взлетели на гастелловскую атаку нью-йоркского Всемирного торгового центра, Пентагона и Белого дома.

Давно позабытый Николай Ишутин начал все это в Москве в 1863—1866 годах с создания своего подпольного «Ада» — секретной террористической организации, которая с помощью динамита собиралась разрушить имидж царя как Божьего избранника. Но, даже сойдя с ума в Шлиссельбургской крепости, Ишутин и в своем безумии не мог вообразить себе тот ад, который принесут в мир его последователи, воспитанные на романтике убийств и насильственного установления рая на земле. Захватить сразу несколько авиалайнеров с сотнями пассажиров и на глазах всего мира обрушить их на два 110-этажных колосса, в которых работает 50 000 человек, — такое не могли придумать даже создатели голливудских ужастиков, но зато совершенно открыто излагал Удугов, который уже пару лет обещает направить пилота-самоубийцу на Кремль...

В то время когда я, не отрываясь от телеэкрана, лихорадочно названивал из Флориды в Нью-Йорк, чтобы узнать, где моя дочь, брат и остальные нью-йоркские родственники и друзья, — именно в этот момент прозвучал звонок по второй линии. Это московская телепрограмма «Сегоднячко» попросила меня прокомментировать атаку арабских террористов на США. Я стал что-то говорить, а через несколько минут ведущий передачи сказал: «Эдуард, а у нас тут некоторые считают, что США сами в этом виноваты, ведь Америка взяла на себя роль мирового жандарма».

Уважаемый Владимир Владимирович! Я ничуть не упрекаю Россию в том, что во время коммунистического ига ее руководители вдохновили и спонсировали создание международных «красных бригад», «красных армий», «вооруженных пролетарских ячеек» и прочей нечисти и разворошили чудовищный улей по имени Афганистан. Как известно, от деспотии своих пролетарских вождей Россия сама пострадала десятикратно. Русские вообще склонны к экстремизму, как немцы к педантизму, евреи к максимализму, а французы к гедонизму: приняв христианство, именно русские объявили себя богоборцами и стали строить под Москвой Новый Иерусалим; и русские цари, назвавшись императорами, объявили, что Москва будет вторым Римом, а третьему Риму не бывать; а, набравшись марксизма, именно русские революционеры устроили революцию не только в России, но и замахнулись на весь мир.

442

Ладно, это мы пережили.

А теперь позвольте мне кратко и оперативно донести Вам, как президенту страны, часть населения которой считает, что «Америка сама виновата», в чем действительно виновата Америка.

Соединенные Штаты Америки безусловно виноваты в том, что с 1941-го по 1945-й год, рискуя и жертвуя жизнями своих моряков, доставляли в Мурманск и Владивосток тысячи тонн продовольствия для российского народа, сражавшегося с нацистской Германией.

Соединенные Штаты Америки безусловно виноваты в том, что открыли Второй фронт и тем самым сократили агонию гитлеризма и спасли десятки тысяч жизней российских солдат.

Соединенные Штаты безусловно виноваты в том, что в ответ на Перл-Харбор сбросили атомные бомбы на Японию и тем самым закончили Вторую мировую войну и спасли еще тысячи российских солдат от гибели в боях с Японией.

США виноваты в том, что по плану Маршалла подняли из руин Германию, Францию, Италию, Грецию и Японию и сделали их процветающими государствами.

США виноваты в том, что во время «холодной войны» и гонки вооружений надорвали пупок коммунистической экспансии и разрушили планы Брежнева и К° проглотить весь мир, включая Афганистан, Европу и самих себя, США.

США виноваты в том, что не позволили Арафату, Хусейну и Садату вырезать всех израильтян (и мою сестру), как христиан в Дамуре.

США виноваты в том, что удержали Израиль от полного разгрома Египта, Сирии, PLO и Фронта освобождения Палестины во время Шестидневной войны, в связи с чем 11 сентября сего года благодарный Демократический фронт освобождения Палестины первым взял на себя ответственность за атаку на ВТЦ и Пентагон.

США безусловно виноваты перед русским народом в том, что, обрадовавшись освобождению России от коммунистической тирании, послали донецким шахтерам, российским детям, учителям и вообще всем, кто нуждался в помощи, миллиарды долларов своих налогоплательщиков, которые с очень легкой руки Кремля исчезли неизвестно и известно куда.

США безусловно виноваты в том, что при каждой катастрофе — в Спитаке, в Чернобыле, в Челябинске и еще бог знает где — тут же летят на помощь, посылают в места бедствий и катастроф свои деньги, кровь, продукты и волонтеров.

И США однозначно виноваты перед Жириновским в том, что он не моет сапоги в Индийском океане, а перед Кобзоном — в том, что тот не поет на Брайтоне.

За все эти вины я, как американский гражданин, приношу Вам, как президенту России, свои извинения.

И Вас же, как российского президента, я, как американский гражданин, от всей души благодарю за цветы, которые Ваши граждане принесли 11—12 сентября к нашему посольству в Москве, и за кровь, которую Ваши граждане сдали для спасения американцев, раненных во время налета арабских террористов на ВТЦ в Нью-Йорке и на Пентагон в Вашингтоне.

Пусть на этой крови вырастет наконец если не храм, то хотя бы хижина дружбы, а не ненависти. Ведь эта дружба (а также опыт генерала Громова в Афганистане и генерала Шварцкопфа в Персидском заливе) еще ой как понадобится и вам, и нам в самое ближайшее время.

В 1982 году весь мир под аранжировку СССР осудил Израиль за вторжение в Ливан и зачистку его территории от баз арабских и всех остальных террористов. Сегодня весь мир вынужден повторить в Афганистане поход Ариэля Шарона. К сожалению, я еще не знаю, какую вторую волну диверсий подготовили нам бен Ладен, Демократический фронт освобождения Палестины, Исламский джихад и прочие знаменосцы воинствующего ислама, но я ясно предвижу, что эта волна куда шире и вольготнее, чем в США, может разлиться по Европе и России, где у всей этой террористической нечисти уже тридцать лет есть и базы, и конспиративные квартиры, и склады с оружием...

Please, mister President, be ready! Будьте готовы.

С уважением и — до связи!

Эдуард Тополь.

США, 18 сентября 2001 г.

Газета «Версия», 9 октября 2001 г.

КАК ПОБЕДИТЬ ТЕРРОРИЗМ

Оперативное донесение № 004

Многоуважаемый Владимир Владимирович!

Наутро после публикации в «Версии» моего донесения «Какая помощь нужна Америке» меня разбудил телефонный звонок из «Коммерсанта». Редакция просила сообщить «в двух словах», как победить международный терроризм. Поскольку мои личные рекомендации умещаются в одном слове «антитеррор», сообщаю, что думают об этой проблеме другие, куда более опытные в борьбе с терроризмом эксперты.

В 1987 году Ицхак Рабин, бывший премьер-министр Израиля, опубликовал статью «Интернациональный центр борьбы с терроризмом». В ней говорится:

«Сегодня мир стоит перед войнами трех видов: ядерная война, обычная война и международный терроризм. Международный терроризм относительно недорог и высокоэффективен в деле распространения ужасов и страха. Страх перед терроризмом стал нормальным образом жизни для множества людей во всем мире. Но почему мы наблюдаем интернационализацию террора?

Одна из причин — кооперация среди различных террористических организаций. Например, одиннадцать зарубежных террористических организаций сотрудничают с PLO... Второй фактор, определяющий рост и успехи терроризма, — это его поддержка со стороны некоторых государств. Эти государства снабжают террористов оружием, убежищами, тренировочными лагерями, а иные даже инициируют создание террористических организаций. Все они нацелены на Запад, который стал главной мишенью международного терроризма.

А посему и ответ на международный террор должен быть международным. Западные народы должны найти новые пути сотрудничества против сетей терроризма. Вот лишь один пример, который на практике проиллюстрировал эффективность

445

такого подхода. Террористы, которые захватили французский самолет, вылетавший из Тель-Авива в Париж в июне 1976 года, были палестинскими арабами группы Вади Хаддада и немцами из банды Бадер-Майнхоф; паспортами их снабдили в арабских странах; они угнали самолет в Энтеббе (Уганда); правительство и армия Уганды взяли их под свою защиту. Это был показательный пример международного терроризма: сотрудничество террористов из разных стран и прямая, открытая поддержка этих террористов правительством целого государства.

Первый урок Энтеббе — не сдаваться террористам. Франция и другие страны помогли нам в сборе разведывательной информации. И мы начали операцию, полагая, что правительство Кении, даже не упрежденное заранее, позволит нам воспользоваться аэропортом в Найроби как заправочной станцией. Наши предположения оказались верными. Кения даже отказалась от оплаты за пользование их аэропортом... Как известно, операция в Энтеббе стала вехой в истории борьбы свободного мира с терроризмом — все террористы были убиты, угандийские войска разогнаны, а все заложники освобождены... Я предлагаю укрепить и узаконить именно такой тип международного сотрудничества. Страны, которые собираются координировать свои усилия в борьбе с международным терроризмом, должны создать для этого специальную международную организацию...

Без международного центра, который должен направлять и координировать борьбу с терроризмом, нельзя достичь реального прогресса в этой войне. Эта организация должна действовать в четырех основных направлениях. Во-первых, сбор разведывательных данных и контрразведка. Во-вторых, защита энергетических сетей и транспортных путей. В-третьих, военные операции в экстренных случаях (при этом нет необходимости создавать новые военные подразделения под командованием этого центра, каждая страна имеет свои, но предварительная разработка совместных операций и взаимная «притирка» этих сил необходимы и могут иметь решающее значение). И четвертое, и самое трудное: политические акции против государства или государств, которые инициируют и поддерживают террор. Эти страны должны понимать, что они встретят организованный, объединенный фронт государств, союз, готовый принять общие меры защиты атакованного государства.

Даже само существование такого центра может служить сдерживающим фактором роста международного терроризма, не говоря уже об эффективности его действий в пресечении и наказании террора.

Свободные нации не должны ждать, когда их объединят новые возмутительные акты терроризма. Пора действовать сейчас».

Уважаемый Владимир Владимирович! Эта статья была опубликована в апреле 1987 года, и, как показало время, Ицхак Рабин просто как в воду глядел. Мне кажется, что Ваша позиция в борьбе с международным терроризмом весьма близка к его позиции, и, следовательно, его доводы и рекомендации могут быть использованы Вами при обсуждении создания международного фронта против терроризма. Если это так, то позвольте продолжить это донесение изложением опыта таких специалистов в борьбе с терроризмом, как Пол Лэксолт, американский сенатор и бывший глава республиканской партии, Джордж Шульц, бывший государственный секретарь США, и Беньямин Нетаньяху, бывший премьер-министр Израиля и брат легендарного Джонатана Нетаньяху, командира израильских коммандос, погибшего во время операции в Энтеббе.

Поддерживая и развивая идею Ицхака Рабина, Пол Лэксолт писал, что международный центр борьбы с терроризмом должен быть не аморфным органом вроде ООН, а действенным и сильным, как НАТО. Поскольку террористы внедряются в страны и распространяются в них на манер паразитов, поедающих даже своих гостеприимных хозяев, необходимо коллективное сотрудничество правительств в деле изгнания и выдачи террористов международному суду и оформление этого сотрудничества в закон, подписанный всеми странами. Больше того, по мнению Джорджа Шульца, «мы не должны исключать упредительные атаки на террористов до того, как они атакуют нас. И мы не должны извиняться за это. Если мы узнаем, что Ирак или Ливия заимели, скажем, ядерное оружие, должны ли мы ждать,

447

когда они применят его? Если мы узнаем, что группа террористов собирается сбить пассажирский самолет, должны ли мы ждать с ответными акциями до момента, когда они выстрелят по самолету? Нет, мы имеем право защищаться до того, как случится такой акт массового убийства. И мы должны дать понять террористам, что наши намерения наказать исполнителей террора непреложны. Как бы ни было трудно найти их, мы должны уверить их в том, что они будут найдены и наказаны, как будут наказаны и страны, им помогающие. Закрывая их посольства и офисы, мы можем закрыть им не только каналы дипломатических, но и экономических отношений с Западом. И они должны понять, что это не временная мера, а новый долгосрочный этап нашей борьбы с ними. Будущее демократии требует, чтобы международный терроризм был ликвидирован».

Если бы я не держал сейчас перед собой тексты этих публикаций, датированные 1987 годом, я бы решил, что слышу голоса президентов и премьер-министров США, России, Англии, Канады, Израиля и т.д.

«Стратегия терроризма основывается на способности нанести удар, невзирая ни на что», — писал Беньямин Нетаньяху в работе «Терроризм: как Запад может победить». И продолжал: «Страх перед терроризмом целиком зависит от возможности нанесения ответного удара. Это примерно такой же страх, какой испытывает в детстве каждый перед соседом-задирой. Нейтрализовать этого задиру можно только одним способом: давать сдачу! То есть демонстрировать свою силу действием. И то же самое с террористами. Они должны усвоить, что их жертвы не только будут сопротивляться террору, но и сражаться с ним до победного конца.

Цель террориста не переговоры, конечно, а капитуляция. До тех пор, пока он может оказывать давление, до тех пор, пока он может осуществлять атаки с нарастающей частотой и наглостью, он будет идти к своей цели. И следовательно, наша первоочередная задача разрушить его средства и возможности для атаки. Часто говорят, что это неосуществимо. Мол, открытость Запада и стандарты нашей демократии не позволяют выкорчевать террористов из нашего общества и остановить их. Я исповедую совсем иную точку зрения. Мы в Израиле уже пресекли атаки террористов на наши авиалинии и аэропорты, захват наших посольств, похищения наших самолетов, взрывы наших государственных учреждений, убийства наших политических лидеров. Но терроризм не дает нам, конечно, передышки. Как открытая рана, которая постоянно зудит, террористы находят все новые и новые пути нанесения ударов. И это дает кое-кому основания говорить о «цикле насилия», о том, что насилие рождает насилие и так далее. А потому, мол, требуют пацифисты, ответный удар по террористам должен быть ниже уровня их атаки. Как будто военная атака на террористов и атака террористов на гражданских лиц может измеряться едиными моральными стандартами. Нет, не может! Только настаивая на этой разнице и подчеркивая ее, мы можем выиграть войну с терроризмом! «Идея, будто кто-то «террорист», а кто-то «боец за свободу», не может быть внедрена в общество, — заявил когда-то сенатор Генри Джексон. — Борцы за свободу и революционеры не взрывают автобусы с гражданскими лицами, это делают террористы. Борцы за свободу и революционеры не захватывают и не режут школьников, это делают террористы. Борцы за свободу не берут в заложники самолеты с мирными гражданами, женщинами и детьми, это делают террористы. Отвратительно, что демократия позволила ассоциировать слово «свобода» с актами терроризма!»

А посему, — продолжает Нетаньяху, — ни при каких обстоятельствах правительства не должны исключать военный ответ на акции террористов — даже если на той стороне могут быть невинные гражданские жертвы. При боязни перед такими жертвами воевать с терроризмом можно только в небе Антарктиды. А зная о наших опасениях и моральных колебаниях, террористы лишь увеличат атаки на наших невинных граждан и детей. Да, ответственные правительства думают о минимизации гражданских жертв во время своих военных действий. Но они не могут дарить агрессору неприкосновенность только потому, что он укрылся за спинами гражданских лиц. И будет трагической ошибкой дать террористам повод полагать, что есть какие-то обстоятельства, при которых они защищены от ответных военных акций. Чем больше террористы понимают, что военное вмешательство неизбежно, тем сговорчивее они становятся. Во время захвата террористами авиалайнера TWA в Бейруте и пассажирского судна «Achille Lauro» в 1985 году основной причиной выдачи террористами заложников стала их уверенность в том, что военный штурм этих судов неизбежен.

Отказ капитулировать, готовность применить военную силу наглядно продемонстрировали свою эффективность борьбы с терроризмом не только в Израиле. Германское правительство силой освободило немецких заложников во время захвата самолета террористами в Могадишо в 1977 году, датчане успешно штурмовали поезд, захваченный молуккскими террористами в 1977-м, и англичане в 1980-м штурмом взяли иранское посольство в Лондоне, захваченное террористами. После этого на многие годы эти страны были избавлены от международного терроризма.

Короче говоря, террористы трусят перед лицом применения вооруженной силы. И всегда нарушают все соглашения, заключенные с ними. А посему западные страны должны усвоить одно правило: никаких соглашений с террористами! Это значит, что вы не можете «понимать» террористов, когда они действуют против кого-то, и не понимать их, когда они действуют против вас. Террористы действуют, нарушая законы человечности, повсеместно. Наивно думать, что ИРА (Ирландская республиканская армия) не ориентируется на уступки британского правительства арабским террористам, а итальянские «красные бригады» не отслеживают методы борьбы своего правительства с палестинскими боевиками. Необходимы единые международные правила борьбы с терроризмом, и лично я в общении с ними признаю только один вид соглашения: твоя жизнь за жизнь заложников. То есть если ты мирно сдашься, я тебя не убью...»

Далее, комментируя и развивая принципы коллективной борьбы наций с терроризмом, этой новой раковой опухолью на теле западной цивилизации, Нетаньяху подчеркивает эффективность не только военных, но и экономических санкций. Страны, которые поддерживают и спонсируют терроризм, крайне нуждаются в западных товарах, технологиях и кредитах. А торговые мощности Запада феноменальны. Если цивилизованные страны выступят на этом поприще единым и неразрывным фронтом экономической блокады стран, поддерживающих терроризм, эти страны дважды подумают перед тем, как связываться с террористами. В дополнение к этим мерам есть и еще один рычаг воздействия — запрет на использование странами — спонсорами терроризма воздушных путей и аэродромов в цивилизованных странах, а также их морских портов.

И конечно, Нетаньяху как практик приветствует в своей работе идею Рабина о создании единого центра борьбы с терроризмом. Вместо того чтобы ждать следующего кризиса или террористической атаки, писал он в том же 1987 году, правительства должны приготовить планы и вооруженные силы для немедленных действий в чрезвычайных ситуациях. Эти силы должны совместно тренироваться, запоминать друг друга, знать свои опорные базы и средства транспорта во всех странах, выработать единые методы общения и взаимодействия, изучить всю боевую технику друг у друга.

Наконец, цивилизованным странам следует выработать единую доктрину против терроризма. Эта доктрина поможет созданию единого центра борьбы с терроризмом, и, наоборот, создание такого центра будет способствовать выработке такой доктрины. Иными словами, следует срочно создать организацию борьбы с международным терроризмом, подобную НАТО, а практика работы этого центра подскажет юридические и теоретические детали.

На этом, уважаемый Владимир Владимирович, я мог бы закончить свое очередное донесение, если бы еще не пара слов, которые я хочу добавить от себя самого. Одним из факторов, определивших эффективность международного терроризма, явилось вольное или невольное участие прессы в популяризации, романтизации и даже прославлении террористов и их террористических актов. Как заметил когда-то британский лорд Чалфонт, терроризм был бы импотентом без паблисити, он полностью зависит от способности прессы удерживать общественное внимание на террористических актах. Солдат, убитый в спину в Белфасте, Чечне или на Голанах, не удостоится и строки в газете. Но взорванный в центре города магазин, в котором погибли дети и женщины, или похищенный и взорванный самолет с пассажирами получают аршинные заголовки на первых страницах газет и праймтайм в теленовостях. Тот факт, что эти террористические акты вызывают отвращение и негодование публики, нисколько не принимается во внимание террористами, наоборот, это служит их целям. Как сказал Ленин, цель терроризма — терроризировать, и чем страшнее, тем лучше. И в этом смысле пресса замечательно поработала на террористов — после каждого теракта наши (да и ваши) журналисты наперебой рвутся расписывать цели террористов и брать у них интервью.

Таким образом, газеты, радио и телевидение, возможно, сделали больше для роста терроризма, чем сами террористические организации. А поза «объективного нейтралитета», которую порой занимает пресса при освещении терроризма, это, по словам Черчилля, нейтралитет между поджигателем и пожарным — нейтралитет, который на практике только на руку террористам. Так, при похищении самолета компании «Люфтганза» в 1977 году террористы услышали в «объективных» радионовостях, что командир самолета передает на землю властям информацию по своему радиопередатчику. И они убили его. Аналогичный инцидент случился при штурме иранского посольства в Лондоне, захваченного палестинскими террористами. Внезапно все телепрограммы страны прервались прямым «объективным» репортажем о начале штурма посольства полицией. По счастью, террористы в это время не смотрели телевидение, иначе они бы расстреляли заложников.

К чему я об этом говорю? Намедни на российских сайтах появилось новое объяснение трагических событий 11 сентября. Мол, эта террористическая акция была инициирована нашим собственным правительством. Читая эти статьи, я не мог отделаться от впечатления, что когда-то я уже это читал. И мне, конечно, не пришлось напрягать память, я живо вспомнил передовицы «Правды» времен моей молодости. В «Правде» у меня тогда было несколько приятелей-международников, и я хорошо помню, как они лихо сочиняли подобный бред, гордо говоря: «Ну и дал я американцам дрозда!», а затем, защемив карандашом телефонный диск, материли советскую власть на чем свет стоит. И вот тридцать лет спустя оказывается, что «жив курилка» — эти лжеправдисты даже такую трагедию используют для разжигания антиамериканизма. Спорить с ними нелепо, как нелепо спорить с пациентами в психбольницах. А вот диагноз им поставить можно: только люди, десятилетиями воспитанные на репрессиях советского правительства против собственного народа, могут, меряя Америку на свой совковый аршин, сочинять подобный вздор. Но кто дал им право внушать этот бред российскому читателю?

Впрочем, узнав, что этот вздор озвучил в Думе Жириновский, я успокоился, я понял, что это просто черный думский юмор. Это Владимир Вольфович, заигравшись, продолжает выступать в роли куклы Жириновского...

Уважаемый Владимир Владимирович! Передавая Вам в тезисах разработки Рабина, Нетаньяху, лорда Чалфонта, сенатора Лэксолта и других экспертов борьбы с международным терроризмом, я не могу утаить от Вас еще один метод, разработанный покойным президентом Сирии Асадом. Когда собратья талибов по экстремизму открыли в Дамаске свой офис и стали на манер паразитов внедряться в сирийское мусульманство, Асад приказал снести этот офис бульдозерами, вырезать всех его обитателей и привезти на это место всех остальных главарей исламского экстремизма со всей страны. Их привезли и сказали: в нашей стране полная свобода ислама. Но если вы будете насаждать экстремизм, с вами будет то же самое.

С тех пор внутри Сирии нет исламского экстремизма.

С уважением и — до связи,

Эдуард Тополь.

США, 25 сентября 2001 г.

Газета «Версия», 30 октября 2001 г.

ИСЛАМ, БЕН ЛАДЕН И РОССИЯ

Оперативное донесение № 005

Многоуважаемый Владимир Владимирович! Ваша инициатива созыва в Москве Всемирного исламского конгресса подвигла меня провести некоторые исторические исследования, результаты которых доношу.

Как показывают письма иранского посла Ахмеда ибн Фадлана своему халифу с территории Древней Руси в 922 году, «многие из славян исповедуют ислам». Историческое право на проведение исламского конгресса у России действительно есть, хотя сам ислам в России не прижился.

Тем не менее какая-то внутренняя взаимная тяга осталась и особо отчетливо выявилась в прошлом веке. Но, чтобы понять этот глубинно-магматический процесс, следует снова обратиться к истории. Не претендуя на полное освещение темы и не зная, что говорят об этом нынешние русские исламоведы, я, проживая в США, доношу сведения, добытые мною в американских источниках.

Почему пишут «исламский терроризм»? Ислам является одной из величайших религий мира и разделяет со своими сестрами-религиями те же моральные установки. Ислам, например, особо подчеркивает, что ни один человек не должен страдать от притеснений другого человека. В свои заповедные времена ислам установил законы войны, предельно человечные по отношению к тем, кто не участвует в сражениях.

Тем не менее слово «ислам» как классификацию нынешнего терроризма используют по двум причинам. Первая — политический характер самого ислама с первых дней его рождения. Интимная близость религии и политики отличает его от других религий и делает политической религией.

Вторая причина сочетания ислама с терроризмом — в сегодняшних реалиях. В течение последних веков общество ислама модернизировалось. Этому невозможно противиться, как невозможно противиться открытиям науки, медицины и

454

техники. Религиозные лидеры христианства, иудаизма и буддизма встраивают эти открытия в свои религиозные концепции и почти не воюют с мельницами прогресса. Но адепты «истинного» ислама исповедуют очищение мусульманского общества ото всех привнесенных историей модификаций и стремление вернуться к обществу, управляемому только древними исламскими законами. Почему это происходит?

В традиционном исламе Бог — единственный источник власти. Но непреложность этой посылки имеет роковые последствия. По исламскому закону конфликт между миром ислама и миром неверующих может быть остановлен перемирием, но завершиться он должен только либо обращением, либо порабощением неверных.

Другой сферой применения вооруженной силы является защита владений Бога, или, точнее, насилие, призванное изгнать, искоренить тех, кто нарушил Закон. Именно в этой борьбе с внутренним врагом и родился терроризм. Классический случай его применения произошел в 656 году при убийстве третьего халифа Ислама Усмана. Дебаты относительно этого убийства начались тогда и продолжаются по сей день. Одни говорили, что поскольку халиф был убит, то его убийцы должны предстать перед Законом. Другие утверждали, что халиф был тираном и узурпатором, а посему его кровь была платой за нарушение Закона. Вторая группа получила название «шииты». Откуда они взялись?

Известно, что жизнь Магомета является моделью для поведения мусульман во всех случаях бытия. Но в его карьере есть два периода: до того как он стал главой государства и создал правительство в Медине, он был бунтовщиком. И потому его учение нередко становится идеологией для восстания против власти. Таким образом, родились два пророческих образца: пророк как бунтовщик и пророк как правитель. И отсюда две традиции в исламской истории: призывающая к подчинению власти и традиция активного действия, которую часто ассоциируют с шиизмом. Шииты верят, что легитимным правителем мусульман является только двенадцатый потомок Али, который исчез примерно в 873 году. Этот имам явится в свое время и будет признан мессией. Таким образом, «двенадцатый шиизм» есть мессианство, встроенное в ислам.

Хотя мессианство обычно рождает политическую пассивность, шиизм произвел энное количество радикальных групп, одна из которых стала известна в средние века как ассасины. Они подали первый в истории пример систематически планируемого терроризма. Под влиянием своего лидера Хасана ибн Саббаха относительно небольшая группа исламистов применяла политические убийства как средство давления на правителей Персии и Сирии. Убийцы, которых посылал Хасан ибн Саббах, были известны своей готовностью пожертвовать жизнью ради достижения цели.

Правда, они убивали только правителей, их министров и генералов, в то время как нынешние террористы убивают, как правило, совершенно невинных людей. Терроризм средневековых ассасинов длился несколько столетий. Но затем он исчез и возродился (хотя и в ином качестве) только во второй половине XX века в международном исламском терроризме, или, говоря по-новому, в бен-ладенизме.

Что вывело ассасинизм на международную арену?

Историки найдут примеры политических убийств в любом столетии и в любых странах. Но они не имели ничего общего с нынешним терроризмом, жертвами которого намеренно делают безоружных людей и детей. Таким терроризм сделал Николай Ишутин. Создав в 1863—1866 годах секретную террористическую организацию, он первым романтизировал политическое убийство как организованную революционную акцию. Его преемник Бакунин пошел еще дальше, сказав, что дух разрушения — это дух созидания. А посему революционеры должны, мол, создать террористическую элиту и быть готовыми пожертвовать своей жизнью.

Эта философия произвела две волны терроризма: между 1877 и 1881 годами и между 1904 и 1908 годами. Боевой отряд террористов-эсеров насчитывал 700 молодых террористов (при 100 000 энтузиастов социал-революционной партии) и подчинялся напрямую только ЦК СРП. Они готовили свои акции самым тщательным образом, использовали новейшие по тем временам бомбы и взрывчатые вещества, а после операции обычно скрывались в Финляндии, которая стала первым государственным убежищем террористов.

Мучимые угрызениями совести за свой буржуазный образ жизни, высшие слои российского общества восторгались террористами, рукоплескали им на судебных процессах, тайно помогали с побегами за границу и публично заступались за них перед властью. Лев Толстой, Леонид Андреев, философ Соловьев и другие властители умов протестовали против приговора к повешению даже убийц царя. А все потому, что российские ассасины-эсеры виделись обществу как романтизированные байронические борцы с одряхлевшим и преступным царским режимом.

Но это, однако, были только цветочки.

Ягодки терроризма родились вместе с советской властью. Конечно, в одном донесении мне не поднять все архивные пласты Института марксизма-ленинизма. Но экспорт революции, создание Коминтерна и Социнтерна, тайное и открытое финансирование зарубежных компартий, деятельность Международного отдела ЦК КПСС, операции Первого главного управления КГБ по созданию террористических фронтов освобождения Саудовской Аравии и Кувейта, подготовка террористов для государственных переворотов в Турции и Египте, специальный «институт» для подготовки арабских террористов в Балашихе, тренировочные лагеря террористов в СССР, Чехословакии, Болгарии, ГДР, Северном Вьетнаме и Южном Йемене... Ох, Владимир Владимирович!.. Вот мы и добрались наконец до становления высшей стадии ассасинизма, то бишь исламского терроризма, выведенного на мировую арену усилиями коммунистического режима в СССР. Мне кажется излишним углубляться в подробности отеческой заботы ЦК КПСС по отношению ко всем без исключения лидерам исламского терроризма от Арафата и Каддафи до Ильича Рамиреса Санчеса по кличке Шакал. Этим заботам просто несть числа (к Ясиру Арафату, например, были приставлены даже два персональных опекуна — подполковник КГБ Василий Самойленко и посол Александр Солдатов, которого специально перевели из Гаваны в Ливан для забот об Арафате, Жерже Хабаше, Абу Ияде, Халеде ал-Хасане и иже с ними).

Да, господа Брежнев, Суслов, Пономарев, Андропов и K°, держа свою страну на полуголодном пайке и в очередях за мясом второй категории свежести, с лихвой вернули наследникам исламского халифа долги дохристианского славянского царя — оружием и валютой на десятки миллиардов долларов (только Египту накануне Шестидневной войны было отправлено оружия на 20 миллиардов долларов!). А если при всем обилии советских ракет, «катюш», самолетов и автоматов Калашникова эти террористы не справились с хазарами, то есть, простите, с Израилем, то это, конечно, не их, членов Политбюро, вина. Они патронов не жалели...

Последнее время историки ислама нередко вспоминают Марко Поло, который из своих путешествий по Азии привез легенду о могущественном «старце гор» Алаодине. Этот старец построил в горах неприступную крепость. Его могучие и жестокие воины держали в страхе все окрестные племена и во время своих беспощадных набегов уводили в крепость самых выносливых и сильных мальчиков в возрасте от 12 до 20 лет. Там Алаодин опаивал их каким-то снотворным напитком. После долгого и глубокого сна они просыпались, окруженные райскими гуриями. Юноши были уверены, что попали на небеса, и Алаодину, гласит легенда, ничего не стоило уговорить их стать его воинами, посулив им вечную жизнь в раю. А вскоре он превращал их в бесстрашных и безжалостных убийц, которые держали в повиновении все окружающие племена и народы.

Нынешние психиатры считают, что Алаодин был гипнотизером, программировавшим психику этих юношей в просоночно-фазовом состоянии, вызванном каким-нибудь сильным наркотиком. Он внушал им новую поведенческую программу, то есть зомбировал их, и с их помощью завоевывал мир.

Сегодня передо мной на телеэкране по десять раз на дню возникает новый длиннобородый Алаодин — Усама бен Ладен. Сидя в неприступной афганской пещере, он грозит пальчиком западной цивилизации и посылает на нас своих зомби, которые накануне своей самоубийственной атаки на ненавистный им мир американской цивилизации неплохо оттянулись в наших «проклятых» флоридских барах и дискотеках. И это, конечно, доказывает явную некошерность их религиозных подвигов. Даже гарантируя им место в раю и беря на себя финансовую заботу об их семьях на земле, бен Ладен и в последний миг их жизни не смог сделать из них истинных мусульман. А просто использовал их. И потому, когда я слушаю перевод его обращения: «Мусульмане всех стран, объединяйтесь!», я вспоминаю другого пророка, российского, с бородкой клинышком, который для захвата власти объединял всех пролетариев, презирая их в душе точно так же, как бен Ладен своих зомби. А когда я вижу пяти-шестилетних афганских детей с «АК-47» на груди для защиты этого нового «старца гор», я вспоминаю еще одного фюрера, который, сидя в бункере, создал для своей защиты гитлерюгенд.

Все эти вожди присваивали себе право распоряжаться судьбами мира и обошлись человечеству в миллионы жизней православных, католиков, мусульман и иудеев. Конечно, мы разбомбим крепости и этого бен Ала-Ладена. Но декодировать тысячи зомби, извлечь их из просоночно-фазового состояния, обезъядить их души, отравленные ненавистью, и открыть им глаза на истинный, человечный ислам невозможно даже ракетами с лазерной наводкой. А потому ваша идея созыва Московского исламского конгресса крайне важна, не дайте ей забыться. Если этот конгресс соберет в Москве действительно влиятельное исламское духовенство, то он в первую очередь должен духовно, религиозно и идеологически разоружить бенладенизм в глазах мусульман как грубое, дьявольское нарушение исламского Закона и заодно снять с него флер российско-эсеровского романтического самопожертвования.

Да поддержит Вас Аллах в этом начинании!

С уважением и до следующего донесения.

Эдуард Тополь.

США, 15 октября 2001 г.

Газета «Версия», 11 декабря 2001 г.

ПРОДАЛ ЛИ ПУТИН РОССИЮ?
ИЛИ
ОТ БРАЙТОН-БИЧ ДО БРИТАНСКИХ МОРЕЙ РУССКАЯ МАФИЯ ВСЕХ СИЛЬНЕЙ!

Президенту РФ Владимиру В. Путину
Президенту США Джорджу У. Бушу

Оперативное донесение № 006

Многоуважаемые господа президенты!

Прибыв 14 ноября на свою географическую родину, доношу: в Москве я передвигаюсь методом автостопа — стоит поднять руку, как несколько авто, нарушая рядность, подкатывают к тротуару и водители предупредительно открывают дверцу: «Куда?» За сто рублей, то есть за три доллара, можно проехать всю Москву из конца в конец. Но дело не только в дешевизне этого car-service, наглядно демонстрирующего обнищание даже владельцев автомобилей. Для иностранного агента это еще и лучший способ узнать настроение страны. В первой же поездке моим водителем оказался сорокалетний мужик с простым открытым лицом, буквально на второй минуте он сказал:

— Слыхали? Продал Путин Россию, бля!

— Уже? — удивился я. Проведя два дня в дороге между Майами и Москвой, я отстал от CNN и не знал, чем закончилась ваша встреча в Техасе. А оказывается...

— Ну! — сообщил мужик. — Не успел он приехать к этому Бушу, как продал Россию на фуй!

— За сколько?

Мужик покосился на меня, но я постарался изобразить на лице любопытство невменяемого идиота. Похоже, мне это удалось не хуже актера Харрисона Форда, и мужик пожал плечами:

— Так они и скажут! Такая страна была! Полмира в руках держали! И все просрали!..

И тут я прокололся, спросил:

— А на хрена вам полмира? Вы лично с этого что имели?

— Понял, — тут же кивнул мужик. — Вы из этих, явлинских...

— Нет. Я вообще приезжий. Но я думал, что Путин и Буш — это новая «встреча на Эльбе», дружба, общая война с терроризмом...

— А фули нам эта дружба! — возмутился мужик. — Американцы нас уже и так в колонию превратили, а теперь вообще за людей не считают, гонят сюда всякое фуфло, как недоразвитым странам...

Каюсь, здесь я окончательно вышел из образа оперативного агента и обозлился:

— Знаете, дорогой, лет восемь назад в Нью-Йорке я встретил одного русского, он приехал закупать продукты для Донбасса. Целыми днями он шарил по дешевым супермаркетам и базам в поисках консервов, срок годности которых истекал через десять дней. Понятно, что никто из покупателей эти консервы уже не брал, и он скупал их буквально за гроши. А его главный расход состоял в том, чтобы тут же контейнерами вывезти их из США, потому что на одиннадцатый день таможня бы их не выпустила. Я ему говорю: «Послушайте, как же вы, русский человек, можете везти это гнилье своим же, русским людям?» И знаете, что он мне сказал? Он сказал: «Русские люди? Да это же отработанная порода!» А вы говорите, американцы вас за людей не считают! А это ваши же жлобы и ворье сгребают в Россию мусор со всего мира, а потом разжигают в вас злобу к Западу, чтобы нормальный западный бизнесмен сюда, не дай Бог, не сунулся и не отнял у них рынок...

Короче, я засветился на все сто, прошу, господа президенты, объявить мне выговор.

А вторая поездка была у меня с водителем-женщиной, очень симпатичной и, как оказалось, работницей одной из интуристовских гостиниц. Она сказала:

— Знаете, оно, конечно, грех так говорить, 11 сентября у вас там невинные люди погибли, но для нас это хорошо.

Я изумился:

— В каком смысле?

— А так. До этого все ваши американцы к нам очень высокомерно относились. И то им не так, и это. Почему такси до аэропорта стоит сорок долларов? Почему белье в номере не каждый день меняют? Почему вы не улыбаетесь? И вообще общались с нами как со слугами. А 11 сентября их как подменили! Плачут! Мы им телевизор в холле поставили, они от него целый день не отходили, смотрели на свой горящий Нью-Йорк, плакали — честное слово! — и звонили туда постоянно. А связи же нет, они к нам: «Пожалуйста, соедините с Америкой! Пожалуйста, соедините с посольством! Пожалуйста, поменяйте нам билеты, нам нужно срочно домой!» Нам пришлось с ними как психиатрам работать, мы говорим: «Да успокойтесь вы! У нас тут уже десять лет все взрывается, а мы — ничего, живем». Они говорят: «Да, теперь мы вас понимаем...» Жалко мне вас, американцев, слабая нация, мало, видать, вас били...

За такой замечательный анализ я заплатил ей по двойному тарифу и с горечью вспомнил, что, согласно недавнему исследованию нашего конгресса, ровно десять лет назад, во время распада СССР, 80 процентов россиян были настроены проамерикански. А после восьми лет клинтоно-ельцинского правления таковых осталось в России только 30. То есть, говоря по-шоферски, про...ал Билл Хилларич Россию, а царь Борис — в свою очередь — Америку, поскольку и американцы после провала своей финансовой помощи в черные дыры российской экономики видят теперь во всех русских сплошную русскую мафию.

Да, разошлись наши страны как в море корабли. И случилось это на самом деле не по вине Клинтона и Ельцина, а по их упущению и недосмотру, о чем я, как соучастник процесса, могу дать свидетельские показания. Вот они.

До развала СССР тысячи западных советологов, журналистов и профессиональных разведчиков кормились изучением «империи зла» и разоблачением ее кровожадных замыслов советизации мира. А в СССР столько же, если не больше, журналистов, американистов, гэбистов и гэрэушников с равным упоением занимались разоблачением козней и происков империалистов и дестабилизацией мира загнивающего капитализма. В этой игре на разных уровнях трудились

462

в поте лица и антисоветский писатель Эдуард Тополь, и под-полковник-разведчик Владимир Путин, и директор ЦРУ Джордж Буш-старший, и еще десятки тысяч людей. Но рух-нула наконец «империя зла», и огромная масса западных со-ветологов, славистов-журналистов, цэрэушников и фэбээруш-ников оказалась перед разбитым корытом. Писать стало не-чего, разоблачать некого, а менять профессию поздно. И тогда срочно, впопыхах, абы не утонуть и не стать в очередь за пособием по безработице, в Америке сочинили, раздули и сотворили почти из ничего новый страшный образ врага — русскую мафию. Да, если до 1991 года с отловом криминаль-ных элементов на Брайтоне легко справлялись всего два агента ФБР Питер Гриненко и Билл Мошелло, то после 1991-го на эту делянку набросились все — и Голливуд, и журналисты, и писатели, и, конечно, разом возникшие в ФБР целые отделы по борьбе с русской мафией. И сколько Питер Гриненко ни твердил в своих интервью, что никакой русской мафии нет, а есть лишь пара десятков удравших из России бандитов, которые к тому же постоянно сами отстреливают друг друга на Брайтоне, от него лишь отмахивались, а затем и вообще отправили на пенсию. Чтобы не пел в диссонанс с общим хором.

И дальше началась вакханалия, при которой в русскую мафию стали записывать всех, кто под руку попадет, и осо-бенно тех, кто высунулся выше среднего роста новоприбыв-шего нищего эмигранта. Один воистину новый русский и персонаж одного из моих романов, гениальный мужик, строитель половины фундаментов всех крупнейших мос-ковских новостроек, когда в США и его зачислили в рус-ские мафиози, относится к этому даже с юмором. Как че-ловек молодой и задорный, он, прилетая в США и садясь в аэропорту в машину, тут же звонит по мобильнику друзь-ям и сообщает:

— Привет! Откройте склад и готовьте «капусту»! У меня в машине триста кило героина и две тонны гашиша!

Нужно ли говорить, что через десять минут над его ма-шиной зависает вертолет ФБР, каскадеры из «Дельты» пры-гают на крышу, на ходу вламываются в кабину и: «Out of the car! Лицом в землю! Руки за голову!»

Потом, обшарив и вспоров всю машину и не найдя в ней даже сигаретного окурка, начальник местного отделения ФБР американским матом кроет моего героя:

— Сукин сын! Ты долго будешь нас разыгрывать?

— А вы долго будете прослушивать мои телефоны?

— Ты знаешь, сколько факинг мани стоит нам каждая такая операция?

— Вот я и говорю: потратили бы их лучше на что-нибудь умное...

Но на умное тратить — это же надо другие языки учить (например, арабский), а гоняться за русской мафией — и русский знать не обязательно, поскольку русские теперь своей мафией сами всему миру мозги полощут. Нет, в натуре, вы посмотрите, какая пропаганда и романтизация бандитизма вот уже который год прет в России с экранов телевизоров и книжных развалов. Тут тебе и «Бешеный», и «Марш Турецкого», и «Каменская», и целые табуны киллеров и антикиллеров. Вслед за артелью «Олимп» окололитературного упыря Незнанского, закрыть которую не сумели даже зубодробительные публикации «Комсомольской правды» и «Совсекретно», над созданием имиджа всевластных братков доблестно трудятся не менее мужественные доярки детективного жанра, из-под офицерских юбок которых торчат кирзовые ботинки все тех же литературных негров Незнанского. Общими усилиями да с помощью телевидения они создали такой культ русского бандитизма, что куда там Голливуду! Даже при советской власти Госкино и Гостелерадио сообща не тратили на фильмы о Камо, Котовском и других большевиках-экспроприаторах таких денег, какие сегодня РТР, ОРТ и полугосударственное НТВ загоняют в сериалы о русской мафии. И чем меньше справляется с реальным бандитизмом милиция, тем больше телеподвигов совершают Каменская, Турецкий и другие «суперследователи».

А послушайте музыку в московских авто! Такого всенародного разлива блатного самопала не знали даже лагеря полосатиков на Крайнем Севере. Там, в ГУЛАГе, лагерную тематику все-таки настоящие поэты писали — Василий Казин, Юз Алешковский, Маргарита Алигер, Гарик Куперман... А по эту сторону колючей проволоки ту же тематику поднимали до высей политической песни Александр Галич и Владимир Высоцкий. Но теперь кто только не забивает мозги молодежи своими чудовищными приблатненными текстами — им и числа-то несть! И количество переходит в качество — вместо пионерско-комсомольской идеологии Павлика Морозова, справедливо выброшенной на помойку истории, миллионы подростков «хавают» то, что им поют Шуфутинские и Звездинские и пишут Незнанские.

Наш «Брат-2» покруче вашего «Рэмбо-4»! Наша мафия самая крутая! И даже в области бандитов мы впереди планеты всей!

А пока по обе стороны океана шла эта замечательная кадриль под названием «Охота за русской мафией», воины Аллаха и бен Ладена беспрепятственно приезжали в Америку по липовым паспортам, тусовались во флоридских дискотеках, оттягивались в наших барах и учились водить самолеты в наших авиашколах, напевая, наверное, при этом замечательную русскую песню: «Первым делом, первым делом самолеты...»

Уважаемые господа президенты! Я пишу все это с горечью и болью. Игры мнимых американских патриотов в русскую мафию и псевдорусских патриотов в «Брат-2» развели корабли по имени «Россия» и «Америка» очень далеко друг от друга. Конечно, можно с капитанского мостика крикнуть: «Кругом, марш!» или, точнее, «Форде винде через корму!», но как втолковать там, в машинном отделении, что «Курск» не топили американцы, что «ножки Буша» гнал в Россию вовсе не Дядя Сэм, что не все русские — мафия, что Путин не продал Бушу Россию и что, не добей мы сообща талибов, они — в силу хотя бы географической близости — быстрее пришли бы в Москву, чем в Америку, и раньше бы сделали обрезание Митрофанову и Жириновскому, чем Дику Чейни?

А самое главное, кто это будет втолковывать — и там, и тут? Разве при всей своей президентской власти вы в силах перекрыть это серийное производство псевдолитературного, псевдопесенного и телевизионно-киношного денатурата бандитской морали, на котором уже привычно, налаженно и легко варят свои бабки артели и полчища окололитературных, киношных и эстрадных трутней?

Как сказал когда-то Хрущев донецким шахтерам: «Скажите мне, какой министр вам не нравится, и я его выгоню в момент! Но я же не могу разогнать министерство!»

Перестроить министерство общественного мнения по обе стороны океана — it is really штука посильнее «Фауста» Гете. Потому что это не делается ни командой «Форде винде!», ни даже «Овер штаг через нос!». Нужна новая Концепция Взаимного доверия, Телемосты доброжелательности, Саммиты народного знакомства, Программы декодизации бандитской нравственности и борьбы с подростковым алкоголизмом, Мобилизация здравомыслящей интеллигенции на возрождение духовности и морали в народе и долгосрочные льготные условия делового партнерства с иностранцами. Именно льготные — для поощрения совместных проектов, а не для их растерзания усилиями американских и русских бюрократов.

Но самое важное, на мой взгляд, загасить антиамериканскую истерию в России и антироссийскую в Америке.

Примите мои заверения в глубоком почтении и позвольте продолжить изучение России методом опроса московских водителей.

Эдуард Тополь.

Москва, 2 декабря 2001 г.

Газета «Версия», 27 ноября 2001 г.

С ЧЕГО НАЧИНАЕТСЯ РОДИНА

Господину В.В. Путину, Президенту РФ

Оперативное донесение № 007

Многоуважаемый Владимир Владимирович!

Я не сомневаюсь, что в силу особого влияния на Вашу юность фильма «Щит и меч» Вы прекрасно знаете слова этой песни. Но спешу сообщить, что в песенное донесение вкралась трагическая ошибка: Родина не начинается с картинки (тем более с той, нашей с Вами, — портрета Ленина на первой странице любого букваря). Как театр начинается с вешалки, Родина начинается с паспортного контроля на ее границе.

Не знаю, что Вы заметили при этом контроле во время Вашего нынешнего визита в США, я доношу о своем опыте, который — в свете Вашего с Бушем исторического заявления о конце противостояния США и России — кажется мне чрезвычайно важным. Дело в том, что в день, когда Вы вылетели из Москвы в Вашингтон, я из США — с посадкой в Париже — вылетел в Москву. И вот мои дорожные впечатления.

Париж, 13 ноября, аэропорт Шарль де Голль. Протягиваю паспорт в окошко пограничника и слышу улыбчатое, рокочущее низким баском:

— Бонжур, мсье!

Он берет паспорт, мельком заглядывает в него и тут же возвращает, улыбаясь:

— Мерси, мсье.

А теперь — буквально назавтра — полет в Шереметьево. И я уже знаю, что меня ждет. Как всегда, получасовая очередь к будке паспортного контроля. Нигде в мире, даже в Канкуне в разгар курортного сезона, нет таких очередей. Неужели в Москву приезжает больше иностранцев, чем в Париж, Лондон, Нью-Йорк, Рим? Думаю, все-таки не больше, но там — как и во всех цивилизованных аэропортах — эти очереди текут сквозь фильтры контроля с крейсерской ско-

467

ростью шесть человек в минуту и неизменным: «Бонжур!.. Гуд морнинг!.. Бонжорно!.. Ка ничео?..» А здесь — вот оно, с чего начинается Родина: полчаса — как минимум! — стоишь в очереди к пограничной будке, единственной открытой из шести. Ладно, достоялся. Подхожу к окошку, протягиваю паспорт, улыбаюсь, говорю по-русски:

— Здравствуйте!

Молчание. Милая девушка в гимнастерке с выражением бетонного сфинкса на лице берет мой паспорт, глядит на фото, потом — пронзительно — на меня. Одним пальчиком набирает мою фамилию на компьютере, ждет, как на него среагирует Большой Брат. В томительной паузе пытаюсь все-таки сломать этот бетонолед:

— Как поживаете? Как погода в Москве?

Все равно молчит. Гвозди бы делать из этих людей. Четыре раза клацнула штемпелем в мои паспорт и визу, положила их на стойку:

— Проходите!

Знаете, Владимир Владимирович, за последние тринадцать лет я не менее ста раз проходил эту пограничную и таможенную процедуру. Я знаю многих пограничниц в лицо, я вижу по их глазам, что и они, глянув на мою фамилию, тоже узнают меня и даже — некоторые — читали. Но добиться от них простого «здрасте», да еще бы с улыбкой, ни разу не удавалось, никогда! Во всяком случае, при въезде в страну. Зато каждый раз, отходя от их будки, я вспоминаю, как это происходит в США, где ни один пограничник, даже если и глянет на мою фамилию в паспорте, никогда не сопряжет ее ни с одной прочитанной книгой. И все-таки, беря мой паспорт, он говорит:

— How are you, sir? Welcome home!

С этого начинается Родина.

И еще. Попробуйте, Владимир Владимирович, позвонить в любой московский офис, проверьте мой опыт. У меня получается так, я говорю:

— Алло, здравствуйте!

На том конце:

— Да.

Я еще бодрее:

— Алло! Здравствуйте!!

468

— Да...

Но я только приехал в Россию, я еще не врубился в местный этикет, а точнее, не вырубился из американского и повторяю на пределе своей доброжелательности:

— Здравствуйте!!! Добрый день!!!

И слышу плохо скрываемое раздражение:

— Да! Говорите!

Вздыхаю и говорю:

— Знаете, девушка, я сейчас лопну от гордости: при первых звуках моего голоса вы, даже не сказав мне «здрасте», уже сказали мне «да»...

В ответ два теплых — наконец-то! — слова и гудки отбоя. И — накрылся бизнес, больше мне в этот офис звонить нельзя.

Минуточку, Владимир Владимирович, не откладывайте это донесение, оно не о пустяках, оно архисерьезно! Вы можете сколько угодно реформировать структуры власти, Вы можете делать исторические заявления, перестраивать экономику, вводить и выводить законы и постановления, но все Ваши титанические попытки вернуть Россию в цивизацию не дадут, я боюсь, ничего, пока страна не возродит, не вспомнит своей генетической памятью древнерусское, а ныне столь редкостное и только глубоко провинциальное свойство — здороваться и искренне, с улыбкой смотреть на встречного человека.

Я никого не виню и не пытаюсь иронизировать — я не Жванецкий, не Лиходеев и не Шендерович. Я пишу это донесение совершенно всерьез. Коммунисты не только вырезали, расстреляли и сгноили в ГУЛАГе сорок миллионов лучших российских мужчин и женщин, они срезали улыбку с лица нации. И не в одной России, а всюду, где они брали власть, — в Польше, Чехословакии, даже в Китае и Вьетнаме, — люди забывали элементарное свойство человечности — доброжелательность и улыбку. Вместо них большевики привили своим народам революционную бдительность и суровую нетерпимость к любому добродушию. И задача, которую Вам предстоит решить в первую очередь, не экономическая и не политическая, она — по объему — равновелика реформе Петра Первого: как Петр стриг бороды боярам, насильно приучал к этикету и вину вместо водки, так и Вам предстоит заново — декретом — ввести в стране доброжелательность.

Нет, не отмахивайтесь, и насчет декрета я абсолютно всерьез. Спросите у любого эмигранта, который прошел освоение улыбки в США (где без этого вас не примут на работу даже вахтером), проверьте у любого психиатра или актера: если нельзя настроиться на улыбчатость изнутри, внутренним добродушием (поскольку его нет), то можно приобрести это *добро*душие с другого конца, механически, заставив себя улыбаться по сто раз на день. Физиология работает на характер так же, как характер на физиологию.

Вечером, в Париже, когда я обсуждал эту тему с двумя европейскими экономистами российского происхождения, они мне сказали:

— Тебе улыбаются американские и французские пограничники вовсе не потому, что они к тебе хорошо относятся. А потому, что в их рабочих правилах им предписано говорить «Бонжур» и «Вэлкам хоум!».

Внимание, Владимир Владимирович! Вот рычаг! Вот звено, которым можно вытащить из души остервенелого народа всю ржавую совковую цепь! Вы же президент! Так впишите в Устав пограничной службы первое правило: улыбаться и говорить «здрасте» приезжим! Чтобы только с этого и начиналась Родина. И в трудовое законодательство страны тоже впишите: улыбаться и говорить «здрасте» посетителям! И обязательно проведите, продавите эти законы через Думу, чтобы эти простые правила внутреннего доброжелательства друг к другу проснулись наконец и у думских депутатов. Без этого не заработают никакие другие реформы даже при самых крупных инвестициях. Те же мои парижские друзья, обсуждая Ваши реформы, сказали мне:

— Какой бы фурор ни производил Путин в Гамбурге или на других саммитах, Россия не получит никаких серьезных западных инвестиций, потому что в России к ним подход один: дайте нам ваши деньги, а куда и как их потратить, мы сами разберемся. Но России и не нужны западные инвестиции! России нужны российские миллиарды, вывезенные русскими за рубеж. Вот если Путин сумеет создать систему, при которой эти деньги вернутся вместе с хозяевами, то уж эти русские не дадут исчезнуть ни одному доллару в черной дыре российской экономики, они заставят каждый цент работать на дело.

— Но как же это сделать? — вскричал я. — Подскажите! Я доложу Путину в следующем донесении!

— Не нужно его торопить, — было сказано мне. — Пока он все делает правильно...

Хорошо, Владимир Владимирович, я не стану торопить Вас с системными экономическими реформами, это не моя профессия. Но духовная, душевная сфера — это по моей части. И вот Вам пример, как просто это работает.

Лет десять назад, когда я жил в Нью-Йорке, в Бронксе, прилетел ко мне в гости московский приятель в немалых правительственных чинах. Высокий, крупный, пожилой, на лице бдительно-партийное отчуждение ко всему американскому. У советских, как известно, собственная гордость, на буржуев смотрим свысока. Вечером, в день его прилета, посидели, отметили его приезд, он высказался по поводу нашей загнивающей демократии и бездуховности. Лег спать. Но в силу перехода через восемь часовых поясов встал в шесть утра, облачился в спортивный костюм и бодро побежал на пробежку. Я встал в семь — его уже не было. В семь тридцать — нет, в восемь — нет. Я забеспокоился — это хоть и белый район, но все-таки Бронкс, а человек по-английски — ни слова. В полдевятого, когда я уже звонил в полицию, является. Улыбка до ушей, глаза сияют, лицо счастливое. Я спрашиваю: в чем дело, где ты был?

— Знаешь, — восклицает, — меня тут, оказывается, все знают!

Я изумился:

— Тебя знают?!

— Ну да! Я бегу, а все встречные мне улыбаются и говорят «Гуд морнинг!».

Он, оказывается, три часа бегал, собирал встречные улыбки, не мог насытиться!

А теперь, Владимир Владимирович, последняя сценка из московской жизни.

Пару лет назад, май месяц, я только что прилетел в Москву, друзья поселили меня над «Макдоналдсом» в доме на Тверском бульваре. Поскольку прыжок был через восемь часовых поясов, я тоже встал в шесть утра, облачился в спортивные трусы, кроссовки и майку и бодренько выбегаю на Тверской бульвар на утреннюю пробежку. Теплынь, утро красит нежным светом, просыпается с рассветом вся кипучая и могучая, я бегу и по американской привычке на ходу улыбаюсь встречным спортсменам, говорю им «здрасте» — нет, не всем прохожим, я же не сумасшедший, я только своему брату, который бегом от инфаркта.

Но ни один не отвечает!

Ни один!

Больше того — оскорбленно отводят глаза и лица, как будто я с утра сделал им гнусное предложение.

Все-таки бегу дальше. Вижу: впереди идет по дорожке мужичок ростом метр с кепкой, но косая сажень в плечах и затылок давно не стриженный. Крепкий мужичок. Я беру круто влево и обгоняю его в метре от его плеча. Но то ли от хруста песка под моими кроссовками, то ли еще от чего, но мужичок эдак дрогнул на ходу, а затем громко, на весь бульвар послал мне в спину:

— Бля!! Убивать надо!!!

Вот с чего начинается Родина, дорогой Владимир Владимирович!

Если Вы действительно собираетесь вернуть Россию на столбовую дорогу цивилизации — оцените дистанцию, и — да поможет Вам Бог в этом каторжном труде!

Эдуард Тополь.

Майами — Париж — Москва, 12—14 ноября 2001

СОДЕРЖАНИЕ

КНИГИ ЭДУАРДА ТОПОЛЯ

КРАСНАЯ ПЛОЩАДЬ — 1982-й год. Расследование загадочной гибели первого заместителя Председателя КГБ приводит к раскрытию кремлевского заговора и дает живую и достоверную панораму жизни советской империи. Роман предсказал преемника Брежнева и стал международным бестселлером и классическим политическим триллером.

ЖУРНАЛИСТ ДЛЯ БРЕЖНЕВА — Исчезновение известного журналиста «Комсомольской правды» ведет следователей в самые теневые области советской экономики, коррупции и наркоторговли. Лихой детектив с юмористическими эпизодами, перекочевавшими в фильм «Черный квадрат» и др.

ЧУЖОЕ ЛИЦО — Романтическая любовь русского эмигранта и начинающей американской актрисы, заброшенных в СССР со шпионской миссией. Трогательный и захватывающий триллер на фоне последней декады «холодной войны», создания суперсекретных вооружений и совковой жизни.

КРАСНЫЙ ГАЗ — Череда загадочных убийств в Заполярье ставит под угрозу открытие транссибирского газопровода. Классический детектив на фоне леденящей заполярной экзотики и горячих сердечных страстей.

ЗАВТРА В РОССИИ — Покушение на Горячева, Генерального секретаря ЦК КПСС, ставит под угрозу будущее всей России. Роман, опубликованный в США в 1987 году, с точностью до одного дня предсказал путч ГКЧП и все перипетии антигорбачевского заговора, вплоть до изоляции Горбачева на даче. Политический триллер, любовный треугольник и первая попытка предугадать судьбу перестройки.

КРЕМЛЕВСКАЯ ЖЕНА — Получив предупреждение американского астролога о возможности покушения на президента СССР, его жена и следователь Анна Ковина пытаются спасти президента и раскрывают очередной кремлевский заговор. Политический детектив в сочетании с романтической любовной историей.

РОССИЯ В ПОСТЕЛИ — книга-шутка, ставшая классикой эротической литературы о сексе в СССР.

РУССКАЯ СЕМЕРКА — Две американки приезжают в СССР, чтобы с помощью фиктивного брака вывезти последнего отпрыска старого дворянского рода. А он оказывается «афганцем»... Суровая правда о солдатах-«афганцах» в сочетании с неожиданной любовью и чередой опаснейших приключений.

ЛЮБОЖИД — роман о русско-еврейской любви, ненависти и сексе. Первый том «Эмигрантской трилогии».

РУССКАЯ ДИВА — вариант романа «Любожид», написанный автором для зарубежного издания. От «Любожида» отличается более напряженной любовной историей. Автор ставит этот роман выше «Любожида».

РИМСКИЙ ПЕРИОД, или ОХОТА НА ВАМПИРА — Первые приключения русских эмигрантов на Западе, роковой любовный треугольник, драматическая охота за вампиром-террористом. Второй том «Эмигрантской трилогии».

МОСКОВСКИЙ ПОЛЕТ — После двенадцати лет жизни в США эмигрант возвращается в Россию в перестроечном августе 1989 года и ищет оставленную здесь женщину своей жизни. Сочетание политического триллера и типично тополевской грустно-романтической любовной драмы. Последний том «Эмигрантской трилогии».

ЛЮБИМЫЕ И НЕНАВИСТНЫЕ — эмигрантская трилогия о русско-еврейской любви, ненависти и сексе. Состоит из трех томов: «Русская Дива, или Любожид», «Римский период, или Охота на вампира» и «Московский полет». Автор считает эту трилогию главным литературным итогом своей эмиграции.

ОХОТА ЗА РУССКОЙ МАФИЕЙ, УБИЙЦА НА ЭКСПОРТ — короткие повести о «русской мафии» в США. Документальны, аутентичны и по-тополевски лиричны.

КИТАЙСКИЙ ПРОЕЗД — сатирически-политический триллер о последней избирательной кампании Ель Дзына и его ближайшего окружения — Чер Мыр Дина, Чу Бай-Сана, Тан Эль, Ю-Лужа и др. Американский бизнесмен прилетает в Россию в разгар выборов президента, попадает в водоворот российского политического и криминального передела и находит свою последнюю роковую любовь...

ИГРА В КИНО — лирические мемуары о работе в советском кино и попытках пробиться в Голливуд. Книга по-тополевски захватывает с первой страницы и подкупает своей искренностью. В сборник включены юношеские стихи, рассказы для серьезных детей и несерьезных взрослых.

ВЛЮБЛЕННЫЙ ДОСТОЕВСКИЙ — сборник лирических повестей для кино и театра: «Любовь с первого взгляда», «Уроки музыки», «Ошибки юности», «Влюбленный Достоевский» и др.

ЖЕНСКОЕ ВРЕМЯ, или ВОЙНА ПОЛОВ — роман об экстрасенсах, сочетание мистики и политики, телепатии и реальных любовных страстей.

НОВАЯ РОССИЯ В ПОСТЕЛИ — Пять вечеров в борделе «У Аннушки», клубные девушки, интимные семинары в сауне молодых психологов и психиатров, опыт сексуальной биографии 26-летней женщины и многое-многое другое... — вот феноменальная исповедь молодого поколения, записанная автором и собранная им в мозаику нашей сегодняшней жизни.

Я ХОЧУ ТВОЮ ДЕВУШКУ — два тома драматических, лирических и комических историй о любви, измене, ревности и других страстях.

СВОБОДНЫЙ ПОЛЕТ ОДИНОКОЙ БЛОНДИНКИ — два тома захватывающих приключений русской девушки в России и Европе — роковая любовь, криминальные авантюры, нищета и роскошь, от тверской деревни и Москвы до Парижа, Марбельи, Канн и Монако...

НЕВИННАЯ НАСТЯ, или СТО ПЕРВЫХ МУЖЧИН — исповедь московской Лолиты.

КНИГИ ЭДУАРДА ТОПОЛЯ — ТАЛАНТЛИВАЯ, ВСЕОБЪЕМЛЮЩАЯ, ДРАМАТИЧЕСКАЯ И КОМИЧЕСКАЯ ЭНЦИКЛОПЕДИЯ ЖИЗНИ СОВЕТСКОЙ И ПОСТСОВЕТСКОЙ РОССИИ

КРИСТАЛБАНК

Адрес:
Россия, 103055, г. Москва, ул. Лесная, 30.
Телефоны: (095) 937-38-94, 978-05-11, 933-61-00.
Факс: (095) 937-38-95.
Телекс: 614480 FIBR RU
E-mail: krystal@krystab.ru
WWW: http://www.krystalbank.ru

Мы выстояли 10 лет и кристаллизовались в
один из самых надежных банков Москвы

ВСЕ ВИДЫ ОПЕРАЦИЙ!

НАШ ГЛАВНЫЙ ФИНАНСОВЫЙ ПАРТНЕР В ИСПАНИИ:

Avda. Ricardo Soriano 22 — 5
Marbella 29600, Malaga
Spain
Tel: +34 952 868 737
Fax: +34 952 868 363
E-mail: info@northernfinance.net

Эдуард Тополь советует:

BEE LINE ME!

Да, по-английски это звучало бы так: «Bee line me!» Но в переводе «Би-лайн мне!» в игре слов теряется флер пчелиного жужжания, и потому я скажу проще.

Я пользуюсь телефонной связью «Би-лайн» не потому, что это самая надежная, удобная, скоростная и приятная система мобильной связи, с помощью которой я из любой точки России могу позвонить куда угодно, даже домой в США.

И не потому, что «Би-лайн» предоставляет дюжину замечательных услуг: переадресовку звонков, голосовую почту, конференц-связь, доступ в Интернет, телебанк, заказ авиабилетов, вызов автотехпомощи, экстренную юридическую помощь, определитель номера вызывающего вас телефона, справочную службу и службу бытовой помощи вплоть до вызова такси, консультаций по вопросам недвижимости, ресторанного рейтинга и доставки продуктов на дом.

И не потому, что «Би-лайн» ввела льготные тарифные планы под нужды любого клиента и посекундную оплату телефонных разговоров, что значительно снижает расходы.

Я пользуюсь сотовой связью «Би-лайн», поскольку мне, как автору политических триллеров, жизненно важна полная уверенность в том, что мои телефонные разговоры никто не прослушивает и не записывает на пленку. Конечно, стопроцентной защиты нет ни от чего, но до тех пор, пока за мной не ездит автобус с подслушивающей аппаратурой и надо мной не летают «Аваксы», вы можете совершенно спокойно позвонить мне по «Би-лайн» и рассказать любые секреты — от государственных до любовных.

Итак, уверенно пользуйтесь сотовой связью «Би-лайн» и говорите всем, как я:

No problem, Bee Line me!